传承与固守

——当代散杂居民族生活方式变迁研究

Chuancheng yu gushou
—dangdai sanzaju minzu shenghuo fangshi bianqian yanjiu

沈再新◎著

中国出版集团
世界图书出版公司
广州·上海·西安·北京

图书在版编目（CIP）数据

传承与固守：当代散杂居民族生活方式变迁研究 / 沈再新著．— 广州：世界图书出版广东有限公司，2012.5
ISBN 978-7-5100-4729-9

Ⅰ．①传… Ⅱ．①沈… Ⅲ．①回族—生活方式—社会变迁—研究—仙桃市 Ⅳ．① K281.3

中国版本图书馆 CIP 数据核字 (2012) 第 094433 号

传承与固守：当代散杂居民族生活方式变迁研究

策划编辑 张馨芳
责任编辑 孔令钢
出版发行 世界图书出版广东有限公司
地　址 广州市新港西路大江冲 25 号
http:// www.gdst.com.cn
印　刷 东莞虎彩印刷有限公司
规　格 787mm×1092mm 1/16
印　张 19.5
字　数 325 千
版　次 2013 年 11 月第 2 版
印　次 2013 年 11 月第 2 次
ISBN 978-7-5100-4729-9/C · 0014
定　价 62.00 元

目　录

前　言

一、研究背景

生活方式是民族学、人类学、社会学等学科研究的重要内容，从西方到前苏联和东欧，继而在改革开放的中国，其共同的学术渊源为马克思主义有关生活方式的论述。翻开中国历史，我们可以看到，在当代社会转型中，各民族通过不断对话与互动，逐步走向“你去我来，我来你去，我中有你，你中有我，而又各具个性”的多元一体格局。全球化、现代化的发展，使得不同的民族聚居在一起，不同民族的接触更为频繁，不同民族与其他各种组织交织在一起，构成了复杂、多元的文化；在这种复杂而多元的格局下，民族内部成员的适应，民族之间的协调，不仅影响局部地区，甚至波及到全球。因为社会的变迁，生活方式也不可避免受其影响而发生变化，所以说，在动态社会变迁过程中，生活方式也呈动态变化趋势。用历史的眼光或静态的眼光来分析一个社会不同时期的民族关系，势必会造成与现实的错位，因为在现实社会中一切都在变化、调整和重建，一切都在变迁、过渡和转型，没有什么是绝对稳定的、最后定型的。任何国家、任何地区不同民族所构建的社会结构都不是稳定的，社会结构中的生活方式也因而在不断变化。所以，无论选择何种视角，对某一区域生活方式的研究始终是一个全新的话题。

在多民族散杂居地区，各民族并非处于封闭状态。在社会发展中，他们总是在互动中互相影响，相互借鉴，共生同存。散杂居地区各民族除了在体质特征上的差异外，更重要的是各自文化的特殊性。生活方式的研究，正是基于各民族文化的特殊性表现在交往过程中的接触、疑惑、抗拒、接受与适应而展开的。多民族散杂居，其实就是不同民族文化的共生。那么，在这些不同文化存在的社会共同体中，各民族在交往和互动过程中，是否因为文化差异而产生文化体系间的不适应或冲突，这正是本书所关注的内容。诚然，散杂居民族作为一个客观存在，已经在历史长河中走过了几十年、几百年、甚至几千年，他们肯定是在不断的自我调适和相互适应过程中整合为一个具有很强地域特征和群体特色的文化体系，所以，散杂居民族生活方式的状况是一个经由差异、不适应（甚至冲突）、适应到融合的多次反复的动态过程。随着外因和内因的转变，少数民族生活方式在一段时间内，犹如一个反应链而重复这些过程。

新中国成立以来，随着国家政策的不断完善和社会的发展，散杂居区各民族在社会参与过程中，其生活方式也会因社会变迁而表现为不平衡，这些不平衡对各民族的关系势必会带来影响。所以，当前社会变迁过程中，需要我们对散杂居地区少数民族生活方式的变化状况有一个全新的认识，然后以此为据，制定出符合散杂居地区特点的政策，促进各民族共同繁荣，和谐发展。基于以上思考，本书在当初的研究设计中提出了以下理论设想：①历史上各民族的生活方式状况是当今各民族生活方式的原型，虽然在一定程度上发生了变化，但它在各民族成员中留下了深刻的记忆，即集体记忆，所以了解历史上各民族的生活方式是研究现在各民族生活方式的基础；②散杂居民族经济特点与经济发展潜力离不开对自然资源和社会资源的利用与开发，不同民族因为居住环境的不同、经济形式的差异以及资源占有情况的不同而呈现不平衡发展，所以掌握各民族的生存环境和经济运作方式有助于各民族经济生活方式的研究；③散杂居地区是由具有不同生活方式的民族组成的共同体，不同民族的生活方式特质如宗教信仰、风俗习惯等方面，对民族间的交流、互动和融合会产生一定的影响。

众所周知，生活方式就像一面镜子，可以反映社会的存在，是展示社会面貌的一个窗口。通过这面镜子，可以对社会的状态获得直观的印象和认识，从而了解社会的本质和特征。人们生活在一定的社会环境中，这个社会的物质条件、生产方式、社会制度及文化习俗等构成了人们的生活资源，人们依据这些生活资源的结构和分布，依照一定的摄取方式、制度安排及风俗习惯等而形成一定的生活方式。在我国56个民族组成的大家庭中，各民族都有自己独特的生活方式并呈现出多样性的特征，并且这一方式在内部力量的推动下，在不断吸收外来因素、迎接外来挑战的过程中得到丰富和发展。新中国成立60年以来，尤其是20世纪90年代以来，伴随着世界一体化进程，我国的改革开放也逐步向纵深发展，社会生活的各个方面都发生了巨大的变化，民族生活方式因而也发生了根本性的变化。生活方式的世纪巨变，一方面极大地改善了各族人民的生活水平，另一方面也带来了剧烈的文化振荡，并且我们仍然处于这一巨变之中。

生活方式与与社会变迁紧密相连，少数民族生活方式的多样性更能反映出社会的真实、具体情况。当今，在全球化、现代化和城市化过程中，各民族散杂居化的趋势不断加快，不同民族间的交流与互动趋于多样，生活方式发生着急剧的变迁，所呈现的民族关系复杂多变。然而，这种生活方式变迁的过程、形态如何？主要标志和实质内容为何？具有怎样的特征？对我国社会的发展和变革有怎样的意义？对散杂居地区的民族关系有哪些影响？各民族是否将和谐相处？对于这些问题，以往还缺乏充分的研究。所以，我们可以说，对于散杂居少数民族生活方式变迁的研究是充满魅力的，也是可以获得广泛共鸣的。用新的方法和视角重新研究生活方式，可获得更准确的信息。

笔者选择的田野点湖北省仙桃市沔城回族镇，本身就是一个具有典型意义的散杂居多民族区域，居住着回族、汉族、蒙古族、土家族、满族等民族，而且是多元文化（伊斯兰文化、藏传佛教文化、道教文化以及儒家文化等）的交汇之地，其多元民族类型和多种宗教生活方式，决定了生活方式的多样性和民族关系的复杂性。新中国成立60年以来，沔城回族的生活方式也发生了明显的变化。在前人研究的基础上，本人力求通过对沔城回族生活方式变迁进行历时和共时的比较研究，分析其生活方式变迁的过程、原因、特点及趋势，透视生活方式变迁过程中存在的老问题新情况、新情况新问题，探讨构建散杂居少数民族新型生活方式模式，找寻构建散杂居少数民族新型生活方式的现实路径，制定积极有效、可行的政策措施，构建共生互补型散杂居多民族和谐社会。本研究对于帮助我们把握少数民族生活方式变迁的内涵，进一步推进对散杂居民族关系和民族问题的研究，为其他散杂居地区民族生活方式特点的研究以及民族关系的处理提供借鉴和参照，实现各民族共同团结奋斗、共同繁荣发展的民族工作主题，都有十分重要的现实意义。同时，对于探讨散杂居少数民族生活方式变迁的机制和构建新型生活方式的模式等问题，也有独特的学术意义上的理论价值。

二、学术界相关研究综述

（一）关于生活方式概念的探讨

作为一个有着丰富内涵的范畴，《中国大百科全书·社会学卷》对生活方式的定义作了这样的表述："不同的个人、群体或社会全体成员在一定社会条件制约和价值观念指导下，所形成的满足自身生活需求的全部活动形式与行为特征的体系。"[1] 目前，学术界对生活方式的概念有狭义和广义的两种理解。狭义的生活方式，是指人们日常生活活动的方法和形式，即人们享用物质和精神消费品以及支配闲暇时间的方式，主要包括衣、食、住、行、用等消费生活方式。广义的生活方式，是指人类在物质和精神生活领域内所从事的一切活动方式，既包括衣、食、住、行之类的日常生活形式，也包括生产方式在内的劳动生活形式。本书采用广义的生活方式概念，因为生活方式不仅是"保证自己生活的方式"，"是个人肉体存在的再生产"，而且"它在更大程度上是这些个人的一定活动形式，表现他们生活的一定形式，他们

[1] 王玉波，瞿明安．超越沉痛——生活方式转型取向[M]．北京：京华出版社，1997:3.

一定的生活方式”。[1]生产方式是人类一切生活活动的基础，离开了进行生产的劳动，就无法理解人们的全部生活活动，就无法解释人们的生活方式。而且随着人类生活实践的不断发展，从事生产活动的劳动越来越成为人类生活中不可或缺的一部分。尤其是在以知识为发展基础的信息时代，生活时间通过人力资本和知识的生产而成为“生产时间”，工作和休闲时间的界限将模糊化，劳动活动将生活方式化，生产和生活归于一体化。因此，从广义上理解生活方式，把劳动生活作为生活方式的一个重要内容，不仅能更好地体现社会生产的目的，即为满足人自身的需要而生产，而且更能充分展示出社会生活活动的全貌，有助于进一步理解和把握各种社会、各个民族、各个阶层和社会集团的生活特征。

生活方式作为人类各种生活活动形式的总和，包括物质生活、精神生活、社会生活、政治生活等领域。[2]但在这里我们需要指出的是，生活方式是从人类生活的角度，表现人类社会的一切社会关系以及人与自然关系的一个社会学概念，其虽涉及到物质生活、劳动生活、政治生活和精神生活等人们参与社会生活的所有领域，但是，它是从人们怎样具体生活这一特有角度即是从主体的生活活动的角度来加以研究的。比如，生活方式研究要涉及到人们的经济生活，但它并不研究生产、流通、交换、消费等具体的生产过程以及生产过程中人与人之间所结成的关系，而是从人们怎样生活这个角度去考察诸如就业方式、劳动时间、劳动条件等与劳动生活有关的内容。又如，生活方式研究要涉及到人们的政治生活，但它并不研究阶级、政党、国家这些上层建筑领域的问题，而是从人们怎样参与政治生活的角度研究人们参与政治生活的方式和发展程度等方面的内容。可见，生活方式的着眼点是人们怎样活动以及活动的典型性。诚如马克思所言：“饥饿总是饥饿，但是用刀叉吃熟肉来解除的饥饿不同于用手、指甲和牙齿啃生肉来解除的饥饿。”[3]这也就是说，虽然都是吃肉，但前者用的是刀叉，吃的是熟肉，后者使用的是手、指甲和牙齿，吃的是生肉，这两种不同的活动方式代表的是两种不同的生活方式。可见，生活方式是一个回答人们怎样生活的概念，是指人们依据一定的文化模式为满足自身的生活需要而运用环境提供的各种物质和精神文化的活动方式、配置方式。

生活方式作为社会结构及其运行状况的一种综合性反映，从上述任何一个概念来看，其构成既包含了活动条件、活动主体和活动形式这三个基本要

[1] 马克思恩格斯选集（第1卷）[M]. 北京：人民出版社，1966:73.
[2] 郑杭生．民族社会学 [M]. 北京：中国人民大学出版社，2005:161.
[3] 马克思恩格斯选集（第2卷）[M]. 北京：人民出版社，1972:95.

素，也有其显著性的特点。[1]

活动条件，即一切物质的文化环境，包括自然条件和社会条件（宏观社会条件和微观社会条件）。自然条件，主要包括地形、地貌、气候、土壤、山林、河流、陆地和地下矿藏、动植物等等。社会条件，主要包括物质资料（生产资料、生活资料）和社会时空。自然环境对人们物质生活资料的获取、利用以及消费活动有极大的影响，是人们生活方式形成和发展的基础，但自然环境对生活方式的影响又往往与一定的社会条件交织在一起，如生产力的发展水平、生产关系与社会关系的性质、社会结构的特点，以及政治法律制度、科学技术、道德规范、民族传统、宗教信仰等，以及人们的具体劳动条件、收入和消费水平，闲暇时间、住宅条件、社会服务、文化设施、受教育的状况也都影响着人们的生活行为和行为模式。[2]

活动的主体，即生活方式的承担者。按人群范围的大小来划分，生活方式的主体可分为社会、集团和个人三个层次。生活方式实际上是主体凭借一定的社会条件把生命纳入一定的文化模式而呈现的稳定的活动，生活活动的主体在生活方式结构中具有核心地位。由于人是有意识的社会存在物，生活方式的形成，除依赖于生产方式和客观条件的种种因素之外，生活主体的主观意识因素也起着重要的作用。一般来说，人们是按照自己的价值观来安排自己的生活，形成或改变自己的生活方式，因而指导主体活动的主要是价值观。除此以外，社会心理、个人心理以及生理因素也会对生活主体的活动方式产生不同的影响。

活动形式，即人们的日常生活行为。生活活动条件和生活活动主体之间的交互作用必然外显为一定的活动形式，从而使不同的个人或群体的生活方式具有可见性和固定性的特点，这种行为习惯的定型就形成了具体的生活模式。生活模式是生活方式客观的外在标志，它以感性的形式表现着人们的生活方式。

从社会学的角度，生活方式的特点可以概括为四个方面：

一是生活方式是一种群体现象。一个人的生活方式受到他所在的社会群体以及跟其他人之间的关系的影响，生活方式和社会阶层相关，如农村与都市的差别、都市生活形态与市郊形态的差别，不同的社会群体对生活方式有着各不相同的喜好，诸如便捷的、悠闲的、热闹的、奢华的、宁静的、怀旧的、时尚的、国际的、地域的、社交的、健康的、科技的、智能的、民俗的、

[1] 高丙中．现代化与民族生活方式的变迁 [M]. 天津：天津人民出版社，1997:2.

[2] 宋涛等．传统裂变与现代超越：西部大开发与西南少数民族生活方式变革问题研究 [M]. 北京：民族出版社，2006:5.

风情的、保守的、前卫的、超现实的等等。

二是生活方式覆盖了生活的各个方面。一个人的生活方式使他在行为上表现出连贯性，当知道一个人在生活上某一个方面的行为方式，往往可以推断他在其他方面的行为方式。

三是生活方式反映了一个人的核心生活利益，生动地展示着人的价值观念与人生态度，许多核心利益塑造了一个人的生活方式，比如家庭、工作、休闲和宗教等等。

四是生活方式在不同人口统计变量上表现出差异，包括年龄、性别、民族、社会阶层、宗教和其他决定因素。

依据生活方式的特征和本质属性进行科学的分类，是具体深入地研究生活方式的前提。对生活方式可从多种角度作类型学分析。按主体的层面不同，可划分为社会、群体和个人三大类型的生活方式。社会生活方式，是该社会全体成员生活模式的总体特征。人类历史上出现的不同社会生活方式类型，有原始社会生活方式、奴隶社会生活方式、封建社会生活方式、资本主义社会生活方式和社会主义社会生活方式等。群体生活方式，包括各阶级、各阶层、各民族、各职业集团以及家庭生活方式等庞大体系。个人生活方式，从心理特征、价值取向、人际交往以及个人与社会的关系等角度可分为：内向型生活方式和外向型生活方式；奋发型生活方式和颓废型生活方式；自立型生活方式和依附型生活方式；进步的生活方式和守旧的生活方式，等等。某一社会、群体、个人生活方式，是该社会中生活方式的一般、特殊和个别的表现形态。按生活方式的不同领域，可划分为劳动生活方式、消费生活方式、闲暇生活方式、交往生活方式、政治生活方式、宗教生活方式等。按不同的社区，可分为城市生活方式和农村生活方式两大类。在当今世界上，发达国家的城市人口占很大比重，城市生活方式是绝大多数居民人口的生活方式；发展中国家的农业人口占很大比重，农村生活方式仍占优势。伴随着工业化、城市化的进程，城市和城市化的生活方式将在发展中国家得到相应的发展。按时代特征，可分为现代社会生活方式和传统社会生活方式。按主要经济形式，可分为自然经济生活方式和商品经济生活方式。

由生活方式的内涵可知，民族生活方式就是以民族为主体的生活方式，它涵盖了民族的经济生活、社会生活、饮食生活、礼仪生活、宗教生活、娱乐生活等各个方面。[1] 从生活方式主体视角出发，研究民族生活方式，也就是把一定民族作为一定生活主体类型，去观照其生活方式的构成、特征及其

[1] 郑杭生．民族社会学 [M]．北京：中国人民大学出版社，2005:161.

发展规律。实际上，作为历史范畴的民族与作为社会学考察对象的生活方式，在本质上具有共通性和相关性。民族既然是体现出语言、地域、经济和心理等综合特征的人们共同体，那么这些特征表现在人们整个生活过程中，必然反映出特定民族一定的生活方式的整体内容和风格类型。反观之，人们通过一定的生活方式，也能够对某一民族及其在一定条件下的社会群体、社会分层的特性，包括民族意识、民族经济文化类型及其社会结构进行了解和辨别。这也是由民族生活方式的特征决定的。民族生活方式有其相应的特征：

民族性：一个民族的生活方式是这一特定民族物质生活、精神生活和社会生活的总和，因而具有本民族的传统文化、风俗习惯等特性，体现出本民族文化的鲜明特色。

稳定性：一个民族的生活方式是在长期的社会发展中形成的，一旦形成便具有较大的稳定性，一些基本成分往往超时代而长久延续，成为该民族文化共同体的重要标志之一。

长期性：民族是一个历史范畴，它的产生、发展和消亡是一个漫长的历史过程，其生活方式必伴随着这一过程而具有长期性。

变异性：一个民族的生活方式不是固定不变的，随着生产方式的变革和发展，各民族间相互交往不断扩大，一定民族生活方式必然受到影响，从而发生变迁。

（二）国外研究现状

对于生活方式的研究，从第二次世界大战结束以来，先是在西方，接着在前苏联和东欧，继而在改革开放的中国，一直都是学术界和传播媒介的热门话题。在这些地区，由于社会制度、阶级结构、意识形态、文化传统等的不同，存在的生活方式以及生活方式与整个社会的关系也不一样，学界对于生活方式的研究取向自然也不一样。但是，从学术史来看，前苏联和东欧、中国有一个共同的渊源，即马克思主义有关生活方式的论述。

尽管马克思主义创始人没有专门研究过生活方式理论，但在他们的多篇著作中涉及生活方式的研究范畴，或对生活方式的理解发表过见解，如马克思、恩格斯的《德意志意识形态》、马克思的《路易·波拿巴的雾月十八日》、马克思的《〈政治经济学批判〉序言》等。马克思和恩格斯大致在两种意义上使用“生活方式”概念。首先，生活方式与生产方式是紧密联系的，而这种联系可以概括为“生产方式决定生活方式，生产方式在更广泛的意义上是生活方式的一个方面”。其次，是把生活方式作为区别阶级的重要指标。无论是在东方，还是在西方，马克思主义创始人关于阶级的论述都是公认的学术经典，并且一般都知道，马克思和恩格斯划分阶级是以社会的生产关系、经济关系为基础的。但是，阶级的社会属性远远不止于生产关系和经济关系。所以，马克思主义创始人也曾把生活方式用作辨别阶级的重要特征。例如，马克思对法国农民阶级的分析就采用了生活方式这一指标。他说："小农人数众多，他们的生活条件相同，但是彼此间并没有发生多种多样的关系。他们的生产方式不是使他们互相交往，而是使他们相互隔离。""既然数百万家庭的经济条件使他们的生活方式、利益和教育程度与其他阶级的生活方式、利益和教育程度各不相同并互相敌对，所以他们就形成一个阶级。"[1]当时法国的农民阶级与其他阶级各不相同，一方面，从逻辑上说，是由他们的生产关系和经济条件决定的；另一方面，从现象上看，是由生活方式的理论来研究他们特殊的生活方式、利益和教育程度所表现出来的。

马克思主义创始人使用"生活方式"的两种意义，为后世奠定了生活方式研究的基本思路。国外最早研究生活方式的代表人物为韦伯和凡勃伦，他们在继承马克思所提出用生活方式来辨别阶级的有效指标的基础上，把生活方式作为社会分层与尊荣的标志来研究。他们认为，地位较低的社会阶层总会把地位较高阶层的生活方式作为自己效仿的对象。沿着这一思路，生活方式开始被西方学术界广泛关注。

韦伯在《阶级、地位与权力》这篇论文中提到了生活方式这一概念。他首先对阶级、地位和权力这三个概念的内涵以及它们在社会学上的重要性进行了分析，在此基础上，他提到了生活方式这一问题。他指出，"阶级"是按照人们所具有的不同的产品生产与获得方式进行的分类，但是"地位群体"是按照产品的消费原则也就是特有的"生活方式"来进行的一种分类。[2]"一个人得到某种收入其原因归于他的阶级地位。这样的收入使人们有可能以某种生活方式生活，而且人们很快可与其他的采取同种方式生活的人结成朋友。人们一经决定选择某一种生活方式，他们就要从相似的群体中去选择婚姻的伴侣，他们发现，要同生活方式不一样的人在一起生活得和谐是很困难的，因此地位群体成为一个在内部发展的圈子。"[3]

在《经济与社会》一文中，韦伯也提到，等级地位和阶级地位并不一致。"等级地位应该是指一种在社会评价中典型有效地要求的特权化。它建立在下述事实上：生活方式、正式的教育方式、出身威望或职业威望。"另外，等级可能由下述情况产生：主要是由于固有的等级的生活方式，其中尤其是

[1] 马克思恩格斯选集（第1卷）[M]. 北京：人民出版社，1972:693.

[2] Michael E. Sobel.Lifestyle and Social Structure[M].New York：Academic Press,Inc.,1981:8.

[3]（美）丹尼斯·吉尔伯特，约瑟夫·A·卡尔. 美国阶级结构[M]. 彭华民等，译. 北京：中国社会科学出版社，1992:13.

由于职业的性质；其次是继承魅力的，通过基于等级出身的卓有成效的威望要求（出身等级）；通过对政治的或僧侣统治的统治权力的等级占有，加以垄断(政治的以及僧侣统治的等级)。[1]因此，构成等级地位的一个重要标志，便是具备性质相似的生活方式。这样，在韦伯的分析框架中，生活方式的意义主要在于它是区分“地位”与“阶层”的一种途径。另外还有一点值得注意的是，在韦伯这里，就已经开始从消费方式的角度来认识生活方式。

韦伯在《阶层、地位与权力》一文中指出：资本、财富与收入本身并不能成为区分阶级的生活方式的指标。在一定的收入水平的范围内，对收入如何进行花销就包含了选择的因素在内。收入水平虽然相同，但是因为进行消费选择时的特征不一样，生活方式可能表现出不同的形式。在韦伯这里，从生活方式的表现形式可以区分一定的地位群体，但生活方式本身又是通过一定的消费模式表现出来的。“地位的社会分层是与对于观念的和物质的产品或机会的论断并存的……除了特定的地位的荣誉——他总是依赖一定的距离和排外性，我们还可以看到各种对于物质的垄断。”所以，在韦伯看来，阶级是按照它们与商品生产和商品获取的关系而划分的，而“地位群体”是按照它们特殊的生活方式中表现出来的消费商品的规律来划分的。[2]

凡勃伦对生活方式研究的突出贡献在于,他运用历史社会学的方法深入、系统地论述了特定的生活方式与特定的社会阶级的相关性。他的研究充分展示了生活方式概念对于阶级和社会地位的认识价值和解释力。凡勃伦对生活方式的认识主要是从消费的角度切入的，他观察的也是以消费为主要表现形式的生活方式与阶层的关系。他在其著作《有闲阶级论》中指出：“生活方式可以概括地把它说成是一种流行的精神态度或生活理论”，“当炫耀性的消费构成整个生活方式的时候，社会经济地位较低的阶级总是或多或少地模仿这种消费”。因而，他把生活方式作为阶级地位与尊荣的社会标志来研究。他认为，在人类社会不同的历史发展阶段，人们对尊荣的判断标准也是趋于不同的，于是不同阶级地位标志的生活方式也就不同。[3]尽管凡勃伦只是把生活方式作为阶级地位与尊荣的社会标志，但在他的研究视野中，生活方式仅仅只是一个派生词，并没有作为一个概念来深入研究。

从韦伯和凡勃伦的研究中我们可以看出，其论述的是对阶级地位与生活方式的相关性方面的探讨，生活方式在他们的探索中并未占据主导地位，还未成为专门的研究对象，他们对生活方式的研究基本停留在将它作为区别阶

[1]（德）马克斯·韦伯．经济与社会[M].林荣远，译．北京：商务印书馆，1998:338-339.

[2]Weber,Max.Essays in Sociology[M].New York:Oxford University Press,1946:191.

[3]高丙中．西方生活方式研究的理论发展叙略[J].社会学研究，1998（3）.

级地位的描述性工具，但这种探究本身已大体确立了生活方式研究的基本框架，同时也展示了生活方式概念的巨大学术潜力。确切地说，韦伯与凡勃伦对生活方式的理论概括和研究方法对后世的影响大致体现在两个方面：①根据生活方式的差异认识社会分化以及社会群体差异；②把生活方式转化为消费方式来研究。韦伯与凡勃伦把生活方式视为社会分化的可观察现象，他们在讨论社会结构时都把生活方式当作间接的研究对象，这种思路奠基了西方社会学对生活方式的研究进路。[1] 英国学者厄尔的《生活方式经济学：骚动世界的消费行为》就是把生活方式转化为消费方式来研究的代表作。该书讨论的主题是生活方式，调查研究的对象却是消费方式。此外，生活方式类型的研究在理论方法上同样具有重要的价值，这种研究取向在理论上借助人格心理学和社会心理学，在方法上使定性研究与定量研究相结合，得出了有价值的成果。如，美国学者米切尔对全国 1 600 人进行了抽样调查，涉及问题 800 多个，对衣食住行及闲暇时间的消费状况、社会价值观及政治态度做出了详细的描述，归纳出 4 大类共 9 种美国生活方式。生活方式的类型及类型学的提出及其个案研究，标志着生活方式最终成为了专门的、独立的研究方向，这是一个很大的进步。但是，就学术的和社会的影响来说，西方当前真正盛行的还是关于消费行为的研究。

西方学者把消费方式研究作为生活方式研究的代表人物是布迪厄和鲍德里亚（J. Baudrillard）。布迪厄是通过“惯习”、“品味”、“生活风格”和“文化资本”等范畴对消费进行研究的，首先他对各个社会阶层的文化消费进行了社会学分析，并把生活方式放到了“惯习”和“场域”的作用下去认识。所谓“惯习”，首先体现的是一种组织化行动的结果，意指某种存在方式、某种习惯状态、某种性情倾向、某种趋向、某种习性或某种爱好。而生活方式又是惯习的系统化的产物，在关系的交互中被感知，并成为一套社会化了的符号系统。“场域”则是一系列关系组成的历史存在，它包含着历史文化等多种因素，人们在“场域”中的位置会激发他们采取特定的行为方式。在这种双重结构的作用下，人们的日常行为成了系统化的实践。应该说，布迪厄的研究使生活方式的研究更前进了一步。因为采用“惯习”概念，整合了前人对生活方式研究的几个方面，同时，他的研究还囊括了历史、文化、社会结构等各种客观性因素，以及个人喜好、习惯、社会心理，特别是性情倾向等主观个人因素。他的研究既保留了传统的研究方向，又增加了“消费文化”这一新的内容，使生活方式研究成为了一个比较完

[1] 高丙中．现代化与民族生活方式的变迁 [M]. 天津：天津人民出版社，1997:8.

整的系统。[1]

而鲍德里亚则是从符号学的角度对消费的性质进行了全面而深刻的剖析，他利用这一“范式”去研究消费或消费文化，不仅加大了人们对消费现象的理解，还引导人们把生活方式放入社会文化的大背景中去透视，从中揭示后现代“消费文化”的性质。鲍德里亚认为：在后现代，社会消费不再是工具性的括动，而是符号性的活动；消费越来越涉及失去了固定“所指”的、“自由的”和“被解放了的”“能指”，消费已经成为“对符号进行操纵的系统性的行动”。[2]他说：我选择一件时装，最主要的标准，一是看它是否符合我所预期的社会身份，二是看它是否与我的个人特性和其他服饰相配，也就是看它是否与我的社会性和个体性的预期一致。[3]由此，在鲍德里亚这一“范式”研究的推动下，商品要成为消费的对象则必须使自己变成符号，符号消费慢慢地成为了大众生活的时尚。

东方社会主义国家后起的生活方式研究也采纳了第一种意义，但只限于理论上，因为这些国家在这段时期并不是通常所谓的阶级社会。相比而言，马克思主义创始人使用“生活方式”的第二种意义对这些国家的生活方式研究具有更重要的影响，实际上成为理论研究的基础。原苏联及东欧社会主义国家的学术界把生活方式作为社会科学的研究对象始于20世纪60年代初，并在60年代末至80年代中期的这段时期特别重视对这一领域的研究，且成绩显著，出版了大量著作。这些著作的理论基础直接继承了马克思主义创始人的思想，即认为生活方式是人的生命活动方式的总和，是全部生活活动的总和。

进入20世纪，哲学理论研究也出现了向生活世界回归的重要转向，例如，胡塞尔提出“日常生活世界”的理论，维特根斯坦分析了“生活形式”范畴，海德格尔剖析了“日常共在的世界”，西方马克思主义的著名代表人物列菲伏尔明确提出了日常生活批判这一主题，被誉为日常生活批判大师，东欧新马克思主义者科西克则具体分析了日常生活世界的自在和经验的特点。虽然这些哲学家们提出的概念和范畴的名称不同，但是他们的共同点都是把过去人们一直习以为常、熟视无睹地置于背景世界之中的日常生活纳入了哲学的视野、置于理性目光的聚焦点，把构建理想社会生活方式的问题以批判的方式凸现出来，这就极大地改变或拓宽了人们对人类社会结构和社会生活的传统认识。

[1]Bourdieu P.Distinction：A Social Critique of Judgement of Taste[M].Routledge,1984.

[2]Baudrillard J.Selected Writings[M].Stanford：Polity Press,1988:22;57−97.

[3] 王玉波 . 我国近几年生活方式研究评述 [J]. 社会学研究 ,1986（5）.

（三）国内研究现状

我国学术界对生活方式问题的研究起步较晚，在很长一段时间内，对于生活方式的研究也局限在意识形态的分析框架中，生活方式并不具有科学范畴的地位，在现实生活中又常常在诸如“资产阶级生活方式”、“反动腐朽生活方式”等否定的意义上出现，这些都明显反映了“以阶级斗争为纲”年代的特点。[1] 这样，生活方式成了一个禁忌的、政治色彩很浓的词汇。真正的生活方式研究，在我国几乎是与社会学的重建同时开始并迅速发展的。正是由于实事求是思想路线的重新确立，思想解放潮流的涌动，改革开放帷幕的开启，以及我国现代化进程的加快，一系列与生活方式有关的社会问题相继出现，生活方式的研究随之兴起，成为学界关注的一个热点问题。

我国学术界通常认为，我国生活方式问题研究的发轫标志是于光远在《中国社会科学》1981 年第 4 期发表的《社会主义建设与生活方式、价值观和人的成长》和杜任之在《社会》1982 年第 1 期发表的《谈谈生活方式》这 2 篇文章，尤其是杜任之在文中提出“生活方式是社会学研究的一个课题”之后，生活方式问题开始被社会学界所关注。于是，国内最早的一批研究生活方式的学者们，都不约而同地从马克思的社会理论、历史唯物主义理论中去挖掘那些长期被忽略了的有关生活方式的论述，强调生活方式问题“是研究中国社会主义发展战略、研究中国式的现代化道路时必须重视的一些问题”，强调“生活方式的概念能较完整地反映社会主义生产的最终目的以及社会主义的根本目标”[2]。尤其是 1984 年 8 月前后，《文汇报》和《中国青年报》开辟专栏，组织群众讨论“生活方式”问题，同年 12 月，《中国妇女》杂志社在北京召开了中国第一次关于生活方式的全国性学术研讨会——“妇女与文明健康科学生活方式”学术讨论会，并成立了全国性的“生活方式研究会筹备组”。于是一时间，生活方式范畴、资产阶级生活方式、社会主义生活方式、现代生活方式以及对生活方式的变革的性质问题也都成了人们讨论的热门话题。这一时期，国内对生活方式的研究还主要停留在讨论有关的基本理论和概念问题上，热衷于阐述现代化中的生活方式及其研究设想上，锁定在反思过去对人们追求生活方式的否定上，认为不能“把吃得好、穿得好归结为资产阶级生活方式”，而把“安贫守穷”归结为是“无产阶级追求的生活方式”等等。但这些论述归纳起来，无非有三个指向：①指涉生活方式在精神文明建设中的作用，在一定程序上被赋予了意识形态功能；②指涉生活方式在经济发展中的作用，被赋予了一种工具性功能；③批判极“左”

[1] 王雅林．走向学术前沿的生活方式研究 [J]. 社会学研究，1999（6）.

[2] 王雅林．论社会主义生活方式 [J]. 社会科学研究动态，1982（1）.

路线，促进生活方式的社会转轨和转型，呼唤把生活的权利、个人生活的领地还给人自己，呼唤把“美好生活”的建构作为现代化发展的价值目标。从这个意义上说，当时的生活方式研究具有理性启蒙的作用。

1984—1987 年，有关生活方式的研究达到了一个高潮。[1] 尤其是在党的十二届三中全会《关于经济体制改革的决定》中特别提到生活方式的问题，“在创立充满生机和活力的社会主义市场经济体制的同时，要努力在全社会形成适应现代生产力发展和社会进步要求的，文明的、健康的、科学的生活方式。摒弃那些落后的、愚昧的、腐朽的东西”，“这样的生活方式和精神状态，是社会主义精神文明建设的重要内容，是推进经济体制改革和物质文明建设的巨大力量。”这表明生活方式问题已经被纳入了政府的视线，于是，一系列与经济体制改革、精神文明建设紧密相联的生活方式问题成为热点。《社会学研究》杂志也多次设置生活方式研究专栏，发表了王雅林的《变革中的生活方式：继承和借鉴问题》（1986）、冒君刚的《试论生活方式》（1986）、李超元的《论经济体制改革对生活方式变革的影响》（1986）、时运生的《生活方式变迁初探》（1986）等论文。这一时期，还出版了王玉波等的《生活方式》（1986）、刘崇顺的《新时代与生活方式》（1986）、王思斌翻译的前苏联学者克里托斯等著的《社会主义生活方式》（1986）等著作。一时间，全国各地都纷纷展开了有关生活方式的大讨论，大量有关生活方式的一般理论和生活方式变迁的论文时常见诸报纸杂志，学术会议也频繁召开。这一时期讨论的话题，主要涉及的还是生活方式的结构、要素和定义等基础理论问题，涉及社会主义生活方式和“两个文明”的问题，涉及消费、闲暇、日常生活、劳动、交往等不同的生活方式领域和社会问题，涉及青年、妇女、中年知识分子、老年、少数民族等不同群体的生活方式和城乡不同社区的生活方式等等。[2]

1988 年以后，生活方式研究“热”开始降温，继续从事生活方式研究的人数和发表的成果数量都大为减少。但在该阶段，继续从事生活方式研究的学者在总结前几年研究经验和进行大量社会调查的基础上，对生活方式的研究更扎实、更深入，并把重点放在研究社会主义初级阶段生活方式的特点和发展规律、中国现代化发展中生活方式的模式选择、符合中国国情的生活方式指标体系以及厘清和探讨相关概念等。也有从社会学史的角度对中国传统生活方式进行研究，通过国际比较研究我国生活方式的现状等等。尤其在国家哲学社会科学“七五”规划课题中也有了“我国城乡居民生活方式研究”

[1] 逝川 .“资产阶级生活方式”析 [J]. 科学社会主义 ,1984（10）.

[2] 高丙中 . 现代化与民族生活方式的变迁 [M]. 天津 : 天津人民出版社 ,1997:26-27.

的内容，生活方式开始被纳入制度研究层面。之后，有关生活方式理论的专著逐渐多起来，如王玉波等合著的《生活方式论》(1989)、王雅林等主编的《生活方式概论》(1989)、《闲暇社会学——对我国城镇居民闲暇生活方式的研究》(1992)、《中国城镇居民的消费生活方式》(1992)、王伟光主编的《社会生活方式论》(1988)等著作也陆续出版。发表的论文有吴寒光的《生活水平、生活质量和生活方式的定量分析研究》(1988)、王雅林的《城镇居民时间分配的社会问题透视》(1991)、《城镇居民家务劳动再考察》(1991)等，还有郑晓云的《当代西双版纳傣族社会文化变迁研究》(1991)、包智明的《变动中的蒙民生活》(1991)、孙秋云的《湘南瑶族青年劳动和消费生活方式》(1991)等少数民族生活方式的研究。特别值得一提的是，在《中国大百科全书·社会学》卷中也列入了“生活方式社会学”条目。[1]

1993年以后，由于我国确立了以建立社会主义市场经济为目标的经济体制改革模式，以及在中共中央十四届三中全会通过的决议中再次提出要在社会主义市场经济条件下积极倡导文明健康的生活方式的任务，面对市场经济的发展为生活方式的建构提出新问题的实际，学术界针对市场经济对生活方式影响的性质、作用机制和新出现的大量社会问题进行了较为深入的研究，产生了大量有影响的著作和论文。如：瞿明安的《中国民族的生活方式》(1993)、彭华民的《消费社会学》(1996)、王雅林的《人类生活方式的前景》(1997)、高丙中的《现代化与民族生活方式的变迁》(1997)、罗子明的《消费者心理行为》(1998)、王琪延的《中国人生活时间研究》(1998)、杨士杰的《云南山地民族生活方式的传承与选择》(1998)、王琪延的《中国人的生活时间分配》(2000)、欧阳志远的《最后的消费：明天自毁与补救》(2000)、王晓华等编著的《百年生活变迁》(2000)、王宁的《消费社会学：一个分析的视角》(2001)和《城市休闲》(2002)、王雅林的《构建生活美——中外城市生活方式比较》(2003)、宋涛等著的《传统裂变与现代超越——西部大开发与西南少数民族生活方式变革问题研究》(2006)、方心清等撰写的《现代生活方式前沿报告》(2006)、李长莉的《中国人的生活方式：从传统到近代》(2007)等等。《社会学研究》上陆续发表了高丙中的《西方生活方式研究的理论发展叙略》(1998)、王雅林的《走向学术前沿的生活方式研究》(1999)等论文，《江苏社会科学》上发表了黄平的《生活方式与消费文化：一个题、一种思路》(2003)、王雅林的《生活方式的

[1] 高丙中．现代化与民族生活方式的变迁[M]．天津：天津人民出版社，1997:28.

理论魅力与学科构建——生活方式研究的过去与未来20年》（2003）等论文。此外，还有纳日碧力戈在《世界民族》上发表的《族群社会的发展与生活方式的变迁》（1998）、黄润柏在《广西民族研究》上发表的关于当代壮族生活方式变迁的一系列论文，等等。许许多多的有关生活方式的论文当中，值得一提的是，从20世纪90年代以来，消费文化成为人们生活中最抢眼的独特风景线。消费的信仰、观念和知识，以及物化在消费活动中的消费时尚、习惯或倾向，受到了来自哲学、文学等人文学者们的广泛批评，不少社会学家、民族学家、人类学家和经济学家也分别从各自的角度进行了有意义的探讨。

综上所述，从20世纪80年代初我国学界开始对人们的生活方式进行研究以来，在理论和应用诸多领域都取得了丰硕的成果。理论研究方面，初步形成了关于生活方式的理论范畴体系，生活方式作为一门社会学分支学科的地位也得到了确认；应用研究方面，有的学者描述、分析、预测了中国社会生活方式的变革趋势；有的学者对城市或农村生活方式的现状及问题进行了探讨；有的学者对不同社会阶层的生活方式进行了研究；也有学者探讨了社会主义市场经济条件下文明健康生活方式的建构问题，对我国社会生活方式的发展模式问题进行了研究，等等。[1]其中，对不同社会群体生活方式的研究中，包含了对蒙古、藏、土家、傣、哈尼、苗、瑶、鄂温克等少数民族的研究。[2]但以上成果也有一定的局限性：①特别注重于对某一少数民族生活方式的研究，而且在研究中多选择高纯度的少数民族聚居区。②近些年来虽然一些学者逐渐把注意力转移到散杂居民族关系与民族问题的研究上来，但大多偏重于散杂居民族的历史和文化综述、少数民族和汉族的杂居区的文化变迁与融合问题、城市民族关系、少数民族与汉族的关系、民族关系突发事件的预警研究、回汉信仰冲突与民族关系的研究等等，而对散杂居民族文化多样性与民族生活方式的对应规律、散杂居区多民族生活方式的比较（共时性、历时性和差异性）、生活方式现代化对构建散杂居地区和谐社会的重要意义等等探讨较少，所以多民族散杂居区不同民族生活方式变迁的研究一直比较薄弱，这就为本研究的开展预留了十分广阔的空间。

三、本书的研究方法和基本内容

本书综合运用了民族学、人类学、社会学的分析方法，俾使各项史料信

[1] 王雅林．生活方式研究评述 [J]. 社会学研究，1995（4）.

[2] 黄润柏．当代壮族劳动生活方式的变迁 [J]. 广西民族研究，1999（3）.

息获得较高程度的提炼和升华，在深入展开田野调查的基础上，使用问卷法、访谈法、观察法等广泛搜集当地相关材料，借助摄像、摄影等多种手段记录和反映有关复杂情况，通过个案研究、比较研究和统计分析，以求最大限度地凸显沔城回族生活方式自新中国成立 60 年以来的变迁轨迹。

本书研究的重点在于，运用实践案例和数据分析沔城回族生活方式变迁过程中对待现实社会的态度、需求、愿望和情绪等，梳理影响散杂居民族生活方式和社会心理变化的因素以及存在的新情况新问题，提出构建新型生活方式的现实发展路径和对策。研究过程中遇到的难点在于，对少数民族生活方式进行系统研究，既要涉及生活方式的各个层面，又要进行深入分析，难免有面面俱到之嫌；少数民族传统生活方式的形式和内容有较大异质性，要收集、分析大量的资料和案例，总结出规律性的东西，就需要做大量的工作。

沔城回族镇作为长江中游一个具有典型意义的散杂居多民族社区，其民族多元性和宗教生活多样性，决定了生活方式的多样性和民族关系的复杂性。生活在沔城回族镇的回族人口虽然不多，但在与汉族等其他民族杂居相处时，却能够适应不同的生活环境，吸收、融入其他民族的文化成份，形成自己独特的生活方式，是研究散杂居回族生活方式变迁的典型个案。为达到研究目的，本书分九章对相关问题进行了论述：

第一章，主要是论述中国及湖北回族散杂居格局形成与发展的历史；梳理沔城回族的源流和民族关系史；讨论回族散杂居格局的未来发展趋势以及对回族的发展的意义。

第二章，介绍了沔城回族镇的区位条件、地理环境、自然资源、物产、历史沿革；通过分析当地民族、宗教、传统文化和基本社会情况，彰显沔城回族镇的多元文化特征。

第三章，主要以新中国成立 60 年来生产关系的变革为主线，分析沔城回族经济生活方式的变迁和调适过程。

第四章，阐述了沔城回族镇管理体制的变革过程，分析国家制度安排下的政治生活方式变迁，探讨了民族乡背景下沔城回族镇的政治结构及其功能，以及村级政治结构和村民自治中的权力运作格局。

第五章，从分配制度和经济收入水平的变化，讨论了沔城回族消费水平、消费结构、消费观念的变迁。

第六章，在阐述沔城回族传统婚姻观念的基础上，讨论择偶观念、婚姻的缔结与变动、性爱观念等的变迁，分析婚姻生活变迁的原因。探讨了沔城回民宗族的消解过程及其存在的理由，分析家庭规模与结构、家庭关系、家庭权威、分家机制、生育观的变迁。

第七章，分析了宗教生活方式的变迁。首先，分析了沔城宗教信仰现状、各民族对宗教的态度。其次，从清真寺和寺坊的结构和功能、宗教信仰的遵守情况、宗教信仰的代际差异这三个方面，讨论了沔城回族宗教生活方式变迁的现状、特点和原因。

第八章，基于对闲暇这一概念和内涵的分析，阐述了沔城回族传统闲暇生活方式，并按时间分期，从“集体”时代、“后集体”时代、茶馆时代、家庭闲暇时代这四个时期探讨了沔城回族闲暇生活方式的变迁。

第九章，在分析沔城回族生活方式变迁原因的基础上，通过对散杂居地区生活方式变迁模式的理论探讨，提出了散杂居少数民族新型生活方式构建的本质规定、发展取向、基本模式、建构过程以及创新沔城回族生活方式的主要途径。

在本书的研究中，作者也提出了自己的创见：在当今城市化、全球化的场景中，散杂居区与聚居区，尤其是边疆少数民族地区与中东部散杂居区的对应性与联动性，使我国各民族社会心态日益敏感和复杂，对我国民族关系全局性、战略性的影响日益扩大；弄清散杂居民族生活方式变迁的现状及其心理承受力的阈限，准确认识散杂居民族生活方式变迁的新情况新问题，才能触及“民生”问题的本质；散杂居民族生活方式既有共性也有个性，只有进行历时和共时的比较研究，才能透视影响社会转型时期散杂居民族社会心理变化的因素，才能准确揭示散杂居民族心理变化的特点、规律和发展趋势，从而改变现阶段散杂居民族工作的被动性以及民族关系战略相对滞后的特点；通过反思和检讨“文化变迁”和“中华民族多元一体格局”理论，倡导和践行“共生互补”理念。

第一章　汚城回族散杂居格局的形成与发展

第一节　回族大分散、小聚居分布格局形成述略

回族是中华民族大家庭中的重要一员，也是一个独具特色的民族共同体。“她既非华夏古国土生土长的固有民族（如汉、苗、羌等族），又非纯粹移植赤县神州的外来民族（如朝鲜、俄罗斯等族），亦非毗邻边疆而接壤跨界的民族（如哈萨克、傣等族）。”[1] 回族是自唐代开始，由来自不同国度、不同地区、不同民族、不同语言的诸多穆斯林族群经过元代的融会整合，再加上不断融合汉族和其他少数民族成分而形成的一个稳定的民族共同体。

因为回族族源、地缘等形成因素的多样性和复杂性，长期以来，学术界对各种因素在回族形成过程中的作用机理不能形成统一的认识，以致族外人产生“回纥即回回”、“回民是阿拉伯人后代”这样的误解，[2] 甚至本族人也不能详其由来。所以，自清代以来，很多学者都致力于探明回族形成问题。从清初神话故事形式的《回回原来》，到陈垣著的《回回教入中国史略》，到李维汉等编的《回回民族问题》，再到白寿彝主编的《中国回回民族史》，回族的历史已经比较清晰地展现在我们面前。

一、族称和族源

“回回”一词，原是“回纥”、“回鹘”音转，最早见于沈括《梦溪笔谈》卷五的“凯歌”词中。据沈括自己说，其词原是“市井鄙俚之语”。徐

[1] 王正伟．回族民俗学 [M]. 银川：宁夏人民出版社 ,2008:4.

[2] 白寿彝．中国回回民族史 [M]. 北京：中华书局 ,2007:3.

霆《黑鞑事略》云："霆考之，鞑人本无字书，然今之所用则有三种……行于回回者则用回回字，镇海主之。回回字只有21个字母，其余只就偏旁上凑成……燕京市学，多教回回字。"这里所说的"回回字"，显然是指"回鹘字"。成书较早的《蒙鞑备录》说："今鞑之始起，并无文书……其俗既朴，则有回鹘为邻，每于西河博易贩卖于其国。迄今于文书中，自用于他国者，皆用回鹘字。"可见"回鹘"、"回回"，其实一名异译。[1]

在《黑鞑事略》中，"回回"一词，有时也泛指西域各国："霆在草地，见其头目民户，车载辎重，及老小畜产，尽室而行，数日不绝……问之则云，此皆鞑人调往征回回国……回回诸种，尽已臣服。"这里指的是窝阔台时期调兵征战中亚各国的事情。徐霆之所以将西域各国均称为"回回"，显然是认为他们都是"回鹘"引起的。随着蒙古国统治范围的扩大，与中亚各国人民往来的频繁，"回回"一词的含义不久又有所变化。在蒙古国的官方文书或诏令中，一般都以其指信仰伊斯兰教的中亚各族人，而将"回鹘"称之为"畏兀儿"或"委兀儿"。如元《至顺镇江志》在载述其地侨居户时说："蒙古二十九（户），畏兀儿十四（户），回回五十九户，汉人三千六百七十一（户）。"这里所说的"回回"，与"回鹘"显然已不相干。按当时使用情况看，其涵义已与"穆斯林"大致相当，主要是指来自中亚的各国人。

14世纪中叶，明代"回回"一词的使用，基本上仍因袭于元代。《明史·哈密传》引马文升奏疏中就有："哈密故有回回、畏兀儿、哈剌灰三种，北山又有小列秃、乜克力相侵逼……"但在明代又派生出"汉回"一称，主要是指长期生活于内地的回回人。[2]

在清代，由于存在以伊斯兰教作为划分民族的倾向，故又常将"回回"和维吾尔人俱称为"回"。但为了区别，有时也称"回回"为"汉回"或"熟回"，称维吾尔族人为"缠回"或"生回"。因其中夹杂着民族歧视因素，故现代广大回族人民仍依元明时习惯，自称为"回回"。

关于回回民族来源，向有不同说法：有的认为来源于唐代回纥，有的认为来源于汉族，有的认为来源于突厥与东来的波斯、阿拉伯、阿富汗人的混合体，有的认为来源于东迁的波斯、阿拉伯及13世纪时信仰伊斯兰教的中亚各国人。[3]根据现有史料，回回民族的先世最早可以追溯至唐、宋时期到中国经商的波斯和阿拉伯商人。

众所周知，自618年唐高祖李渊建立唐朝后，中国封建社会便实现了空

[1] 高篙．回回族源考论[M]．西安：西北大学出版社，1991:2–5.

[2] 白建灵．回族族源的多元性及其一元认同[J]．西北第二民族学院学报，2001（3）.

[3] 杨建新．关于回族的族源和形成问题[J]．西北史地，1991（4）.

前统一，政治、经济、文化都得到了高度的发展。唐代都城长安及东南沿海各通商口岸广州、扬州、泉州等地，商业都十分繁荣。世界各国商人，纷纷前来贸易。有的沿着丝绸之路，负笈驼载，直趋长安。有的泛舟大海，乘风破浪，往返于广州和泉州等地。唐政府在各通商口岸设“市舶司”，委任“市舶使”，以管理进出口商务，并准许前来贸易的商人，寄居于“海滨湾泊之地，筑石联城，以长子孙”，时谓之“番客”，称其居地为“番坊”、“番巷”或“番市”。

住在“番坊”内的商人，虽然世界各国都有，但人数最多的还是波斯和阿拉伯等地的穆斯林商人。唐朝为尊重其民族习惯和宗教信仰，并使其自己管理自己，曾任命番坊中最有德望的人为“都番长”，以处理其内部事务，还允其于聚居区内建礼拜寺以从事宗教活动。宋朱彧《萍州可谈》云：“广州番坊，海外诸国人所居住。置番长一人，管勾番坊公事，专切招邀番商。”9世纪中期到过广州的阿拉伯商人苏莱曼在其《游记》中说：“中国商埠为阿拉伯人麇集者曰康府。其处有回教牧师一人，教堂一所”。“各地回教商贾既多聚广府（广州），中国皇帝因任命回教判官一人，依回教风俗，治理回民。判官每星期必有数日专与回民共同祈祷，朗读先圣戒训……一切皆能依《可兰经》（《古兰经》）、圣训及回教习惯行事。”这些寄籍“番商”，有的后来长期寄居于中国，娶妻生子，并接受汉族文化影响，改用汉族姓名，习儒书，以适应其生活的环境。有的仕宦于当朝，如848年（唐宣宗大中二年）以进士显名的李彦升，据说就是原居住于广州的阿拉伯商人。五代时又有颇具诗名的李珣兄妹，祖先也是移居于四川的波斯商人。

878年（唐乾符五年）黄巢攻入广州时，据载住在广州的伊斯兰徒、基督徒、犹太等前后有12万人受害。其中，穆斯林商人占多数。

赵匡胤建立宋朝后，政治、经济虽远不如唐代兴盛，但因继续实施对外开放政策，经海路到广州、泉州、明州（宁波）、杭州等地贸易定居的波斯和阿拉伯等国商人，比唐代还多。他们从事象牙、犀角、珍珠、香料等的运输和贩卖，大都获利甚丰，成为各地的巨富。《泉州府志》载：当时“胡贾航海踵至，其富者资巨万，列居城南。”如巨商蒲寿庚家族，据说就是先居广州后移居泉州的。《广东通志》亦云：“海舶贾蕃，以珠犀为之货，丛委于地，号称富庶。”为了攫取巨大利润，有的人甚至千方百计请求到内地州郡经营。部分穆斯林手工业者、宗教职业者等也相继前来定居，从而使前来寄居的穆斯林不断增加，并逐渐出现“土生番客”及“五世番客”诸名目。

除商人和宗教职业者外，还有部分来自阿拉伯的士兵。据记载，755年，安禄山反唐，唐政府派兵镇压，并请大食出兵援助。757年，大食阿拔斯朝哈里发遣兵参加平叛。平定后，这支部队并未被遣回，而是滞居于沙苑（今陕西省大荔县南洛、渭二河间），后遂发展为沙苑回民的一部分。《中国伊斯兰教派与门宦制度史略》一书说，清代西北地区穆夫提门宦创始人马守贞，祖先就是唐时受命参加平叛而落籍于陕西的。[1]

如前所述，波斯和阿拉伯商人在回回中所占比例并不大，现代回回人的祖先，多是13世纪初来自中亚等地陆续迁入的各地回回人。

中亚回回人东渐，是成吉思汗及其子孙西征中亚引起的结果。从现有记载看，蒙古军在前后数次远征中，至少曾掳掠了数十万人解送回中国。例如，1221年春，蒙古军在攻破撒麻耳干（撒马尔罕）时，成吉思汗便将其工匠3万人分给诸子和族人送回；又从被俘的青壮年中，选择同样数量的人签发为军。不久，在夺取花剌子模都城玉龙杰赤（今中亚土库曼境内乌尔根奇）时，又将其妇女和孩子俘为奴隶，将10万左右工匠遣送中国北方。1223年，窝阔台率军进攻哥疾宁，当城池被攻克后，蒙古军队除对该城进行洗劫外，又将“工匠”、“手艺人”解送回国。此后，拔都、绰儿马罕、旭烈兀等西征，又陆续有部分人被发遣东迁，加上部分自愿投降蒙古军的人，其数字显然不在少数。

成吉思汗建国以前，居住于蒙古地区的回回商人就不少，例如马哈木·牙剌瓦赤、阿里火者、哈散哈只等，就是其中的著名者。1217年，奉成吉思汗命令前往花剌子模贸易商团的450人就全是回回人。随着蒙古贵族势力的扩大，中亚各地穆斯林商人自愿东徙的也很多。他们或从事从中亚至蒙古地区的长途贩运，或充当蒙古统治阶级的“斡脱户”（官商户）为各级王公贵族放高利贷。这些人在东迁的回回人中也占有一定比例。

以上诸项回回，是尔后形成回回民族的重要基础。诚然，汉、维吾尔、蒙古等各族成员，也是构成回回民族的重要成分之一，但无论如何，他们都不是回回民族的主要来源。

二、回族的形成

回回民族，是外来的民族成分与中国国内民族成分相互融合的产物，也是中亚伊斯兰教文化同中国汉文化相互交汇的产物。它的形成，大约经历了200年多年的时间。

13世纪时移居中国的西域各国“回回”人，他们原来并不都是同一个民族。他们之中，既有波斯和阿拉伯人，也有阿儿浑、哈剌鲁等突厥语族诸人。除共同信仰伊斯兰教外，他们相互之间并没有多少共同之处，因此在中

[1] 谭峰. 回族的形成与发展 [J]. 宁夏穆斯林,2004（1–5）.

国最初只能算是一个穆斯林的集合体。因当时蒙古族在中国是一个人数不多的民族，原有的文化又较落后，故“回回”人一到中国立刻受到蒙古统治阶级的信赖与重用，有的被吸收到蒙古国家的各级政权机构中供职，有的受派效力于官营手工业作坊，有的则受命随从蒙古军四出征战。于是，随着蒙古统一中国的实现，他们便逐渐流散于全国各地，或继续从事手工业生产；或被改为“编民”从事农业耕作；或一面屯田，一面担任卫戍任务，过着“屯驻牧养”的生活。从有关记载中可以看出，今甘肃北部包括甘肃张掖一带，及河南、山东、陕西、云南等地，都是当年回回人从事屯垦的重要区域。《元史》载：“世祖之时，海宇混一……命宗王将兵镇边徼襟喉之地，而河洛、山东据天下腹心，则以蒙古、探马赤军列大府以屯之……”所谓“探马赤军”，其中也应包括回回人在内。而原居住于中国北方的回回商人，也在不断走向全国。

元代，回回人的政治地位，一般都比汉族人优越，故回回人在全国各地做官的很多。其中任职中书省的，世祖朝有赛典赤·赡思丁、阿合马、阿里、麦术丁、别都鲁丁等人；成宗朝有赛典赤（伯颜）、伯颜察儿、麦术丁、阿里、阿老瓦丁、木八剌沙、忽都不丁等人；武宗朝有怯里木丁、法忽鲁丁、阿里等人；泰定帝朝有倒剌沙、伯颜察儿等人；顺帝朝有买术丁、陕西丁等人。供职于行中书省者，前后有66人，岭北、辽阳、河南、陕西、云南、四川、湖广、江浙等各省，都有其广泛分布。再加上在各路、府、县等供职的人，数量就更为可观。通常一个回回人做官，都有一大批回回百姓跟随，也促进了回回向各地的移民。

元朝廷为加强对回回人的管理，从中央到地方都设有“回回令史”、“回回掾史”以及“回回书写”等官员，以协助各地官署处理回回人事务。此外，还设置“回回司天监”、“回回药物院”、“回回炮手军匠万户府”、“回回水军万户府”、“回回国子监学”等机构，在这些机构中任职的回回官员数量也很多。

《明史·西域传》所载的周密《癸辛杂识》云：“今回回皆以中原为家。”元代到过中国的北非穆斯林旅行家伊本·白图泰说：“中国各城市都有专供穆斯林居住的地区，区内有供举行聚礼等用的清真大寺。”“穆斯林商人来到中国任何城市，可自愿地寄宿在定居的某一穆斯林商人家里或旅馆里。”

随着全国统一的实现，回回人出现了大分散、小聚居的局面。例如河西地区，包括今宁夏、张掖、酒泉一带，回回人就很密集。因为这里在元代既是重要的镇戍、屯田区域，又是从西域进入中原地区的交通要道，故落籍的回回人便越来越多。忽必烈时虽曾下令签发过这一带的“回回军”，但终究元代并未见减少。元代著名政治家赛典赤·赡思丁的长子纳速剌丁晚年任陕西行省平章政事，其子孙就有分别落籍宁夏和陕西的。云南昆明、大理一带也是回回人分布较集中的重要区域,他们大都是蒙哥至忽必烈统治时移入的。及赛典赤·赡思丁供职云南后，又不断增多，后遂蔚为大族。此外，今河南、河北、山东等地，也有较集中的分布。

散居在各地的回回人，因信仰伊斯兰教的关系，他们往往自成村落，聚居于礼拜寺附近，形成大量的回回村、回回营和回回屯。在城市中，则逐步出现回回人居住的街区，从而使人口分布形成“大分散、小集中”的格局。各地回回人正是依靠着这样的格局维持着彼此间的联系。

回回人初到中国，他们大都讲阿拉伯语或波斯语，基本上还保持着原来国家固有的文化传统。名字大都仍由带有阿拉伯语或波斯语的音译，如马哈木·牙老瓦赤、扎马剌丁、赛典赤·赡思丁、马合木、阿里、伊思马因等等，都是很好的例证。但由于居住分散，大多数人长期与汉族人民杂居共处，久而久之，其后裔便逐渐学会汉语，并“舍弓马而诵诗书”，接受汉族儒家思想，提倡讲求儒家经典，尊崇忠孝仁爱等伦理观念，喜爱汉族的诗、词、赋、曲。例如著名学者赡思，自幼“从儒先生问学”，“日记古经传至千言”。及至20岁时，又就学于翰林学士承旨王思廉门下，后竟成为一位“博极群籍”的儒家硕学。又如萨都剌、薛超吾（马九皋）、伯笃鲁丁、丁野夫、丁鹤年等人，不仅精通汉族语言，且皆以诗名世。买闾和哲马鲁丁，还以力资兼善学，分别成为嘉兴和镇江路儒学教授。哈剌鲁人伯颜，亦以精通儒家经典而成为当时名士。由于汉文化的熏陶，有的还改用汉姓名，按汉族习惯为自己取“字”；有的在使用原来名字的同时，又取一个汉姓。在他们看来，“居中夏声名文物之区”，“衣被乎书诗，服行乎礼义，而氏名犹从乎旧”，实于理不合，应随时变通自己的习俗，才能更好地与广大汉族人民相处。诚如一位仕元官员凯霖所说，“居是土也，服食是土也，是土之人与居也，予非乐于异吾俗而求合于是也，居是而有见也，亦惟择其是而从焉”。正说明了回回人在与广大汉族人民的共同生活中，已在逐步中国化。[1]

17世纪以后，由于清朝统治阶级实行民族歧视和民族压迫政策，人口发展虽一度受到影响，但截至19世纪中叶，大体上仍处于上升阶段。

1747年（清乾隆十二年），陕甘总督张广泗在叙及甘肃回族情况时说：“甘省回民尤繁，河州聚处尤众。”1781年（乾隆四十六年），陕西巡抚毕沅也指出：“查陕省所属地方，回回居住者较他省尤多，而西安府城及

[1] 许宪隆．试论回族形成中的语言问题[J]．甘肃民族研究，1989（1）．

本属之长安、渭南、临潼、高陵、咸阳及同州府属之大荔、华州，汉中所属之南郑等州县回民，多聚堡而居，人口更为稠密。西安省城内回民不下数千家……回民大半耕种、畜牧暨贸易经营……”清同治以前，宁夏灵州一带，有回民村屯400余处，固原城区回回人居半数以上；陕西渭河两岸，甘肃自天水、秦安、通渭、临洮、临夏、张掖、酒泉，以至青海西宁、大通等地，到处尽是回回庄、回回屯。在云南，自18世纪中叶后，又将居住点扩展至昭通、会泽诸地。北京、南京、天津、沧州、通州、武昌等城市，也有大量回民苔革，并在运河两岸和长江中、下游形成聚居区。[1]

三、回族地理分布的历史原因

目前，回族是我国人口较多、空间分布最广泛的少数民族。据2000年全国第五次人口普查，回族总人口为9 816 805人，在少数民族中仅次于壮族和满族，居第三位。其中，回族散杂居人口占本民族总人口的一半以上。从人口分布上看，回族除主要聚居在宁夏回族自治区外，还有2个回族自治州（甘肃临夏，新疆昌吉）、8个回族自治县（甘肃张家川，青海化隆、门源、大通、民和，新疆焉耆，河北大厂、孟村）以及3个回族彝族自治县（贵州威宁，云南巍山、寻甸）。总之，大分散、小集中是回族最基本的分布特点。从漠北高原到南海之滨，从白山黑水到帕米尔高原，从内地到边疆，从农村到城镇，几乎很难找到哪个县、市没有回族人聚居。分散范围之广，分布地区之多，都是其他民族所不能相比的。回族这种分布局面的形成，有其深刻的历史原因。

其一，本族先民迁入的时间和路线不相同。从海上来的分布在东南沿海各主要城市，从陆路来的主要在西北及内地一些城市。

其二，本族先民的职业成分复杂，迁入中国的阿拉伯人、波斯人和中亚人，包括军人、工匠、贵族、商人学者、掌教和普通的老百姓。由于职业和生活的需要，对居住地的环境要求也就不同，因而开始就分散在许多地方，奠定了大分散的分布特点。例如，军人主要驻防在河西走廊、宁夏、河南、山东、河北及云南等地。后来，这些分驻各地的军人，除了小部分过着兵农合一的生活，被称为“屯戍”人户外，大部分随地入社，成了普通农民，他们或聚居或杂居。商人、工匠等又多分居在各个城市和交通要道上，贵族和学者多住在各级政治中心城市。

其三，宗教信仰的凝聚作用。回族虽然从一开始就居住分散但却没有被同化或融合，反而始终保持一个独立民族的特点，使大分散中的小集中能够

[1] 杨怀中．回族史论稿[M]．银川：宁夏人民出版社，1991:2–35.

存在下来，其重要原因就是对伊斯兰教的信仰成为回族共同文化心理素质的一个基本条件。分居各地的阿拉伯人、波斯人，每到一个地方都要建筑清真寺院，并围寺而居，在多民族的环境中，自成格局，俨然是一个个小的阿拉伯世界。

其四，特殊的社会政治地位。由于随蒙古军东来的许多回回人对元朝的开国及其军事、政治、经济都有很大的影响作用，回回中的上层人物直接参与了元朝的政事，被朝廷作为“色目人”，给予高于汉人一等的社会地位，享受特殊待遇。这也成了促成回族民族自我意识形成的一个因素，使得回族不管在什么地方都能保持着本民族的独立性。

第二节 湖北回族散杂居格局的形成与发展变迁

一、湖北回族的迁入渊源

回族先民最早进入湖北，当在五代十国时期。据钱易《南部新书》记载，五代十国时平南国首都江陵已有回族先民寄住。[1] 回族最早进入湖北，是在宋元交替之际的襄阳之战期间。公元1267—1273年，元世祖忽必烈先后调集数十万大军围攻襄阳。“令赛典赤行省事于兴元（今陕西南郑县），转给军粮。”[2] 令亦恩马因携其所制回回炮“送襄阳军前用之”。[3] 赛典赤、亦恩马因均系回回，其所部也是回回，他们应该是最早进入湖北的回回人。

回回最早于元代在湖北定居下来。公元1274年（元世祖至元十一年），湖北州郡被蒙古大军攻占，一些回回上层人士陆续被派往湖北充任各级地方官员。如湖广行省平章政事阿思兰，湖广行省左丞马合谋、沙班，湖广行省宣抚使博兰台，荆襄宣抚使扎马儿，湖广照磨阿都剌，襄阳路总管府达鲁花赤阿剌罕，武昌县达鲁花赤职马鲁丁等。阿都剌“居中兴路（今荆州区）录事司”[4]。职马鲁丁“徙居武昌”[5]。阿剌罕去世后，由其子将他“葬襄阳城西万山之原”[6]，“其后代当有留居襄阳者”[7]。

明代是湖北回族的形成时期。此阶段，各地回回的大量迁入及本地原有

[1] 答振益．湖北回族 [M]．北京：中央民族学院出版社，1993:2.

[2] 答振益．湖北回族 [M]．北京：中央民族学院出版社，1993:3.

[3] 新元史，卷二十七。

[4] 新元史·丁鹤年传。

[5] 魏国忠懿公神道碑，清河集（卷六）。

[6] 答振益．湖北回族 [M]．北京：中央民族学院出版社，1993:4.

[7] 同治十三年重修，定氏宗谱（卷首）。

回回的发展，回族人口增多，居住区域扩大。明代初期，由于军事调遣和出仕等原因，山西、河北、山东等地回族将领相继调往湖北各地。这些回回将领及其部属的后裔，成为早期湖北回族的主要来源。笔者调查中见到的回族家谱亦能提供佐证：

《定氏宗谱》记载："西台定氏"祖籍麦地那，"先祖伯安，讳定。公起自高昌，仕元顺帝为西台中丞，刚正不阿，事载史鉴。其后徙居山西。二世祖讳宝禄，以武功佐明。洪武十三年(1380年)，护蕃分封来楚，落籍江城"。"授武昌卫指挥"[1]，住江夏长虹桥。

《王氏宗谱》记载：指挥王氏，原籍山西大同府定安县，"洪武十四年，列土分封……钦拔指挥王保驾前来，坐镇湖广"，任"湖广武昌王府中营保驾指挥，兼理军务兵使司"[2]。

《答氏宗谱》记载：答氏"原籍西域"，始祖剌海、剌罕，于元世祖至元三十年（1293年），"帝嘉其廉，命姓答氏，留官于朝"。四世祖答失蛮，随朱元璋征战有功，授驾前指挥。洪武"二十四年（1391年）"，分建藩封，公从埕王至安陆州（今湖北钟祥县），随（遂）官于埕，落籍钟祥。[3]

从仙桃市沔城镇魏××家保存的本族宗谱得知，"魏氏一世祖魏实，祖籍顺天府。洪武年间，封武略将军，调往常德卫。路经仙桃，留人而居。后子孙繁衍，遍及全省"。

明朝中期，随着城乡商品经济的发展，汉口镇逐渐兴起，并发展成为全国重要城镇，江浙一带回回由南京沿江而上，陕西等地回回循汉江而下，汇集汉口，经商贸易。明初定居武昌的回回，因出仕、经商、担任教职和人口自然增长等原因，相继迁往嘉鱼、蒲圻、沔阳、荆州、襄阳等地，使湖北回族的居住范围比以前扩大。沔城回民王中民家里保存的宗谱是这样记载的：

"山西王氏明初定居武昌后，三世祖王宪时即迁居嘉鱼所属郭家垄，迨三、四祖，旋于沔南黄蓬、吕蒙、月堤落业焉。"

---

[1] 同治三重修，王氏宗谱·贴文对照。

[2] 道光二十五年，答氏宗谱（嘉庆5年《自序》）。

[3] 陈锋.明清以来长江流域社会发展史论[M].武汉：武汉大学出版社,2006:505-514.

明末战争频繁，自然灾害严重，陕西、甘肃、河南等地回族大量流入湖北。大约在明天启、崇祯年间，西安附近之魏姓、马姓、杨姓回族，先后迁到陕、鄂两省交界的湖北境内，在陨西县的老水泉、西川、湖北口等地定居下来。河南与湖北两省毗邻县份的回族流入襄阳、陨阳两府所属州县者更为数不少。至此，目前湖北的武汉、荆州（包括仙桃）、襄阳、陨阳这四大较集中的回族聚居区已基本形成。

清代是湖北回族的发展时期。此时的湖北回族，以原有的四大居住地为基点向外幅射，外地回回随着经济社会的发展进入湖北各地经商者不断增多，加上天时、地利等优越条件，湖北回族的居住、活动空间比以前有了较大的发展，形成了回族遍湖北的格局。

从外省回族迁入情况来看，顺治四年（1647 年），西安清真寺掌教马岱山之子马仲所，"……贩毛布贸易湖广。夫长驱至楚……至沔邑凤凰台栖息。因七里城有清真寺，遂移兹土，买置房屋以落籍"[1]。雍正年间，陕西渭河两岸王、哈、万诸姓回族，因经商、逃荒等原因迁入湖北陨西县砍子山、西川、红岩一带定居。河南新野、邓县、唐河、南阳等地回族清初纷纷迁入湖北枣阳，乾隆二十一年（1756 年）在枣阳县城关顺城湾建立了该县第一座清真寺。嘉庆年间，河南回族雷鸣远迁往竹溪。道光至光绪年间，河南南阳凉水泉、社旗、天店、唐河县、湖阳等地的回族又一次涌入枣阳，在逯堂镇建立了新的聚居点。河南新野马氏三十三世后裔马鸿诰于同治年间由新野赴襄樊做牛皮生意，遂在当地落籍。清末，汉口"汉江之滨"的一处回族居住区于辛亥革命前夕成立了"清真自治公益会"，该会 53 名成员来自陕西、河南、河北、江苏、云南等六个省，计有马、哈、潘、张、魏、苏、宛、唐、胡、赛、向、雷、任、李、杨、于、铁、刘、改等 26 个姓氏。上述可见各省移入湖北回族之多。[2]

随着湖北回族自身人口的增加，从清初开始，他们在省内迁徙更加频繁。据《定氏宗谱》记载，从清初康熙年间起至道光年间止，定氏后裔先后落籍湖北钟祥县及其所属之新集、花港埠、答家湖、黄家嘴、庙后等地，此后有的移往荆州、襄阳、老河口、陨阳等地；有的迁往沙市、潜江、石首、京山等地。《马氏族谱》记载：从嘉庆到光绪年间，马氏后裔迁往省内各州县特别是荆州各地比比皆是，尤以定居荆州城、沔阳、沙市、江陵县的小桥市、郝穴等地为多。在此期间，湖北各地回族"贸易汉镇"，移居汉口、汉阳、武昌者更为数不少。到了清末，几乎湖北各州县均有回族居住，在全省范围

[1] 湖北省沔城回族镇《马氏宗谱》（铜柱堂）谱序。

[2] 中国人民政治协商会议湖北省武汉暨武汉市委员会 . 武昌起义档案选编（上册）[C]. 武汉：湖北人民出版社 ,1981:257.

内出现了回族与其他民族“大杂居、小聚居”的局面。[1]

民国期间，除抗日战争时期江苏、浙江、河南、安徽、山东等地有一批回族流入武汉、襄樊、老河口等地外，湖北回族人口呈现下降趋势，且生活十分艰辛。直至中华人民共和国成立后，湖北回族才获得新生。

二、湖北回族人口的发展变化

1949 年新中国成立时，湖北境内，东起大别山，西至大巴山、巫山，南抵洞庭湖，北到历史名城襄樊及其所属县、市，都有回民的欢歌笑语。但在新中国成立前，湖北回族到底有多少人口，从未作过全面的统计，没有任何资料可供查询。新中国成立后，自 1953 年起至今，在全国进行五次人口普查，湖北回族才有了详细准确的记载。

新中国成立后，湖北回族人口的数量变化大体上可分为四个阶段：

第一阶段（1953—1964）

我国分别于 1953 年 7 月 1 日、1964 年 7 月 1 日进行了第一次和第二次人口普查。1953 年，湖北总人口为 27 786 693，少数民族人口总数 41 169；回族人口总数为 28 596，全国回族人口总数为 3 559 350。1953 年，湖北回族人口占全省总人口的 0.1%，占全省少数民族总人口的 69.5%，占全国回族人口总数的 0.8%。在全省各市县中，回族人口在 1 000 以上者有现今武汉市、仙桃市、郧西县、洪湖市、老河口市、襄樊市、枣阳市、郧县等 8 个市县。就地区分布来看，江汉平原最多，占全省回族总人口的 55.01%；鄂西北地区次之，占 40.4%；两地共占全省回族人口的 95.5%。1964 年，湖北总人口为 33 709 344，少数民族人口总数为 184 295；回族人口总数为 45 976，全国回族总人口为 4 888 015。1964 年湖北回族人口占全省总人口的 0.14%，占全省少数民族总人口的 25%，占全国回族人口总数的 0.94%。

1964 年与 1953 年相比，湖北总人口增长 21.3%；湖北少数民族人口增加了 47%；回族人口增长 62.2%，全国回族总人口增长 37.3%。由上可见，1964 年湖北回族人口增长率高于同期全省总人口、全国回族总人口的增长率，而低于湖北少数民族总人口增长率。境内回族人口在 1 000 以上的市、县，由 1953 年的 8 个增加到 13 个，新增加的市（县）为沙市、襄阳县、蒲圻市、潜江市、钟祥县。此阶段湖北回族人口快速增长的原因，除了人口的自然变动外，还与解放初期经济生活的改善及生育意愿等有关。

第二阶段（1964—1982）

1982 年 7 月 1 日，我国进行第三次人口普查。1982 年，湖北总人口为

[1] 答振益 . 湖北回族 [M]. 北京：中央民族学院出版社 ,1993:13-18.

47 804 150；少数民族人口总数为 1 778 734；回族人口为 70 516；全国回族人口为 7 228 398。1982 年，湖北回族人口占全省总人口的 0.15%，占全省少数民族人口的 3.96%，占全国回族人口总数的 0.98%。1982 年与 1964 年相比，湖北总人口增加 41.8%，少数民族人口总数增加 86.5%；回族人口增加 53.4%；全国回族总人口增长 48%。1982 年湖北回族人口的增长率高于湖北总人口，全国回族人口总数的增长率同样低于湖北少数民族人口的增长率。1982 年湖北境内回族人口在 1 000 以上的市、县，由 1964 年的 13 个增加到 18 个，新增的市（县）为十堰市、宜昌市、荆门市、房县、建始县。全省 81 个市、县（含神农架林区）已均有回民居住。这一时期，是湖北回族历史上人口增长最为迅速的时期，原因在于人民生活水平的继续提高、医疗卫生事业的发展、鼓励生育的政策以及与异族通婚所生子女的族属一般都填报回族等等。

第三阶段（1982—1990）

1990 年 7 月 1 日，我国进行了第四次人口普查。1990 年，湖北总人口为 53 969 210，少数民族人口总数为 2 136 066；回族总人口为 77 625；全国回族总人口为 8 602 978。1990 年，湖北回族人口占全省总人口的 0.14%；占全省少数民族人口总数的 3.6%；占全国回族总人口的 0.9%。1990 年与 1982 年相比，湖北总人口增长 12.9%；湖北少数民族总人口增长 20%；湖北回族人口增加 10.1%；全国回族总人口增加 19%。故此期间湖北回族人口增长率低于全省总人口增长率 2.8%；低于全省少数民族总人口增长率的 9.9%；低于全国回族总人口增长率的 8.9%。这一阶段湖北回族人口增长的原因主要有：①民族回归。20 世纪 80 年代初，国家规定了“关于恢复或改族成分”的处理原则：“凡属于少数民族，不论其何时、出于何种原因未能表达本人的民族成分而申请恢复民族成分者，都应予以恢复。”由此，部分回族恢复了自己的民族成分。②这期间实行了与汉族不同的生育政策，即“夫妻均为少数民族者，可申请生二胎”，也致使回族人口增加。

第四阶段（1990—2000）

2000 年 7 月 1 日，我国进行了第五次人口普查。2000 年，湖北总人口为 59 508 870，少数民族人口总数为 2 596 894；回族总人口为 77 759；全国回族总人口为 9 816 805。2000 年，湖北回族人口占全省总人口的 0.01%；占全省少数民族人口总数的 0.03%；占全国回族总人口的 0.01%。2000 年与 1990 年相比，湖北总人口增长 11%；湖北少数民族总人口增长 22%；湖北回族人口增加 1%；全国回族总人口增加 15%。此阶段湖北回族人口增长率低于全省总人口增长率10%；低于全省少数民族总人口增长率的21%；低于全国回族总人口增长率的14%。这一阶段湖北回族人口增长趋缓，主要原因是伴随着社会主义市场经济的发展，市场配置资源推动了人们对生活环境的选择，人口的流动速度在加快，民族散居化的规律显现出来。

2000年与1953年相比，全省总人口增加了31 722 177，增长率为115%，全省少数民族总人口增长2 555 725，增长率为6200%，湖北回族人口增加49 163，增长率为172%；全国回族人口增加6 257 455，增长率为176%。湖北回族人口增长率之所以低于同期湖北少数民族总人口的增长率，最主要的原因是1983年鄂西土家族苗族自治州成立时，与重新确认登记土家族、苗族成分有关。

第三节　沔城回族的源流

几千年来，各族人民在社会流动中逐渐形成大杂居、小聚集的居住状态。在气候湿润、土地肥沃、交通便利的长江中游，众多散杂居少数民族聚落构成了一座座林深叶茂的文化丛林。沔城回族就是其中之一。

沔城回民入籍起始于宋元交替的襄阳之战期间，元代一些回回上层人士陆续充任湖北各级地方官员，如阿剌罕、阿都剌、职马录丁等，其后裔定居武汉、江陵等地。明初，山西定宝禄、王武，北京答失蛮、魏实，安徽马俊等来鄂任军职，后落籍武汉、钟祥、沔阳（今湖北省仙桃市）等地。明中期，汉口渐为全国商业重镇。江浙回回沿长江而上，陕西回回循汉江而下，汇集汉口。原定居武昌之回回后裔，因出仕、经商、迁徙，逐步扩散至嘉鱼、蒲圻、汉阳、沔阳等地。明末清初，因战乱和自然灾害，回回为避战避灾四处流浪，使回回的范围不断扩大，一方面形成当地聚居区，另一方面形成回汉杂居局面。

作为外来民族的沔城回族，伊斯兰教对于回族的形成和发展，起了纽带作用。沔城红花堤清真寺（俗称下寺），重建于明洪武初年，便是明证。该清真寺规模宏大，礼拜大殿可容纳1 000人，1941年毁于大火。如果元朝时期没有大批回民，是不会建如此大的清真寺的。沔城回民姓氏的族谱，大多记载了他们祖先迁入沔城的历史经过。这里选择几个主要姓氏的记载作为佐证。

魏氏（鹤山堂），字派：金、学、文、章、光、尚、国、贤、才、德、行、重、朝、邦、宏、声、远、应、云、龙、化、厚、泽、长、新、彩、凤、翔。据清乾隆二十四年（1759）已卯年，黄马沟清真寺《魏氏墓碑》记载："一世祖魏实公，会际先明；发迹金台（北京），继起者累立勋业，锡封于沔。"现住黄马沟之魏姓，多系"二世祖长房拜柱公所传八世（魏大葵葬于黄马沟）之后裔”。据我的报告人魏国权说：一世祖魏实，祖籍河北顺天府西门外五里村（一说石家村），洪武年间封武略将军，调任常德卫，路经沔阳，因沔阳有清真寺，故以色目人身份，留一子居住于沔。以后其子孙繁衍，遍及全县。其亲属李姓和部属（指挥使）王姓，均同时各留一支。其后人有军户，也有民户。今魏姓人口居沔阳回族人口第一，主要分布在沔城、红庙、埠湾、窑场、通海口等地。

李氏字派：国、正、天、心、顺、家、和、世、泽、长。一世祖李××，祖籍山西（一说陕西），与魏姓同时进入，由南来三兄弟分支，一居沔阳，一居武昌，一居常德。李姓同字派另一支，于清中叶由宜昌保镖来沔，落籍通海口文小坑。今李姓人口居沔阳回族人口第二，主要分布在沔城、红庙、通海口、窑场等地。

马氏（怀远堂），族谱记载：始祖马公讳镇，原籍安徽凤阳府泗州盱眙县，从明太祖征战有功，诰赠明威将军。洪武十六年，奉命守济南；二世旺，替职接征有功，诰赠怀远将军；三世俊，于宣德六年替职改选武昌卫，后承袭指挥至坤（八世）。七世宣，于嘉靖年间率其家众移居沔南之黄泥潭、马家沟落业，是为马氏入沔之始；十世犹龙偕堂弟夔龙，于顺治四年迁徙沔城七里城。今主要分布于沔城、红庙一带。

马氏（铜柱堂），字派：鸿、经、远、志；永、顺、天、新、国、恩、家、庆、世、代、绍、隆。族谱记载：一世祖安南公，祖居陕西长安，历为清真寺掌教之长；二世绍山，里人遂绍师位，接替父职；三世仲所，于顺治四年，贩卖毛布，贸易湖广，闻沔城有清真寺，乃落籍于七里城。

答氏字派：元、清、启、秀、作、相、朝、邦、家、国、余、庆、祖、德、延、长、宽、宏、广、大、福、久、永、昌。一世祖答××，原籍安陆府（今钟祥县）答家湖，清乾隆间，钟祥连续几年大水，其三弟兄逃荒入沔落籍，一住黄马沟的答家台，一住沔城戚家口，一住沔城龙家湾。

蒋氏字派：世、德、应、昌、永、锡、志、光。一世祖蒋××，祖籍南京宜湖县，约于明末清初迁居沔城，经营商业，清道光年间迁红庙。

吴氏先祖吴××，系蔡甸索河人。放鸭子出身，原系汉族，清初迁沔，入赘回族，改汉从回，至今已传至八代。其字派为：贤、良、方、正、克、振、家、邦。

金氏入沔，一世祖金存善，河北顺天府宛平县湛芦镇人。祖先在元朝时就信奉伊斯兰教。洪武元年，金存善官拜保安知州，后调任沔阳知州，因此金氏在沔城落籍，繁衍子孙，族兴人旺。洪武五年，金任沔阳知州时，修建了清真东寺和文圣庙两大建筑。其字派为：世、道、之、光、唯、有、家、邦、尊、文、尚、德、殿、甲、传、芳、中、正、纯、厚、俊、哲、贤、良、人、才、慰、启、永、远、名、扬。

定氏（西台堂）。百家姓上，并无此姓。沔城群众中流传：答、哈、定、赛，乃真回回也。定氏门族，发源于阿拉伯伊斯兰教圣地麦特那，即现在的麦加。始祖定公出使西域，今新疆天山脚下，与伊斯兰诸国相邻，称为回部。元世祖顺帝至正年间，始入中原。至正四年（1344年），官迁西台御史中丞，素称西台世家。一世祖定安公，号伯安，原籍高昌，移居山西大同府定安县一都里，事元顺帝为西台丞。至正五年，巡行天下，人称“包拯”。二世祖宝禄公，以武佐明，洪武十三年（1380年），征战有功，分封楚藩，授武昌卫指挥史。殄灭贼寇，战绩升赏，晋爵将军，落藉江城。后宝禄公葬武昌城外卧湖山。传数百载，干姓涣散，祖功湮没。为不忘祖考功德之基业，定氏故称西台（堂）。三世祖云公、勇公，世袭千户，分屯南嘉，故嘉鱼米埠有二公祖茔。四世祖容公，生文鎏公，茔在嘉鱼螺蛳港。数百年来，子孙繁衍，世代其昌，定氏后裔，散居全国10余省市，尤以洪湖老湾乡定家湾、吕蒙口、嘉鱼米埠、螺蛳港、沔城、二羊村最为集中。其字派为：元、永、祚、宏、中、正、光、明、世、绍、祖、德、开、运、守、成、可、用、为、善、本、立、道、生、登、朝、启、秀、昭、显、昌、荣。

王氏有两系，其一系，祖籍山西大同府定安县。谱载：一世祖名武，明洪武十四年，列土分封，奉旨保驾兼理兵马使司。谕令长男宪并伍承袭。后（二世）现袭居嘉邑，旋迁沔南之月堤、吕蒙口。三世天台，生于乾隆壬子岁，由黄蓬迁入沔阳七里城。其字派为：天、子、盛、朝、文、章、光、明、士、晋、大、廷、中、和、楚、成。另一系为“三槐堂”，祖籍不明。其字派为：亭、登、芳、明、世、成、盛、恩、文、光、兆、庆、家、国、之、贤。

余氏（新安堂），始祖名思温，号宪使，祖籍江右之南昌司。翰林学士，官拜湖北按察史，因巡边至沔东裴家坑，见该地风俗古茂，土沃民饶，援捐建家庙而去，其曾孙名銮，号道贞，访其遗址，率家居之。为不忘始祖择地之恩，故余氏定堂名为“新安堂”。六世祖名庵，居北京回回集聚之地——牛街。受回教教义、道德观念之影响，毅然从教，并成为虔诚信徒。其后代出了不少知名阿訇。明正德末年，进庵移居武昌府江夏县南门内。七世祖德川之后迁沔阳七里城，后分支迁魏家湾。八世祖世顺敬立原谱字派为：宗、天、世、代、永、祖、功、德、泽、长；忠、厚、传、家、宝、遐、龄、福、寿、昌。

谭氏（弘农堂），其字派为：家、学、绍、先、业、诗、书、纪、泽、长、俊、杰、树、宏、宇、振、华、呈、宝、祥、荣、耀、明、月、万、年、永、恒、昌。唐敬宗宝历元年，金紫光大夫谭忠为幽州大将，族益显盛，一至七传奉旨旌表门闾，世代官宦，七传世绩公，字彦章，奉旨巡抚江西，豫章因家焉。追赠礼部侍郎，謚端洁。江西诸谭皆自公起。始祖从政公，自江西迁湖广，元末避地隐居齐安，值蕲黄岳起又由黄冈徙沔居漕河，后定居七里城。

刘氏入沔阳的始祖刘 ××，祖籍河南邓县，清末，因受特大灾害，逃荒到仙桃落籍。[1]

沔城回族主要姓氏：新中国成立前夕，有魏、李、马、王、答、定、金、刘、苏、蒋、丁、陈、许、余、吴、胡、郭、冯、唐、谭、杨、周、哈、米、史、谌、严、尹、徐、张、于、姚、白、杜等34个姓氏。新中国成立后，因回汉通婚关系，增添了罗、柳、傅、蔡、黄、武、盛、高、潘等姓氏。

元末明初，迁入沔城之回族先民定居于七里城，建清真寺一座，随即向红花堤、龙家湾等地发展，形成了第一个回民聚居点，然后逐渐向小桥、下关街、九贺门、江北、官路等地扩展。他们根据各自的社会地位和经济条件，有的从事农垦，有的经营商业、小贩、手工业、宰业、饮食业。从事农垦的，同汉族弟兄一道开发了七里垸、金马垸、江北、官路等地，开挖了大、小莲花池，自成村落。从事商业、小贩、手工业等职业的，在龙家湾、小桥、下关街、九贺门一带，自成街道，形成了一个较大的聚集中心。北有通州河护卫，南有莲花池环绕，既为生聚之所，又为创业之区。

元末、明、清，由来自河北、山西、安徽等地的几股回回源流，加上后来来自南京、湖南、河南以及省内之武汉、宜昌、钟祥等地的回回源流逐渐聚集，始成为今天沔城回族之先民。

第四节　沔城民族关系史

长期以来，沔城回族镇一直是回、汉、土家、满等多民族杂居区。新中国成立前，由于历代统治阶级推行民族歧视和民族压迫政策，回族人民长期处于被压迫的地位，民族之间的矛盾和隔阂较多。尽管回回将领和官员对元、明封建王朝的建立作了不少贡献，但出于阶级和民族的偏见，统治者还是对回族和伊斯兰教进行了种种干预，如元世祖忽必烈“重申成吉思汗法令（破腹杀牲），禁止用割喉之法杀羊，违者杀，籍其家……”明代，朱元璋曾于1368年下令严禁“胡衣，胡语、胡姓”。到了清朝，回族受到更大的压迫。

[1]《沔城志》编纂委员会．沔城志[M]．武汉：湖北科学技术出版社，2000:22.

在法律上，“流徙罪，普通可声请留养的，回回不得声请。某些罪犯，要在脸上刺上‘回贼’字样，作为对回回民主的侮辱……‘回匪’、‘回贼’、‘回子’的名称，成为对回回的经常称呼”[1]。

辛亥革命后，以孙中山为首的资产阶级革命派对回族人民采取不承认主义，并于1912年公布了《中华民国临时约法》，宣称“中华民国人民一律平等，无种族、阶级、宗教之区别”。袁世凯建立起军阀、地主阶级的反动统治以后，各族人民倍受军阀混战之苦，根本没有民主权利可言。国民党反动统治确立后，变本加厉地推行大汉族主义统治。蒋介石公开说道“中国只有汉族”，“其他民族都是汉族的小宗支”，把回民叫做“宗教信仰不同之国民”。直到抗战时期，蒋介石还公然声称：“回族都是汉族佛教信仰。佛教不能称佛民，耶教不能称耶民，那么回教不能称回民。”国民政府还以政务院名义通令全国，今后不能再称“回民”或“回族”，只能称“回教徒”。[2] 受历代反动统治者的民族歧视和民族压迫政策的影响，沔城回族人民受侮辱受迫害的事件时有发生，不仅回民的生命财产毫无保障，其宗教信仰也被践踏，生活习俗也得不到应有的尊重。1925—1926年，国民党军队驻扎沔城，在清真寺杀猪，并将猪肉、猪油投到清真寺井内，尽管国民党军事委员会有“清真寺内禁止驻兵”的禁令，当地清真寺也将“禁令”挂在大殿上以求得保护，但国民党军队根本不予理会，照样在清真寺内驻兵。当时的沔城清真古寺保存有大量的伊斯兰教文物古迹，1941年1月，国民党军队128师竟将之付之一炬。

新中国成立前，沔城回族群众为中国革命也做出了贡献，广大回族群众与汉族群众团结在一起，齐心协力开展救亡运动，保卫国家。第一次国内革命战争时期，沔城回族人民在中国共产党的领导下，和各族人民一起进行了反帝反封建的革命斗争。1925年“五卅”运动爆发后，当时在上海一些日本纱厂做工的100多名沔城回族工人，积极参与了反对厂方克扣工人工资、虐待工人，以及抗议日、英帝国主义枪杀我工人同胞的罢工和游行。在抗日战争的反帝爱国斗争中，湖北各地的回民把自己的命运和国家的命运紧密结合在一起，建立了一些带有鲜明政治倾向的社团，积极投入到抗日战争当中。1938年4月，湖北回民参与组织了“汉口市回民战地服务团”（以下简称“回民战服团”）。1938年8月，湖北回族爱国青年在汉口民权路清真寺成立了“回民救国协会青年服务团”（以下简称“回协青服团”）。上述两团体的使命是抗战救国服务，其主要任务是：深入民众宣扬伊斯兰教教义和抗战的意义；以物质和精神慰劳负伤将士和出征人员家属；救济与疏散流亡同胞，尤其重

[1] 答振益．湖北回族 [M]．北京：中央民族学院出版社，1993:73.

[2] 答振益．中南地区回族史 [M]．乌鲁木齐：新疆人民出版社，1993:137.

视于教胞；对空袭和战地实行救护。沔城回民在当地也积极参加“回民战服团”和“回协青服团”，开展了多种多样的抗日救亡活动。这里要着重提到于1938年5月在武汉成立的中国回教救国协会，该协会成立时拟定了八项工作纲领：“（一）建立全国回族反日统一战线；（二）武装回民参加抗战；（三）融洽回汉感情，实现全国各民族的大团结……（七）肃清回奸及倭寇的一切走狗；（八）组织在沦陷区内之回民保家卫国。”[1]当时沔城也成立了支会，并号召当地回民“兴教必先救国，救国才能兴教”，“踊跃应征出战”，“努力杀敌，救国图存”。在整个抗日战争期间，沔城回民踊跃参加八路军、新四军，活跃在各个抗日战线上。例如，沔城回民在中国共产党的领导下多次配合游击队捣毁日军在长江沿线的交通设施；在新四军进攻蕲春的战斗中，沔城回族青年有数人为国捐躯。[2]总之，在抗日民族统一战线的影响和推动下，沔城回民同全国各民族一道，积极进行了抗日爱国斗争，为夺取抗战的胜利做出了应有的贡献。解放战争时期，沔城回汉人民一道建立了沔城乡级政权和贫农团组织，领导和发动回汉人民，在拥军支前、剿匪反霸、减租减息中做了不少工作。

新中国成立后，沔城的回族人民得到新生，党和政府实行了少数民族政策，当地回族的各项权利得到了应有的保障。例如，1949—1987年，当地政府（县、区）都配备了一定数量的回族干部，同时还从街道和农村挑选一些回族青年，输送到各级学校进行培训；注意在回族中发展党、团员。在历届的沔阳县（仙桃市前身）人大代表中，都有一定数量的回民代表。如仙桃市第六届人民代表大会350名代表中，少数民族代表有14名，其中回族代表12名。1987年，成立了沔城回族镇，党的宗教信仰自由政策得到了全面贯彻，回族群众享受宗教信仰的自由不受干涉歧视。党和政府十分重视民族团结，采取多种形式、多种渠道宣传贯彻党的民族政策，对回汉族干部和群众进行团结教育，克服大汉族主义和狭隘的地方民族主义倾向，逐渐消除了历史上遗留下来的民族隔阂和民族偏见，各民族之间呈现出平等相助、互尊习俗、团结友爱的新气象。

党的十一届三中全会以后，更加注重民族政策的宣传教育，使广大回族群众树立起汉族离不开回族、回族离不开汉族、各少数民族之间也离不开的思想。党和政府注重发展回民入团、入党，选拔回族干部；安排回族当人民代表和政协委员；落实宗教政策，并开放清真寺，退还了宗教房产。回族和汉族之间，回族和其他少数民族之间，彼此信任，互相尊重，团结一致。七

[1] 载《新华日报》1938年6月19日。

[2] 答振益. 中南地区回族史[M]. 乌鲁木齐：新疆人民出版社，1993:157.

红、九贺门、江北等14个社区内，杂居着回、汉等各民族群众。他们有的同居一条街，有的同居一个院，互相尊重风俗习惯，情同手足。汉族、土家族等各族群众主动尊重回族群众的禁猪习惯，不论婚、丧、嫁、娶，或给老人祝寿，都请回族厨师，借回族餐具，办回族筵席，邀回民做客。日常食用的牛羊肉和鸡鸭等一般都请阿訇宰。回族每逢"开斋节"，主动给汉族、土家族等各民族送去节日食品，为儿女办婚事，也邀请其他民族群众做客，回汉等各民族兄弟同桌进餐，共享民族大家庭的幸福与欢乐。

1998年，长江发生了自1954年以来的又一次全流域性大洪水，东荆河、通州河、柴河、玉带河等河水猛涨，泛滥成灾，沔城郊区的汉族灾民流入沔城回族社区1 000多人。广大回族群众腾出房屋安置灾民，并送水送饭给灾民。七红村回族居民有146户给灾民提供了帮助。沔城回族小学、回民中学等学校还腾出一些教室，安排灾民居住，充分体现了回汉群众团结互助、患难与共的良好关系。

纵观沔城的回汉关系史，解放前，回族饱受压迫和歧视，没有宗教信仰的自由，风俗习惯也得不到尊重，地位低下；新中国成立后，由于我国民族政策的贯彻，回族群众的权益得到了保护，回汉等各族群众相处融洽，民族关系呈现出互助团结、和谐共生的景象。

小　结

通过上述分析得出，回族形成发展的历史就是回族不断散杂居化的过程。从历史发展的方向来看，散杂居化是未来回族乃至全体少数民族不可阻挡的发展趋势。当然，回族散杂居化的过程中，也具有相应的特征。这既是回族客观的分布格局和居住状态决定的，又是回族与其他民族不断交往、交流的产物，同时也是回族与其他民族接触和交往的重要形式，更是这种接触和交往的一个重要途径。

1. 入籍因素的多元性

回族进入湖北省，有政治、军事、经济等多重因素。湖北向为中华之腹地，经济文化较为发达，也是政治的敏感地带，往往是南北政权对垒的前沿。宋元之际，大批回回将领和士兵由于征战而进入该地区。他们在军事重镇屯田戍守，形成了湖北回族的最初聚居点。随着元初政局的稳定，许多回回又步入仕途，因官进入湖北，其中有一部分落籍于此。元末，农民战争的烽火遍及全国，而湖北也是当时的主战场，农民起义队伍中有许多回族民众。战争破坏了旧的聚居点，但随着局势的稳定，又产生了许多新的聚居点。从明初开始，持续100多年的西域回回入附浪潮中，再加上明朝政府的不断移民、随军调遣和出仕等原因，又有大批回回入居湖北，基本奠定了近代以来湖北回族的聚居格局。明朝中后期，商品经济渐趋发达，武汉等一大批沿江沿河的城市开始兴起。便利的水陆交通和丰富的资源，为商业的繁荣提供了条件，而回族又素有经商的传统，城市的繁荣吸引了许多外地回回的到来。

2. 大分散、小聚居的分布格局

所谓的大分散，是指在全省81市、县，无论是繁华的城镇，还是偏僻的山乡，已均有回民居住；所谓小聚居，是指由于历史原因，在全省形成了一些规模大小不等的相对集中的回族社区，在农村多自成村落，在城镇多自成街道。如武昌的起义街、下马庄，汉口的广益桥；钟祥市的九里、答家湖；洪湖市的老湾、吕蒙口、月堤、定家湾；仙桃市的沔城、黄马沟、红庙、魏家湾；赤壁市的周郎嘴；郧西县的湖北口等地。这些都充分体现了回族“大分散、小聚居”的居住特点。

3. 沿水陆交通线分布的聚居状态

在全国回族大杂居、小聚居的分布格局基础上，湖北回族在居住格局上还有两点特色。①有水则有回民。湖北地区湖泊星罗棋布，水网纵横交织，由于有舟楫之利，回民多聚居于沿江沿河之地。如武汉、仙桃、钟祥、襄樊等地的回族较集中的聚居点，分别靠长江、汉江。②交通要道多回民。便捷的交通条件，往往是吸引回民大批到来的重要原因。一些历史上形成的交通重镇，如钟祥、仙桃、襄樊等市，回民均在10 000人以上；且部分乡镇回族人口也较多，如仙桃市沔城镇、钟祥的九里乡、襄樊的樊城镇等地，回族人口均有3 000以上。以上列举的地区，一般都具有这两个特点。概而言之，湖北回族以长江及其支流水系和陆路交通线为经纬线，构成了独特的点线结合、呈网状分布的聚居格局。

湖北回族客观的分布格局和居住状态，有利于回族与其他民族的交流，同时也有利于增强民族认同，促进民族团结，对回族的发展有着重要的意义。

1. 有利于回族同其他民族之间的文化交流与互动

跨文化交流是一个比较广义的术语。在人类学中，它通常是指一种文化背景的人、族群或民族与另一个文化背景的人、族群或民族之间所进行的交流。[1] 回族长期跟各族人民杂居，尤其是汉族交相杂居的共生状态，一方面，客观上为回族与汉族之间在政治、经济、文化等各个方面的学习与交流提供了机会，密切了民族关系，与各民族建立了深厚的兄弟感情。另一方面，它

[1] 杨侯第．中国城市民族工作的理论与实践 [M]. 北京：民族出版社 ,2001:65.

促进了各民族之间经济文化交流的频率和程度，相互影响，相互渗透，使散杂居地区的民族文化呈现出多元复合的特征，族际文化共享即两个民族或多个民族共同拥有一种文化现象的情况相当普遍。

相对西北和东南沿海来说，回民大批入居湖北地区为时较晚。但他们却能后来居上，不断吸收了汉族很多宝贵的经验，在生产方式、生活方式甚至风俗习惯等方面都灵活地适应或融入了一些汉族的特点，无论是经济上还是文化上在全国回族中都处于较为领先的地位。在经济生活方面，首先得归功于湖北优越的地理环境和先进的人文环境，尤其是南宋以后，经济重心南移，使湖北的地位更加举足轻重，俗语有“苏湖熟，天下足”之谓。其次，回族入居湖北以后，很快适应了汉族以农耕为主的生活方式，“勤事耕读”几乎成为一般农村回族家庭的治家格言。由于不断借鉴周围汉民族的先进生产技术，湖北回族的经济水平基本与当地汉族保持同步。再次，回族传统的商业、手工业经济仍具有较强的生命力。聚居在城镇和城镇附近的回族多以经商为主。他们不仅从事传统的饮食、牛羊屠宰、皮毛加工、糕点制作、香料生产、珠宝、医药等职业，还紧跟时代步伐，经营丝花店、粗货店、钱庄、粮行等。

任何民族间的经济交流，都必然带来文化上的交流。经济联系的存在和发展，决定了文化的交流和发展，也使各民族文化的涵化成为一种普遍和永久的现象。近代湖北，可谓人杰地灵、唯楚有才。与发达的经济相适应，回民处在高度发达的汉文化包围中，汉族的一些伦理纲常、价值取向、审美观念、生活习俗、文字语言、文学艺术等逐渐为当地回族等少数民族所接受，少数民族的汉化现象也进一步加剧和深刻，少数民族与汉族在文化上的共同性逐渐增多，并在意识形态、语言文字、宗教文化等许多方面形成了一种文化共享的格局。同时，回族也在介绍西域天文、历算、医药等方面做出了贡献。湖北回族在与汉族融合的过程中，出现了一大批文学艺术大家，如元代诗人萨都剌、伯笃鲁丁、吉雅谟丁和爱理沙；明代诗人丁鹤年和书法家陕茂；清代著名画家郑珊、郑琳等。正是由于站在汉民族经济文化较发达的高起点之上，再加上回族人民的勤劳勇敢、务实进取，使得本地区回族很快后来居上，处于全国回族中之较高水平。

2. 有利于加强回族内部的民族认同

民族认同的作用主要体现在，通过民族认同增强民族的内聚力，凝聚民族成员的精神，维护民族的生存和稳定，促进民族的发展和进步，协调民族内部成员之间的关系，推动民族社会经济文化的发展。在理论上，民族认同的实质即为“族群边界”这一文化人类学术语之深刻内涵的外显。“族群边界”（ethnicboundary）理论，是挪威民族学、人类学家弗雷德里克·巴斯（Fredrik

Barth）于1969年提出来的，主要强调民族互动界面对于强化民族认同的作用。主要观点为：不同文化的民族相互接触通常会产生两种结果，一种是逐渐接受其他民族的文化，融入到其他民族中；另一种是在与“他者”的接触中更加认识到“自我”与“他者”的差异，族群边界更加明显，本民族内部更加团结，导致本民族的认同更加强烈。[1] 费孝通教授也据此理论而指出，“民族是一个具有共同生活方式的人们共同体，必须和‘非我族类’的外人接触才发生民族的认同”[2]，即民族认同是在民族互动过程中以民族间的差异性为基础而产生的。据此理论，笔者认为，我国的散杂居回族正是处在民族认同与互动的前沿，在与其他民族的互动中，族群边界更加清晰，并最终形成了以伊斯兰教宗教信仰和风俗习惯为内核的共同心理素质。当然，不可否认存在着回族融入汉族的情况。但是历史的发展证明，在与汉族的互动交往中，回族的民族认同和回族内部的团结得到了加强。如明代文献记载，“奉其教者，行贵居送，千里不持粮”。[3] 这种“天下回回是一家”的民族感情，是形成回族共同心理素质的重要原因，也是回族内部认同强化的表现。回族内部认同之强，自其形成以来便与汉族融而不化、共生互补，一直发展到现在这个有980多万人口的少数民族。

[1]（挪威）巴斯．族群与边界[J]．高崇，译．广西民族学院学报（哲学社会科学版）,1999（1）．

[2] 费孝通．中华民族多元一体格局[M]．北京：中央民族学院出版社,1989:7.

[3] 邱树森．中国回族史[M]．银川：宁夏人民出版社,1996:323.

第二章 沔城回族镇概貌

仙桃市位于湖北省中南部、江汉平原腹地，是湖北省属直辖市和重要的工业城市。东与武汉市相邻，南以东荆河为界与洪湖市、监利县一衣带水，西与潜江市毗邻，北以汉水为界与天门市、汉川市隔水相望，国土总面积2 538平方公里，辖15个镇、3个街道办事处、7个农林牧渔场，709个村（居）民委员会，4 781个村（居）民小组，有汉、回、土家、蒙古、壮、苗、彝、满、高山、瑶、土、朝鲜、藏、侗、白、布依等16个民族，总人口150万，其中回族近12 000人，占全市总人口的0.8%。

沔城回族镇是仙桃市下辖的15个镇之一，位于仙桃市西南33公里处，镇辖12个行政村和1个街道居委会，2009年底总人口24 721，有回、土家、满等4个少数民族8 070人，其中回族人口7 813。

第一节 自然地理概述

一、区位条件

沔城回族镇由于水、陆、空交通发达，加之当地基础设施十分齐全，这为该镇物资流通、招商引资、富余劳动力转移、经济文化发展等等，都带来了比较优越的区位条件。

（一）便利的交通条件

沔城回族镇地处我国中部，毗邻长江和汉江，紧靠武汉，具有贯通南北、承东启西、得天独厚的区位优势，历史上就是商旅过往之地，官驿通衢之所。古时的洞庭“水天一色，风日无边”，八百里洞庭北岸的湖口，就是今天沔城西三里的湖口弦。民国以前，当地河湖纵横，舟楫发达，人们外出多乘舟，附近湖区有“非舟不成路”之说，沔城商人亦“舍民船而就轮船”。在历史上，即陆路交通不发达的时期，水路运输曾起到事关沔城经济命脉的作用。1949年以后，尤其是改革开放以来，陆路交通得到飞速发展，水路运输便逐渐萎缩。

陆路交通方面，有1940—1941年日本人修筑的仙桃至通海口的简易公路。1957年仙桃至通海口的公路在原路基上复修，1978年仙桃至通海口的公路延伸升级，改建为沔（阳）监（利）三级公路。20世纪80年代初，随着经济状况的改善，沔城开始有人买自行车作交通运输工具，到20世纪90年代中后期，几乎每家每户都有一两部，80%的家庭拥有摩托车。20世纪90年代中期，沔城出现“小四轮”，既作客运，也用于货运。现在，贯穿我国南北的京珠高速公路和贯穿东西的沪蓉高速公路在此交汇，从沔城上车，上可至监利、石首到湖南岳阳、长沙，下可至仙桃、武汉到全国各地。

就空中航线而言，距沔城80公里便有武汉天河机场。

（二）畅通的信息渠道

在市场经济条件下，信息已经成为沔城回族镇经济社会发展的重要因素。该镇所处的地理位置及频繁多渠道的城乡交往，为获取各种各样的信息提供了便利的条件。①可以及时了解政策信息，抓住机遇大力发展国家扶持的产业，如该镇正在发展壮大的养殖业及其相关产业；②可以及时了解市场变化，及时调整产业发展方向，如在改革开放初期发展较快的米面加工业，由于市场面较窄，在市场发生变化的情况下得到了及时调整，纷纷转向其他产业；③可以及时准确地掌握产品信息，生产适销对路产品，如在了解到武汉等附近城市农副产品供应紧张的情况下，大力发展农副产品生产及加工，不但为城市提供了大量的肉、禽、蛋、菜，还有效地增加了家庭收入；其四，可以及时了解新技术新产品的开发信息，使新兴产业建立在科学合理的基础之上，如米糠油加工、饲料加工、禽蛋加工、医药化工、机械电子为主导的产业等。

（三）广阔的市场流通渠道

市场是商品经济能否得到发展的重要条件，沔城的市场网络已初步形成。①有集镇市场，不出镇便可以实行交易，使各业既分工又协作顺利发展；②有区内市场，包括仙桃市城区、市内众多集镇，以及附近其他县市。国内市场也正在开发之中，如有的专业户已与武汉、北京、广州、上海、长沙等厂家进行合作，既使自己学到技术，又使自己的产品得到了大范围的外销，从而形成了潜在的发展市场。

二、地理环境

沔城回族镇所辖区域，东与本市郭河镇接壤，西与本市通海口镇相连，南抵东荆河，与洪湖市曹市镇的施家港隔河相望，北靠通州河，过河即为百里排湖，国土面积 36.8 平方公里。总体来讲，地势低平，地貌形态简单，为事实上的平原。西北部偏高，东南部偏低。地面海拔最高点为 32.2 米，最低为 26.2 米。由于沔城处于江汉平原腹地，土质多为黏泥土、潮土、灰潮土，非常适宜于种植水稻、棉花、油菜等农作物和经济作物。

沔城回族镇地处北纬 30° 11′，东径 113°13′，全镇属北亚热带气候特点，气候温和，雨量充沛，光照充足，季风频繁，平均降雨量为 1 188 厘米。雨量分布：4、5、6 月为集中期，占平均年降雨量的 44.5%。据 1964—1980 年的气象资料记载，全年平均气温为 18.6℃。一年中气温变化幅度很大。最高为 6、7、8 月，平均温度 21.6℃以上，绝对温度高达 39—40℃。最低为 12、1、2 月，平均温度在 4℃以下，绝对温度最低零下 15.3℃，个别年份如 1954 年、1969 年，曾达到零下 18℃。由于温差大，一年四季春、夏、秋、冬气候分明。无霜期一般年景为 250 天左右，最长的年份高达 285 天，自然气候宜人，非常有利于农业生产。

自然灾害方面，主要有雨涝、水灾、旱灾，偶尔也有霜冻。雨涝主要发生在夏季麦收期，由于连阴雨或大暴雨，使收割上场的和尚未收割的小麦霉烂、发芽、变质；连阴低温也影响秋庄稼的正常生长发育，加重农作物病虫害的发生。由于沔城雨量充足，且雨季集中，再加上地理位置特殊，经常遭受洪涝灾害，往往“十年淹九水，一年淹几水”，有“沙湖沔阳州，十年九不收，要是收一年，狗子不吃糯米粥”之说。据资料记载，自 1474 年以来，历史上沔城遭受重大的水灾、旱灾达 87 次。仅 1949—1998 年，就发生了 9 次。其中，1949 年夏季，当地大渍灾，粮食绝收；1954 年，遭遇百年不遇洪水，“沔城灭顶，一片汪洋”[1]；1959 年大旱，河湖枯竭，庄稼大量旱死，粮食产量大减，次年大闹饥荒；1969 年 1 月大寒潮，气温零下 20℃左右，河湖封冻一个多月，牲畜大量冻死；1978 年夏季，干旱高温持续 100 余天，虫灾暴发，农田受灾严重；1998 年，长江流域发生特大洪水，沔城亦未幸免。

三、自然资源和主要物产

沔城回族镇的国土面积为 36.8 平方公里，占仙桃市国土面积的 1.44%。耕地总面积 23 124 亩，其中常用耕地面积 21 619 亩，临时性耕地 1 505 亩；

[1]《沔城志》编纂委员会 . 沔城志 [M]. 武汉：湖北科学技术出版社 ,2000:22.

养殖水面 3 545 亩；果园面积 350 亩；林地面积 328 亩。从以上结构来看，该镇属典型的农业区域用地格局。[1]

沔城回族镇地处江汉平原，土层深厚、土壤肥沃，物产资源丰富，有“鱼米之乡”之称，是全国重要的粮、棉、油、鱼、猪、蛋生产基地。粮食作物有稻谷、小麦、玉米、高粱、蚕豆、黄豆、绿豆等；经济作物有棉花、黄麻、红麻、苎麻等；油料作物有芝麻、棉花籽、蓖麻、花生、蓖麻等；蔬菜有青菜、大白菜、莴苣、芹菜、白萝卜、胡萝卜、大葱、辣椒、芋头、花菜、冬瓜、南瓜、西红柿等 60 多种。自改革开放以来，由于市场经济的日益发展，临近集镇的村落农户种植蔬菜的越来越多。

林业主要为人工育林和村落中的散植树木，其主要品种除土生土长的杨柳、桑、榆、槐、桃、梨树等以外，还有引进的水杉、落叶松、樟树等。此外，也生产一定数量的药材，其品种有半夏、桑葚、麦冬、枸杞、益母草等。

沔城回族镇的水资源由河流、地下水和天然水 3 部分组成，年均总量约 3 亿立方米，其中河流径流量 2.7 亿立方米，地下水补给量 0.02 亿立方米，天然水量 0.28 亿立方米。河流有东荆河、通州河、柴河和玉带河。东荆河过境长度约 4 公里。通州河过境长度约 3 公里。柴河原名城河，是一条老河，早在宋朝就有此河，长约 1.5 公里；建国后，大兴水利，将柴河进行了改造，上起苏滩鄢家坝小陈河，下至二老坡向河坝，过境长度仅剩 7 888 米，流经洲岭、江北、七红、二羊 4 个村，是一条主要灌溉渠道。玉带河，古名漕河，起于东荆河南监利县之柳口，经王河口绕沔城东流出张沟。清同治四年（1865 年），杨林关溃口，玉带河被冲断；民国初，修东荆河北堤，将玉带河堵死，玉带河遂成了一条死河，仅能排新垸子、麻思垸、红菱垸、小朱垸、七里垸的部分渍水；新中国成立后，大兴水利，将玉带河肢解；20 世纪 60 年代初，在沔城北门段，将玉带河与柴河接通，引南干渠水灌玉带河南两岸农田。

沔城回族镇境内无大湖泊。新中国成立前，有麻思垸、红菱垸、小朱垸、莲花池等 20 多个小湖泊。新中国成立后，经过水改湖田，湖田又退耕还湖，现存水面约 2 000 亩，成为精养鱼池和水产养殖基地。一些著名的池、潭，除了养殖，也多带有景观性质。

另外，还有丰富的地下水资源，多为重碳酸型低矿化中性淡水，储量为 0.2 亿立方米，可分层取水，分别用于灌溉、工业用水、饮用水。

[1] 为 2009 年 12 月底的统计数据，由沔城回族镇统计站提供。

第二节　历史沿革

沔城回族镇历史悠久，有 5 000 多年的文明史。早在新石器时代就有人类在这块土地上开拓生息。夏、商、周时期，沔阳为荆州域，春秋、战国属楚，秦隶南郡，汉、晋为云杜、竟陵地。梁天监二年（503 年），设郡治（二级行政机构，相当于后来的府，现在的地区），因郡治在沔水之北而得名（南为阴，北为阳），治地今沔城回族镇。

据《沔城志》记载[1]，从公元 551 年起，至公元 2009 年，在长达 1 458 年的时间里，沔城回族镇为县行政机关驻地 1 137 年，郡行政机关（相当后来的行省）驻地 40 年，府行政机关驻地（包括直隶州）426 年。设郡、府期间，都是郡、府、县同城。县以下行政机关镇（区）驻地 294 年，区镇以下行政机关驻地 28 年。在秦统一六国前，沔城地属楚国；秦统一六国后，沔城地属南郡、竟陵、云杜县。南北朝时期（420—581 年），南宋、南齐朝，沔城地属郢州竟陵郡、云杜县；梁朝，天监二年（503 年）置沔阳郡，领云杜县，沔城地属云杜县；西魏朝，文帝大统十七年（551 年）废云杜县，置建兴县，县治设沔城，从此沔城作为政治地名载入史册、志书；北周朝，地方行政分州、郡、县三级设置，武帝保定元年（561 年）置复州（相当于后来的行省）沔阳郡（相当于后来的府）建兴县，州、郡、县同城，历时 20 年。隋朝时期（581—618 年），地方行政简为州（郡）县两级，州（郡）相当行省；文帝开皇元年（581 年），复州州治竟陵（今天门市），领建兴县，县治沔城；文帝仁寿三年（603 年），改复州为沔阳郡，改建兴县为沔阳县，郡、县同城，这一行政设置直至唐武德五年（622 年），历时 20 年。唐朝时期（618—907 年），地方行政分道、州、县三级设置；高祖武德五年，废郡改州，沔阳郡改名复州，属山南道，州治移竟陵，领沔阳县，县治沔城；贞观七年（633 年），复州州治复迁沔阳，州、县同城；天宝元年（742 年），改复州为竟陵郡；乾元元年（758 年），又改竟陵郡为复州，治所一直设沔城；宝应元年（762 年），州治又迁竟陵，沔阳县治仍设沔城，从贞观七年到应宝七年，州、县同治沔城，历时 130 年。五代时期（907—960 年），后梁、后唐朝，地方行政设置沿袭唐朝，复州州治迁竟陵，沔阳县治沔城；后晋、后汉、后周朝，地方行政简为两级。北宋时期（960—1127 年），地方行政分路、州、县三级设置；大祖建隆元年（960 年），复州州治竟陵，沔阳县治沔城；乾德三年（965 年），

[1]《沔城志》编纂委员会 . 沔城志 [M]. 武汉：湖北科学技术出版社，2000:3.

改复州为江陵府，废沔阳县，置玉沙县，县治迁今洪湖市（新堤），沔阳县降为沔阳镇；至道光三年（977年），复改江陵府为复州；熙宁六年（1073年），又改复州为江陵府，废玉沙县，置监利县，县治迁今监利城，沔阳仍为镇；元佑元年（1086年），又改江陵府为复州，复置玉沙县，县治今洪湖市（新堤），沔阳仍为镇。南宋（1127—1279年），地方行政设置未变动；理宗端平三年（1236年），复州州治从竟陵再迁沔城，玉沙县治从新堤迁回沔城；从北宋乾德三年至南宋端平三年，沔城降为县以下行政机关——镇，达270年之久。元朝（1279—1368年），地方行政分行省、府、县三级设置；至元十二年（1275年），改复州为复州路；至元十五年（1278年），改复州路为沔阳府，县名仍为玉沙县，（路）府、县同治沔城。明朝（1368—1644年），地方行政分（行省）布政司、府、州三级设置；洪武九年（1376年），改沔阳府为沔阳州，并玉沙县，州治沔城；从南宋端平三年至洪武九年，府、县同城141年；洪武九年至嘉靖十年（1531年），沔阳为直隶州，相当于府，历时155年；嘉靖十年以后，沔阳降为散州，属承天府，州治一直设沔城。清朝（1644—1911年），地方行政设置沿袭明制；乾隆二十八年（1763年），沔阳州改属汉阳府，州治仍设沔城，直至帝制被推翻，创建民国。民国时期（1912—1949年），地方行政分行省、专区、县三级设置；民国元年（1912年），改沔阳州为沔阳县，县治沔城；民国21年（1932年），沔阳县属第六行政督察区；民国25年（1936年），沔阳县改属第四行政督察区，县治一直设沔城；抗日时期（1941—1945年），县治外迁；民国34年12月（1946年1月），县政府迁回沔城，直至1947年底沔城解放。

1949年10月1日，中华人民共和国成立。地方行政，分行省、专区、县三级设置。1949年8月，沔阳县人民政府从彭场迁回沔城，沔阳县属沔阳专区。1951年6月，沔阳专区撤销，沔阳县改属荆州专区。同时，沔阳县一分为二，东荆河南为洪湖县，县治新堤；东荆河北为沔阳县，县治仍设沔城。1952年4月，沔阳县治北迁仙桃镇，从此结束了沔城作为县治的历史。1951年6月，设置第十区，即城关区，1955年10月，十区撤销。在成立十区时，同时成立城关乡，十区撤销后，城关乡改通海口区。至此，沔城降为区以下行政机关驻地。1984年11月，沔城升格为县辖镇。1987年5月，经湖北人民政府批准，成立沔城回族镇。

第三节　民族、宗教和传统文化

一、民族与宗教

沔城回族镇现有回、满、蒙古、土家4个少数民族[1]共计8 070人，散居在全镇12个行政村、1个街道居委会，占全镇总人口的32.6%。在少数民族人口中，以回族人口居多，占全镇少数民族人口的96.8%。当地汉族居民，主要为本地祖籍、移民迁入。当地回族居民，是先后于元末、明、清时由山西、陕西、北京、安徽、甘肃、湖南、河南等地迁入，以"大杂居、小聚居"的格局在沔城地区分布居住。新中国成立前，沔城回族居民人口没有具体统计数据，1982年为1 903人，1987年5月沔城成立了回族镇有2 683人，2009年底全镇有回族2 319户，共7 843人。他们大都居住在七红村、江北村、城郊村。就民族现状而言，全镇人口中，汉族仍为主体，其次为回族，以及少数满族、土家族和蒙古族。满族、土家族和蒙古族进入沔城的历史，文中不再赘述。此处强调的是，沔城多民族散杂居格局的形成是一个历史现象。

"五教合一，值得一看"，这是著名作家、画家、诗人、湖北省作家协会常务副主席韦启文2004年10月在沔城回族镇采风后所发表的感慨之言。佛教、道教、伊斯兰教、天主教、儒教等多种宗教在这里和谐共存，而且各种宗教的主要活动场所距离最远的不到1公里，最近的也就15米左右，彰显的不仅仅是沔城深厚的文化底蕴问题。

伊斯兰教，旧称清真教、天方教、回教，是一种严格的一神教。公元7

---

[1] 沔城少数民族族源考：

土家族：中国历史上有"北汉南蛮"之说，在长江流域一带有很多少数民族，如土家、苗、瑶、越、壮、畲。此外，沔城所处的位置，与恩施土家族苗族自治州、湘西土家族苗族自治州毗临，相距不到100公里，沔城人民与这些地方的群众多年来一直保持着密切往来，并互有通婚。参见张正明主编的《长江流域民族格局的变迁》，湖北教育出版社，2004年版，第49、166–172页。

蒙古族：据沔城《陆官宗谱》记载，沔城陆氏先人为蒙古族。谱首序《创修序》称，"吾祖陆公，讳奕。原籍吕城，色目人也。元世祖时，官沔阳府同知"。再据《陆氏溯湖序》载，奕的父亲叫阿里克布克，因和元世祖忽必烈继承皇位有分歧而逃逸到沔南，隐姓埋名，改籍色目人。现今，监利、洪湖、沔城有不少姓陆的，为蒙古族后代，沔城镇现有200多蒙古族后裔。

满族：康熙二十二年，清王朝在湖北荆州府城设八旗驻防，荆州驻防八旗，由满、蒙八旗组成，并在监利、潜江、沔阳等县设有马场，与当地群众亦有交往和联姻；1911年，辛亥革命爆发，驻防八旗受到巨大冲击，多数官兵迁出后就近在满城外以种地等方式谋生，由于沔城毗邻荆州满城，满族迁移到此地的人口较多。参见马协弟的《荆州驻防八旗志》，辽宁大学出版社，1990年版，第104页；潘洪钢发表在《满族研究》1992年第2期的文章《辛亥革命与荆州驻防八旗》，及其在《中南民族大学学报》(人文社会科学版)2006年第3期发表的文章《清代驻防八旗与当地文化习俗的互相影响——兼谈驻防旗人的族群认同问题》。

世纪中叶传入中国，元朝末期随着回族人入沔而传入沔城。沔城，历史上建有清真东寺（欲称下寺，在七里城）、清真西寺（俗称上寺，在红花堤）。据《沔阳州志》记载，沔城东寺最迟当建于明末。清嘉庆年间，因沔城回族人口增长，为满足回民节日聚礼之需求，又在红花堤街兴建清真西寺。清朝末期，受清王朝“护汉抑回”政策的影响，两个清真寺被破坏。1941 年，国民党放火烧城，东西两寺全部化为灰烬。新中国成立后，党和人民政府十分关怀回民，重视回族人民文化生活和传统风俗，于 1955 在红花堤清真寺的废墟上重建“沔城清真寺”。现在，沔城清真寺是沔城镇著名的旅游景点之一，也是展示沔城民族团结的一个窗口。

佛教于东晋初年（365—378 年）传入沔城，唐代大发展，明、清两代鼎盛，清末以后逐渐式微。沔城古时有四十八寺庙之说，现今佛教场所有广长律院、普佛寺 2 处，由住寺（院）僧尼管理。广长律院，据传为湖北省佛教三大丛林之一，在兴旺时期，常住僧 20 余人，单挂僧 30 多人，开期求戒者常达四五百人，现今有住寺（院）僧尼 30 多人。

道教是我国本土宗教，传入沔城已有 1 400 多年的历史。沔城的道教中心为玄妙观，还有东岳庙、准提阁、延寿庵等，常年有斋公、斋婆十多人住观守阁。

儒教圣地为文圣庙，又称孔圣庙，地处现在的文圣公园内，实际上是一个古建筑群，据《光绪志》记载：“始建于明朝洪武五年（1372 年）四月，建有大成殿、廊庑戟门、东西斋、明伦堂、射圃、库厨。六年二月竣工，九年定为州学，十年知州金德复增饰之。以后屡有修建。”内立有孔子塑像，身高 3.5 米，重 8 吨，乃全国之罕见。像前碑文写道：“昔日孔堂遭燹灾，今朝圣像矗层台；浑池重建墨香溢，文殿复兴骚客来；礼仪先师传美德，孝忠尼义育仁才；古城借此添春色，桑梓风云入壮怀。”碑文既记述了文圣庙兴衰的历史，也道出了今天人们对一代圣人的敬仰和崇拜。

天主教清朝初期传入沔城，1937 年在沔城南门街道教堂一所，牧师为爱尔兰人。办上智小学一所（1937—1941 年），名曰“义学”，专收教徒子女，男女分班，学生数量不定，教材为圣经，参加宗教活动。1941 年，日本军进占沔城，教堂被国民党军队 128 师烧毁，牧师回国，从此停止了宗教活动。

二、传统文化素描

（一）民间文艺

1. 民间文学

沔城回族镇民间文学，有歌谣、传说故事和谚语等。沔城回族镇民歌内容十分丰富，笔者在田野调查中搜集到的大量沔阳民歌资料，大致可分为 8

种，即号子、田歌、小调、灯歌、风俗歌、儿歌、革命历史民谣、新民歌等。流传较为广泛的的歌谣，有《薅草歌》、《绣荷包》、《私望郎》、《轭拢摇》、《背背砣》、《猜中指》等。传说故事，有《莲花池的传说》、《彭道人传奇》和《狄梁共问政处》等。当地人们习用的俗语、谚语和歇后语，有反映节气变化的“月逢初四雨，九个半日头”、“三月十八雨，四月十八止”、“冬至晴，年必雨日头反照，晒得鬼叫”、“头八无雨二八休，三八无雨到立秋”、“南风送九，干死荷花气死藕”；有说明农田耕作的“芒种芒种忙忙种，芒种打火夜插秧”、“立夏前好种棉，立夏后好种豆”、“一年四十五天忙，栽秧割麦两头忙，屋里忙到蚕儿老，外头忙到麦子黄”、“家有一园菜，少吃一囤谷；家有一塘鱼，多吃一囤谷”和“种地不用问，全靠功夫粪”等；有晓喻友好团结的“山不转路转，河不弯水弯”、“远水解不了近渴，远亲不如近邻”；有劝勉人们勤俭持家的“兴家犹似针挑土，败家好比浪推沙”、“惜钱有钱用，惜衣有衣穿”；有抑恶扬善的“主家不正，一屋邪神”、“小时偷针，大时偷金”等；歇后语有“荷叶包鳝鱼——溅之溜之”、“买干鱼放生——不知死活”、“茄子上结大椒——怪种”等。

2. 民间传统艺术

民俗剪纸。沔阳素称“歌艺之乡”，民间艺术比较繁荣，民俗剪纸蔚然成风。其民俗剪纸，可分为婚俗、丧俗、服饰、宅居装饰、岁时节令五类。例如服饰剪纸，剪纸内容丰富多采，如老太太头戴的勒子、脚穿的花鞋；中青年妇女用的围裙、绣花鞋、包被堂心、袜底、手帕；儿童的狮子帽、虎头鞋、长命锁、涎兜、香包（又称香囊）、绣花衣裤；青壮年男子的布草鞋、拖鞋、鞋垫、箍带等。花样多系祈福、添寿、发财、喜庆、爱情、多子、辟邪、消灾等吉祥内容，如富贵有余、多福多寿、松鹤延年、长命百岁、荷花鲤鱼、金玉连发、一本万利、百事如意、丹凤朝阳、麒麟送子、狮子滚绣球、鲤鱼跳龙门等，还有一帆风顺、二龙戏珠、三羊（阳）开泰、四季平安、五福临门、六合同春、七夕相会、八仙上寿、九路来财、十全齐美等。

1994 年 12 月 12 日，当地成立了剪纸学会。该学会受到了中央美院、湖北省省民俗协会、湖北省剪纸学会、武汉市民协和剪纸学会的资助。该学会成立后，办会刊、办展览、办培训班、推荐作品，开展对沔城剪纸的大力宣传，挖掘传统剪纸艺术，创作现代剪纸，注重培养剪纸新人。剪纸学会与当地中小学、幼儿园美术教师开办少年儿童剪纸班，培养青少年儿童 1 000 多人。现在沔城的剪纸作品，不仅在报刊杂志上时有登载，而且在妇女儿童服装、装潢、广告、商标、舞台、会场、居室以及婚丧嫁娶等领域美化人民生活，应用十分广泛。

沔阳花鼓戏。沔阳花鼓戏是湖北三大地方剧种之一，形成于清嘉庆年间，已有100多年历史，发源于沔阳通顺河、襄河一带，形成于沔阳、天门地区。它的唱腔主要来源于当地民歌、小曲和渔鼓、道情音乐，很多唱腔渗透着民歌音调，有些仍保留着民歌原形。同时，也吸收了某些楚剧、汉剧、汉滩小曲的音调和曲牌。具有主动、明快、幽默的艺术风格。它的表演形式是在民间歌舞和地花鼓的基础上发展起来的。沔阳地势低洼，水灾频繁，故有“沙湖沔阳州，十年九不收”之民谣，旧时当地百姓深受水灾之苦，只得背井离乡，靠敲碟子、拍鱼鼓、打莲湘、玩莲花落、唱民歌小调乞讨谋生。这些艺术形式，也在艺人们的实践中得到了发展，逐步演变成为有人物装扮、有简单故事情节的表演形式，唱的多是恭喜之词或爱情生活小故事，如《十枝梅》、《思凡》等。这就是当时所谓的“沿门花鼓”、“地花鼓”。后来，艺人们借鉴其他剧种不断丰富、完善，把过去只清唱改为唱作兼重，把男扮女装改为女扮女装，使其表演更贴近生活，而又有一定艺术性。它的打击乐除了吸收兄弟剧种锣鼓经外，其牌子的打法、乐器的配备，又别具一格，如“草钹”、“乱劈柴”、“走锤”、“高腔、悲腔、打锣腔更子”、“圻水三起板”等锣鼓牌，都有独特的打法。乐器除鼓、板、锣、钹外，马锣的运用能烘托气氛，显示出浓郁的地方特色。沔阳花鼓戏有传统剧目150多个，改编和创作的现代剧目近100个。其中，传统剧目《站花墙》、《秦雪梅》、《王瞎子闹店》、《秦香莲》，以及现代戏《向老三招婿》、《小坚决》、《红炉》等优秀剧目深受群众欢迎。现在，沔阳花鼓得到不断创新与发展，并培养了一批具有较高水平的创作表演人才，民间花鼓艺人遍及乡间，专业、业余剧团常年活跃在城镇乡村，丰富了城乡人民群众文化生活。

渔鼓。民间称之为道情。演唱者边拍鼓筒边演唱。渔鼓词讲究音韵，后来发展到一人唱、众人和（帮腔）。新中国成立前，唱渔鼓是一种行乞手段，新中国成立后，逐渐形成为一种文艺形式，并被搬上了舞台。今天，沔阳渔鼓录音带、VCD在仙桃市各大音像商店到处可见。沔阳渔鼓一代新人，如雨后春笋般地涌现，活跃在仙桃乡里民间、街头巷尾和红白喜事之间。

皮影戏。俗称唱“皮影子”。新中国成立前很流行，新中国成立后逐渐衰落。1987年6月，沔城皮影艺人昌占生等5人曾代表沔城参加仙桃市桃花节皮影戏汇演，演员方成法、李美安获优秀演员奖。

说善书。又称讲善书。新中国成立前很流行，新中国成立后曾被当作宣传封建礼教、宣传封建迷信而取缔。传说善书起源于顺治年间，说唱内容为《圣谕·贤书》。后来，有人据此编出《十全大善》，提倡朴实、正直、善良，反对虚伪、狡诈、不轨；提倡忠孝节义，反对奸盗邪恶；宣传“善有善报，恶有恶报”。现在看，内容多数是健康的，因此近年又有恢复。说善书，讲究语言感情，说者悲悲切切，听者常被感动得泪流涕零。

硪歌，是一种劳动号子，多为修堤、挑台起屋时唱。一人唱，众人和，边打边唱。内容有戏剧唱词，也有即兴自编自唱。

蚌壳精。由一男一女化妆表演，女的打扮得健美妖娆，藏在一可开可合的蚌壳内，男的装扮成渔夫，双方以丰富的想象，变换舞姿，互相戏耍，同时伴以锣鼓，进行有节奏的表演。新中国成立前，蚌壳精多为男扮女装；新中国成立后，改掉了这一习俗，改为男扮男、女扮女。这一节目，一般在春节期间表演。

狮子舞。俗称“玩狮子”。表演者多为有武艺的人，两人顶狮子皮，一人掌乡球，三人配合表演。玩狮子，有场地玩和搭台玩两种。搭台玩叫玩“台狮子”，节目有“一柱香”（把9张方桌垒起来）、“九妖十八洞”（用几十张方桌垒成“山”）等数十种，表演十分惊险。沔城舞狮子，与当地人习武的习惯有关。沔城人历来崇文尚武，文人辈出，武士云集，形成了读书习武良风。既练拳术兵器，又习舞龙舞狮。

龙灯。沔城七里城回汉人民的龙灯技艺，为方圆数十里所赞叹。龙灯头尾共13节，分场地玩和搭台玩。场地玩，有天盘、地盘、地滚（俗称懒龙翻身）、鱼咬尾、半边月、青龙盘柱等花样。搭台玩，名堂很多，最简单的是攀“五岳”，用5张方桌搭成山形，复杂的有摆“龙门阵”、“九妖十八洞”，用55张方桌（30张亦可）搭成塔形，龙灯蜿蜒翻滚其间。

彩莲船。彩莲船又叫“跳采船”，是水乡的一种舞蹈形式。彩莲船一般为双人舞，一艳装女子站彩船中，一渔夫装扮的男子持竹篙站彩船头，作撑船状，两人同唱同舞。有的还在彩船后加一丑角，名为“摆艄婆”，配合男女同舞。唱词多为四言八句，唱腔多为地方小曲和花鼓调，唱时伴有锣鼓敲打。春节期间，彩船挨家挨户送恭贺、讨“利司”。

踩高跷。表演者双足踩在二三尺高的木跷上，并装扮成各种人物形象，手持道具，在锣鼓伴奏声中演唱。装扮的形象，多为《八仙过海》、《刘海戏蟾》、《送友》、《访友》、《桃园三结义》等戏剧故事中的人物。

小曲清唱。沔城地区的小曲清唱，多为盲人艺人。唱本多为戏剧故事改编，曲调为地方乡土小调。唱小曲有在茶馆坐堂的，也有走街串巷卖唱的。

划龙船。划龙船既是文娱活动，也是体育活动。历史上，沔城划船在大、小莲花池举行。只有城厢九码头参加，即东门、南门、北门、西门、九贺门、小桥、江北、七里城、红花堤。1941年大火烧城之后，户口锐减，各码头形不成力量，从此四乡农村才被允许进城划船。沔城划船，多雇请四乡桡手，历史上有“划赢了吃包子，划输了吃黄瓜”的传统。桡手赢了，码头上的商家铺户为其挂红放鞭，大摆筵席款待；要是输了，桡手自觉无光，偷偷溜走。

十番锣鼓。沔城历史上盛行的“十番锣鼓”起源于明代，流传于民间。后被释、道加以利用，故似乎是一种与宗教活动有关的音乐。从前东岳庙的“香火”很盛，每年从农历腊月三十至第二年正月十五，到东岳庙烧香还愿的香客很多，在进香者中，就有“十番”乐队伴奏，有时多达五六组之多。十番锣鼓在沔城有叫“清音”的，有叫“细乐”的，也有直呼为“星当昌”（“昌”读“访”，下同）的，由构成10种音色的敲击乐器（打、扑、堆、各、七、浪、星、当、昌等）加吹管乐器（笛、箫、唢呐、笙）组成，属于“鼓吹乐”的一种演奏形式。演奏的曲调多为南北曲牌中的牌子曲，也杂有部分民间小调。沔城十番的曲牌，主要有《渔家乐》、《金钱花》等。

（二）风俗习惯

1. 衣食住行

（1）服饰

服装。清末民初，沔城城乡男女服色以宝兰、元青和玉色为主，年轻女人喜好大红、大绿和土染印花布。布质贫富悬殊，穷者多着自制土布，富者多用绸缎、裘皮和细布。服式方面，男子上着大襟布扣长衫、长袄，外套马褂，下穿紧腿折腰系带长裤；女子上为大襟阔袖滚边镶角布扣短袄、短罩衣，下为滚边折腰长裤或百褶滚边罩脚裙。男子劳动时，身穿对襟布扣短棉袄，腰缠八尺土布带；妇女劳动时，胸前多系兜肚或围裙；渔民捕鱼时，穿用猪血和红根熬染的自制蛮裆裤。新中国建立初期，城乡服式多袭传统，在青年知识分子中有变革。女子穿旗袍或连衣裙，男子穿中山服、青年服，列宁服男女均穿。“文化大革命”十年，男女流行黄军装，以示革命。1978年以来，时装潮流突起，成衣销售剧增，港式服装居首，西装流行，茄克衫、牛仔裤、健美裤、针织衫、裙衫、毛呢大衣、人造毛服装、羽绒衣、蝙蝠衫、风衣等行情看好。各类服式质地考究，色调明快，式样多变。农民雨天劳动，穿塑料雨衣或橡胶雨衣。渔民作业，穿过胸橡胶下水服。

帽子。新中国建立前，城镇男子冬季戴礼帽或瓜皮帽，老年妇女戴“两块瓦”布帽或绣花缎子帽。农村男子多戴“罗宋”帽（俗称狗钻洞），少数青年戴礼帽，老年妇女缠绉纱包头，中青年妇女扎头巾。儿童戴八仙帽、纱帽和绣花帽。夏天戴草帽，雨天戴斗笠。新中国建立后，城乡男女因时而异，流行八角帽、解放帽、军帽、工人帽、太阳帽、西瓜帽、礼帽、毛线编织帽。老年妇女戴平绒平顶帽、缠包头。中青年妇女缠毛线围巾、八角帽、色彩鲜艳的西瓜帽、毛线编织帽。儿童最喜动物图案帽。

鞋袜。新中国建立前，城乡居民鞋袜多为自制。男子春秋多穿圆头、剪子口、方口、出边布底布鞋；夏天穿草、麻、布、索线草鞋；冬天穿“蚌壳”式、中统棉鞋；雨天穿木屐、桐油布质泥鞋和靴子。渔民穿齐膝、齐大腿桐油布质钉钉的靴子。袜子多用布袜或上底长统纱袜。妇女缠足、裹脚，“三寸金莲”穿做工精细的绣花布鞋和棉鞋，雨天穿桐油布质尖头靴子。新中国建立后，鞋袜式样和质地应时而翻新。男女春秋穿布底布鞋、塑料底布鞋、解放鞋、力士鞋、运动鞋、旅游鞋和中、高跟皮鞋；夏天穿木底拖鞋、海棉拖鞋、塑料凉鞋；雨天穿皮靴子、木屐、“蚌壳”胶鞋、半统、深统胶鞋。袜子有布袜、纱袜、锦纶袜、尼龙袜、运动袜和长统透明丝光袜。

发型。男子，清末脑后蓄辫子，民初剪辫子剃光头。老年留胡须．少数青年蓄西装头或平头，男孩蓄“顶达”。新中国建立前，女子未婚者梳辫子，婚者绾髻于脑后，额前蓄“刘海”；女学生剪短发（俗称搭毛），女孩扎“羊角辫”。新中国建立后，农村老汉仍多剃光头，其他男子多蓄小平头、大平头、“一边倒”、包菜头、分发头，极少数青年蓄胡须和披肩长发；妇女多剪齐耳短发。20 世纪 70 年代末至 80 年代以来，烫发者日增，少数未婚女青年发式与男子接近；农村老年妇女仍多绾髻。

首饰。新中国建立前，首饰多为妇女饰品，有耳环、簪子、手镯、项链、戒指等，其质地贫富悬殊。贫者多用铜、石、竹质，富者多戴金、银、玉质。儿童带项圈（俗称狗圈）、长命锁、脚圈、手圈，少数富有男子戴戒指。新中国成立后，首饰在“文化大革命”中破除。20 世纪 70 年代，手表成为时髦。改革开放以来，戴首饰的人渐多。

（2）饮食

主食。民国时期，民间自产自食，以大米为主食，以杂粮为辅。平日生活半干半稀，半菜半粮，一日两餐。农忙季节一日三餐，有的地方再加早餐或夜餐。灾年，以糠皮野菜充饥，或流离乞讨。新中国建立后，各族人民分得了土地，吃粮有保障。20 世纪 50 年代末三年自然灾害期间，吃粮水平下降，当地人民采莲藕或野菜弥补不足。20 世纪 70 年代，发展“双季稻”，粮食逐年增加。20 世纪 80 年代以来，人民均以大米为主食，日食三餐，农村为三餐大米饭，城镇中、晚为大米饭，早餐以面食和油炸品为主，多数居民习惯在市场上购食。

副食。当地城乡历来喜食自制副食，其品种有：米粉类，即大麦粉、籼米粉、糯米粉、玉米粉等；点心类，即米糖、蔗糖、米泡、糍粑、棕子、汤元、米团子、豆皮、油条、油香、荷叶皮、玉兰片、果子等；面类，即米面、豆皮面、麦面等，沔城鳝鱼面，风味奇特，回味无穷。由作坊制作的点心，有鸡蛋糕、蛋卷、酥糖、雪枣、饼干、蔗饼、酥饼、月饼、桃酥等。

菜肴。当地城乡家庭有因时令自制干菜、腌菜、鲜菜、酱菜之传统。一般为春天腌盐菜、糟鱼、糟肉、烘豆腐干；夏天晒辣酱、鲜鱼、鲜肉；秋天有鲜辣椒、鲜藕、晒萝卜干、腌辣椒、酱萝卜、酱洋姜；冬至后腌鱼、腌肉、腌腐乳、煮腊八豆。鸡蛋、鸭蛋，因需要而制成盐蛋。沔城千张，质薄而嫩，有咬劲，成为传统产品。

回民菜肴。当地回民禁食较多，除猪肉外，自死物和食肉动物都为禁食。回民喜食牛、羊、鸡等，但须经阿訇“下刀”才能食用，其它素食烹饪风味与汉族相同。沔城牛肉饼鲜嫩柔软、香气扑鼻、味道纯正，是当地回、汉各民族席上的珍品，当地回民精通其做法。1998 年，湖北省第五届烹饪暨地方乡土菜大赛中，沔城牛肉饼荣获金牌奖。回民每逢节日相互赠送酥饼、油香等食品，彼此表达吉祥如意和衷心祝愿，增进团结友爱。

茶、酒。沔城城乡居民喜饮绿茶和红茶。搬运工人爱喝乌龙茶，少数农家饮粗茶，俗称“三片罐”。沔城民间多饮高粱酒，兼饮养酒、大麦酒和稻谷酒等。筵席以“劝酒”为敬。男女订亲和时令佳节都互赠酒。改革开放以后，城乡居民喜饮啤酒、葡萄酒、汽酒和低度白酒。回民禁止在清真寺饮酒。一般家庭常用糯米做米酒。回民家里来了贵客，一般用油茶相待，油茶脆爽香甜，油多而不腻，风味独特，细细品尝，回味无穷。

（3）民居

清末、民国时期，当地住宅多座北朝南，窗小而少。城镇为木质结构的平房或二层楼房。士绅富贾是四井口青瓦马头墙的深宅大院，即进大门为前厅，两侧为耳房，接着是天井，两旁为厢房，过天井进正厅（堂屋），两边为正房，正厅后面为拖园子。商业客栈多傍水依堤建房，铺面在堤上，后屋在堤下，水丰时，上为房，下为水，俗称吊脚楼。农村住宅多为木质结构的泥壁草顶房，也有少数青瓦平房，富户人家住“九柱十一檩”砖瓦房或“四井口”的深宅大院。渔民瓦房甚少，多为用楠竹扎架、用岗柴或高粱杆做壁、用茭草或茅草盖顶的草房，间有少数窝棚或人字棚。新中国建立后，民房式样多袭旧俗，但质量逐渐提高。20 世纪 70 年代，城镇新建住宅多为钢筋水泥结构的 2—3 层楼房，农村以宽敞明亮的瓦房代替草房。改革开放以来，城镇多建两室一厅或三室一厅的楼房，农村少数亦盖预制结构的二层楼房。

（4）交通

民国以前，当地河湖纵横，道路阻塞，舟楫发达，人们外出多步行或乘舟，富宦人家骑马、坐轿，附近湖区有非舟不成路之说。民初初年，沔城商人“舍民船而就轮船”。20 世纪 20 年代，沿江一带及内河新堤至府场段往来大多乘小型轮船。新中国成立后，水陆交通发展迅速。20世纪50年代，陆地始建公路，人们外出亦舟亦车；20世纪60—70年代，人们远行多乘汽车，短途多骑自行车，渔船装上挂桨机；20世纪80年代以来，自行车普及城乡家庭，轻型摩托车、手扶拖拉机、小型卡车、小轿车和客车进入部分城乡家庭。

2. 节令习俗

正月初一，谓之过大年。凌晨开门“出行”，燃放鞭炮，有的户还用柴禾扎成把燃烧，曰“发宝柴（财）”。过年，要穿新衣，戴新帽，穿新鞋。“出行”后，晚辈给长辈拜年，长辈要给晚辈压岁钱。

正月初一到初三，是“禁忌日”。先一年腊月三十要烧好年饭，年饭要管三天，谓之“陈年饭”，意思有陈积有余。正月初三前，不能烧“新现火”，家里的物件不能移动，垃圾不能外倒，泔水不能外泼，说话要讲吉利。

初三下午送年，要焚香化烛，燃放鞭炮，顶礼膜拜。送年之前，关门闭户，送年之后才能开门，名之曰开“财门”，招财进宝。

正月初九为上九日，九是一个极数，是一个喜庆的日子。传说是大菩萨“过生”，善男信女，成群结队，锣鼓喧天，鸣放鞭炮，前往庙堂烧香，求菩萨保佑。

正月十五日夜，为元宵节。俗有“年小月半大”之说。元宵节又称灯节，老百姓要扎灯、挂灯、赛灯、观灯。这一晚上是很热闹的。《沔阳乾隆志》有这样的记载：“正月十五称为上元节，又名灯节，各村购灯置社庙或人家以敬社公（即土地菩萨）。自十一日起，至十五日尤盛，箫鼓喧闹，列户悬灯于门，宵分始息。是夜，幼女辈请柴姑（又曰请七姐），问丰欠，乡人燃炬放爆竹照田间，声彻远迩，谓之赶毛狗，逐疫意也。”这一天，家家户户做汤圆吃，以示大团圆。

东岳庙会，在沔城是一大盛事。每年除夕开山门，至正月十五闭山门，为期15天。烧香拜佛的，人山人海，日夜川流不息，特别是初九这一天，为“会香日”，附近各县远及湖南，都有“香客”来朝拜。

三月初三清明节。族人要“清明会”，备俎豆三牲，到祠堂祭祖或到祖坟扫墓，寄托哀思。

四月二十八城隍会，五月初一傩礼会。这两个会是联结起来举行的。四月二十八商家铺户，根据各自行业的特点，张灯结彩，如药店就扎寿星、麻姑采草药等。富家子弟则着彩装、骑彩马，跟着菩萨同游全城。菩萨后面还有各行业组织的龙灯、蚌壳精、高跷队伍。这一天，全城人山人海，甚是热闹。新中国成立前，迎神活动年年举行；新中国成立后的一段时期，迎神赛会活动曾经停止，回民则请阿訇为去世的亲人或祖先“走坟”。

五月初五端午节，俗称“端阳节”。端午节来源于悼念爱国诗人屈原投汨罗江的故事。端阳分小端阳、大端阳。过端午节，家家户户吃粽子、包子、撒子、芝麻糕、绿豆糕、盐鸭蛋。女婿有去岳丈家送“端阳茶”，亲友之间要馈赠礼物。小端阳，成年人喝雄黄酒，小孩用雄黄酒擦头涂脸，身上挂香袋，家家户户门口悬艾蒿，据说这样可以驱蚊除疫。大端阳，划龙船，这一习俗在沔城至今不衰。

六月六日，“龙晒衣”。传说这一天晒了衣服，可以消毒、防毒。实际上是半年大扫除，这一良好的卫生习惯，至今仍风行。

七月十五中元节，又称“鬼节”。这一天各庙堂要举行“盂兰大会”，还要做各种素食会餐，家家户户要给去世的亲人、祖先烧包袱。

八月十五中秋节。中秋时节，一年的收成基本定局，近有“八月十五放光明”之说。中秋节，未婚的女婿要去岳丈家，找岳父要人，商订结婚日期，俗称送“中秋茶”，亲友之间互相馈赠礼物。这一习俗至今盛行。

九月初九重阳节。旧时有重九登高的习俗和传说。

腊月初八为佛成道日，寺院除了举行佛浴法会纪念仪式外，还要煮“腊八粥”供僧众。这一天是一个传统婚期。俗话说，“要得发，选腊八”，“要得发，不离八”。这一习俗至今仍很流行。

腊月二十四，过“小年”。卫户（即军户）腊月二十三过“小年”，这一天要敬灶神，炒“腊锅”，过了这一天，不能动“腊锅”。

腊月三十（月小为二十九）为除夕日，除旧布新，它表示旧的一年终结，新的一年开始。不论什么人都很重视这个节日，俗话说：“叫花子也有三天年”。这一天，全家团聚，洒扫庭院，喜贴春联，布置门庭，备办酒席，陈设供奉。这一天下午门面闭市，各家各户，闭门敬神，焚香化烛，燃放鞭炮，吃团年饭。晚上守岁，灯火通明，初一凌晨，鸣放爆竹、鞭炮，开门“出行”，除夕之夜结束。

3. 婚丧庆祭

（1）婚嫁习俗

新中国成立前，婚姻崇尚“父母之命，媒妁之言”，不管“摇篮婚”，还是“指腹婚”，都以“发八字”、换庚帖来约定，婚约既定，不得反悔。同时，男方要向女方下聘金办理三媒六证。男孩10岁开始走“亲妈”。女孩到16岁时，父母就筹办嫁奁，选择良辰吉日成亲。婚期一般定为三天。第一天为歇酒。男方派人按女方的要求将礼品送到女家，称之为“上头”。女方将嫁奁交给男方带回，称之为“迎嫁妆”，同时布置新房。第二天为正期。双方各设宾宴，男方以新郎坐首席，请十名未婚男子作陪，称为陪“十弟兄”。同时，祭祖，发花轿接新娘。女方以新娘坐首席，请十名未婚女子作陪，称为陪“十姊妹”。宴毕，新娘上轿（俗称发行），由两名同辈兄弟护送到男家（俗称“送亲”）。在花轿到来之前，男方要派出鼓乐仪仗队中途迎亲。花轿迎至男方门前百步，举行“拦车马”仪式。接着，新郎开轿锁。新娘由牵亲娘子搀入喜堂，行拜天地、拜祖宗、拜父母和夫妻对拜礼，俗称“拜堂”；再由牵亲娘子引入洞房，行“双星座帐”、新郎揭头盖、双烛同辉、喝交杯茶等仪式。礼毕，“闹新房”，闹者不分男女老幼，其气氛活跃、热烈乃至粗俗，新娘则缄默、矜持，让人尽情逗乐。第三天为拜茶日。清晨，新郎新娘首先向父母敬茶，俗称喝“纠脑壳”茶，父母要给茶钱。接着为宾客敬茶，俗称“喝拜茶”，喝茶者亦应给茶钱。拜茶第二天，新娘由婆婆领着“串厨”。第三天新娘小回门，当日归；一月后为大回门，三日或一月后归。新娘每次回门，均由新郎按期接回。当地婚事，喜红忌白，喜双忌单，喜繁忌简。但贫寒人家，婚事则格外冷落、凄惨，有的从小将女孩送男方作“童养媳”。有的无钱办婚事，则到女方做上门女婿，俗称“入赘”；有的兄丧弟亡，则由弟与嫂或兄与弟媳成婚，俗称“填房”。妇女丧夫，提倡守寡，从一而终，终身不嫁者，称之为“守贞节”。如要改嫁者，要履行“娘家看山，婆家砍柴”（即卖钱）的手续。也有强抢成婚的，俗称“抢亲”。回族男女不与族外通婚，如果通婚，外族必须“从教”。结婚时请“阿訇”证婚，并询问男女双方是否自愿结合，得到男女双方答复后，再念“伊扎布”经（即证婚词）。婚仪完毕，设宴招待亲友。新中国建立后，婚姻曾一度沿袭旧俗。《婚姻法》颁布后，国家倡导婚姻自主，反对买卖、包办，提倡“一夫一妻制”，允许寡妇再嫁等，人们的婚姻意识逐步革新。

（2）丧葬习俗

新中国建立前，丧事大都入棺，少数砌廓。老人寿终，俗称“白喜事”。人去世，要烧落气纸，做棺木，请道士或僧人在家里“打扫”驱邪，设坛做斋，开光明路，超度亡魂。富者做道场，少则七天（俗称“做七”），多则四十九天（俗称“七七”）。穷家小户请不起僧道，只能请人打丧鼓、唱丧歌。墓地，要请风水先生用罗盘（指南针）测定。出殡要由风水先生行祭礼，读祭文；棺木由8人抬或16人抬，前面有专人执引路幡领队，长子面棺，双手抱“灵牌”，倒退而行，沿途抛撒买路纸钱，锣鼓鞭炮齐鸣，僧道各着袈裟、道服，手拿木鱼、宝剑，念念有词。送葬亲友紧随棺后，披麻戴孝，手执祭幛挽联，一路嚎啕，直至墓地。待棺木入土、筑墓完毕，其送葬人员护“灵牌”不得从原路返回，谓之“回灵”。“灵牌”进门后，置放在灵堂上，同时烧香化纸，点长明油灯，至“七七”（即四十九日）才罢。灵堂供品，满三年后全部焚化，谓之“除灵”。

新中国建立后，提倡移风易俗，丧事从简，革除“看风水”、做道场等陋习，推行火葬。20世纪70年代中期，当地除回民外，基本上实行了火葬，悼念多采用供遗像、献花圈、戴黑纱和开追悼会等方式。20世纪80年代以来，丧事大操大办有所抬头，迷信色彩在少数农村又死灰复燃。据调查，城镇治丧，平均每户要宴请30桌。农村个别农户治丧，除宴请外，还要设灵堂、打丧鼓或做道场。

回族的丧葬习俗，是人结束一生后，由亲属、邻里乡亲、朋友等进行哀悼、纪念、祈祷的一种活动，是回族民俗中最重要的一个组成部分。回族群众认为，生是死的起点，死是生的结果。世界上无论什么人，他的地位再高，钱财再多，寿命再长，都会有死亡这样一个不可抗拒和避免的日子。但是，作为在世的人，对于死亡，不讲贵贱，不论贫富，不管是子孙满堂，还是鳏寡孤独的人，一律要尽埋葬的责任，并要葬之以礼。回族的丧葬习俗，既有回回民族的习俗特点，又有伊斯兰教处理亡者的信仰性质。

回族人在临终前，一般都注意做好这几方面的工作：一是请阿訇给病人念“讨白”，祈祷真主饶恕病人的罪过，要求病人忏悔和反省自己。二是要“口唤”，即平时接触的邻里乡亲、朋友与病人如果发生过口角、矛盾，甚至结下仇恨的，这时要主动向病人说“色俩目”要“口唤”，讲明原情，消除误会与隔阂，互相原谅，愉快地了结往事。三是病危时，要求周围肃静，不乱哭乱喊、嬉笑吵闹，要屏除各种噪音，甚至停止行走。除了病人的亲骨肉和守候在病人身旁的阿訇或在群众中德高望重并懂得伊斯兰教教规的人以外，其他人均不能入室，直到病人逝世。

回族人逝世，一般都称“无常”，有些地方称“归真”或“毛提”了。“无常”是回族穆斯林的汉语专用语，即逝世的意思。“毛提”是阿拉伯语，也即逝世之意。“归真”，是回族群众对笃信宗教和宗教职业人员以及宗教上层人士的称法。沔城回族镇回民现在也有人把逝世称为“归真”。回族无论怎么称呼逝世，但都忌说“死”这个词。为什么呢？这与受伊斯兰教的影响有很大关系。因为伊斯兰教把死当做一个人最后的必然归宿，并把他理解为“嘎来布”（肉体）的消失和“罗罕”（精神）的升华，是人生的复命归真，而不是生命的归结。所以，久而久之，在回族人当中形成了一种习惯，忌说“死了”。

回族人逝世后的葬礼，东自长江三角洲，西至帕米尔高原，南起海南的三亚，北达黑龙江漠河，大同小异，沔城回民亦然。以下是沔城回族镇城关居委会定惠萍老人讲述她在童年时期亲身经历的一次丧礼的情景。

个案：定××，女，回族，1938年出生，退休教师，沔城城关居委会居民，访谈时间为2006年8月2日。

丧礼的过程与仪式：

停 尸

1951年，我刚满13岁，在一个炎热的日子里，忽接家里电报，"祖母病危"。父亲给自己店里打工的伙计安排好活计后，便同我立即整装由汉口连夜乘轮回故乡沔阳七里城，睹祖母最后一眼。第二天早上抵家时，一边给乡亲们打招呼，一边赶到祖母床前，我和父亲按照各辈的称呼亲亲地喊了两声，她慢慢地睁大眼睛瞄了我和父亲一眼，鼻孔里出了最后的长气，闭上了眼睛，她忍着奄奄一息，望我们归来看了最后一眼，感到极欣慰才归顺真主。

儿女们俯在床沿悲切地流泪，没有人痛哭。我和父亲还有堂叔、堂弟们则在一口大香炉前烧香、点蜡烛。在身旁守候的母亲和几位婶婶，则给祖母瞑眼、合口和整理头发，然后将祖母的遗体移到祖母卧室地上的停尸榻上，祖母的遗体头部朝北脚向南仰卧着，面稍向于西，遗体上盖着一匹洁净的白布单。

与此同时，父亲还请本家的几个兄弟分头通知清真寺的阿訇及亲戚朋友、邻里乡亲。并在亲属中，推选出几位有处理丧事经验的人，管好迎来送往、丧事费用等事情。

随着来了几位中年妇女，全是房头的婶娘们，来帮母亲料理丧事，出出进进的人络绎不绝。他们对父亲回来的希望很大，主要是为祖母作最后的送行，以尽孝道。本来父亲是决定草草了事的，后经房族、亲戚们再三劝说，才答应举行丧礼。因天气炎热，于是下午父亲便与有关亲属主要是父亲的舅父商量安排丧事。

善 面[1]

当天中午，阿訇、亲朋、乡邻等陆陆续续赶来，在向父亲等家人表示悲痛后，便到停尸榻前揭开祖母头上覆盖的白布单，看看面容，然后劝说父亲等家人不要过于悲哀，人之生死，乃人生必经之路。

由于一些亲戚还没赶来，祖母当天未能下葬，所以还得"坐夜"。族人安排了一位深明伊斯兰教义的长者看守亡人。"坐夜"时，2位阿訇还念了两次经，我和父亲等人就坐在阿訇旁边。依照习俗，"坐夜"的人是不能睡觉的，否则就是对亡人的不敬。当时的娱乐形式很少，而且忌玩赌、打扑克，为了消磨时间，来"坐夜"的长者就向年轻人讲人世间的真善美、假恶丑，

[1] 善面这一程序相当于汉族向遗体告别。

以及穆罕默德的智慧故事，劝人要行善事等等。同族的十几位妇女则在厨房忙活，炸馓子、油香等食品，同时，还宰鸡、鸭，做凉粉、烩菜等，以招待来悼念祖母的亲朋好友。由于我是小孩，大事做不了，加之帮忙的人也多，小事也插不上手，只好跟在母亲身后跑来跑去。

备 殓

祖母去世的下午，母亲和两位堂婶就开始为祖母缝克番，以备第二天祖母净身以后用。制克番用的是传统的白棉布，尽管当时我家在当地还算富裕人家，买绫罗绸缎和其他高级面料制克番是没问题的，但还是没用这些东西。

回民给亡人备克番，不是像有人说的那样，用一块白布一裹就行，而是有讲究的，其样式、规格、要求，全国各地大体相同，但男女有别。男亡人用的殓服有三件：一是大殓，回族俗称“大卧单”，长短要略长于身，上下各余出六七寸。一般来说，长约七尺，宽约四尺五寸。二是小殓，回族俗称“小卧单”，也叫“二单”，长短要合身，但上下两头留余地，宽约四尺五寸。三是衬衣，回族叫“格米素”或护心都阿，长自肩至踝骨，宽约一尺二寸左右。肩上要开缝，再加帽子一个，长共约九尺。

按习俗，祖母作为女性，其殓服比男性要多两件。除了同男子用的三件以外，另加裹胸和包头各一件。裹胸长三尺左右，宽一尺左右。包头也叫盖头，长三尺左右，用以裹发，并用布带束着。

净 身

回族给亡人净身，男女有别，男不洗女，女不洗男。净身用的浴床是两个堂叔从清真寺扛回来的。因为第二天下午要为祖母下葬，第二天中午母亲和几位堂婶为祖母净身。净身是在祖母的卧室进行的。虽然我是女性，但我是没机会帮忙的，拿母亲的话说，那是她们大人做的事情。给祖母净身后，母亲等人将其移到准备好的克番布上，层层包裹，先裹“格米素”，后裹小卧单，再裹大卧单，最后加冠，并将腰部、头、足都用白布带子扎紧，最后才加裹胸和盖头。

给祖母穿克番的同时，五位阿訇则在堂屋里念《古兰经》，也就是为祖母举行“转费达”仪式，即替祖母赎罪。在“转费达”仪式完毕后，祖母的遗体则由其卧室移到堂屋，放在一个塔木匣子里，随后立即举行殡礼。

殡 礼

殡礼是在堂屋里举行的，其形式跟礼拜差不多：先将塔木匣子放在西边，阿訇们在前排靠近塔木匣子站立，父亲率家人和众亲等脱鞋随后排班站立，诵《古兰经》片断，并举意，求真主饶恕活着的和已经死去的，大的和小的，男的和女的。诵经大约半小时之后，向左右说：“色俩目。”至此，殡礼结束。

下 葬

殡礼结束后，则准备起灵。大人们把塔木匣子移到门外的场地上，停在横直架着扎得紧紧的木架上，然后给塔木匣子套上一件精致的外罩，外罩是朱红缎面、桃红洋布里子。起灵时塔木匣子由堂叔等六位直系亲属抬起，然后向墓地走去，父亲同其他送葬的人则紧随抬丧的人之后。到墓地后，直接将塔木匣子放在墓穴上面。

祖母的墓地位于离家2公里的一个小山包上，同族无常的人都埋在这里。祖母的墓坑当天上午就已挖好，墓坑的四壁用土砖砌得整整齐齐、方方正正。墓坑是南北方向，呈长方形，墓坑深约五尺、长六尺、宽三尺。

下葬时，先揭掉套着木匣子的外罩，打开木匣子的盖子，抽掉木匣子的四壁，由四人将祖母的遗体缓缓抬起，其他的人则迅速抽掉木匣子的底板，然后将祖母的遗体缓缓放入墓坑，遗体头北脚南，仰面而卧，面向西方。之后，先用五、六块石板盖上墓坑的口子，然后填土掩埋。填土过程中，谁干累了便把锹扔下，另一人拾起来再干，不能接着锹干。坟墓堆起后呈长方形，没起坟头。

在下葬的过程中，5位阿訇一直在为祖母念经，所有送葬者都围着坟墓静听祈祷。

下葬完毕后，父亲的脸色变得非常沉默凄凉，快到家门口时，禁不住流下了眼泪。母亲也细声哭着，父亲的妹妹也站在旁边抽泣。在这种情况下，我也忍不住流泪了，比送葬时还要伤心。那时，可能是被轰轰烈烈的热闹场面吸引住了，不知泪从何来。

纪念亡人

祖母下葬的当天晚上开始。家里煮了“米粥”，还炸有油香，请操办丧事的人和阿訇吃。

祖母下葬的第二天，父母率家人去“走坟”，还请了一位阿訇到祖母的坟前念经，这样连续了三天，因为父亲的工作脱不开身，我和父亲就又往省城去了。为了应付祖母“走坟”的事，不得不于腊月底又返回故乡。

（3）祭祀习俗

新中国建立前，当地民间祭祖都在春秋举行。三月，谓“清明祭祀”。全族集中，先到宗祠拜祖，后分房去墓地祀祖，焚纸化锭，设席致祭。九月，称为“丰收祭祀”，全族集中宗祠，向祖先拜祝，愿来年农事风调雨顺，人畜安乐大吉。祭毕设宴，有的多达百余席，还要唱戏三日，以示庆贺。七月十五日为中元节，按房集资举行盂兰会，放荷花灯，超度亡魂。各家也焚纸化锭，谓之“烧包袱”。20世纪50年代后，宗祠祭祀已废除。清明节扫墓和中秋节，“烧包袱”的习俗仍相沿袭。

（4）生育习俗

新中国建立前，当地居民大多信仰子女“命中定”、“前世修”和多子多福。称子女多者为“命好”，无子女或有女无男者为“命不好”。妇女怀孕，称“有了喜”。妊娠期间，禁忌在住房周围挖土或在墙上打洞，怕动“胎气”；孕妇不能横跨扁担，怕临产时横胎。生小孩谓“落月”，产妇要禁风，不沾冷水，不做重活，房间不准外人进入，怕踏“血窝子”断奶；一月之内，产妇不能串门，否则会不吉利，给人带来灾难。生育礼仪繁而铺张，婴儿出世后，婆家要送红色熟鸡蛋向外婆家报喜；接着，外婆家要回赠婆家红糖、糯米、鸡蛋，以及婴儿衣服、摇篮、被子等，俗称“送祝米”；婴儿满周岁，家中要宴请亲友，并在堂屋摆上方桌，铺上单子，放书画笔砚、算盘尺秤及货币等物于桌上，任孩子抓取，预卜日后前程，俗称“抓周”。新中国建立后，生育礼仪从简，迷信色彩逐渐淡化。20世纪70年代，实行计划生育，提倡男女都一样，盲目生育得到控制。20世纪80年代以来，政府号召一对夫妇只生一个孩子，多胎率逐年下降，但生育宴请形式多样，一般家庭除按习俗请客外，还要为小孩做“五岁”和“十岁”的生日。

（5）寿辰

中老年人从50岁开始，男做虚寿，女做实寿（即男49岁时做50寿；女满50岁时做寿）。然后，每过十年祝寿一次。富家做寿，张灯结彩，亲友送寿幛、寿联等；祝寿时，寿者与其配偶端坐寿堂，依次接受子女、亲友的祝拜。寿宴食“寿面”，上菜时，盘中放拜呈。寿者均回赠“百寿包”（钱包）。一般人家做寿，寿仪从简，亲友团聚小饮以示祝贺。20世纪50年代后，寿庆活动锐减，只有机关团体为老红军、离退休老干部祝寿。20世纪80年代以来，城乡家庭为其老人祝寿者渐多。

4. 方言

沔城回族镇地方话系西南官话，属北方方言。商周秦汉时期，沔城地区还属于原始汉语与藏缅语、苗瑶语融合而形成的。“永嘉之乱”时[1]，迁人

[1] 我国古代西晋晋惠帝时，朝廷腐败，发生八王之乱。永兴元年（304年），匈奴贵族刘渊起兵于离石（今属山西），国号汉。晋怀帝永嘉四年（310年），刘渊死，其子刘聪继立。次年，刘聪遣石勒歼晋军10余万人于苦县宁平城（在今河南鹿邑），并俘杀太尉王衍等人。又遣刘曜破兵洛阳，俘虏怀帝，杀士兵百姓3万多人。史称“永嘉之乱”。大量人口为避战乱从中原迁往长江中下游，史称“衣冠南渡”。同时，客观上促进了长江中下游经济的发展，中国古代经济中心进一步迁往南方。

湖北的秦雍流人（陕西甘肃以及山西一部分）有六万，出现了西南官话的最初雏形。安史之乱后，10倍于土著的北方移民入洞庭湖北部，冲击、涵化并最终取代了当地的楚语，奠定了西南官话的基础。沔城话与普通话相比，词汇、语法等方面的差别较小，语音方面的差别则较大。当地主要方言词汇，生活常用语有：蛮扎实（厉害），条子（身材），称透（整洁），打赤巴（上裸），打挑瓜（下裸），浮子（毛巾、抹布等），电水（墨水），打赤巴挑瓜（全裸），蛮栽（环境不好、混得不太好、工作生活不顺利、走下坡路），打古球（游泳）。聊天常用语有：么斯（什么），妹得（没有），是说得（表示赞同），铆起/铆倒（努力地干某事）、犟（慢性子），豆里（里面）。吵架常用语有：枪哪搞（是不是想打一架？），翻翘（不服气，"翘"读阴平声），德罗（得意，"德"读上声），掉地大（出丑、吃亏），冷那（您），岔地（没有问题），照叶（受罪），汁巴（可能），拐打（完了），拐家伙（坏东西），厌气（讨厌），冒名堂（形容不真实的），要进（漂亮），瓢根（勺子）。其他用语有：坛子（丫头），乔子（情人），指嘎（手指头），挪些（那些），糊心蛮子（不知道轻重），德的狠（很得意），地莫气（神经病），参阔水（困、打瞌睡），贼吧（嘴巴），桔梗（啰唆），垄过家（那样的），哪西（哪里）。

第四节　当前沔城回族镇基本社会情况

沔城回族镇辖洲岭、黄金剅、袁剅、王河、邵沈渡、上关、南桥、古柏门、城郊、七红、江北、二羊12个村委会和沔城居委会。2009年底，沔城回族镇总人口24 721，农业人口16 128，非农业人口8 593。占仙桃市总人口的1.6%，人口密度为651人/平方公里。2009年，沔城回族镇国内生产总值（GDP）6.37亿元，第一产业1.5亿元，第二产业4.5亿元，第三产业1.37亿元，增长18%。三大产业比重为20∶61∶19。

2009年，基本建设投资2亿元，房地产开发投资0.06亿元，城区新增房地产开发面积1万平方米。全镇拥有资质3级以上的建筑企业4家，完成建筑业总产值5 100万元。

固定资产投资强劲，民营经济快速发展，全年全社会固定资产投资3.2亿元。全镇非公有（民营）经济单位30家，注册资金2.3亿元。其中，个体工商户720户，注册资金8 500万元；私营企业27家，注册资金2.1亿元。

2009年，沔城回族镇公路通车里程65公里（通村通组公路），公路客运量达30万人次，公路货运量700万吨。年末营运车辆49辆，其中客车4辆，载货汽车 14 辆，私人轿车 58 辆。邮电通讯业快速发展，全年邮电业务总量 15 吨。旅游业完成了复州古城墙、清真寺等景点的配套改造，新增旅游景点 2 处。2009 年接待国内游客 20 万人次，增长 12%；接待海外游客 500 人次，全镇旅游综合收入 1 000 万元。

2009 年，全镇有普通高中 1 所，在校生 4 061 人；普通初中 1 所，在校生 1 693 人；小学 2 所，在校生 1 321 人。当年高考，一、二批本科上线 734 人。

2009 年末，全镇共有各类卫生机构 1 所，床位 29 张，卫生技术人员 36 人。体育工作成果丰硕，广泛开展群众性体育运动。

城镇基础设施明显改善。城镇道路面积 5 万平方米，公共绿地 0.8 万平方米。社会用电量快速增长，2009 年全镇用电量 1 377 万千瓦，其中工业用电量 1 157 万千瓦，城乡居民生活用电量 220 万千瓦。

2009 年，全年城镇居民可支配收入 11 000 元，全年农村居民人均纯收入 5 134 元，年末百户农民家庭拥有彩电 98 台、电冰箱 34 台、洗衣机 64 台、摩托车 41 辆、影碟机 63 台、电话机 54 部、移动电话 82 部。

全镇社会保障体系逐步完善。参保企业 23 家，参保人数 1 096 人，缴费人数 1 085 人，征收养老保险费 12 万元。农村征缴养老保险费 15 万元。医疗保险参保人数 24 000 人，征缴医疗保险费 76 万元。2009 年末，社会福利单位（含敬老院）1 个，床位 36 张，在院人 30 人。

小　结

本章主要是描述沔城回族镇的宏观背景，从历史文化背景、区域环境、经济地理、民族和宗教信仰等方面，展示该镇的典型性和代表性。重点描述和分析区位条件、历史沿革、传统文化特质、民族和宗教，以突现该镇政治、经济、社会、文化发展变化的基本因素，为下文讨论和分析当地生活方式变迁提供基础条件。

第三章 经济生活方式的变迁

以经济活动为先导的回族先民，从踏上中国这片土地开始，就把自己的命运与经济生活紧密地联系在一起。无论身份是侨居的“蕃客”，还是成为中华民族大家庭中的一员，经济生活的变迁把这个民族或是推上社会的前沿，或是降为社会的下层，回族的社会地位始终通过经济生活的载体充分展现出来。沔城回民自元代在当地定居后，凭借着团结、开拓、勤劳、进取的精神，和对周围环境的高度适应能力，逐渐从自在走向自觉，几百年来，在汉文化的汪洋大海里，不仅保持了本民族经济生活的特色，而且随着社会的发展进步，适应时代潮流和经济发展趋势，不断拓展了新的经济领域，丰富了经济生活的内容，对其他民族的经济生活也产生了深远的影响。沔城回民的经济生活，由于资料限制，最早只能追溯到明末或更晚一些时期。

第一节 生产关系的变革

一、1949 年以前沔城回民的经济状况

（一）土地的占有与经营

沔城回族镇回民和全国大多数地区的回族一样，以农业为其经济基础。1987 年，沔城成立回族镇成立时，有 90% 的人口居住在农村，从事农业生产。农业生产的收入，是当地回民生活资料的主要来源。总体而言，当地回族农民使用生产工具、种植的农作物、耕作技术、管理方式等方面，基本上和当地汉族相当，其特征并不突出。如果说有其他特殊之处，那就是当地回民获

取土地的手段主要是开垦湖区和荒地。其获得土地的过程，也就是沔城回族农业经济发展的过程。

众所周知，“重农轻末”是我国封建社会长期推行的基本政策之一。在封建社会里，要以农传家，就必须拥有土地，否则就失去生产的基础。与汉族相比，由于回族形成时间较晚，当时回族在政治、经济和社会基础等方面根本无法与汉族相匹敌。除少数回族官员、地主、军户靠职田、屯田、赐田等方式获取一定的土地外，广大散居的回族农民只能向当地各族地主租佃土地耕种，或到汉族地主阶级力量较为薄弱或统治缝隙的河湖地带、边远山区去开垦荒地，以获得土地。古时沔城地处长江之滨，境内河、湖较多，是散居到此较晚且又缺乏经济实力的贫困回民获取耕地的理想之地。早在明朝初期，沔城的回族农民就和当地的汉族贫农一道，开垦了七里垸、江北、官路等地，并开挖了大、小莲花池。随后，又有部分回民移居到城东的高卡垸垦荒务农。明朝中期，以魏姓、王姓等回民为主开发了魏王垸，以李姓等回民为主开发了百石垸。清朝乾隆年间，沔城的回民有沿羊子四垸湖边的李家湾、黄马沟、魏家湾迁移，开发了湖区边缘地带。

清朝后期，尤其是辛亥革命以后，封建统治阶级对回族人民的政策由笼络利用转为残酷的压迫和剥削。沔城的部分回民被迫离开自己辛劳建起的家园，到荒芜的毛范垸、小文垸、魏河坝等等湖区边缘低洼地带垦荒种地，过着悲惨的生活。

沔城回族在解决自身少地无地的同时，既开辟了新的农业生产点，又促进了地带农业生产。但是，新中国成立前的农村经济毕竟是封建私有经济。土地、耕牛、大型农具等主要生产资料，大部分为地主阶级占有，其次为富农，再次为中农。真正从事农业生产的贫雇农，却不占有或很少占有土地、耕牛、大型农具等。农村生产关系，占有者与被占有者是剥削和被剥削的关系。以回民阶级状况和土地占有状况为例，1949 年，沔阳全县有回民 521 户（沔城和沔城附近为回民聚居区，占全县回民的 80%），占有土地 3 220.3 亩，其中，农业 392 户，占总户数的 75.2%；土地 31 942 亩，占总土地的 99%。其阶级状况和土地占有状况为[1]：

地主 14 户，占 3.57%，土地 1 400 亩，占 43.82%。

富农 11 户，占 2.86%，土地 185.5 亩，占 5.8%。

中农 58 户，占 14.75%，土地 561.1 亩，占 17.6%。

贫农 309 户，占 78.22%，土地 716.6 亩，占 22.42%。

[1]《沔城志》编纂委员会．沔城志 [M]．武汉：湖北科学技术出版社，2000:51.

清真寺6所，土地331亩（公田），占10.36%。

非农业129户，占24.8%，土地26亩，占1%。其中，资本家5户，土地12亩；小商5户，土地8.5亩；小贩11户；手工业者10户；贫农92户，土地5.5亩；工人4户；自由职业者2户。

地主家的地约30%为自耕和雇工耕种，其余约70%用于出租。租地不论亲戚关系，双方商定地租即可成交，不请担保人，也无需立字据。地的计量以“一升种”（5升种约相当于3亩）为单位，田的计量以“一个工”（3工约等于1亩）为单位，田租为收成的一半，地租视耕地之好或差而定，好地地租也是收成的50%，差地的地租为收成的20%—30%。雇工分长短两种。长工由东家分地建房，有几户为世代长工。短工为家境困难或待讨亲者，时间1—2年不等。雇工使用东家的农具，种籽则双方各出一半，收成也是双方各半。税粮由东家上交。长工除农事外，要无偿为东家干杂活，短工若干杂活可获得一定工钱或粮食。遇到欠收年，东家一般会免去部分地租，遇丰年则不提租。东家和长工之间还有一些义务，如东家有红、白喜事，长工须前往帮忙，不用送礼也不得报酬，长工家有红、白喜事，东家要带大米、香油等前往。

（二）副业和兼业经营

新中国成立前，沔城不仅没有现代工业，就连手工业也不发达。但当时沔城是县城，商品经济较之纯农村要发达。城区和城郊的农民，除了靠种地生活，还可以从事小商业、副业、牛羊屠宰等行业养家糊口。回民当时的生活状况，可以从当地回族人民中流传的一些歌谣中知道其大致情形：

“回民没有钱，牛羊身上缠，出外挣活钱，胜过种騍田”；“提篮叫卖穿街前，摸鱼采藕种菜园”；“宰牛羊，闯五行，掌鞋卖饭皮毛匠”。

访谈中，回族老人冯钢德告诉我，新中国成立前，农业生产一向被当作主业，但农业基本上不能满足家庭需要，甚至连“糊口水平”都难以达到，作为补充家庭经济收入的副业或兼业经营便成了沔城回民的依赖。不少回民在码头和车站当脚夫、“扛大个”（搬运工），也有一些回民在镇上开小饭馆或做小生意。冯乡老还为我念了描述解放前当地回民生活的“20子”歌。

个案：冯钢德，男，回族，1926年出生，七红村2组农民，访谈时间为2008年10月3日，地点在冯钢德家的客厅。

宰牛宰羊子，卖面舀锅子，
卖馍打饼子，制革卖鞭子，
花生瓜籽子，卖桃卖粽子，

磨面卖面条子，茶馆饭馆子，
香烟油果子，手工织袜子，
搬运扛包子，被抓当夫子，
住的草房子，还住船棚子，
还有住洞子[1]，羊皮当袄子，
上午升把子，下午数票子[2]，
腊月躲债子，实在没法子。

以上20个“子”的生活，不仅是对新中国成立前沔城回族人民职业与生活的描绘，也是全国大多数地区回族人民在旧社会困苦生活的缩影。

（三）劳动的分工与协作

沔城农户家庭主要成员的性别分工，在服从家庭利益需要这个前提下，亦和大多数农村家庭一样，基本奉行“男主内，女主外”的格局。一般来说，女人除了养育小孩，主要是在田间地头操持农事，喂养牲畜、家禽和在家做家务活动。有部分妇女还在空闲之际兼做些手工刺绣，拿到镇上去卖，多少也能补贴点家用。做豆腐、制作点心等家庭副业，大多也属妇女干的活，当然不排除也有夫妻共同做的。再则，家里若逢卖菜等东西，也基本上是妇女肩挑手抬地到镇上叫卖。勤劳、守节持家和对家庭极强的责任感，是沔城回族妇女受穆斯林文化熏染并一直保持的品德。在小农家庭结构中扮演“主心骨”的男性角色，主要是从事农业生产，除了农忙时或家里需要时搭把手做点活计外，诸如碾米、修理农具、赶马车跑运输等副业和兼业经营，多数属于男性的活收益要相对多些。

户是基本的经济单位，但每户劳动力的强弱和男女劳动力的比例并不均匀，因此在农忙季节便存在普遍的换工现象。换工可在亲戚之间进行，但主要在邻里之间进行。换工不遵循对等的原则，根据需要可在男女之间、劳动力强弱之间乃至年龄大小之间互换。如家中缺少女劳力，栽秧、打谷等可以从别家请来女劳力，以后还以男劳力。如果欠了别人的工，有人来请时自家正忙，也可推后再去还工。少数没有正常劳动力的家庭请别人帮工，只需招待帮工者以饭菜，不必还工。

（四）经济生活的特点

人类学家通过对大量民族志资料的研究，根据人们的食物获取方式划分

[1] 指草棚都搭不起，在城墙挖洞住。

[2] 上午赊米做饭吃，下午再给钱。

出 5 种类型的社会，即采集—渔猎社会、畜牧业社会、初农社会、集约农业社会和工业社会。按照这种划分，沔城回族属于集约农业社会。首先，在农耕技术方面，耕牛、犁铧的普遍使用，标志着村民能够深翻土地，提高生产效率。定期的施肥使地力得以保持，耕地免除休耕得到连续利用。沔城回族对畜牧业的重视，一方面是对历史上畜牧传统的继承，并借以解决肉食来源，另一方面还因为畜粪是主要的农田肥源，如村民所说“养牛不赚钱，肥得一丘田”。对选种、育种、除草等环节的重视，也体现出其精耕特点。这些与初农社会的刀耕火种、缺少深耕农具、不靠施肥而是依靠不断的休耕恢复地力等耕作特点，有着明显的区别。其次，初农业社会虽然采取定居的居住模式，但是因其依靠自然恢复地力，因而又具有较强的游动性，房屋建筑较简易以适应游动性。同时，个人往往仅有土地的使用权，内部的社会分层也不明显。集约农业社会则是完全定居，因土地可永续利用，导致私人对土地的明确占有，社会分层明显。在这几方面，沔城都明显具有后者的特点。

沔城回民通过集市进行的交换也有限。村民出售的主要是鸡、鸭、糕点、蔬菜等，换回的是食盐、农具、布匹等必需品。除了急需用钱时外，村民极少出售粮食。但是，在沔城回民内部的互惠却是相当普遍的，农业生产中的换工和长期存在的“人情”往来，即包括了钱、物及服务在内的互惠行为。某次换工可能有不对等的交换，如男—女、强—弱、大—小，然而由于换工存在于各个生产环节，不对等总能得到平衡。因此，沔城的互惠属于平衡互惠。沔城内部平衡互惠的普遍，是家族职能弱化的一种表现。沔城虽然有家族的存在，但是这种家族并不具备诸多社会的和经济的职能，普遍的互惠只是一种补充。

农业社会凭借有关气候、土地、作物生长的知识和技能从事食物生产，施加对环境的影响。知识和技术的深广与否以及技术的先进与否，决定着其集约化程度的高低。但是知识和技术是正常情况下获得的经验积累，它能帮助人们从事生产，却不能控制自然的变化，干旱、洪涝、冰雹之类的异常灾害显然超出人知识和技术的范围，而“它们对实际生活可能是巨大的威胁，可能顿时把一切努力化为乌有”[1]。因此，人们必须寻求另外的解决办法，这些解决办法通常以宗教仪式的形式出现。在沔城，回民相信真主左右着气候的变化，影响到农业的丰欠，经常要到清真寺祷告。这在里，人与神之间也实现了一种互惠行为，人们献给真主以虔诚，得到（假想的）风调雨顺。从上述我们可以看出，在沔城这样的非市场社会中，经济活动并不游离于社

[1] 费孝通．江村——农民生活及其变迁 [M]. 兰州：敦煌文艺出版社，1997:129.

会之外，而是与社会活动交织在一起，进一步说，经济不可避免地被“嵌合在宗教、礼仪、神话等一切社会行为或系统中”[1]。

沔城回民定居后，回民通过与汉族的不断交往而接受了更先进的农耕技术，而且汉族的农耕文化也对回民产生了巨大影响。除民间交往外，回族上层的刻意提倡也加速了这一过程。明朝洪武年间，奉调沔城任职的回族官员魏氏、定氏、王氏、答氏，明朝宣德年间调任湖广都司的马氏，在其所修的族谱中，均以勤事“耕读”作为治家格言教育子孙后代。有的宗谱还明确规定：“男耕女织，此且务也，降而商贾技艺，亦皆本分。”[2]上层的提倡与效仿，加上民间交往，使回族能够较快地吸收汉族的农耕技术。然而，对汉文化的借用最终是在民间完成的，是在潜移默化中进行的，上层的提倡和效仿并不付诸直接的干预，借用主要体现为一种民间行为，这一特点使得文化借用过程具有了较强的选择性，一些文化现象被排斥了，一些文化现象在借入后被赋予了新的内容。在汉族农村，人粪是重要的肥源，而沔城部分回民一直未把人粪当作肥料加以利用，其原因则可能与“污秽”的观念有关系。畜粪在回族中并不被看作是不洁之物，而人粪则是“脏”的。笔者在沔城调查时也发现类似情况，有部分回民认为人粪是肮脏之物，若用人粪压田种庄稼，再将食物敬奉真主是对真主的不敬。通过这个例子，我们也能从一个侧面看到在与汉文化的接触和借用过程中沔城回族所做出的一些调适和改造。

二、1949—1978 年生产关系的变革

（一）新中国成立初期

新中国成立之初，沔城回民大多以种地为生。据当地回族老人们回忆，当时沔城土地较少，粮食产量低而不稳定，农民收入很低。1951 年冬，沔城开始土地改革，村民被划为不同的阶级。土改工作队按照“依靠贫农、团结中农、孤立富农、打击地主”的方针政策，变封建地主土地所有制为农民土地所有制。除了没收地主的土地（按人头分给地主一份），还征收了富农多余的土地。同时，将地主的耕牛和农具分配给农民。通过算剥削帐，还没收了地主的房屋、粮食、衣物、金银首饰等分配给农民。土改后的农村经济，为个人私有制。为了发展生产，从 1952 年开始，广泛开展了互助合作运动，主要形式是串工互助和各种形式的临时互助组、季节性互助组、常年互助组。从 1954 年开始，试办初级合作社。1955 年冬，实现了初级农业合作化。初级社的标志是：农民将土地、耕牛、农具折价入社，实行土地、劳动力比例

[1] 栗本慎一朗．经济人类学 [M]. 北京：商务印书馆，1997:1.

[2] 参见沔城《王氏宗谱》（卷一），《家约十二则》。

分配。土、劳分配的比例，为土六劳四、土劳各半、土四劳六不等。初级化为半社会主义化，农业生产有计划地经营，产品由初级社统一分配。公积金、公益金和管理费由社集中掌握，统一使用。1956年冬，并社升级，实现了高级农业合作化，高级社统一制定生产计划，统一进行劳动力调配，经营管理、收入和产品分配，土地分红被取消，并实行按劳分配。从此，农民的个体私有制变为社员集体所有制，实现了社会主义化。[1]

（二）人民公社时期

合作化运动，尤其是人民公社化以后，沔城群众的经济生活完全由集体来安排，经济生活变得单一。1958年10月，沔城实行人民公社化。农村经济仍为集体所有制，只是在程度上更具有"一大、二公"的特点。公社化以后，原来的高级社变成了公社所属的生产大队，生产队则变成了生产小队，在公社内部实行以大队为核算单位的统一分配。1958年下半年，沔城兴起"大炼钢铁、大办食堂"运动。大炼钢铁运动中，一些基层干部动员群众建炉炼铁，强令收农户的铜器，并说"有铜不交者受罚"，收去的铜敲碎入炉，好铜变矿渣，森林资源也遭到破坏。同时，沔城以生产队为单位办起了食堂，群众吃集体伙食，宣传"吃饭不要钱，放开肚皮吃饱饭，鼓足干劲搞生产"，历年储备的粮食消耗殆尽。到1959年，食堂只能喝稀粥伴野菜充饥，村民身体虚弱，一些村民还患水肿而死亡。1960年11月，提出"五风"，实行公社、生产大队、小队三级所有，沔城开始有了一些活力。1962年2月，贯彻中央"调整、巩固、充实、提高"的八字方针，沔城农业生产形势逐步有所好转。1961年，贯彻《农村人民公社工作条例（草案）》即"六十条"，普遍改大队核算为小队核算，撤销公共食堂，归还公社化中收缴的自留地。1962年，放开农村粮食自由市场，缓解了缺粮户的粮食紧张问题。1963年，沔城响应号召开展农村社会主义教育运动。1964年，肉类、红糖等基本生活资料敞开供应，但农民购买者较少。

（三）"文化大革命"时期

1966年5月，文化大革命开始，沔城回族镇同全国一样进行了"文化大革命"运动。各生产队开展"割资本主义尾巴"活动，强制农民不能搞副业生产，推行"政治工分"制，使日用品奇缺，食盐、火柴、布匹等均实行凭票供应。1969年，将群众的鸡、牛等牲畜收归生产队集体。同年，各生产大队组建合作医疗室，以中草药为主、中西结合，为群众防病治病，解决

[1]《沔城志》编纂委员会．沔城志[M]．武汉：湖北科学技术出版社，2000:52.

了缺医少药的问题，受到群众欢迎。1971年，沔阳县革委召开农村工作会议，讨论部署“农业学大寨”，沔城掀起“农业学大寨”高潮，进行改造土地和兴修水利。同年，实行“粮食征购、队定五年不变”政策，沔城农民思想有所稳定。当时，公社、大队组织最多的活动，是兴建排灌站、引水渠道和大堤等工程。虽然付出了巨大的人力、物力，但解决了沔城防洪、排涝、抗旱和用电等问题。

三、1979年至今的经济生活

以改革开放和家庭联产承包责任制的实施为主要标志，农村开始进入快速变化的转型时期。传统农业社会整合劳动力模式及其要素，已逐渐失去作用。中国农村经济体制的改革，通过以集体统一经营与农户分散经营相结合的“双层经营体制”为其特点的土地联产承包制的推行，瓦解了20世纪50年代末期到70年代末期束缚广大农村建设、漠视农村社会生产力水平、阻碍农业经济发展的“政社合一”的“公社制度”。在现代化与传统价值观的现实碰撞中，农民的积极性得到空前的释放。

1979年1月以后，党的工作重心转移，进入以经济建设为中心的改革开放和社会主义现代化建设时期，沔城农村开始普遍实行联产承包生产责任制，“包产到户”。为实行农、林、牧、副、渔各种形式的联产计酬的家庭承包生产责任制，当时各生产队将集体的水田、旱地全部按农业人口平均分配到户。从此，土地的权属仍归集体所有，个人拥有长期经营权，产品收益除了一部分上缴国家、集体外，剩余部分可自主处理。据1983年的统计，全镇12个大队，77个生产队，3 558个农户，全部实行了家庭经营承包、上缴大队包干的办法。至此，困扰了20多年的统一核算办法被彻底废除。据当地年长的农民付金山回忆，当年拿到土地承包合同的时候，全镇农户都沸腾起来了，有的农户禁不住热泪盈眶，有的农户喃喃自语地吐露出大伙的心声，“我们盼到了好政策，我们农民总算能自己当家做主了”，那景象真比过节还热闹呢。

随着20世纪80年代初第一轮土地承包在沔城回族镇的推行，有关农民负担的管理日渐规范化，农民对自己承包土地所须承担的责、权、利有了明晰的认知。农户稳定在自己承包的土地上，按农时有计划地投入劳动力，不仅对量有适度的保障，而且对质的把握使农地效率得到了极大的提升。农民在“保证国家的、留足集体的、剩下都是自己的”关系中，寻找到了自己承包土地的动力。在保证国家、集体任务的前提下，可以分享土地经营的成果。随着改革的深入，农产品流通渠道开始疏通，除粮食外，大部分农产品和土特产品可以随行就市；粮食实行合同定购和市场收购并行的“双轨制”。从而打破了封闭的自给自足和半自足形式的农业经济格局，逐步向初级社会主义市场商品经济转化。

家庭承包制所形成的生产关系，如学者卢福营所言，“家庭承包制所形成的生产关系，简言之就是由家庭承包者承包部分集体的生产资料，加上自己拥有的生产资料，从而形成农村社员以家庭为单元经营的社会群体”[1]。因此，家庭联产承包责任制赋予农民对土地享有使用权利的同时，亦须对国家和集体承担责任。具体为，每年由村集体经济组织代为从农民的土地经营所得中[2]，按比例“三提五统”[3]（一般“三提”、“五统”各占总额的50%）。村级行政单位“三提留”以及乡镇一级“五统”的实施，人地矛盾凸现，农民负担逐年增加。

1997年，也就是沔城回族镇对所辖农户推行土地承包的第十五个年头，根据相关政策，在第一轮承包期满的基础上，经过对现有承包土地的核定，与农户签订了第二轮延包土地承包合同。土地承包期间，沔城自然灾害较频繁，最终，当自然灾害对土地造成损坏的程度即使人为因素也难以改变时，遭受最直接的损失和造成最久远影响的是农户的经济利益，以及他们仍然要对国家、集体承担的责任。其中，如果没有市、镇、村三级政府的关心，减免了因灾害造成的部分损失，那么农民所要承载的负担将会更加沉重。

沔城回族镇农户和全国农民一样，在家庭联产承包责任制推行过程中，“三提五统”、农业税及其他附加税的征收，导致多数农村农民出现增产不增收，减产税难免，农民负担问题日渐凸显。农民除了田间地头的种植业以外，副业、兼业经营、传统的经商、小手工业等，因国家政策的宽松而得到复苏；非农性质的季节性打工、外出打工，给农民提供了更加广阔的施展空

[1] 卢福营.群山格局：社会分化视野下的农村社会成员结构[J].学术月刊,2007（11）.

[2]1984年2月，沔阳全县撤销政社合一的人民公社体制，恢复区、乡、村行政体制，大队、生产队也随之撤销，代之以行政村、组。沔城全镇12个大队变成12个村，77个生产队变成了77个村民小组。

[3]“三提”，即村提留，具体包括公积金、公益金和管理费。是指农村集体经济组织每年依法从本集体经济组织成员生产收入中提取的用于本组织内维持或者扩大再生产、兴办公益福利事业和日常管理开支费用的总称。“五统”，即乡统筹费，是按照国家有关法规和政策规定，由集体经济组织向所属单位（包括乡办企业、村组办企业、联户企业）和农户收取的，专门用于本乡（镇）范围内的乡村两级办学、计划生育、优抚、民兵训练、乡村道路建设等民办公助事业的款项。

间，这些客观上不同程度地添补了家庭土地经营的不足，农民手中现金收入情况确实有了明显的改善。

根据国家对农村贫困人口，尤其是对年老体弱、病残、丧失劳动力等生活常年困难的农村居民实行最低保障的政策要求，从2004年开始，沔城对所辖自然村和城镇的贫困居民发放了最低生活补助，城镇居民人均每月不足179元的，按此标准补足。农村贫困户则按人均每月不超过30元的标准补助。到2009年，沔城镇共有贫困户508户，占总户数的8.87%，其中享受低保的城镇居民224户，占全镇享受低保贫困户总数的44.09%，占全镇总户数的3.91%；享受低保的农村居民284户，占全镇享受低保贫困户总数的55.91%，占全镇总户数的4.96%。

根据相关政策，为减轻农民负担的另一项举措是，从2006年开始，沔城对农户实行生产资料补助（主要是对种植业中农用化肥、种棉花等的补助），补助金额为20元／亩；对种水稻的农户实行每亩10元良种补贴。对农民各项补助的实施，虽然使农民在得到政策上的抚慰和多少能有些利益补损后，承担各种税费几乎接近心理承受极限的状况有所缓解，但只有当农村利益结构调整到与农民寻求在承包地中获得的期望效益达到协调、农村经济发展机制更有利于保护农民的利益时，农民稳定在土地上内发积极性的动力源才能焕发出勃勃生机。

农村经济改革的目的，是在促进农村经济发展的同时，让9亿农民从中得到实惠。但在土地承包的现实执行过程中，尚属于中国弱势群体的农民对所承受负担高位运行的惯性，以及被强化了的地方政府贯彻国家减负政策走样的客观存在，是直接或间接导致农民负担问题日愈突出、影响农民从事农业生产活动积极性的主要诱因。沔城只是中国广袤农村的一个缩影。

为维护农业利益，保障农村稳定，减轻农民负担，统筹城乡发展，构建和谐社会，国家于2002年秋季出台农业税费改革措施。2003年春，沔城与全国大多数村庄一道，减免了50%以上的农业税，其余的则由市、镇两级拨款到沔城，补助原来“三提五统”应承担的各种税收（代耕费）。到2005年，沔城全免了农村、农户应交纳的农业税收。

2007年，根据对农民承包土地经营权30年不变的政策，沔城回族镇所辖农户在第二轮承包土地的基础上，重新审核鉴定，对农户发放了“土地承包经营权证”。在制度不断完善、政策补给或倾斜的前提下，农民的家庭经济样式有了自主发展的空间。以家庭经营的多元化或在非农化选择中弥补农业之不足，已成为沔城区域经济发展中一个新的增长点。

第二节　经济结构的变迁

一、农业经济的变迁

（一）农业生产结构的调整

1. 耕地的变化

沔城回族镇在1983年实行家庭联产承包责任制，农业经营由集体化转型为个体经营，即家户经营。当时，沔城镇田地的分配，按农业人口为准，每人平均1.52亩。随着人口的增长，这一原则成为现在沔城各户田地不均的主要原因，人地矛盾突出。当地农民定光祥就是一个典型的例子，他1953年出生，1984年他家有5口人承包土地7.5亩，人均耕地面积1.5亩。那个时候，土地是他们的命根。在数量上占着最高地位的神，无疑是土地。[1] 对农民来说，土地越多表示越富有。到2009年，他家人口已增加到11个，总承包的土地面积仍然是7.5亩，但人均耕地面积却减少了一半（见表3–1）。为了增加收入，儿子、媳妇、女儿、女婿共6人常年在广东打工。老定与老伴除了耕种所承包的田地以外，还要负责照顾3个孙子的生活。“除了出门打工还能怎么办呢？他们在外打工的收入好歹比在家务农要多，一家人总不能守着那几亩地过日子。”

表 3–1　沔城镇农村人口与耕地情况表

年 份	总人口	耕地面积（亩）	人均耕地（亩）
1957	8 907	不详	不详
1965	11 884	26 789	2.25
1984	17 285	26 315	1.52
1987	15 809	25 081	1.59
1997	16 075	24 386	1.52
2009	24 721	23 124	0.94

上表是根据沔城回族镇统计站提供的统计报资料所做，从中可以看出，沔城回族镇耕地呈现逐渐减少的趋势。原因可以归结为以下几个方面：①宅基地和工业园区建设占地面积增加。②由于解决了吃饭的问题，而市场上粮食价格又长期偏低，农民投入多，效益低，种田的欲望不强，所以干脆丢荒

[1] 费孝通. 乡土中国　生育制度 [M]. 北京：北京大学出版社，1998:7.

或无偿送给其他村的亲戚朋友耕种。据我们对当地村民种田态度的调查统计：愿意多种些田占17%，愿意种好现有的口粮田占9%，愿意少种些田占16%，不想种田占38%。而且呈现出明显的年龄分布：老年人更愿意多种田；中年人愿意种好现有的口粮田；年轻人基本都不愿意种田，都选择出门打工，他们认为只要有了钱，可以买粮食吃。拿受访者付金山的话说，就是“年轻人都愿外出打工，种地的都是老家伙了（年纪大的人）”。

2. 生产工具的变化

新中国成立前和新中国成立后的一段时间里，农业生产全凭手工操作。农田耕作使用的是畜力——耕牛，使用的农具为犁、耙、耖、滚、锄头、镰刀等。农副产品加工，使用的是碓、磨子、人踩轧花机。田间运输，主要靠肩挑、背扛、船运。一些传统生产工具如犁、耙、锄头等，在现在的生产活动仍然发挥着重要的作用，只是在构造和质地上有所改进，很多木制或带木质工具都改为全铁制工具。

1961年，全镇仅有2台动力抽水机。1961年以后，才开始使用农业机械。机械化的过程是：从机械排灌起步，随后是农副产品加工，再后才是农田耕作和田间运输。到1963年，柴油机增加到18台，水泵增加到10台，全镇部分水田做到了排灌机械化。

从1963年开始，使用机械进行农副产品加工。由公社牵头，组织七红、金华、南桥、三合四个大队联合办沔城油脂加工厂，购44千瓦柴油机1台作动力榨油。这一年，沔城各生产大队总共有打米机14台、轧花机7台、弹花机7台、脱粒机6台、磨面机2台，全镇部分农副产品实现了加工机械化。

1971年，农业机械化出现了一个高潮，全镇各生产队拥有各种机械441台（件），其中，各种动力设备124台、手扶拖拉机5台、机引犁2台、插秧机2台、机滚船52台、脱粒机30台、打谷机33台、农用水泵91台、打米机42台、磨面机27台、轧花机28台、榨油机4台、饲料粉碎机1台。水田排灌、耕作、脱粒、运输基本实现机械化，农副产品加工全部实现机械化。

1979年，国家号召向农业机械化进军，对沔城农业机械化是一个大推动。到1983年，全镇各种机械总量达695台（件），其中，“东方红”拖拉机18台、手扶拖拉机71台、农用汽车4辆、机耕船84艘、机滚船69艘、脱粒机87台、农用水泵227台、打米机61台、磨面机33台、轧花机9台、榨油机9台、饲料粉碎机21台、动力收割机1台、动力喷雾器1台。农业生产实现机械化的程度，有了进一步提高。1983年，机耕面积达到14 190亩。

1997年，农田耕作、排灌、米面加工、运输，基本上是实现了机械化、电气化。农业机械总动力功率达8 031千瓦，其中，柴油发动机5 329千瓦、汽油动力机 20 千瓦、电动机 2 772 千瓦。耕作机械 30 台、收获机械 59 台、柴油机 234 台、电动机 97 台、农用水泵 242 台、植保机械 9 部、打米机 68 台、磨面机 18 台、轧花机 7 台、榨油机 5 台、机动船 23 艘、农用汽车 11 辆、手扶拖拉机 228 台。

2009 年，农业机械总动力功率 8 031 千瓦，有联合收获机械 192 台、机动脱粒机 9 台、柴油机 169 台、电动机 216 台、农用水泵 346 台、机电井 67 眼、植保机械 40 部、打米机 41 台、磨面机 72 台、轧花机 11 台、榨油机 5 台、机动船 2 艘、农用汽车 43 辆、小型拖拉机配套农具 29 台、推土机 16 台。当年实际机械播种面积 46 444 亩，实际机械收获面积 12 415 亩。

20 世纪 60 年代后，农业生产的机械化、电气化逐步提升，生产条件不断改善，生产效率不断提高。生产工具的更新与应用，充分显示了沔城农村综合经济实力及科技的应用。

3. 农作物种植

沔城回族镇的传统农业，以种植粮食作物为主、经济作物次之，现在却恰恰相反。粮食作物，包括水稻、小麦、玉米、红薯等。水稻是当地最重要的粮食作物，水田全部种植水稻。据村民介绍，20 世纪 60 年代以来，当地推广种植过 10 多种水稻品种，直到 20 世纪 80 年代初，在当地政府的努力下，大力推广种植杂优水稻，专门的技术人员下乡给农民培训，传授科学种田的技术。加上化肥的使用，水稻产量大大提高，由过去的亩产 100—150 公斤提高到现在亩产 500 公斤，有的高达 600 公斤。小麦也是当地种植的主要粮食作物，产量较高。由于地力、水利和气候条件等客观因素较好，沔城镇一直是国家的商品粮生产基地。旱地种植玉米、红薯、土豆等，家家户户都会种一些，除了少部分供人食用外，主要用来喂养牲畜。

经济作物，主要有棉花、油菜、莴苣、莲藕、辣椒、豆角、甜茶等。经济作物在农业生产结构中的比重越来越大。近几年，棉花、油菜的价格持续跌落，种植面积有所减少；而蔬菜的市场前景却看好，种植面积逐年增加，2009 年莲藕价格高达 3 元 / 公斤左右，莴苣的价格在 0.8 元 / 公斤左右，成为家庭经济收入的重要来源之一。各家各户经济作物的种植，除了因地制宜，还要受市场规律的影响，比如价格高就多种、价格低就少种或不种。虽然老百姓不能把握市场，但是当地居民根据多年的市场经验也总结出一条规律，“贵不要追，便宜不要丢”。即使价格低，也要继续打理，或许来年价格就有所回升。由于沔城距武汉较近，交通方便，信息较灵，加上多年积累的经验，使当地农民有了一定的市场观念和独特的多元经营理念。

4. 一年的农事安排

沔城回族镇回民在长期的农业生产实践中，摸索出了一套较为完整有效的与当地的土质、气候特征相适应的农事耕作制度。从农历时令上看，土豆的种植最早，从正月开始种，俗称种“春洋芋”。3月份清明过后，开始种莴苣、豆角、玉米等，此时种植的莴苣俗称“春莴苣”。4、5、6月份收割小麦和油菜，种植红薯、棉花、辣椒等。沔城种植的水稻有早稻和中稻，早稻一般4月种7月收，中稻一般5月种8月收。插秧和收割稻谷是一年中最忙的时令，家户之间是通过换工或帮工进行农事协作。每年8月以后开始采摘棉花，9月份开始种植“秋莴苣”，10月份开始种植小麦，11月份油菜基本种植完毕，田地里的农活基本结束，有的农户在当地打散工。

与传统生产活动相比，现在沔城农民的经济活动呈现出“农闲忙，农忙闲”的特点。随着人口增多、土地减少，以及农业科学技术的不断进步，例如耕田普遍使用小型拖拉机，不再用人力或牛，过去沔城回民都是用脚为禾苗多次松土除草，现在普遍改用放除草剂和化肥，农民不需要像过去那样花费大量时间在农田耕作上。反而在农闲时间，更多的富余劳动力都忙于搞副业、打工等赚取现金，以提高家庭经济生活水平。

（二）经济作物地位的提升

长期以来，经济作物一直是当地农民重要的生计来源，它给予当地农民经济上的影响是不能低估的，是相对稳定的家庭经济收入来源，家家户户都种经济作物。由于沔城良好的种植条件，棉花、油菜等一直是当地的主打经济作物。20世纪50年代以前，沔城一直是县城所在地，当地农民种植的蔬菜除自食以外，大多也拿到镇上去卖。新中国成立后，一直到1983年，沔城有专门的蔬菜社（生产队），主要种植蔬菜，以供应当地以及附近的宜昌、荆州、武汉、常德等大、中、小城市。1951—1952年，经过土地改革，沔城农村广大回民和当地汉族人民一道，分得了土地、房屋、农具、耕牛等生产生活资料，调动了广大回族农民生产的积极性。他们在自己的土地上精耕细作，种植业产量获得了普遍的提高。尤其是党的十一届三中全会以后，农村实行了经济体制改革，推行了土地家庭承包责任制，更进一步推动了回族农业经济的发展，主要经济作物的单产和总产量有了较大幅度的增长。访谈中，虽然不同的人回答的话语不一样，但共同的其目的和希望是一样的。

个案：舒振清，男，回族，1949年出生，城郊村2组农民。访谈时间为2008年10月3日，访谈地点在舒振清家的菜地里。

“搞谷[1]赚不了钱，种棉花稍微好一点，还要碰运气才能赚。我家4亩

[1] 种水稻。

地，6 个人吃饭，靠种粮食只能饱肚子，以前种分把地[1]的菜，除自家吃外，也经常背点菜到镇上卖了换包盐钱。近几年种蔬菜挣钱，我年年都种，一年种植面积 3 亩大点，主要是莴苣，春秋两季都种，一年能挣七八千钱块。”

个案：王桂峰，男，回族，1975 年出生，沔城回族镇镇长。访谈时间为 2007 年 8 月 1 日，访谈地点在其办公室。

“种植业在沔城镇有自己的优势，自 20 世纪 80 年代以来，种植业已经带来经济收益，很多村民靠此发家致富。我们根据上级政府指示，把发展经济作物作为调整沔城农村产业结构、增加农民收入的重要途径，在引导农民种什么、怎么种的问题上，镇政府也会及时地帮助农民提供信息和技术上的服务。例如，全镇莴苣的种植面积 1997 年仅 1 100 亩，2009 增加到了 2 700 亩，农民的口袋里有钱了，我这镇长的心里也就舒坦了。”

从沔城回族镇主要经济作物的总产量、种植面积看，更反映出改革开放以后沔城回族的农业生产得到了全面迅速的发展（见表 3–2）。

笔者在实地调查期间发现一种新的现象，沔城一些头脑灵活的村民或单枪匹马或集资合作，在市场引导和政府扶持下，从事农产品的收购、贩运和深加工，推动了当地农产品走规模化、产业化的道路。

表 3–2　主要经济作物产量与种植面积统计表　（单位：吨 / 亩）

	1957 年		1987 年		2009 年	
	总产量	种植面积	产量	种植面积	产量	种植面积
粮食			12 122	37 508	7 523	12 992
棉花	79.35		365	4 977	211	2 805
油脂	46.2		268	2 944	2 055	14 233
莲藕			367	241	1 746	1 240
莴苣			230	195	6 100	2 700
辣椒			110	240	700	1 100

注：表中棉花系指皮棉。

养殖业是沔城回族群众的传统产业。沔城的养殖业，有家畜类、家禽类和渔业。沔城回民畜养的家畜有水牛、黄牛、山羊、马等，当地汉族畜养的家畜主要是猪和牛。养牛有使役和食用两方面的用处。牛分菜牛和耕牛，菜牛用来宰杀食用和出售，母牛不用来犁地犁田只让其产崽。沔城回民极少宰杀耕牛，只宰食因腿断不能犁地的牛。养牛数量从 1 户 1 头到五六头不等，

[1] 约 0.1 亩。

有几户共养1头的，也有人家无力饲养。马只有少数几户养。羊在开斋节、春节等节日宰食，及用于红、白事时亲戚间的送礼。家禽主要养鸡、鸭、鹅。渔业主要是养殖鲤鱼、鲢鱼、草鱼、鳝鱼、鳖，也有稻田养虾的。以下是新中国成立以来沔城养殖业的发展变化情况。

1957年养牛486头，禽蛋产量43.7吨。渔业在1957年前为天然养殖，仅捕捞野鱼1 148公斤。

1978年养牛740头，禽蛋产量115吨。渔业放养面积475亩，产量48 800公斤，收入74 400元。

1987年养牛879头，蛋品334吨。渔业放养面积1 598亩，产量478 000公斤，收入584 600元。

1997年养牛1 215头，其中菜牛261头。家禽存栏141 900只，出栏135 000只，禽蛋产量865吨。渔业放养面积2 963亩，产量1 962 000公斤。

2009年养牛2 660头。家禽存栏92.5只，出栏28只，禽蛋产量1 835吨。渔业放养面积5 130亩，产量4 620吨，收入6 468万元。

通过分析上述5个年份养殖业发展变化的情况，以及本人在调查中了解到的情况，我们发现，1949—1978年沔城养殖业一直发展缓慢的原因主要有两点：①养殖的目的在于役使和食用，很少用于市场交换；②“人民公社化”和大集体的氛围当中，农民从事养殖业的积极性受到限制。1978年以后，随着改革开放的不断深入，商品经济不断发展，人们的经济意识和商品观念日益增强，养殖业的发展有了新的起色，朝着商品化的方向发展，并呈现出以下特点。

一是养殖业的范围逐渐扩大，产量大幅度提高。例如，在传统养殖的基础上，一些群众开始从事养鳝鱼、鳖、泥鳅、虾、野鸭等特色养殖业，这些是改革开放以来出现的新东西，而且养殖面积在不断扩大，产量不断提高。

二是养殖业朝着专业化、规模化的方向发展，商品率在逐渐提高。商品经济、市场经济的特点之一，就是为利而动。要获得较大的商业收益，就必须走专业化、规模化的道路。沔城在2005年已形成了自己的鱼、鸭、林立体养殖基地。[1]精养鱼池就有2 625亩，鱼类产量达4 339吨。该镇以袁到渔鸭套养基地和东荆河沿线为核心，充分利用空闲场地、林地和水资源，大力发展养鸭业，辐射带动黄金、洲岭、王河、邵沈渡等村，兴建了东荆河十里养鸭长廊，形成了点、线、面结合的养鸭产业园，2005年养鸭达65万只，2006年养鸭70万只，2007年养鸭达80万只，2009年达100万只。

[1]2005年沔城镇东荆河养鸭长廊被列为仙桃市创建国家可持续发展试验区之一。

三是养殖业带动了其他产业的发展。养殖业的迅速发展也给其他产业的发展带来了机遇，饲料加工业和禽蛋加工业最为明显。例如，该镇奥源公司就是一家“公司＋基地＋农户”和“饲养——加工——销售”一条龙的农业龙头企业。

二、乡村工业化的发展历程

乡村工业化，是指借助资金、土地、人力等资本要素使机械化生产在乡村中能够普遍实现，工业化操作的劳动人口在农村人口中占绝大比重，农民最终从土地中解放出来。工业化，始于18世纪英国工业革命，逐渐波及世界，是一个实现由传统农业文明向工业文明转变的过程。梁漱溟认为，中国乡村工业化的道路，与西方国家近代的工业化道路是不同的，“西洋近代是从商业到工业，我们是从农业到工业；西洋是自由竞争，我们是合作图存”。他主张，“由农业引发工业，反对走发展商业资本的工业化道路。为消费而生产的工业化，反对为营利而生产的工业化”[1]。乡村工业化的表现形式多种多样，最主要的特征是，在国民收入和就业中，农业的份额趋于下降，工业的份额不断上升。在工业化进程中，工业部门不断地产生、分化和发展，农业部门因受到工业在技术上的支持和管理方式上的影响而发生着根本性的改造，与工业发展相关的经济和社会性服务部门也应运而生并不断发展，从而全社会的劳动生产率大幅度提高，经济得以快速增长。同时，由于人口由农业向工业和服务业持续转移，工业生产和管理方式向其他产业领域扩散和渗透，导致人们的价值观念、行为方式、需求结构、管理理念、组织形式、相互开放与交流等发生了一系列的变化，社会在不断的变革中日益进步。

（一）1949年前沔城的手工业

新中国成立前，沔城回族镇不仅没有现代工业，就连手工业也不发达。以下是新中国成立前沔城手工业大致情况：

缝纫业。11家，从业人员25人。著名的店铺有费家裁缝铺，开始于清末。1956年，手工业合作化，全部转入沔城服装厂。1924年，费家拥有一台缝纫机，为沔城用缝纫机的开始。

木业，分为木作坊和寿木坊。木作坊有2家，一位是郑晏同，一位是舒来子，各带徒弟2人。寿木坊2家，分别为龚天寿和张丑儿。

铁业。新中国成立前后，仅有魏光富、但东货两家。1956年，手工业合作化时期转入铁业合作社。

竹器。有魏光海、马名山等4家竹活铺（旧称“粗货铺”），从业人员

[1] 梁漱溟．梁漱溟全集（第2卷）[M]. 济南：山东人民出版社，1989:141;585.

不到 10 人，他们多是加工带经营。

皮革业，分为制革和加工成品两类。制革是把生皮制成熟皮，加工是把熟皮做成木屐、牛皮靴、皮鞋、皮带等等。1949 年，沔城有 3 家制革的（旧称“皮烟铺”），即王登榜、王德元、余三婆。专门从事加工的皮匠师傅较多，有定正松、马东儿、魏尚鹤、武柏林、周聋子、罗会扬等。

油漆业，包括黄永盛等人的 3 家伞铺，以及童大海、王汉子等人的 4 家匾铺。

除了开店铺的手工业，还有一批做散工的手工工人，如瓦匠、木匠、篾匠、箍匠、石匠、裁缝、打袜子的、轧面的、做皮帽的、扎纸的、做蚊香的等等。

（二）1950—1978 年的工业

新中国成立后，由于县城北迁，现代工业也比别的区、镇起步晚。1978 年前，沔城虽然有几家工厂，但规模不大，企业主要围绕当时的农民生活所必需的产品来进行加工，技术水平极低，生产力低下，有些纯手工制作，上交大队公益金的数额也很少。

1950 年建立的“人民印刷厂”，仅有圆盘机 2 台，石印机 2 台。1952 年，县政府迁到仙桃，印刷厂随之搬迁。

1951 年，分别成立了“协合袜业社”、“群力袜厂”，有工人 75 名。1953 年，厂、社合并，组成“沔城针织厂”。

1954 年，由 9 名缝纫工人组织服装社，1956 年改为服装社，工人扩大到 20 人。1958 年，改为服装厂，业务除来料加工，还帮县百货公司加工童装和成人衣服。1975 年，职工达到 100 人。

1961 年，沔城有企业（手工业）8 家，从业人员 66 人：木业社 1 个，从业人员 2 人；竹器社 1 个，从业人员 7 人；五金修配厂 1 个，从业人员 7 人；服装厂 2 个，从业人员 23 人；皮革社 1 个，从业人员 7 人；伞厂 1 个，从业人员 4 人；工艺厂 1 个，从业人员 2 人。工业产值（实为加工费）19 878 元。

1961—1978 年，除了 1963 年办了一个油脂加工厂和 1977 年办了一个明胶厂外，基本上没有兴办像样的企业。

（三）1979 年以来的发展情况

1978 年至 20 世纪 90 年代后期，属于大办乡镇企业时期，沔城工业企业有了较快的发展，这一时期沔城的工业经历了从无到有、从小到大、从弱到强的发展历程。比较有代表性的企业，有瓦楞纸箱厂（1979）、沔城纸品厂（1979）、木制家具厂（1980）、沔城电机厂（1983）、沔城彩印品厂（1984）、塑料厂（1984）、砖瓦厂（1984）、沔城建筑公司（1985）、沔城机械厂（1985）、再生革厂（1985）、民族舒美绒厂（1985）、沔城服装厂（1985）、自来水厂（1986）、沔城商场（1987）、湖北健华医疗保健品有限公司（1992）、沔城农业生产资料有限公司（1998）等。这些企业每年交给集体数量不等的上缴款，同时解决本镇大部分劳力的就业。集体利用上缴款又兴办了新的集体企业，如沔城商场等，并在农民税负较重的时候补助农民上交农业税收。1997 年，沔城回族镇实现乡镇企业产值 42 920 万元，乡镇企业增加值 1 780 万元，入库税金 364 万元。但是，有的企业上马时缺乏充分的市场调研，管理层大都没有管理经验，加上绝大部分资金绝大部分都靠银行贷款，各主管部门和相关部门都向企业伸手，导致生产成本过高，企业举步维艰，有的甚至到了靠贷款还息、发工资、交税款的地步，不久就资不抵债，无法运行。

1998—2006 年是沔城回族镇企业调整提高阶段，大部分企业在 1997 年前后都实行了股份制改造，这是一次不完善的改制，没有做到产权明晰、权责明确，改前改后对企业的运行影响不大，负担过重、改制难度大的企业，往往走向破产之路。但是，工业化水平得到了进一步提高。2006 年，全镇已有机电、造纸、彩印包装、农副产品加工、建材等支柱行业。2006 年以后，在民营化改制时期，以股份制改造为主，成立股份公司，集体资本退出企业，企业自主经营，自负盈亏，真正做到市场化运行，新上项目也都是由自然人带资兴办。一些企业的规模由小变大，品种由单一至多元，市场由省内到省外，以致向国外市场的转变，公司的经济效益得到进一步提升。2009 年底，沔城有各类企业 30 家，从业人员 2 134 人，固定资产 23 000 万元，工业总产值 49 000 万元，利税 459 万元，已形成农副产品加工、精细化工、机电等为主的支柱产业，其他产业也得到了一定的发展。

三、沔城商贸的发展历程

（一）1949 年前沔城的商业状况

据回族老人魏光熙（1925 年出生）、冯钢德（1926 年出生）等人介绍，在清中叶以前，沔城环城的玉带河与东荆河的情况相同，城临水岸，货运客运都很方便，经济比较繁荣。当时的商业市场，主要集中在城外下关街、玉带河北的漕河街和城内的十字街。明末清初，江北的铁匠街也是闹市区。到清道光年间（1821—1850 年），玉带河逐渐淤塞，同治四年（1865 年）东荆河杨林关段溃口，沔阳后堵口复堤时，玉带河的进口被堵，从此玉带河成了一条死河，沔城的市场也日渐萧条。抗战时期，国民党军队火烧沔城后，商民纷纷外迁，从此市场更加凋敝。新中国初期，沔阳县城北迁，商业市场降到了历史的最低点。以下是《沔城志》里记载的有关抗日战争后期到新中国成立前沔城商贸的基本情况[1]：

布匹店先后有魏光灿（回族）、魏光耀（回族）等11家。规模都不大，有的只能说是一个布摊子。

广货业先后有赵同德、刘春和、王德昌（回族）等9家，资本不超过千元。

杂货业先后有蔡祥记（回族）、马全泰（回族）等17家，资本也不超过千元。

银楼业有阳宝华、李泰和（回族）2家。

文具业有5家，分别为汉兴、三元堂、石福泰、刘祥兴、王森记。

酒馆有魏尚智（回族）、李家才（回族）、李家茂（回族）、陈松儿等9家。

茶馆有魏保章（回族）、魏成章（回族）、魏光贻（回族）等5家。

勤行有丁培林、马吉安、王开云等10家。

理发有马黑字（回族）、马又儿（回族）、定东儿（回族）、魏光年（回族）等5家。

豆腐铺有姚老板、马明福（回族）、梁家（回族）、何家、邓家、李家（回族）等9家。

其他行业包括：杂粮行3家、宰牛业5家、柴行3家、鱼行2家、磨坊4家、钩铺1家、打线铺2家、硝行2家。

从上述材料来看，新中国成立前沔城商贸的基本情况可以概括为3点：①门类少、规模小，基本上是小商小贩；②从事商贸业的人员中，回民较多，而从事布匹店、茶馆、勤行、理发、广货、硝行等行业的，几乎全是回民；③商贸主要为当地群众最基本的生活需要提供服务。正如回族学者王正伟所说的那样，“由于伊斯兰教经典多次强调经商的地位和意义，加上穆罕默德本人亲自从事经商活动，这种价值观念和生活方式，对我国回族起了极大的影响作用”[2]。

（二）1949—1978年期间的商业状况

新中国成立后，国家鼓励各级人民政府大力发展商业。供销社、粮油管理所、食品营业所、棉花采购站，是集体商业和国营经济催生出的产物，而粮票、布票、肉票、油票、糖票等等，则是这一阶段百姓生活中由集体商业

[1]《沔城志》编纂委员会．沔城志[M]．武汉：湖北科学技术出版社，2000:65.

[2]王正伟．回族民俗学[M]．银川：宁夏人民出版社，2008:233.

和国营经济派生出的流行词。在国营商业和集体商业占垄断地位的社会生活当中，除了一些小商小贩，沔城直到1978年都没有过个体商业。国营商业统合下的粮油管理所、食品营业所、棉花采购站，行使的是粮、棉、油的统购统销，以及牲畜、禽蛋、鲜鱼的派购派销。代表集体商业的供销社，按计划经济购销沔城人民需要的食盐、煤油、火柴、小百货等生活用品和生产资料。此阶段的商品交换模式，是一种垄断经营，缺少民间的积极性。

（三）1979年以来的个体商业

沔城回族镇的民间商贸，是从改革开放后发展起来的。原沔城回族镇镇长、现仙桃市民族宗教事务局局长马吉圣向我介绍了当初的情况："1979年以前，沔城没有个体商业。1979年实行经济体制改革以后，开始发展，1983—1984年为大发展时期。改革开放初期，沔城连专业的集贸市场都没有，长期以来下关街一直是临时的交易场所，上午9点钟左右即散场，商品成交额低。1986年，为了更好地满足沔城群众生活的需要，在政府的帮助支持下，在沔城书院处建立了一个2 000平方米的集贸市场，个体工商户都集中在那里，主要经营的品种有鲜肉、鱼虾、禽蛋、莲藕、蘑菇、水果、蔬菜、小百货、农副土特产品130种以上，每月成交额在50万元左右。经营者基本上是本地人。"[1]

1987年沔城回族镇成立时，在沔城工商管理所注册登记的个体工商户有414户，从业659人，拥有资本133万元。经营者中，本地人占多数。

1997年沔城回族镇成立10周年时，辖区内个体工商户有455户。"小而全"，是当时沔城个体经营的特点。沔城个体户都很少进行专一的买卖活动，比较注重全面（这个全面也是相对而言），各种各样的日常生活用品几乎都有零售。例如，一些店铺既卖食品水果又经营衣服、鞋、铁器等，饭店还兼备米粉店的功能。经营物品比较齐全，进入店内，既有物品"琳琅满目"之感，又感到空间挤压。随着时令的变化，重点销售的货物也就不同。比如，春节期间，店铺及门口摆放的都是烟花鞭炮、糖酒、大礼包等；过完春节，店铺的主要商品马上就换上锄、铲子等生产工具，因为春耕开始了。店铺的经营方式，一般都采用现金交易，偶尔也有赊账的现象，但是传统的物物交换已经消失。沔城商业街最早是依附于政治力量发展起来的，尤其是饭店，其经营者多是依靠当地政府部门的某某亲戚或关系不同程度地分享政府消费这块蛋糕，而没有政治资本可以依靠的店铺往往在竞争中处于劣势。

经过改革开放30多年的发展，沔城回族镇的商业已具有一定的规模，

[1] 马吉圣，男，回族，1955年出生，沔城红花堤人，原沔城回族镇镇长、现仙桃市民族宗教事务局局长。访谈时间为2007年7月30日，访谈地点在仙桃市民族宗教事务局办公室。

建有民族商业街和大型的农贸市场，新的分子不断加入，市场竞争也日益增强。至 2009 年，沔城有 710 家个体工商户，从业 1 561 人，从事的行业主要是修理、杂货店、饮食、运输、屠宰、旅馆、酒店、家具、百货、裁缝、打字复印等。注册资本大小不同，最大的有 100 万元，最小（如理发店）的为 500 元，一般的为 5 000—10 000 元。在市场经济时代，注重理性和规模的新经营模式已经进入沔城，个体经营越来越倚重投入资本、经营策略、市场竞争。当地那些本钱少、不讲究经营方法、对如何吸引顾客和有策略地售卖商品并不看重的个体户，难免会在竞争中处于不利地位。沔城回民李顺义所开的杂货店，就是一个典型的例子。他原来是镇搬运站的职工，1985 年搬运站撤销时，他花 3 万元买下了搬运站的房子，开起一家杂货铺，除了维持日常的生活和供孩子上学，一年还能收入 2 万元。2002 年以后，由于竞争加剧，经营惨淡，一年只能赚到 4 000—5 000 元。这样的店铺，如果依然只是守着族内老顾客和熟人，营利观念单薄，就会被市场生存法则所淘汰。

在当前，沔城镇和当地农村之间的关系，已不是那种传统农村经济中的市场与地方之间的关系，即城镇中心换取当地农产品的市场。在当地政府的引导和帮助下，村民积极发展家禽养殖业和大面积种植经济作物（如蔬菜、莲藕、棉花、甘蔗等），丰富的农副产品成为沔城商业贸易得以兴旺的重要条件。“沔州绿”四季豆、莴苣、沔城莲藕等知名蔬菜，不仅销售到附近的大、小城市，而且也卖到了北京、上海、广州等地。

四、打工经济

1949—1978 年，虽然自上而下的组织控制体系严格限制了农民的自由流动，但是迫于生计，一些手艺人（如木匠、缝纫匠、泥瓦匠、篾匠和弹棉花的匠人等）还是会出去做工。不过，当时他们出去每年要向生产队交统一规定的钱，以折算工分。他们当时做工的地点，主要在邻近的监利、沙市等县、市。农忙季节，他们一般会回到家里参加集体的农活，过后又出去做工。许多木匠和缝纫匠，白天和农忙季节参加集体的农活，清闲时节和晚上就帮乡邻制作家具、缝纫衣服。在沔城，各种匠人很多，大多数人经常在外做工，家里都比较殷实，属于大集体时期家庭比较富裕的农户。

1978—1997 年，我国经济体制改革和家庭联产承包责任制得以推行，农村的生产力得到了全面的解放，农民的生产积极性得到了全面的释放，农田的单产大幅度提高，农村形势有了较大的改观，农民从土地上得到了实惠。然而，人多地少的矛盾，使得农村的富余劳动力从大集体时的隐性状态转变成了显性状态。剩余农村劳力为寻找出路，或是就地经商，或是从事短暂性的体力务工，或是外出打工。在这一阶段，沔城回族镇打工群体基本上属“离土不离乡”，即在本镇、本市从事工商贸服务业。在沔城回族镇七红村，1990年该村只有13人跨出本县、本省到沿海发达城市打工，却有35人在本镇或仙桃市范围内打工。这些情况，正如有的文章所论，“人多地少的过密型农业，因效益低下而迫使农民外出打工；而外出打工的风险又反过来迫使农民依赖承包地作为最后的生存保障，从而使务工和务农的交替与结合在制度上得以强化”[1]。“离土不离乡”外出打工的现象，是农民面对生存保障必须依托土地的传统观念与解决生存压力的矛盾所做出的普遍选择，亦是中国农村经济结构及其社会形态发生变化的特征。尤其是有家有口、年龄稍偏大一点的农民，那种把生存保障寄托在土地上的意识，以及对市场经济中家庭经营结构充满变数的担忧，都反映出小农意识中最本质的思维定式不是一朝一夕能改变的。

1998—2000年，是沔城回族镇劳动力外出转移的快速增长期。该镇打工群体主体上属“离土又离乡”，即到本镇以外的其他地区从事打工或经商等活动。此阶段外出的打工者，先是以年轻女性为主，后来逐渐发展到男性劳动力，家里离得开的青壮年几乎都外出打工。到2000年，沔城回族镇外出打工人数达到925人。外出打工人口的年龄，最小者15岁，最大者62岁。打工群体人口年龄高度集中在16—45岁，占65.08%，其中16—25、25—35、36—45岁三个年龄组均超过25%（见表3-3）。

表3-3　2000年外出打工人口的年龄构成与分布表

	16岁以下	16—25岁	26—35岁	36—45岁	46—55岁	56岁以上	合计
人数	7	312	295	242	65	4	925
%	0.75	33.72	31.89	26.16	7.02	0.46	100

资料来源：沔城回族镇统计站外出打工人口登记表。

2000年以后，每年新增加的外出打工人数开始减少。主要特征表现为，男性多于女性，已婚多于未婚（见表3-4）。而且，增加的女性多为家庭主妇。她们在外出打工青年男女的影响下，不满足于做家庭主妇，而把家务事留给公公婆婆或是本家，也加入打工者的行列。按打工者的性别分类，男性有584人，占打工总人数的63.13%；女性有341人，占打工总人数的36.87%。按打工者的婚姻状况分类，已婚者有478人，占打工总人数的51.68%；未婚者有447人，占打工总人数的48.32%。

截至2009年底，沔城回族镇外出打工人口有4 519人，占全镇劳动年

[1] 刘奇．转型期农村经济社会形态与结构的变化特征[J]．中国发展观察，2007（2）．

龄内人口的46.48%。目前，沔城外出的打工者几乎达到了饱和状态，即只要家里离得开，在身体健康状况允许的情况下，村民都已外出打工，每年略有增加的新的打工者是一些没能考上高一级学校或是辍学的青年。

表3-4 2002年打工者婚姻、性别结构表 （单位：人）

性别		未婚	已婚	离婚	合计		
男性	外出打工	279	350	0	584	771	1436
	未外出打工	0	186	1	187		
女性	外出打工	168	173	1	341	665	
	未外出打工	5	319	0	324		

资料来源：沔城回族镇统计站外出打工人口登记表。

社会学者李强曾经指出：“农民工进城是农村推力与城市拉力的合力结果，但农村中的推力所起的作用更大些，主要的原因是产业之间和区域之间的比较利益所导致的经济收入差别。”[1] 属于农村推力的因素有三个：农村收入水平太低，农村缺乏发展机会，农村太穷。属于城市拉力的因素有两个：城市收入高，外出见世面。在沔城，村民们认为“种地不划算”，主要表现为农业生产投入大、比较效益低下。例如，当地城郊村某农户2005年收稻谷900公斤、小麦220公斤、玉米320公斤、莲藕200公斤、菜籽80公斤、棉花150公斤。2005年，当地稻谷1.4元/公斤、小麦1.4元/公斤、玉米1.24元/公斤、莲藕2.2元/公斤、菜籽3.7元/公斤、棉花6元/公斤。如此折算，该农户的农业生产收入应有3600.8元。而该农户一年的日常生活支出为3 450元，其中，粮、盐、醋、茶等消费760元；购买衣物400元；生活用电180元；教育开支740元；人情往来费用550元；农业生产投入820元。也就是说，在不算农业投入情况下，该农民一年的农业收入仅够低限度地维持其日常生活支出，而无财力进行再生产及提高劳动力素质等。

解决了温饱问题之后的广大村民，追求利益最大化是他们外出打工的最主要因素。下面以该镇农民魏仁军外出打工的全年家庭收入为例，说明外出打工的收入与务农收入的差距。

个案：魏××，男，回族，1975年出生，初中文化，二羊村农民。访谈时间为2007年2月15日，访谈地点在魏××家里。

我一家4口人，家有69岁的父亲和一个读小学的10岁的儿子。1998

[1] 李强．影响中国城乡流动人口的推力与拉力的因素分析[J]．中国社会科学，2003（1）．

年随同村民到广州打工，2002 年妻子也跟随我到同一家工厂打工。全家共 6 亩耕地，2001 年全年的农业净收入为 667 元，交 6 亩地的各种税收共计 774 元，这意味着种田的收入不够上交税收，需倒贴 107 元。现在我打工的月平均收入为 1 800 元，老婆月平均收入 1 200 元，食宿由厂里全包，每月净存 3 000 元，一年下来全家打工收入 36 000 元。

从调查了解的情况来看，魏 ×× 仅仅是沔城众多外出打工者中的一员，务农与打工收入的巨大反差是沔城农民外出打工的重要原因。在沔城，依靠传统的种植业在很大程度上只能为农村老百姓解决温饱问题，而外出打工能使老百姓增加现金收入，许多农民通过外出打工使自己家庭走上了富裕道路。现在有许多外出打工的农民已经把农业当作“副业”来经营，而把外出打工当作“主业”。2000 年全镇实现打工总收入 740 万元，2009 年达到 2 501 万元，同比增长 237.97%。

调查数据显示，打工经济已成为当地农民增收的一个主要途径，成为支撑农村经济发展的重要支柱和增强农村经济发展后劲的最大推动力量。但是，我们也应该认识到，散杂居地区少数民族劳动力“打工”这一重要社会现象，一方面反映了改革开放和市场经济作用下各族人民在现代化进程中相互融通、共同发展的必然趋势；另一方面，“打工”已成为各族人民一种新的生产、生活方式。

五、旅游经济

（一）丰富的旅游资源

沔城回族镇既是一座具有 1 500 多年悠久历史的文化古镇，又是一个多民族的散杂居少数民族镇，还是多种宗教文化的荟萃地。历经千年建镇历史，沔城形成了独特的人文景观，具有厚重的文化底蕴和丰富的地方特产，这些丰富的文化瑰宝带来的不可多得的无形资产，为该镇发展旅游业奠定了坚实的基础。这里名胜古迹众多，人文景观独特，素有“四十八古井、四十八牌坊、四十八寺庙”之称，较著名的有大汉陈友谅故居、诸葛亮读书台、狄仁杰问政处；这里文化底蕴厚重，民俗风情浓郁，有伊斯兰教的清真寺、佛教的普佛寺、道教的玄妙观、儒教的文圣庙，一年一度的文化庙会、龙舟赛会、清真开斋节、荷花艺术节等民俗活动盛况空前；闻名遐迩的沔城藕“生吃如秋梨般清甜，熟食如板栗般粉扑”，沔城牛肉饼、藕丸子堪称美食一绝；这里自然风景秀丽，水乡神韵奇异，千亩东沼红莲池，碧波荡漾，荷花飘香，是休闲度假的理想处所。如今的沔城，虽饱经沧桑，但仍保留着传统的城镇格局、民居建筑、寺庙、牌坊和大量文物，风貌依旧，历史脉络清晰，特色鲜明，被喻为“蒙尘的贵妇”。旅游经济的的兴起，意味着这一历史名镇没有了孤寂的理由。

（二）旅游资源的保护与开发

1994 年，湖北省人民政府确定沔城回族镇为重点文物保护单位。在获得这一殊荣后，沔城回族镇充分发挥资源特色优势，大力挖掘古城文化遗产，实施“文明城建活镇，文化旅游兴镇”战略，积极发展旅游经济。

（1）挖掘文化内涵，提高文化品味。1994 年起，该镇通过搜集、整理、挖掘，先后编辑印制出《沔城志》、《沔城风情》、《沔城诗词》、《沔城风光挂历》、《沔城名胜风景导游》，使一部分人文故事、民间传说更加生动鲜活，并加大了宣传力度。该镇于 2001 编制了《仙桃市沔城镇旅游总体规划》，并逐步加以实施，从而增强了沔城的文化内涵和灵气，提高了沔城的文化品位和档次，扩大了沔城对外开放的知名度和吸引力。

（2）修复名胜古迹，增强城镇魅力。该镇修缮了原沔阳县人民政府办公大楼旧址和沔阳人民革命烈士纪念馆；收集了新石器时代以来的石碑、石雕、陶瓷、瓷器、古砖、古玩、铜钱等文物 200 多件，并成立了文物陈列室；对司马桥、南纪桥、官粱桥等古桥进行了维修和保护，同时恢复了一批历史人文景观，改造和兴建了大汉陈友谅故居、诸葛武侯祠、狄梁公问政亭、孔子纪念园、杨刚桥、复州古城墙等，使古城风貌与名胜风景交相辉映，历史文化与现代文明融为一体。

（3）开发水体资源，构建水上乐园。“东沼红莲”是沔阳古城八景之一，历代文人墨客留下了不少杰作佳篇，屈原、李白、狄仁杰等都与莲花池结下了不解之缘。如果说历史文化是古城的灵魂，那么莲花池就是沔城的生命之源。1994 年以来，该镇依托丰富的自然水体资源，围绕莲花池做文章，启动了七里环城千亩莲池整体综合开发，先后兴建了东沼红莲池牌坊、珠子台、仁风门、莲花岛、鸳鸯亭、魁星亭、狄公亭、万寿桥、九曲桥、双莲桥、缘梦楼、得月楼、迎恩楼以及红莲广场、音乐喷泉、荷花世界、绿色长廊、九龙拱胜等景点，并栽植了各类风景树近 3 万株，购置了游船游艇 20 多只，修通了 10 公里长的大莲花池观景通道。2009 年，沔城镇通过招商引资 5 000 万元建起了“七里风荷”生态莲荷风景观赏区、“渔乐幽境”垂钓中心和“农家乐”休闲别墅。莲花池公园，已成为集休闲、娱乐、美食等为一体的旅游景区。

（4）依托民族宗教文化，积极发展旅游经济。其一，以伊斯兰教为主线，构建回乡风情文化村。该镇曾先后两次对沔城清真寺进行扩建，完善了礼拜殿、回民教室等，使该寺成为仙桃市最大的清真寺，每年在此举办的开斋节、圣纪节、古尔邦节吸引周围信教群众和游客5万人次。同时，该镇还围绕回族的生活习俗和礼仪做文章，兴建了回族宾馆，发展了清真餐馆等民俗饮食一条街、民族商业一条街和伊斯兰建筑一条街，开发出牛肉饼、藕元子、荷芽肉、东瓜酥、回族油香、泡面锅盔等系列清真食品，形成了风味独特的饮食文化、风格奇异的建筑文化、风情鲜明的回教文化，使沔城成为名符其实的回乡风情文化村。其二，以佛教、道教、儒教为重点，构建宗教文化游乐园。普佛寺、玄妙观、文圣庙，分别为佛教、道教、儒教的圣地，是沔城及其周边市县最重要、最有影响的宗教文化场所。近十年来，该镇把佛、道、儒教文化作为发展旅游业的重要载体，通过不断兴、改、扩建，高标准、高品味开发，使之逐步上档升级。先后兴建了普佛寺大雄宝殿、天王殿、藏经阁、念佛堂等，玄妙观雷祖殿、三清殿、药王殿、救苦殿、观音殿、斗母殿等，文圣庙孔子石象、圣迹图群雕、泮池、文圣楼等仿古建筑，使这三处宗教文化旅游景点成为各路香客和游客朝拜、观光的理想处所。现已辐射到武汉、天门、洪湖、监利、潜江等地，成为江汉平原方圆百里的宗教文化活动中心。其三，举办丰富多彩的群众性传统民俗文化活动。近十年来，沔城镇以“文化搭台，经贸唱戏”为宗旨，每年都要精心组织举办丰富多彩的群众性传统民俗文化活动。正月初九的文化庙会，声势浩大，热闹非凡，龙灯、狮子、采莲船、蚌壳精、草台戏、皮影戏、讲善书等民间文娱活动好戏连台。正月十五的花灯节，沔城家家户户张灯结彩，主要街道、广场、公园，大红灯笼高高挂，各色花灯放光华，绚丽多姿，看灯展、猜灯谜、闹元宵，其乐融融。端午龙舟节盛况空前，每年龙舟节来游玩的人都在10万人次以上。七月荷花艺术节，一个以迎恩楼广场、红莲广场以及大、小莲花池为轴心的“荷花世界”，汇集了中外300多个珍稀品种的荷花，参观者络绎不绝、流连忘返。同时，不定期举办古城诗词楹联书画展和民间文艺表演。

2009年，吸引香客、游客20万人次，促进商贸流通2 000万元，旅游综合收入达1 000万元，既给沔城带来了经济效益，同时也带来了社会效益。

（三）旅游业对沔城回族镇社会生活的推动作用

（1）旅游业的发展，改善了城镇基础设施条件，进一步推动了新农村建设。为了提高各旅游景点的串联性和可达性，解决旅游发展中所带来的交通问题，提升旅游层次，政府近5年先后投资1 300多万元硬化了柏袁公路、黄洲公路、城堤公路、七里城路、江北村祭江路、南桥村通组公路，在全市率先实现了村级道路硬化村村通；投资400万元，对镇区街道破损路面进行了维修，完善了街道景区绿化；投资100多万元完成了大莲花池景观通道路砖铺设工程。沔城回族镇统计站的数据显示：2009 年，城镇建成面积达 220 公顷，城镇道路总长 27 公里，道路铺装率达 95%；供水管网 47.5 公里，日供水 4 000 吨，全镇 14 个村（居委会）共 94% 的人口饮上自来水；通信、有线电视实施齐全，全镇有线电视开通率达 100%。

（2）旅游业的发展，直接带动了农产品交易市场和其他非农产业的发展，多种经营的农业生产逐渐发展和成熟。自从把旅游业确定为与农业、工业并驾齐驱的支柱产业后，产业结构得到提升，为农业和工业产业链的延伸提供了条件，促进了城乡经济大循环，有效地实现了农村非农产业发展，比如畜禽养殖、瓜果蔬菜种植逐步向农工商形式转化。

（3）旅游业的发展，提供了更多的就业机会，增加了当地居民的收入，提高了当地的经济发展水平。在旅游业中，游、购、娱等的发展，也给其他行业带来了繁荣，促进了当地经济发展。

（4）旅游业的发展，提高了当地居民的素质，改变了价值观念，促进了与现代社会的对接。在开发初期，当地居民在旅游方面的专业技能和素质较为低下，政府和开发商对居民进行培训，以提高居民的素质，进而满足旅游发展的需要，居民的价值观越来越朝着与旅游业可持续发展的方向发展。例如，沔城旅游开发有限公司与相关旅游企业，为沔城义务培训了 200 多名景点讲解员和餐饮服务员。

（5）旅游业的发展，带来了多种文化的冲击，使当地居民的视野得到开阔。当地人与游客长期接触，新观念、新技术、新消息得以传播和扩散，开拓了当地人的视野。当地居民为了获得经济利益，则会不断探索与游客相适应的文化，使自己的事业得到发展，当地群众的认识水平也提升至新的水平，尤其是培育一种良性的竞争意识。

（四）沔城回族镇旅游业的可持续性问题

旅游可持续发展观念的实质，就是在实现经济价值的同时寻求环境资源价值的维护，在旅游与生态环境和社会文化和谐统一的条件下开展旅游活动，实现经济发展目标与社会发展目标的统一。虽然沔城回族镇旅游业发展较快，但也存在一些问题，主要有如下几个方面：

（1）旅游资源开发利用程度不高，主体现象不鲜明，产品品位档次不高，专业化程度较低。沔城回族镇旅游资源丰富，从资源到产品的转化工作做得不够，投入的资金太少，尚处于初级水平，开发的层次不高、深度不够，旅游产品品种较少，而且服务水平低，附加值较小，竞争力较弱。

（2）当地旅游的研究、管理、服务人才不足，旅游管理水平不高，服务人员素质偏低，创新能力有限，市场化程度不高，无法适应市场竞争需要。

（3）沔城回族镇旅游的市场化运作中，保护与开发利用也存在不协调的地方。比如，当地政府、旅游开发公司和开发商之间的合作经验不足，导致一些合同协议得不到落实。

（4）部分居民在旅游业的发展中已经逐渐掌握和正在掌握从事非农产业的经验和适应城镇生活的能力，但毕竟只是极少数一部分人，希望通过旅游业的带动来实现劳动力的就地转移暂时还只是一个梦想。从整个镇区的农民收入来说，通过旅游发展获得增收的只是小部分人，大部分的居民却不得不承受旅游业发展所带来的高昂生活成本。调查当中，当地人认为，旅游业带来的最大负面效应，是物价上涨过快，降低了当地的生活水平。

（5）旅游发展对生态环境的影响问题。在招商引资的过程中，当地有关部门似乎更注重旅游项目可能带来的经济效益，而较少考虑其可能造成的生态环境的破坏。例如，一些建在大、小莲花池边上的旅游和娱乐场所，其生产和生活污水就直接排进大、小莲花池，长此以往，后果可想而知。

诸如此类的问题，在一定程度上限制着沔城旅游业的进一步发展。究其所以，这些问题的解决与否将决定着沔城的旅游业能否可持续地发展下去。怎样才能做到可持续发展？

首先，在发展目标上，要坚持以人为本、全面协调地发展。以人为本，是以大多数人为本，而不是以少数人为本，这里的“人”主要是指当地居民。把旅游开发与促进当地居民的就业和提高人民生活水平结合起来，使当地居民从旅游开发中得到更多的实惠，从而成为发展的主体。只有结合沔城农村社区的建设，并促进农村社区关系的和谐，才能推动旅游开发有序地、可持续地发展。例如，在实际的旅游开发中，与沔城农民关系最直接的就是土地征用了，开发者只需要按照当时土地协议价一次性支付使用费，但农民则很难享受土地增值的利益。所以，在旅游开发的模式上，在一定程度上可以考虑农村社区的发展问题，对被征用的农村社区土地，以一定的股份为农村社区提供一定的分享旅游开发成果的机会。在旅游开发过程中，保证农村社区居民的利益，使旅游开发与农民的切身利益挂钩，可以融洽旅游开发区周边的社区环境，保证旅游开发区的可持续发展。

其次，在发展思路上，要以提升旅游吸引力为指向标，形成核心竞争力。这就需要在旅游开发的过程中，构思的旅游产品要体现游客体验性。旅游地要想成功，必须让游客满意，才能够获得足够的经济效益支持进一步的保护和开发。从目前来看，尽管沔城的旅游要素已经有一定的保障，如主题性的宗教文化、节庆、宣传活动以及鲜活生活情景的延续，但是，古镇的民俗文化还远远没有复活。比如民俗文化的体验项目，亲近感不强，挖掘的深度和形式的创新不够，游客的体验很大程度上还不够充分和完整。

最后，可持续发展还要注意生态方面的和谐。由于历史上对生态造成的巨大破坏，沔城回族镇的生态十分脆弱。随着旅游业的发展，游客人数的增加，必然造成景区环境的破坏，影响旅游业的持续发展。

总之，实现沔城回族镇旅游业持续发展，必须形成旅游业的持续发展促进新农村的发展、新农村的发展又推动旅游业的持续发展的良性循环机制。

“沔城回族镇基础相对薄弱，只能充分挖掘资源优势，走差异竞争、可持续发展之路。”沔城回族镇党委书记杨世海告诉笔者：“我们将把旅游这一特色产业作为新的经济增长点来培育，同新农村建设、小城镇建设、绿色生态农业和新型民族工业有机结合，不断实施旅游开发，实现旅游兴镇、工业强镇、农业稳镇。”

小 结

沔城回族镇回民经济生活方式的变迁，可以分为 3 个阶段。

（1）18 世纪末到 1949 年，是沔城回族镇经济生活方式变迁的第一阶段。在这 100 多年的时间里，沔城回族镇回民通过与周围汉族的接触交往，逐步借取了汉族的农耕技术，促使沔城回族镇从初农社会过渡到集约农业社会。深耕农具的普遍使用，对土地的集中投入、土地私有、内部分化、定居等特点，是其集约农业社会的表现。职业分化不明显和市场交换不发达等现象，又说明沔城回族镇仍然带有一些初农社会的特点。从耕地的占有以及与汉族经济生活的逐渐契合等方面，我们看到沔城回族镇经济与社会的交融性。

（2）1950—1978 年，是沔城回族镇经济生活方式变迁的第二阶段。在这一阶段，沔城被纳入国家统一的计划变迁体系，作为一种政治经济结合体的人民公社和生产队模式，取代了传统的社会经济模式，集体劳动和工分制取代了家庭经营。其目的在于，通过强化基层政权来加强国家对乡村社会的直接影响，同时通过建立“先进”的生产关系来促使像沔城一样的农村迅速达到现代化。此阶段的变迁历程表明，变迁的前一个目的达到了，即实现了对乡村传统社会结构的改造和高度的政治整合。在沔城回族镇，农业生产的各个环节，排灌、耕作、脱粒、运输基本实现机械化，农副产品加工全部实现机械化，从生产工具到耕作技术有了较大的改善，农业产品的数量有了一定的提升，但是，生产水平并没有发生大的变化，农民的生产积极性并没有得到充分发挥。这一结果显然与变迁的目标相去甚远。20 世纪 80 年代初对公社—大队—生产队三级体制的改制，宣告了这种“理想模式”的结束。费孝通在20世纪30年代对江村曾经做出这样的思考：“在中国政治结合的过程中，用一个合理的和统一的结构来代替参差不齐的传统结构，看起来比较理想，但应当考虑到，这种替代是否必需，以及需要花多大的代价去实施它。”[1]这一思考，对上述“理想模式”同样具有反思意义。

（3）1979年至今，为沔城回族镇经济生活方式变迁的第三个阶段。这一阶段经济生活方式变迁的速度与广度，远远超过了前两个阶段。家庭联产承包责任制的实行，无疑是促发这一阶段变迁的首要原因。家庭联产承包责任制促进了农村经济由集体模式向家庭经营模式的回归，拥有对土地固定的使用权和生产的自主权调动了农民的积极性，鼓励多种经营的政策促进了集市贸易的繁荣，这是政策与人的因素。与此同时，改良品种、规范种植以及经济作物的规模化种植都是20世纪80年代以后才在沔城回族镇得到推广或普及的，这是不容忽视的技术层面的因素。活跃的集市贸易，在给当地居民提供便利的同时，也使商品的观念深入沔城。经济作物开始普遍种植，过去那种“种田为吃饭，种菜为换油盐钱”的生产活动现在成了以赢利为主的经济活动，零售商店也从城镇“开进”农村，这是商品观念深入沔城回族镇的直接表现。第三阶段的变迁事实上也属于计划变迁的范畴，但是与第二阶段明显不同的是，国家的计划体现为宏观的调控，并不直接干预村民具体的经营方式和生产过程，商品经济和市场作为另一种力量影响着沔城回族镇的变迁。在沔城回族镇内部，伴随着经济生活方式的变迁，人们在婚姻、家庭、就业等传统观念方面也发生了变化。例如，打工经济和旅游经济的出现，给沔城回族镇居民带来的不仅仅是巨大的经济效益，而且还多方面影响和改变着当地人们传统的生产、生活方式，影响和改变着原居地的经济结构、社会结构和文化结构。可以说，第三个阶段的变迁表现出了多元的特征。所以，沔城回族镇经济生活变迁的过程可以描述为：自然变迁阶段（第一阶段）→计划变迁阶段（第二阶段）→多元变迁阶段（第三阶段）。

在沔城回族镇经济生活方式的变迁中，如果把变迁的内容划分为技术层面和观念层面，则可以看到技术层面的变迁较之观念层面的变迁更容易被接受，或者说前者的变迁速度快于后者。这种划分，仅是出于分析的原因。在现实的社会文化中，技术与观念两者之间存在着紧密的联系，通常难以将其严格地区分开来，而且，两者中任何一方的变化都可能引起另一方的反应，观念的改变可能引发技术的革新，技术的创新也会导致观念做出相应的调整。

[1] 费孝通．江村经济——中国农民的生活[M]．北京：商务印书馆，2006:106.

在沔城回族镇，从以犁为代表的农具、田间管理到良种、化肥、规范种植，以及插秧机、联合收割机等机械设备的应用，回族群众都能较快地接受，但是，涉及观念层面的变迁速度却要慢得多。沔城回族镇回民在商业经营的观念方面，就是一个很好的例子。众所周知，回族崇尚商业“诚信经营、公平交易”。受资本短缺、封建小农思想、小商小贩意识等因素的影响，沔城回族镇回族工商业的经营规模都比较小,主要集中在与其生活习俗有关的行业，如牛羊屠宰业、清真饮食业、皮毛加工业等，且都以家庭为经济运作核心，注册资本平均不高，多为个体、家庭作坊式小本经营，注册资本大的工商业凤毛麟角。同时，经济关系上有较强的家族亲缘性，较普遍的形式为：父母从事某一行业，儿子儿媳、女儿都来帮忙，父母年纪大了，店铺就传给儿子或儿媳延续下去；一般不雇佣工人，较忙时叫亲戚来帮忙，雇佣工人一般都由亲戚介绍。

我们还应该看到，制度变革是沔城回族镇少数民族经济生活方式变迁的最直接的原因。与人类学的传统研究对象（如非洲、大洋洲的土著民族）明显不同的是，中国各民族并不是处在一个无国家的社会。从秦皇汉武到中华民国，国家都直接或间接地影响着各民族的社会生活。新中国成立以来，国家通过土改、合作化、公社—大队—生产队三级体制的建立及社会主义教育等一系列措施，实现了对乡村社会高度的政治整合。国家的政治、经济、文化运作，开始全面影响各民族社会生活的方方面面，成为少数民族社会变迁的最直接的原因。国家是变迁的设计者和实施者，这一特点使变迁成为一种政府行为，它既保证了各种变迁计划能够迅速地从上到下被推广到各民族生活的底边社会，同时也导致了变迁“容易忽视变迁的接受者，使变迁带有盲目性，难以周全考虑变迁主体的各种反应”[1]。此外，在引入新技术、新观念的过程中，政府行为的变迁计划常常忽视甚至否定地方实际情况，结果往往使变迁难以取得预想的效果，甚至导致变迁的失败。例如，在20世纪50年代到70年代这一“以粮为纲”时期，当地强调“猪多、肥多、粮多”，而强迫回族群众养猪。尽管养殖业得到了一定程度的发展，但却伤害了回族群众的民族情感。再如，旅游发展与环境污染的问题等等。所以说，是否充分考虑地方实际，是否关注变迁主体的态度，是否调动变迁主体自觉参与变迁过程，是今后有计划的变迁能否成功的关键。

[1] 高丙中．现代化与民族生活方式的变迁 [M]. 济南：天津人民出版社 ,1997:225.

第四章　政治生活方式的变迁

笔者认为，所谓政治生活方式是指处于一定的历史、社会、文化条件下的权利义务主体对政治体系、政治活动过程、政治产品等各种政治现象以及自身在政治体系和政治活动中所处地位和作用的态度与倾向。它包括人们的政治认识、政治态度、政治参与、政治情感等。从动态过程或者动态结构来看，当代中国各民族的政治生活方式与国家政治运行具有协调性与冲突性并存的特征，正是这个特征反映出目前政治生活方式的内在动态结构。

政治生活方式的动态结构，是人们与政治体系之间互动作用的一种关系体系，体现的是人们对政治体系的态度和政治行为取向，揭示的是人们政治行为与政治体系活动相互作用的关系范畴。正是在这种意义上使用这一概念，散杂居少数民族政治生活方式才具有研究的价值和功用。人们的政治态度、政治行为与政治体系活动间的关系十分密切，在政治社会学中，无论系统学派、结构功能学派，还是公共政策的研究者们，都在不同程度上对其作过研究。从动态过程来看，政治体系也像任何其他有机体一样，有自己的结构——功能系统，有自己生长的环境，也需要与环境之间进行信息和能量交换，亦即利益表达、利益综合、决策输出及反馈等等过程，这一过程就像有机生物的吐故纳新一样，生生不息，从不间断，否则，有机体就会枯萎或死亡。

1949 年之前的沔城社区，政治生活方式有如下特点：①政府对乡村的直接干预少，行政的影响有限。虽然建立了保甲制度，那些保甲长是宗族或房支的头人，只是乡村与政府的中间人（向官方传达民间的意见、代理官方收税或办理其他事务），而不是政府的代理人。②自治性政治，亲属关系和家族制度，士绅阶层、祖先崇拜，社会道德与舆论，是统治乡村的主要力量。③土地制度是家庭占有，主要是地主阶级占有。在传统上，行政势力和宗教势力在社区层次上是并存的，而最基础的则是由家族势力和邻里志愿团体支配着人们的社会生活。

1949 年以后，经过社会主义革命，政治生活方式发生了急剧的变革，行政势力占据了绝对的地位，社会的政治、行政、经济和意识形态中心合而为一，国家与社会融为一体，资源和权力高度集中。这样，行政组织建立在基层，政治的影响从间接转为直接。社区人口划分为不同阶级，每个人被组织到一个社会组织之中，那种以亲属和家族关系整合的社区已不复存在。土地制度也经历了从“耕者有其田”，到合作化、公社化，再到家庭联产承包责任制的过程。

改革开放以来，行政组织不再包揽一切地方事务，宗族势力有所抬头，并发挥着重要作用；家族组织和邻里组织也起死回生，重新发挥部分功能。

无论是从动态过程还是从动态结构来看，政治生活方式的变迁深刻地影响着乡村社会的生活。从沔城回族镇可以看到村落、地方政府和国家在政治制度变迁中的关联，权力结构的更替、管理体系的建立与村落的经济生活和社会结构转型的关联，以及传统的延续和渐变的过程，但这种变化不是直线的，而是有所反复。

第一节　管理体制的变革

沔城回族镇辖区历史上是县直接管辖，作为县以下行政单位的区划，变动很频繁。

清末，城区玉带河以南，归州衙直接管辖，玉带河以北、漕河里归西方宝成乡管辖，江北里归北方拱辰乡管辖。

民国时期，政区经常变动。

民国 15 年（1926 年），沔阳县划为 10 个区，沔城回族镇属第一区，区署设张家沟。

民国 25 年（ 1936 年），沔阳县共划为 6 个区，沔城回族镇属新一区，区署设张家沟。

民国 28 年（ 1939 年），沔阳县下设区，区下设联保处。当时的新一区，几乎拥有新中国成立后的半个沔阳县。它下辖二羊沟乡（即今之羊子四垸、羊子五垸、张家沟）、印埠乡（即今之印家场、埠湾）、郭河乡、朱宋乡（即今之朱新场、宋新场，归洪湖市范围）、白马乡（即今之白庙、马口，白庙归洪湖市范围）、杨树峰乡、杨林尾乡、彭沙乡（即今之彭场、沙湖）、新里仁口乡、郭口乡、城厢乡。城厢乡，即城厢联保处，管辖 21 个保（保相当于现在的村）。管辖范围西起唐家桥，北抵排湖边（包括今排湖农场、渔场、红庙），东至印家场、埠湾（包括窑场），南至东荆河（包括天星洲）。其面积大于现在沔城镇的地域范围。

1947 年 12 月，沔城解放，由沔阳县武工队代政，1948 年设立沔城镇，临时镇长陈松柏（1948 年 4—9 月）、邓昌元（1948 年 10 月—1949 年 4 月）、李传海（1949 年 5—9 月）。

中华人民共和国时期，政区变动更为频繁。

1949 年 10 月—1950 年 5 月，沔城镇辖三村一街（即七红、江北、城内村及街区），临时镇长李传海，七里城片负责人杨太平，城内村负责人许林远，街区筹建工会、商会代政，工会负责人唐崇誉、苏邦华，商会负责人孙家长。

1950 年 5 月—1954 年 4 月，沔城地区开展土改和土改复查，正式建乡建镇。1950 年 7 月 9 日，成立农会。城关乡辖七红、江北、漕河等农村地区，乡长王恩桐，党支部书记答朝珍，武装员张夏如，团支书高文振，材料员冯钢德。

城关镇辖城内外街区，分四个选区，龙家湾至关天门为一选区，头天门至九贺门为二选区，九贺门至南门为三选区，建兴门至古柏门为四选区。镇长刘东庭，武装员兼团支书周西平，公安员李家才，材料员何礼范。

1954 年 4 月—1955 年 10 月，乡镇合并，设为 10 个乡：城关乡、李家堤乡、万家老乡、官路乡、魏红乡、郭河乡、埠湾乡、二羊乡、王河口乡、天星洲乡。乡长王恩桐，副乡长刘东庭，党支书答朝珍，武装员兼团支书周西平，公安员李家才。

1955 年 10 月，十区撤销，沔城划归通海口区领导。城关、王河口、李家堤、二羊四个小乡，合并为城关乡。1955 年 10 月—1956 年 2 月，城关乡干部调整，乡长魏文明，书记谢从德，副书记兼武装员周西平，材料员冯钢德。1956 年 2 月，干部又调整，乡长杨继松，副乡长谢从德、肖海沛，书记龚良舫，团支书周西平。乡规模进一步扩大，辖区超过今沔城镇属范围。乡长王登科，副乡长谢从德、肖海沛，书记李恒才，副书记张传标，武装部长许金山，团支书戴从明。

1958 年 10 月—1960 年 10 月，通海口区成立人民公社，城关乡改名为城关管理区，街道为城关大队。管理区主任王登科，后由许仕源接任，书记李恒才，武装部长魏天栋，团支书戴从明，材料员汤绪良，街区负责人刘东庭、方全才、盛培德。

1960 年 10 月，反“五风”，省、地、县三级社教工作组在通海口地区开展运动，不久沔城成立小公社，街区恢复乡级镇建制，直属区领导。

1961年5月，恢复区。通海口设区公所，城关管理区变为城关人民公社(俗称小公社）。

1965年2月，又改属小公社领导，街区仍称镇，辖一个居委会，一个菜园大队和一个居民联社。

1975年1月，撤区并社，通海口区恢复大公社，城关公社改为城关片。1978年，又恢复为城关管理区。

1984年2月，撤销人民公社体制，恢复区、乡、村、组体制，沔城成立乡级镇。沔城全镇12个大队变成12个村，77个生产队变成了77个村民小组。

1984年11月，沔城镇升格为区级镇，属县直接领导。

1987年5月，沔城镇改为沔城回族镇。

1987年底，撤区并乡，沔城仍保留镇建制。

从上述可见，自民国以来，行政的区划变动频繁，这包括地名、地域的变动，1949年以后变动的频率更快。这种急剧的变动，是社会发展的需要。自1984年2月沔城成立乡级镇以后，沔城镇的区划才稳定下来。

第二节　国家制度安排下的政治生活方式变迁

一、1949—1954年的政治生活

沔城回族镇地区于1950年开始着手土地改革。土改运动分为三个阶段：①清匪反霸。召开农代会、小型苦主会、大型反霸诉苦大会，斗争恶霸地主，强令退租退押。②划分阶级，分配财产。③核实田亩，分配土地。分配的原则是：先满足贫雇农，以村或乡为单位进行统一调剂；将没收的土地按常年的产量分为四个等级，除去自耕部分外，按人平均分配；对地主也分配同等数量的土地；没收地主、恶霸的生产资料和生活资料，分配给农民。土地改革运动，是一场暴风骤雨式的革命。通过土地改革，乡村的社会结构改变为阶级的划分，权力结构变为贫苦农民成为掌权者，而过去的权威者成为最底层，贫富不均变为均贫富的社会。然而，土地改革所形成的以土地家庭私有制度为基础的农业生产，难免带有小生产的局限性。于是，国家开始鼓励和倡导农民走出小生产的传统，进行农业生产合作。1952年组织互助组，成立互助组的原则是相互帮助、自愿结合。据冯钢德老人回忆，“1952年，为了解决劳力问题，在政府的号召下组织互助组，每组规模7—10户，收种时互相帮忙，不计报酬”。

从土地改革一直到1954年开始的合作化运动之前，由于国家的政策与农民延续了上千年的愿望高度一致，因此这一时期被学界称为中国国家与农民的第一次蜜月。[1]这段时期，沔城镇的粮食产量逐步提高，农村经济稳步发展。“农民生活很平安，民心安定”，是沔城老一辈对这段时期的基本印象。土地改革通过国家力量的介入，用强力对土地等农业生产资料进行了重新分配，使广大无地、少地的村民在经济上获得解放，实现了初级形式的均平。与此同时，也使贫苦农民在政治上翻了身，初次成为社区中的主人。占人口多数的广大贫下中农不仅是经济上的获利者，而且是政治上的得权者，从而顺理成章地成为积极拥护和支持国家的强大阶级力量，成为国家治理乡村的重要社会基础。

翻身，意味着乡村精英评价标准和精英群体的整体重建。土地改革过程中，国家在革命意识指导下重新确立乡村精英评价标准，在村民中划分阶级成分，用阶级斗争的方法打击传统精英。同时，又以新的政治标准寻找和型塑新兴乡村精英，实现乡村精英的整体性更替。通过建立农会组织，把广大贫苦农民组织起来，作为乡村治理的组织依托和社会基础；把符合革命要求的贫苦农民代表推上农会领导岗位，培养成为新的乡村领袖。由此，彻底改造了乡村治理的结构，建构了一套崭新的乡村治理机制。在实现农民翻身的过程中，国家顺利地把乡村社会纳入到国家大一统的政治整合之中，确立了国家与乡村的新的政治关系。在这种整合的状态下，广大农民对国家介入乡村社会采取了合作主义的态度。我的报告人冯钢德谈到与此相关的往事，言语中仍带有较多的兴奋与自豪。

个案：冯钢德，男，回族，1926年出生，七红村2组农民，访谈时间为2008年4月4日，地点在沔城清真寺。

我10岁时随家人从郭河乡迁到沔城七里城，新中国成立前一家人全靠租地主家的田地过日子，有时也在本地打散工。小时候我曾经上过一年私塾，1950年被城关乡乡长看中并做了乡里的材料员。1949年前，沔城实行的是保甲制，村里掌权的主要是保长、保长副和保队副。保长负责全面管理，保长副负责户籍和征兵，保队副负责征税和派款。这些人是村里富裕、有学问并来自强大的宗族房支，一般普通老百姓不可能当上地方领导人的。而1949年以后，政府为了削弱乡村的习惯势力，尤其是宗族的势力，挑选的领导人都是非宗族成员或来自弱小房支；当时我们这里有文化的人大部分

[1] 曹树基．国家与农民的两次蜜月 [J]. 读书 ,2002（7）.

属于上层阶级，而共产党的原则是贫雇农当家，所以村里的主要干部基本上是文盲。一些党员一字不识，入党申请书都是别人代写的。

二、1955—1978 年的政治生活

1952 年沔城土地改革结束后，又开始引导农民走合作化的道路，1954 年的互助组合并为初级农业生产合作社，1956 年升级为高级农业生产合作社。

在合作化进一步推进的过程中，由于当地政府贪大求功，动作过快，超出了农民的心理承受能力，部分村民出现了抵触情绪。此时，国家则以独特的主导力和强制力迫使农民服从其意志。沔城的合作化运动，正是在这种情况下出现违背自愿互利原则的现象，甚至演变为批斗。

1958 年 10 月，沔城实行人民公社制度。按照“一大二公”和“一平二调”的要求，生产资料、资金和粮食归公共所有，兴办公共食堂；实行统一生产和供给，社员同田劳动，吃大锅饭，实行平均主义。由于平均主义、大锅饭挫伤了农民的积极性，加上“大办钢铁”和三年自然灾害的发生，农业生产出现了严重倒退，粮食减产。理想化的大公社制度，完全破坏了农村固有的生产和生活方式，给农民带来了灾难性的后果。于是，就有了国家在制度和政策层面的反思和调整。1962 年，通过贯彻《农村人民公社工作条例（草案）》，确定了“三级所有，队为基础”的原则，以生产队为核算单位。1963—1964 年，农村经济有了一定的恢复，但农村又发生了一系列的政治变动。①“四清运动”，即对农村基层干部清政治、清经济、清组织、清思想的运动。这场运动对农村基层干部的打击很大，许多干部被戴上“四不清”的帽子。②从 1964 年开始“农业学大寨”运动，学大寨人，种大寨田，也就是按大寨的模式生产、分配。将大量的人力、物力花费在形式上，严重打击了群众的积极性和农业生产。

人民公社化后，在“左”倾路线的干扰下，沔城出现了严重的问题：①在经济生产上实行“三高”（即高指标、高估产、高征购），农业产量不断“放卫星”，征购指标根据高产量不断提高，致使农民的口粮日益降低；②干部在工作作风上是“五风”（即浮夸风、共产风、命令风、瞎指挥风、干部特殊风），给农村经济带来严重的损害；③在社与队和社员关系上是“一平二调”，即公社抽调大队的大量劳力、土地搞各种建设，造成公社与大队、生产队与社员之间的矛盾；④在分配制度上实行“三光”，大队、小队普遍出现分光、吃光、用光的现象，使集体的积累耗尽；⑤在群众的态度上

变为“三顾”（顾食、顾穿、顾看）和“四不管”（不管政治、不管生产、不管勤劳、不管公共财产）。这些问题意味着，国家所推动的合作化运动和人民公社化运动，并没有在沔城的社会经济生活中产生良性的回应，在深层上则是国家与底边社会关系不协调的信号，甚至是断裂的迹象。

在接二连三的政治变动中，1966 年又迎来了一场声势更为浩荡的“文化大革命”。沔城各单位成立了造反派组织，很快就形成了两派：一派是“赤卫”派，属于保皇派；另一派是“红旗”派，属于造反派。两派发生过冲突，甚至形成武斗。从 1967 年开始，造反派开始大破“四旧”，该年，沔城清真寺、玄妙观、广长律院等宗教场所被当作“四旧”拆除，祠堂里的牌位、老建筑上的雕花、匾额基本上被毁掉；各家各户的祭祀用品、族谱也都被烧了。1968 年，开展“向阶级敌人发起猛烈进攻”活动，当地发生过吊、打、捆、绑等现象。城郊村一名干部怕挨打而被迫逃到外地躲避，数月后风声缓和才回家。同年开展“三忠于”活动（忠于毛主席、忠于毛泽东思想、忠于毛主席的革命路线），人人佩戴毛泽东像章，挥动毛主席语录。1972 年，全县开展“批林批孔”运动，沔城群众不关心而流于形式。1975 年，湖北省委发出文件，批判资产阶级路线，纠正划线站队错误，沔城只传达未批判。1976 年 2 月，开展批邓反击右倾翻案风运动，批判邓小平，沔城干部、群众只跟着批，不知其中底细。1976 年 10 月，当地召开庆祝粉碎“四人帮”反革命集团胜利大会。1977 年 3 月，开展揭、批、查与“四人帮”有牵连的人和事。1978 年，撤销公社革命委员会，建立公社管理委员会，大队也改为管委会。

从某种角度分析，从 20 世纪 50 年代末的农业合作化运动到人民公社体制的解体，这近 30 年的乡村政治生活方式变迁，总体呈现出一个“统”的特征。国家运用其特有的强制力，对农村实行了全方位的、有计划的社会变迁和改造。应当肯定，这一时期的农村社会变迁是在国家统一安排和主导下进行的，所以，沔城此阶段政治生活方式的变迁，只是同一时期发生在整个国家和社会层面政治变迁的一个有机组成部分，国家深度介入乡镇、村庄政治生活，影响着乡镇、村庄公共权力的运作。

三、1979 年以来的政治生活

总体而言，20 世纪 70 年代末以来的中国农村改革是一种以下放权力为主要表征的分权式改革，由此而造成的农村社会变迁呈现出“分”的总体特征。分权式改革的推进，意味着村民获得了日益增多的自主权和自由度，这无疑符合农民群众的意愿和要求，受到村民们的极大拥护，国家因此重新取得了合法性基础。同时，以分权为取向的改革政策的推行，也意味着村庄和村民的自主性得到了国家制度的回应和地方政策的有力支持。如此，国家与乡村之间实现了良性互动，国家与乡村关系在重构过程中重新走向整合。

家庭承包经营制的推行及其以后的一系列农村改革政策，使农民重新获得了经营土地的自由、外出的自由和择业的自由。1980 年，沔城被允许实行分户种粮、包产到户；1983 年，沔城正式实行家庭承包制；1984 年，沔城取消政社合一的人民公社制度，恢复乡（镇）、村建制等。在这一系列制度实施的过程中，当地农民也得到了商业经营和市场管理方面的回应。1986 年，仙桃市委、市政府出台了“四个允许”的政策，即允许农民经商、允许长途贩运、允许开放城乡市场和允许多渠道竞争。同年，沔城镇政府出面在沔城书院处建起了一个集贸市场。随着正式集贸市场的建立和人民公社制度的解体，有着经商传统的沔城回民纷纷投入到农副产品和小百货的批发兼零售等商业经营活动之中，促使乡镇工商业经济的迅速崛起。到 20 世纪 80 年代末 90 年代初，沔城回族镇党委、镇政府开始倡导和鼓励经商致富的商贩们“引商转工”，投资办厂，为沔城的发展提供内生性货源。为此，积极实施“引商转工，以工促农，农工商联动”的战略，大力扶持个体、私营工业发展，为个人投资办厂提供各种优惠条件。这样，沔城一部分做小百货生意的人开始转向办家庭工厂，带动了整个沔城经济的转向。按村民们自己的说法，就是从“80 年代经商”转到了“90 年代办厂”，形成了乡镇工业经济的兴旺局面。

随着乡村非农经济的发展，个私工商业主阶层在沔城回族镇迅速崛起，从而改变了乡村社会的阶层结构状况。这一新兴阶层，在乡村迅速形成为左右乡村政治生活的重要力量和乡村公共权力运作的主要社会基础。为了适应时代发展和农村变迁的新形势、新要求，在国家政策的倡导下，村民群众逐渐改变并重新确立了乡村精英评价标准和干部选择标准。人们选择和评价乡村精英，不再以“革命”为根本标准，而代之以“能力”为主要指标。特别是由于政府主动地在农村推行村民自治制度，由群众民主选举村委会干部，一批在经商办厂中脱颖而出的经济能人通过民主选举逐渐走上了村庄领导岗位，实现了村庄精英的又一次新的整体更替。沔城回族镇王河村委会主任刘成良就是其中的代表。刘成良 1986 年外出到广东创业，资产达 1 000 万元，2007 年毅然回到家乡，带领群众致富。他在广东创业期间，因两次见义勇为被评为东莞市“见义勇为好市民”。汶川大地震后，他自筹 71 万元支援四川灾区。以下是我采访刘成良时他向我介绍的部分情况。

个案：刘成良，回族，1948 年出生，王河村委会主任。访谈时间为 2007 年 7 月 31 日，访谈地点在沔城回族镇政府办公室。

1986 年我南下广州创业，经过 5 年苦心钻研，研制出一种特效灭鼠药。凭借这项专利，我很快在东莞站稳脚跟，专门从事灭鼠工作。

改革开放的好政策，为创业提供了好环境。20 多年在外打拼，我在外乡有了自己的产业，村里也有不少人在我的厂子里面打工。2007 年，村里和镇政府的几位代表到东莞邀请我回家乡担任王河村委会主任。不久，我专程回了一趟王河村，看到熟悉的村庄和贫困的乡亲，我下定决心回来和乡亲们一块干。

王河村是当地的贫困村，村民们收入低。村里 10 年换了 7 位村委会主任，村干部人心涣散；基础设施落后，公路不通，广播不响。全市（仙桃市）新农村建设搞得热火朝天，眼见邻村旧貌换新颜，村民们很是着急。

回乡之后，为了改变王河村的落后面貌，我把修路看作当务之急。因为进村的土路坎坷不平，农副产品运不出去，就换不来真金白银。修路没有资金，我自己拿。几个月后，3.5 公里的柏油路取代了原来的土路。随后，村里又装上了有线电视、广播；完成了安全饮水工程；疏挖了 3 组的灌渠；买回音响设备，建起了村民文化活动室，乡亲们的精神文化生活也逐渐丰富起来。

在我上任时，是仙桃市实施“一建三改”的第二年，可王河村还没有建一口沼气池。我带领村干部，挨家挨户向群众讲解沼气的好处，调动群众的积极性。去年秋季到现在，我们村 60 多户已经用上了沼气。今年 7 月，我们又在村里 3 组搞村庄清洁工程计划试点，疏挖灌溉沟，清理房前房后杂物，摆放垃圾桶，安装路灯，使 3 组面貌焕然一新。鲜明的对比和变化，促使各小组纷纷行动起来，掀起了自己动手、美化家园的高潮。

村里还有一个更大的规划：调整农业产业结构，将王河村变成东莞市的蔬菜基地，发展订单农业。目前，我们村已制定了秋播蔬菜 1 000 亩、与相邻两村共建 3 000 亩无公害绿色蔬菜基地的计划，并准备兴建 3 000 吨冷库，让我们产的蔬菜与市场之间打起时间差，获得更高的经济效益。

正是由于土地使用权的下放、农村人民公社的解体、商业流通市场的开放以及鼓励发展个私工业政策的出台，国家与乡村之间重新整合。在这种整合关系中，沔城回民的身份发生了根本性的变化。他们可以自由地离开土地，从事小商品交易，创办企业，发展个私非农经济等，进入了国家与农民的第二次蜜月期。在这一历史时期，不仅国家与村庄的关系实现了重构，而且村庄治理体制也做出了适应性的调整，实现了村治模式的转换。家庭承包经营制的实施，不只是使村民群众获得了经济上的自由，而且导致了农村微观经济组织的重组，引起了人民公社制的最终解体。人民公社体制解体后，为适应农村经济自主和自由的要求，国家迅速对农村基层政治体制做出了适应性的调整，在全国农村推行村民自治制度，给予村民群众管理村务的自主和政治上的自由。村民自治制度的实施，使村民有了自主选择村干部的自由和自主管理村庄公共事务的权利，实现了从全能型到自治型的村治模式转换。

同时，乡村经济社会特别是非农经济的迅速发展，也对乡村治理提出了新的要求，并促使沔城的乡村治理方式的重大转变。其中最显著的改变，就是乡村公共权力机构的职能日益转向为乡村经济社会发展和村民生活提供公共服务和举办公益建设。例如，争取有关部门和政府官员的同意与支持，建设工业园区，为村民办厂解决用地紧张的矛盾；铺设和硬化村内道路，为村民的生产和生活提供良好的交通环境；陆续进行变压器增容，为村民办厂提供电力保障等等。这一时期，沔城的公共管理真正体现了“管理就是服务”的自治本质，呈现出“服务”的特点。

第三节　民族乡背景下的政治结构

一、沔城回族镇的政治结构及其功能

（一）民族乡体制的确立及其特征

沔城回族镇是1987年经上级批准成立的一个乡级镇，是根据在相当于一个乡范围内的回族聚居状况而建立的一级行政区域。由于在这个行政区域内设有国家基层政权机构，因而沔城回族镇又是对乡级基层政权机关的简称。1982年修订的《宪法》第30条规定，把民族乡作为我国最基层的政权形式，和一般乡镇一样，都是县、自治县、市领导下的农村基层政权组织。同时，又把民族乡排除在民族自治地方之外，也就是不属于民族自治地方的一级政权，即民族乡是非自治性质的与乡、镇同级的最基层政权。《宪法》第99条第3款规定：“民族乡的人民代表大会可以依照法律规定的权限采取适合民族特点的具体措施。”这就规定了沔城回族镇人民代表大会除享有乡镇人民代表大会的权利外，还享有乡镇所没有的特殊权利或一定的自主权。总之，民族乡实际上是自治的一种形式，是一种自治单位，属于民族区域自治范畴，是我国民族区域自治的一种补充，是作为我国民族区域自治制度中有别于现有三级自治地方的另一种特殊形式和类型。

从行政法角度看，沔城回族镇政府的地位主要包括以下两个方面的内容：①民族乡政府的行政主体资格。根据《宪法》、《民族区域自治法》、《地方各级人民代表大会和地方各级人民政府组织法》的有关规定，沔城回族镇政府从其成立之日起就依法享有行政职权，能以自己的名义实施行政管理活动，并能就此承担法律后果。②沔城回族镇政府在行政诉讼中具有当事人资格。

从现实状况看，沔城回族镇与一般的乡镇是有区别的：①建镇的主体民族不同，一般乡镇以汉族为主体，而沔城回族镇则主要在杂散居民族地区建立，以回族为主体；②它们的法律地位有区别，即法律赋予民族乡镇一些特殊权利或自主权；③镇政府机关的组成原则有区别；④政府机关行使的职能有区别。

沔城回族镇与民族自治地方，在其职能、职权上的区别也是明显的。沔城回族镇不具备民族自治地方那种地方立法、对外贸易、建立公安部队等条件，不能设置检察院、法院等机构，财政管理权限很小。但是，沔城回族镇与民族自治地方之间也有较多的共同点：①建立民族镇与建立民族区域自治地方的原则基本相同；②沔城回族镇政府与民族区域自治地方政府的组成原则基本相同；③执行民族语言文字政策基本相同；④在发展经济、文化、教育和卫生等事业方面，国家给予民族乡镇和民族区域自治地方的照顾基本相同，只是对民族乡镇规定得比较原则一些、范围小一些，对民族区域自治地方则规定得具体一些、范围大一些；⑤在加强民族乡镇和民族自治地方的领导和帮助方面，国家对各级政府和部门的要求基本相同。

沔城回族镇的特点有：①民族性。建镇条件、命名依据、干部配备、管理措施等各个环节，都体现了回族及其地位、利益这个根本点。②平等性。不存在这个民族领导或管理另一个民族的问题，其民族平等的原则是坚定不移的。③团结性。④自主性。作为民族区域自治制度的一个补充，沔城回族镇具有一定的自我管理、自我发展的职能和权利。⑤统一性。⑥沔城回族镇的命名一般是按照地方名称加民族名称确定的。⑦沔城回族镇不仅受上级人民政府的领导，而且受人民政府民族事务委员会的指导帮助。

沔城回族镇的作用主要有：①有利于推动党的民族政策的贯彻落实。沔城回族镇是上级国家机关联系当地少数民族群众的纽带和桥梁。因此，沔城回族镇的建立，既是党的民族政策的体现，又必将推动党的民族政策的贯彻落实。②有利于加强散杂居地区少数民族社会主义民主政治建设，调动散杂居少数民族当家作主的积极性，发展平等、团结、互助的社会主义民族关系，加强民族团结，维护国家的统一。③有利于加速散杂居少数民族地区经济文化事业的发展，是散杂居少数民族地区发展经济和文化事业的一个有利条件。④有利于散杂居少数民族干部的培养和成长，有利于民族自主和发展意识的培养。⑤沔城回族镇的发展是少数民族发展的一个重要标志。沔城回族镇的建立和发展，有利于实现杂散居回族等少数民族的平等权利。

行政管理，是沔城回族镇政权机关的基本职能。其行政管理除具有一般乡镇行政管理的内容外，还具有某些特殊的内容或工作重点。①本民族内部地方性事务的管理。这是沔城回族镇不同于非民族乡的一项重要职能。沔城回族镇管理本民族事务，要依照党和国家有关民族问题的法律、法规和政策精神，维护和发展民族平等，加强民族团结，促进民族的共同繁荣。②沔城回族镇的经济管理。其主要任务是，带领各族人民发扬艰苦奋斗、自力更生的精神，充分利用当地资源优势，积极发展商品生产，尽快改变当地经济基础薄弱和贫困落后的现状。③沔城回族镇的文教管理。教育方面，应重点抓好民族小学、中学，实施九年制义务教育；文化方面，应重点发展民族文化艺术；科学技术方面，应大力推广工业、农业、林业等方面的先进科学技术；卫生、体育方面，应积极发展本镇的医疗卫生事业，广泛开展有民族特点的体育活动等。④沔城回族镇的财政管理，尤其应抓好国家每年下拨给该镇的各类专项资金的使用管理。⑤落实国家对当地的照顾政策，如减免税收、优先安排低息扶贫贷款、发展少数民族福利事业等。⑥沔城回族镇的各种权利，主要还有政治上的权利，即本镇的人民代表大会可以依照法律规定的权限采取适合民族特点的具体措施；使用语言文字的权利；获得上级领导机关领导和帮助的权利等。⑦镇政府实行镇长负责制，镇政府每届任期 5 年。沔城回族镇设人民代表大会，每届任期 5 年。

（二）沔城回族镇的政治结构及其功能

和传统的回族社区不同的是，民族乡背景下形成的政治基层组织更具有合理性，更能够体现治理功能。目前，沔城回族镇的基层组织 17 个，总人数 172 人，具有纯服务职能的有八大服务中心、信用社、卫生院等，管理与服务并有的有政府三大办公室、国税、地税、财经所、国土资源所等部门。

农业服务中心紧紧围绕镇党委、镇政府下达的工作任务，组建了一个科技服务团，明确了四大工作重点。①以蔬菜基地建设为重点的蔬菜产业化建设，涵盖蔬菜基地建园、管理、施肥、采摘、病虫防治、农残控制，以及测土配方施肥示范点建设等农民急需的科技项目；②大力推广农业机械化生产；③以沼气池建设为重点的农村清洁能源建设；④家畜家禽养殖基地的建设。围绕四大重点工作，中心抽调了业务能力强、实践经验丰富的技术人员为服务团成员，用扩音器、手提喇叭、发放资料等形式，定期进行农业科技宣传，送资料、送技术、送农药等。近5年来，直接和间接培训农民近34 000人次，培训农民科技示范户461户。加大以沼气池建设为主的农村新能源建设，针对以往重建设、轻管理的弊端，中心调整了思路，加大了管理的力度。新建沼气池必须严格把关，做到建一口、成功一口、验收一口，已建375口沼气池。

水电中心着重水利事业建设，扩建集镇取水点一个，铺设管道67.5公里，2009年改造集镇管网3 000米，解决了集镇用水难的问题。特别是在服务上有很大的改善。中心设立服务热线，用户随叫随到，免费维修，保证用水畅通；在解决集镇用水的同时，积极争取资金，解决缺水村组的人畜饮水困难问题。

公路管理中心倾力公路建设，积极争取资金解决通村组油路、水泥路等道路硬化建设，至2009年底，硬化29多公里至17个村民小组，全镇公路里程达到78公里，形成了四通八达的交通网络。中心还尝试在部分村成立公路养护协会，负责辖区村组公路的养护和维修。

广播电视服务中心抓住广播电视村村通的有利时机，逐渐将有线电视延伸到全镇家家户户。2009年底，全镇有线电视入户率达到100%。在新建网点的同时，加大线路的维护。中心有3人常年从事线路维护工作，用户随叫随到，保证收视效果。

计划生育服务中心围绕以“关爱妇女”为主要内容的计生优质服务工作，将优质服务融入到“三查三落实”中，免费为育龄妇女体检和发放生殖保健手册，将计生工作与优质服务很好地结合起来。

政府三大办公室及其他各部门的职能都发生了不同程度的转变，将“服务”贯通于工作中的各个环节，端正工作态度，转变工作作风，提高服务质量成为各部门加强机关效能建设的重要措施。各部门认真贯彻落实党对农村的一系列惠农政策，尽心尽力地领导全镇新农村建设。这些最重要的意义就是要体现农村基层组织的自治功能，进一步提高村民自治能力。

二、村级政治结构

村治结构是村的公共权力运作的制度化安排，它直接表现为村的公共权力组织体系及结构。沔城镇的村级组织，主要由中国共产党基层组织、村民自治组织两大主体构成。

（一）共产党基层组织

党的组织系统自新中国成立以后便在农村基层得以确立，沔城回族镇各村党支部由村民中的党员组成。沔城回族镇各村（居委会）现有党员661人。在地方中国共产党组织和地方政府的要求下，近年来沔城各村党支部活动内容丰富，譬如，积极召开全体党员大会，开展党员活动。当然，随着经济和社会的发展，村级党组织和活动方式发生了许多变化，不再以传统刻板的开会宣传为主，而是更加注重调动全体党员的积极性和参与性，比如，通过开展党员先进性星级评比、学习“三个代表”等活动，使政治教育逐步内化为党员的内心准则。这表明，虽然乡村组织和管理体制历经了多次变迁，但党组织在农村中的领导地位从未动摇过，党组织在农村基层的实际影响力仍然十分明显。

村党支部委员会是由全体党员产生的，经所在的沔城回族镇党委会批准并从当选委员中确定村党支部书记人选，每届任期3年。例如，七红村党支部是2008年10月才结束的村民换届选举时产生的。现党支部下设4个党小组，村支委由5名委员构成，即村支部书记、组织委员、宣传委员、纪检委员、工青妇委员（见表4-1）。村委会班子4人均在其中任职，其余村支委除1人在村委会担任计生宣传员外，其余3名成员均由村小组长构成。党支部在村级组织体系和村里的领导作用，主要靠党支部委员会特别是党支部书记的工作得以体现。

表4-1　七红村党支部成员表（2009年10月产生）

姓名	性别	民族	文化程度	年龄	职务	职责	党龄
李家富	男	回族	高中	46	党支部书记（村主任）	统管全面	23
向世水	男	汉族	小学	53	副书记	农业生产	27
郑文学	男	汉族	高中	49	组织委员（村副主任）	治保调解	22
李小梅	女	汉族	初中	37	工青妇委员	计划生育	11
熊泽新	男	汉族	初中	53	宣传委员	文书工作	29

（二）村民自治组织

根据《村民委员会组织法》（以下简称《村组法》）的规定，村民自治组织系统应包括村民会议、村民委员会、村民委员会下属委员会、村民小组等。沔城回族镇的村民（居民）自治组织体系，正是根据《村组法》的规定，以及地方政府部门的制度安排，并结合各村实际设置的。例如，随着人民公社的废除，原七红公社更名为七红大队，直至2000年设七红村民委员会。在此过程中，行政体制的改革和过渡较为平稳。村委会开始运作后，又根据《村组法》，建立了下属的人民调解委员会和治安保卫委员会等村级组织。目前，村民委员会组织系统如下图所示（见图 4–1）。

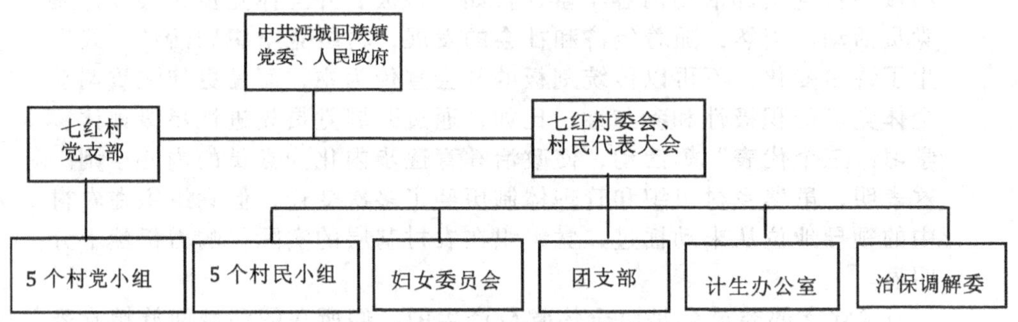

图 4–1：七红村民委员会组织系统图

注：为展现村级政治结构全貌，党群组织也在图中进行标识。

从上述介绍可以看出，沔城镇的村级公共组织体制由两个层次构成：①“两委”，即村支委和村委会；②村民小组。伴随着村民制度体制的成熟和完善，整个体系逐步迈向法制化和规范化的轨道。根据《村组法》的规定，在村民自治组织系统中，村民会议是权力机构，村民委员会向村民会议负责并报告工作。村民委员会，是在有关部门统一安排和领导下，由全村 18 周岁以上村民选举产生的，一般每届任期 3 年。现届村委会为第七届。村委会由主任、副主任和文书组成，是村民自治组织系统的核心和主体。此外，我们还可以发现，沔城镇公共管理组织体制并不复杂而且多富行政色彩，这些组织均是行政制度安排，而非村落内生型自主发展的产物。即便法律规定村民委员会是自治性的群众性组织，但在实际生活中却扮演了“准政府”的角色。而最能体现自治性的村民选举，在其思想上也受到来自市、镇党政的全面指导，这种指导无异于意识形态上的一种输入，在国家影响的平台上民主政治得以激发和活跃。

（三）村民自治中的权力运作格局

村委会作为农村基层管理体制改革中全新的政治设计，打破了原来“乡政村治”的权力格局，它与其他管理主体关系的协调程度决定着自身的运行效率，是村民自治得以健康发展的重要因素。

1. 村委会与村党支部的关系

不少学者经过调查发现，全国许多地方村党支部与村委会两者多表现为配合不够好，原因是村支书认为党支部是领导核心，村上的一切事情应由党支部决定，而村委会则认为自己由村民选举产生，是代表村民意愿的，村里的事情应该由自己安排，为此支书、主任争权比大，各行其是，工作难以打开局面。[1]我在调查中发现，沔城镇各村并未出现“两委”关系僵持的状况，相反，两委班子分工不分家，经常沟通协调，有事一起商量，谁不在家，另一个就担起工作，几乎未出现权力争夺现象。“谁有本事些谁当家”，这是一些村民普遍的认识。我在调查中还发现，沔城一些村“两委”之间也有“亲戚”关系，即成员交叉任职，有的村是村党支部书记与村委会主任一肩挑。

这种交叉任职以及支部书记与村委会主任一肩挑的现象，对协调“两委”的工作确实是有利的。但值得注意的是，“两委”关系的融洽，一方面得益于制度性的安排，即村支书是党员会议选举产生的，村主任是村民选举产生的，二者都体现了民意，都必须对下负责；另一方面，回避了工作中不同意见的争执，便于各项工作的开展。但我认为，处理好“两委”的关系不能建立在这种现象上，而应建立在两者职责的明晰以及制度化合作机制上。否则，支书和主任“分工不分家”最终将演变为“既不分工也不分家”，对村里的事务，要么谁能力强谁说了算，要么一人说了算，所有事务由一个人统揽，要么碍于人情面子一团和气，无原则调和。应该清楚的是，二者权力的合法性来源不同、性质和职责不同、工作重点与工作方式不同、制约机制不同，当两者彼此不分时，最终既影响村民自治权的实现和基层民主政治建设的发展，又影响党在农村的领导及权威的巩固。

2. 村委会与村民会议的关系

在农村基层政权建设中，是谁在“自治”，是村民还是村委会？村民会议和村委会两者的关系怎样？如果不清楚这点，必然使“自治权”异化，导致村民“民主选举、民主决策、民主管理、民主监督”权利的丧失和被剥夺，反而成为管理和监督的对象。其实，村民会议和村委会的关系是容易明确的，它们的权力都来源于村民，村民会议是村民自治的最高决策机构，村民委员会是村民行使自治权的群众性组织，是村民意志的执行机构，村委会向村民会议负责并报告工作。因此，村民自治是“村民”的自治，而不是“村委会”的自治。我在沔城的调查中未发现两者关系不协调的信息，村委会的干部在行使权力过程中，尊重村民意愿，倾听村民呼声，这是在村民自治中应始终坚持的权力格局和关系。

3. 村委会与镇政府的关系

村民委员会是村民自我管理、自我教育、自我服务的基层群众性自治组

[1] 朱秦，钱素华．民族融合背景下的村庄选举取向、治理动力和权力格局分析 [J]. 云南民族大学学报，2004（3）.

织，不是乡镇政府的附属机构，但它与基层政权组织（乡镇政府）时刻发生着千丝万缕的联系。《村组法》第4条规定："乡、民族乡、镇的人民政府对村民委员会的工作给予指导、支持和帮助，但是不得干预依法属于村民自治范围内的事项。村民委员会协助乡、民族乡、镇的人民政府开展工作。"也就是说，镇政府"由原来'三级所有'体制时期农村行政结构中的最上级，变为政府权力延伸到乡村社会的最后一段"[1]，其权力在很大程度上下放到"村"，村级管理体制也由原来的镇"领导"和指派干部转变为指导和选举。镇政府权力的缩减，必然要求自身行为方式相应改变。由于制度运行中的"路径依赖"，镇政府原有的权力并未完全退出村务管理，而是与村委会权力相互交织和渗透。

在沔城回族镇的调查中，我们发现，在日常村务活动中，沔城回族镇政府对村委会的管理大多不单纯使用行政命令的方式，而是运用手中的资源吸引村委会实现自己的意志。村委会如果不配合乡镇完成国家下达的任务、执行上面的方针政策，如计划生育等，它也无法做好属于自治范围的那些事情。因此，某村委会的一位干部对我说："对镇上交代的任务，即使私下里有些不太乐意，也一定要及时完成。和镇上的领导搞好了关系，我们许多工作才好做。比如说，我们村有几家合资企业，既给我们村的村民找到了活干，又每年上交村里一些钱，有了钱才能给村民办些实事，可如果没有镇上领导的大力支持，这几家企业可能一家也办不起来。"

因此，村委会与乡镇政府之间，某种程度上是一种相互依赖的交换关系。村委会需要乡镇政府的支持，乡镇政府也需要村委会所提供的服务。但是，由于历史的惯性等原因，村委会在资源上、信息上与乡镇政府严重不对称，从而使乡镇政府在相互交换过程中处于强势的一方，而村委会处于弱势的一方。所以，这是一种乡镇占主导地位的交换关系。

第四节　政治参与

在我国，政治参与是普通公民通过一定的方式影响政治权力体系以及公共政治生活的政治行为，它是现代社会民主制度赖以存在的基础，也是民主政治的基本特征之一。[2] 所以，散杂居少数民族的政治参与程度，既反映出我国的政治民主程度，也反映出我国的政治现代化程度，还反映出我国公民

[1] 邱泽奇．乡镇政府的经济活动分析[J]．二十一世纪（香港）,1998（4）．

[2] 梁丽萍，邱尚琪．建国以来中国公民政治参与模式的演变分析[J]．中国行政管理,2004（5）．

的政治文明程度。受传统政治文化的影响，各民族在不同历史时期对政治的认知、政治信息的获得、公共权力的认识水平以及对政治的评价都是不同的，其参政议政情况也不一样。

一、政治认知能力分析

公民的政治认知水平，主要是指公民对政治事务的知晓程度。一般来说，政治认知程度同政治信息的来源渠道多寡是相互联系、相互促进的，而信息来源渠道的开放度直接影响着人们政治参与的取向和参与的主动性。从整个调查情况中，我们可以看出：

（1）关心政治的人不是很多。如在“您对政治感兴趣吗”这个问题的调查中，在所有有效问卷中，回答“很感兴趣”的 7 人，占 6%；“感兴趣”的 23 人，占 19.8%；“一般”的 39 人，占 33.6%；而回答“不感兴趣”的为 47 人，占 40.6%。并且，村民感兴趣的问题，大多是反腐廉政、公共突发事件、社会治安问题等。

（2）村民对国家和政府的成绩大多持肯定态度，特别对中央政府比较肯定。如“您认为中央及地方政府制定的农村政策对你的影响大吗”这个问题上，分别有 84 人（占 72.3%）与 31 人（占 26.7%）的村民选择了“影响很大”与“有影响”，而选择无影响或说不清楚的只有 1 人，比例不超过 1%。但村民又普遍认为，地方政府执行中央政策不得力，对政府官员比较失望，部分干部腐败，应加强对腐败的惩处力度。但从问卷调查中得知，认为政府有能力清除腐败的只有 34 人，占被调查者的 29.3%。此外，还有很多村民认为，中央虽然很重视“三农”问题，但是农村政策的实施还不到位，力度较小，特别是农民在养老、医疗上存在很大问题。

个案：付金山[1]，男，回族，1945 年出生，七红村 3 组农民。访谈时间为 2008 年 10 月 1 日下午，访谈地点在他家种麻的地里。

“党和国家的政策是好的，谁都得认这个账，但是城乡差别是越来越大。农民光荣，自给自足，感觉国家对农村老人的福利待遇要好点。就拿农村合作医疗来说，搞合作医疗是好政策、好形势，但我们农民就不能同城里的人比，我们参加合作医疗缴纳的费用肯定赶不上城里的人，我们镇还不是很富

[1] 我同我的报告人付金山 3 年间有过 6 次交道，他是个很健谈的老人，身上随时都揣着一台便携式收音机，即便下地干活也开着收音机，除收听天气预报和评书以外，更多的是收听新闻，也很关注国家的政策。他还邀请我去他家做过客。2008 年 10 月 1 日下午，我在他家种麻的地里与他见面，当时他正在砍麻杆，他的收音机就放在他捆好的麻杆上，收听的是中央人民广播电台关于农村医疗问题的专题新闻。

裕，镇政府给老百姓也贴不了那么多的钱，村里也没这样的能力，城市的补助在提升，农村也应该提上去，中央是不是可以考虑多补点给农民？农村、农民、农业，都是大事情。”

（3）村民的政治观念从一元化转向多元化，政治思维方式开始非意识形态化，政治认知从经验化、情绪化转向科学化、理性化，但是传统思维的印痕依然存在，政治关注度不高，民主、平等、大众意识还不强烈。如在“您认为普通老百姓应该参政议政吗”这个问题上，同意“老百姓应该参政议政表达自己的权利，虽然制度还很不完善”的有31人，占被调查者的26.7%，而认为“参政议政是党员干部的事，与老百姓无关”、“即使参政议政了，也是形式，政府不会重视老百姓的意见”的分别占37.5%、35.8%。也就是说，有73.3%的村民并不认同政治参与是关系村民切身利益的大事，或者虽然认识到了但认为对“政治参与”无能为力。而对“您认为妇女应该参政议政吗”这个问题，有81.4%的村民认为“很应该”，这说明自解放以来我国的妇女解放运动已经深入了人心。但目前各级政府组织推行少数妇女职业性参政的做法并不为村民所认同，也说明了村民政治认知能力有待提高和增强。

二、政治信息的获得

政治认知的程度，在很大程度上取决于政治认知渠道的多寡与通畅程度。生活在底边社会的人们，对外界事务了解很少，缺乏接触和认识政治事务的机会和条件。因此，拓展和疏通政治信息渠道是提高农民政治认知水平的重要途径。当地受访者政治认知的基本途径，包括收看新闻联播、收听广播、村干部传达、阅读报纸、大伙闲聊等。调查显示，电视新闻是当地农民获得政治信息的主渠道，综合百分比为67.3%；其次是收听广播，占12.8%；再次是阅读报纸，占8.2%。由此，显示了大众传媒在农村社会的政治影响。大伙闲聊、村干部的口头传达，也是村民获得政治信息的来源渠道，但不再是政治信息传播的主要方式。此外，普法宣传、参与投票选举与村民议事会等等，也是村民积累政治知识的方式。从以上可以分析得出，农民获得政治信息的渠道已经多样化了，电视、报纸、广播等大众传媒的政治影响日益增强。通过村干部的文件传达不再是主要渠道，“大伙闲聊”这种非正式传播渠道的作用都比村干部传达要强，因此，过去那种靠垄断信息资源来控制农村社会的办法已经行不通了。而且，现在的农村是村村通电话、村村通马路，农民对地方“土政策”有什么不满，政府官员有什么腐败故事，很快就会传播开来。因此，村务等如果不按正式程序定期公开，就会按非正式传播的规律，在村民群众揶揄、怀疑中扭曲地“公开”。

三、村民的政治参与

现代意义上的政治参与是赋予自主选择权利的政治参与，而缺乏自主选择的政治参与是“政治卷人”，即被动的政治参与。20 世纪 90 年代以来，我国农村推行的直接、公开和自由的村民选举，建立了一系列的选举制度来保证村民的投票自由和自主选择权利，使村民选举成为真实的民主实践，导致了农民政治参与形态、动机及效应等的一系列变化。应该说，周期性、制度化的选举投票活动，成了当代中国农民政治参与的主渠道，由此农民的选举权利在不同层次以不同方式开始得以实现。

（一）村民政治参与状况

村委会选举、党支部选举、人大代表选举，是当代中国农民经常性政治参与的途径，也是衡量村民政治参与的程度和动机的基本指标。沔城回族镇各民族群众的政治参与，一方面是参与社区政治生活、影响社区政治输出的活动和过程，另一方面是参与各级人大代表选举、通过人大代表来表达村民政治要求的活动和过程。村民参与社区政治，主要有以下几个方面：①参加村民委员会主任、委员的选举；②参加村民小组长、村民代表的选举；③参加村党支部书记的选举（仅限于党员范围以内）；④参加村民大会，影响当地社区决策；⑤通过个人接触，影响村社干部在社区决策方面的看法；⑥参与村民委员会总支委员的选举（仅限于党员）；⑦参加镇人大代表的选举。在沔城，村民的政治参与主要集中在上述 7 个方面，村民通过上述 7 个方面的政治参与，使自己融入社区政治生活中，通过社区政治生活的社会化功能使自己从一个社会人向政治人转变。可以说，沔城镇各民族的政治参与，是我国现代化进程中的一个重要问题，在一定程度上代表了散杂居地区基层的政治参与状况。

在我的问卷调查中，被访者包括“中共党员”（占 13.6 %）、“团员”（占 11.2%）与“普通群众”（占 76.2%）三大群体。这三个政治面貌群体的划分，基本上反映了农村的社会政治结构。调查数据显示，在党员、团员和群众中，分别有 14.3%、50.4%、43.2% 的被访者表示没有参加过村委会选举。综合来看，有 23% 的被访者表示没有参加过村委会投票活动，这表明村委会选举的参选率与官方公布的参选率有差距。经笔者分析，村民的政治面貌同参与村委会选举次数相关度低。但是，政治面貌同个人的竞选动机相关度较高。在“是否想竞选成为村委会主任或村委成员”问题中，70% 的党员回答“想”。

党支部选举情况。“党支部选举”，既包括党支部内部选举，也包括村民群众推荐党支部候选人，即所谓“两推一选”或“两票制”的选举参与。调查中，90.6% 的普通群众表示没有参加过党支部选举活动，这表明被访的普通群众并没有真正参与“两票制”或“两推一选”的政治活动；15.2% 的党员被访者表示没有参加过党支部选举，表明基层党组织的民主制度建设还有较大的空间；值得注意的是，团员在党支部选举活动中的参与率也是比较低的，数据显示有 83% 的被访团员表示没有参与。

选举镇、市人大代表，是农民参与国家生活的重要制度渠道。问卷统计结果表明，党员参加镇、市人大代表选举的机会比非党员要高。有 1 次选举经历的，“党员”是“团员”的 2 倍；有 2—3 次经历的“党员”是“群众”的 2 倍左右；同时，“非党员”被访者中没有参加过人大代表选举的是“党员”的 2 倍。

（二）选举的取向分析

村民委员会的选举是村民自治的首要工作和关键环节，体现了农村民主和法治的进程。该镇依照法定程序，各村在辖区范围内选举成立村民委员会，将村级行政管理体制改革为村民自治体制，村干部退出镇干部编制序列，由选聘制改为选举制。通过村民提名、公开报名、公开答辩、公开选举、公开竞争，公推直选村干部。

1. 民族取向的分析

沔城回族镇回汉民族间关系融洽，未发生过激烈的争斗现象。汉族对回族的民族习俗及其活动很尊重，每逢节假日都会聚在一起共同欢庆。尽管如此，不同民族在普选中还是难免有自己的想法。

个案：张 ××，女，回族，1969 年出生，七红村 1 组农民。访谈时间为 2008 年 11 月 13 日，访谈地点在张 ×× 家里。

“这次村委会换届选举，我投了 2 个回族干部的票，我是回族，我认为回族干部更了解本民族，也会为本民族说话。”

个案：李 ××，男，汉族，1953 年出生，七红村 3 组农民，个体户。访谈时间为 2008 年 11 月 14 日，访谈地点在李 ×× 家里。

“选村干部不能过于强调要选本民族的人，都是乡里乡亲的，本身大家都和睦相处似如一家人，谁当干部都一样，都得为老百姓做事，如果刻意干部的民族成分，汉族的选汉族，土家族的选土家族，这样搞就会影响邻里关系，也可能无意中逼出民族矛盾来，没必要这样。”

个案：定××，男，回族，1974 年出生，七红村 4 组农民。访谈时间为 2008 年 11 月 14 日傍晚，访谈地点在沔城迎恩楼宾馆前的红莲广场。

“我认为只要村干部做事公道，能替大家办实事，不管他是什么民族，我们都应该选他。”

可见，当地居民对选举的看法、投票心理和倾向是具有矛盾性的：从感情上希望选本民族的人当村干部，从理智上又觉得要选有能力的。这种矛盾心理表明，在散杂居村落，村委会的选举受民族因素的影响是客观存在的。但是，民族取向与能力取向相权重，能力取向已远远高过于民族宗族取向，因为有能力的干部能给村民带来更多实惠。

2. 能力取向的分析

七红村村民对现任村主任李家富的总体评价是一致的：有较强的事业心、责任心和奉献精神，能够为群众办实事，尊重群众意愿，威信较高，受到群众的信赖和支持。熟悉农村工作，思路清晰，有魄力，敢想敢干，敢于承担风险。既是一个能带领大家致富的能人，也是一个人品和人缘好、办事公道的好人。

个案：李和斌，男，回族，1945 年出生，退休干部，原沔城回族镇文化站站长，家住七红村 1 组。访谈时间为 2008 年 6 月 17 日，访谈地点在沔城回族清真寺。

“以前政策不开放，干部不团结，工作比现在差得多。例如七红村，现任领导最大的政绩是解决了村民的吃水问题，修了路，发动大家搞经济作物。村主任李家富在村里的威信高，老百姓希望他下届继续做。大多数老百姓的看法是，谁有能力为群众做好事就选谁，就是要选‘家庭先进点，做事正直、科学，能带头’的人。李主任经常和大家商量村子里的事务，村民之间发生矛盾，他都会积极进行调解，村民对他的工作和能力还是满意的。”

个案：马明建，男，回族，1966 年出生，七红村 1 组农民。访谈时间为 2008 年 10 月 5 日，访谈地点在沔城回族镇政府新建办公楼的建筑工地上。

“现在做村干部难搞，上面安排的事情多，下面老百姓扯皮拉筋的事也不少，有时是上下两头受气。我们村李主任虽然文化不高，但他头脑灵活，人缘好，是比较会搞事能干事的那批人，他家一年的各项经济收入不少于 10 万元，村委会给他们的补贴一年才四五千块，就他而言，做村干部纯粹是做贡献。李主任家里农业生产事情也多，但是哪家的大小事他都去，原来有的领导只是碰到的事解决一下，做事没有现在的村干部多，现在的干部能力更强，做事会找年纪大一些的人商量。干部品德都好，乐于帮助困难户，大家相信他们，可以继续当，这对群众更有利。对他们的希望就是，带领群众把生活水平再提高点，生活更富裕点。”

根据调查和访谈，可以得出以下结论：

（1）在选举中起决定作用的，并非民族、地缘、学历甚至政治因素（党员），而是能力和品格因素，其背后蕴涵的是村民对自身利益的比较和衡量。在沔城回族镇，由于同一民族内“共同体意识”缺乏，村民之间“过分原子化”，社会关联程度低下，除在清真寺参加宗教活动外，民族和宗族因素并不具备动员村民一致行动的能力，也不能集中更多的资源和分配更多的利益以吸引村民。在民族因素与能力因素带来的利益权衡面前，人们还是选择了能够给自己带来更多好处的“村庄能人”，选择了实现自身利益的重要途径——村民自治，狭隘的民族意识在这里表现得并不明显。因此，在散杂居地区，民族宗族因素对村民自治的影响是很有限的。由于投票意向清晰，村民的选举不再是盲目举手通过，选举行为正趋于理性化，民主有了一定基础，民主意识和参与的深度、频次都在不断增强增多，这有利于农村现代政治生活的发展。

（2）在乡村精英或能人的带领下，村党支部和村委会的政治效能得到了提高。村委会除了做好镇政府派下来的计划生育和新农村建设等工作，还能够积极组织农民发展生产。如针对农村高利贷严重、农民缺乏生产资金的现状，沔城各村“两委”班子作担保，在近两年帮村民争取到贷款300多万元，种蔬菜、甘蔗、棉花等经济作物30 000亩，年养殖家禽达90多万只。目前，各村委会已在村里修了公路、娱乐场所等公共设施，村民们都能喝上卫生饮用水。由于基层政权组织的主动运作和服务功能的充分发挥，其政治效能较之从前有了较大起色，群众都很支持和信任，并希望这种运作能够持续下去。

（三）村务参与的动力及其影响因素分析

村民参与村务管理的动力比村改前有所增强，但由于参与的内外部动力机制不完善，干部群众的积极性受到了很大限制。

1. 村民的参与动力

在村庄治理中，村民与村委会构成了两极互动格局。那么，村委会靠什么吸引村民参与自治，又是什么削弱了村民的积极性呢？

（1）村集体经济状况。沔城农村的经济收入主要来源于农业和打工收入，没有村办企业，村委会的固定资产除办公用的房子，大多数村拥有的集体资本就是鱼塘，而且面积最多的村，其鱼塘面积也不到20亩。由于集体经济薄弱，村级组织的运作效率客观上受到了影响，在发展农村经济、增加农民收入、促进社会事业发展上的局限性十分明显。一言概之，村委会由于掌握的资源少，很难通过分配资源吸引村民参与村务，这是影响村民积极性的重要原因。这样，村委会必然处于两难境地，一方面无钱办事，村民很少有机会参与决策，偶尔有点钱也是作了村干部的误工补贴，另一方面又必须有所作为，这无疑对村干部个人的能力和品格提出了严峻的考验。如果村干部有能力解决这个难题，为村民谋求福利，将增强村民参与村务的积极性，否则将造成村民对村务的漠不关心。

（2）村委会的管理。由于村委会治理是由国家权力依照宪法和法律强制性导入的，因此村民对待“村治”的态度也具有由被动向主动过渡的特点。选举前，当地一部分村民认为“选举是上边定好人选，选不选一个样”，所以在很大程度上是被动的“要我选”，是为了完成上级的政治任务。村委会选举产生后，其管理状况又进一步决定了村民的参与积极性。村民不仅要“听其言”，更要“观其行”。村委会的“行”基本是按照各村自治章程来执行的，许多村民都清楚村委会的工作计划以及村里财务使用情况。正是在公开中，村民的积极性逐渐显现出来，不仅很关心村里的钱是怎么用的，而且村里的各种公益事业，如果未通知到，村民都会有意见。可见，如果村委会的“行”是真诚向村民开放并接受监督的，那么村民自然能够在决策、管理、监督的参与中学会参与，熟悉参与的方式，懂得参与的途径，从而增强参与的能力和积极性。

（3）村民家庭经济地位。家庭经济地位高低不同的农户是否存在村务参与积极性上的差异，这是研究村民参与积极性不可或缺的变量之一。笔者选取了富裕、较富裕、中下水平三个层次作为个案进行研究，初步看到了这种关联性。

个案：魏木林，男，回族，1963 年出生，七红村 4 组农民，个体户，一家 3 口人，夫妻 2 人主要从事宰牛业，儿子魏祥在沔城高中读书。访谈时间为 2008 年 10 月 6 日，访谈地点在魏木林家里。

“我和妻子两人主要从事宰牛生意，一年纯收入 20 万元。种稻谷一年纯收入 1 000 元，种稻谷的主要目的是为买回家的牛作饲料。在当地，我家基本上属于富裕的农户。曾经有试一试竞选村干部的想法，但家里生意比较忙，做村干部杂事多，目前没时间也没精力去做村干部。自己没发展起来，说话也不硬，在老百姓面前也没什么好形象，做干部就要能带头，不然大家不服你。”

个案：定光祥，男，回族，1953年出生，七红村1组农民。访谈时间为2008年10月6日，访谈地点在定光祥家里。

“我家有8口人，两个儿子和两个媳妇近5年来都在广州打工，他（她）们4人每年打工的总收入在50 000元左右。我和老伴在家务农，农闲时在当地帮别人采藕，有时也会去洪湖市等建筑工地打散工，一年下来我自己也能挣10 000元。我家有影碟机2台、电视机3台、冰箱2台、摩托车2部，在当地经济状况属于中等水平。不去竞选村干部的原因主要是觉得自己家还不富裕，就是当上干部也觉得在乡亲们面前不自在。”

个案：李××，男，回族，1939年出生，七红村2组农民。访谈时间为2008年11月22日，访谈地点在李××家里。

“我家有6口人，7亩地，2008年种稻谷收入1 000元，甘蔗收入2 000元，种蔬菜收入6 000元，种棉花收入1 700元，儿子1人外出打工，2008年带回11 000元。2008年家庭2009年人均收入3 783元，在村里属于中下水平的。今年村委会换届，我叫孙子（19岁）去填的选票，我告诉他填谁他就填谁。我们老百姓只要粮食够吃，也不大关心政治了。”

在群众心目中，富裕的人才能够带领群众致富，自身的经济状况及自我评价影响了群众参与竞选的积极性。从以上案例可以看出，经济状况越好，参与的积极性就越高，政治责任感相应较强，经常亲自参加村里的事务；经济状况差的，在参与中就显得被动一些。可见，“人的经济地位（SES）和政治参与之间存在着相当明确的关联。就是说，一个人在社会分层等级中折合为SES的地位越高，他的政治参与比率也就越高。”[1]

（4）性别对村民自治的影响。在沔城农村，受“男主外，女主内”等传统意识的影响，选举时妇女大多留在家中料理家务，类似村民李××的孙子代替家人投票，也就在情理之中了。例如，七红村2008年10月的村委会选举，当时有290人委托投票，超过具有选举资格的1/4，其中大部分是妇女和外出打工者。由于被动的社会参与意识，在正式候选人和本届村委会成员中只有1名妇女。

（5）年龄差异。年龄因素对农民参与村委会选举的影响较明显。对“是否希望自己去竞选村干部”的回答，青年、中年和老年人的比例分别是11%、67%和8%。青年人的普遍看法是，“当村干部地位低、事情多、待遇差，在外面的发展机会多”；中年人的普遍认识是，“土生土长的人，人有脸，

[1] 奥勒姆．政治社会学导论[M]．董云虎，李云龙，译．杭州：浙江人民出版社，1989:331.

树有皮，家乡发展不起来，走出去自己也没面子，有机会能为村民做点事，是应该的”；老年人的一般说法是，“年纪大了，没精神也没能力做这些事，年轻人脑瓜子灵活，见识多，让他们去搞”。这表明，年龄分层在参与村务管理的动机和目的上差别较大。

（6）文化素质。沔城算农村经济发展比较发达的地区，村民的参与活动主要以利益获取为标杆，加上民族之间、性别之间文化层次（主要是初中、小学学历）差别不大，其参与的动力大小与受教育程度高低的关联性在沔城表现得并不明显。因此，在文化素质层面上，基本可以将村民作为同质的人群进行研究，从而忽略它对参与动力的变量作用。

以上分析可见，村民的政治参与积极性，既与自身经济收入、年龄、性别等相关，又与村集体经济状况和村委会的工作影响力相关。在两极互动中，村委会显然较之村民处于主动地位。农户的经济地位影响了参与的积极性，但村委会的影响力如果越能刺激农户的经济利益，村民的参与积极性就越高，村委会的运作与农户的利益相关性越低，则村民的参与积极性就越低。可以说，后者才是吸引村民变被动为主动，由分配型参与向信念型参与转化，最终推进农村基层民主跨上更高层次的最根本的动力机制。

2. 村干部的参与动力

村干部是以农民身份从事干部工作的管理者，农民有的，他们也有；干部有的，他们却没有。这种法定身份，决定了其工作的心态：一方面是积极的心态，来源于村民对干部的信任和干部自身的荣誉感。如村主任李家富有三兄弟，很团结，在当干部还是不当干部的问题上，兄弟都支持他当干部，“主要是觉得老百姓看得起”。另一方面是相对消极的心态，主要是报酬问题。村改委后，村干部工资由原来收取的“三提五统”中提成，待遇较好，现在主要是镇政府给付的补贴。沔城镇现行的村干部岗位补贴每月 400 元左右，其他干部待遇更低。责任心强的干部，为了干好本职工作，基本不能回家承担责任田的生产管理，其报酬既不够请工帮自己做活，也难以保证家庭基本生活费用和孩子的教育费。干还是不干，一直是村干部心头的“结”。正如有村民所说：“当干部不容易，有时找相关部门的人办事还要请人家吃饭，这钱大多是自己贴，如果不当村干部，自己可以挣更多的钱。”因待遇问题引起的家庭矛盾，已成为村干部面临的头等难题，它使村干部无法安心工作，很大程度上影响了村里各项工作的正常开展。该镇村干部魏 ×× 在改革开放初期就开始做大米、棉花等生意，年收入上万元，属村里最先富起来的人。村里最好的房子就是他家的，有两层楼，外面为全瓷砖装饰，在村里很显眼，还开有大米加工厂。2008 年竞选中，他得了 500 多票，高出第二位 100 多票，他开始不太想担任，顾忌大，原因是有 2 个孩子在读高中，正是家里用钱的时候。后来镇里相关领导做了他的思想工作，他才同意担任村主任。

小　　结

通过对沔城回族镇政治生活方式的分析，我们可以看出，改革开放以来，随着我国经济、政治和社会各方面的进步，散杂居农村地区各族群众政治文化素质也重新焕发出生机和活力，取得了长足的发展。从来就游离于正常政治生活之外的农民群众，第一次大规模地卷入国家政治生活，农民的政治认知、情感和态度等也发生了巨大的变化。影响散杂居地区各族群众的传统的家族主义、宗族主义和民族边界，在政治生活上已经有很大程度的改变。但是，外在的强制性的政治生活方式的变迁也带来了新的问题，特别是政治生活与现实政治的适应问题。当农民发现他们所认同的价值及所追求的新的神话被现实政治生活所击溃时，政治生活的又一次重大变迁在所难免。而当国家与政府发现其所提供的精神食粮与政治结构开始被农民厌弃时，一次新的农村政治、经济改革的全面展开，又为新一轮村民政治生活方式的变迁提供了巨大的能量与支持。

第五章　消费生活方式的变迁

消费生活方式，是人们为了满足自我的精神需要和物质需要消耗劳动成果的过程。作为社会生活方式的子系统，它包括消费观念、消费结构、消费水平、消费习惯等要素，并且消费生活方式具有时代性和个体性。不同时代的人，其消费习惯、消费观念、消费结构不同；不同的人群，其消费习惯、消费观念、消费水平也不同。消费生活方式，可以从经济学的角度出发来研究，还可以从社会学角度出发来研究，两者的区别在于，“经济学主要是从消费与生产关系的角度，把消费生活方式作为经济现象、经济学范畴来加以探讨；社会学主要是从消费与整个生活的关系，即消费与人的生存、发展的关系的角度，把消费生活方式作为主体的范畴、社会学的范畴来加以探讨，二者探讨的方面、侧重点就有了区别”[1]。

关于农村消费生活方式的研究，一直比较薄弱。大多数学者都是从提高农村消费、扩大内需、刺激经济增长的角度进行分析，认为传统农村的消费观念阻碍着农村消费的增长，应该改变传统消费观，树立现代消费观。笔者认为，不同的民族，不同的经济发展水平、收入分配制度、社会文化、自然环境等，使人们的消费水平、消费结构和消费观念在不同的历史阶段表现出不同的特点。因此，通过对一个地区人们的消费水平、消费结构和消费观念变化的考察，能够从一个侧面了解社会生活状况。散杂居农村地区当前的消费状况和消费观念有着较深的历史渊源，过度赞美和批判都有失偏颇。本章从收入变迁的角度对当地居民的消费水平、消费结构和消费观念的变化进行研究，分析其消费生活方式变化的具体机制。

[1] 王玉波，王辉，潘允康．生活方式 [M]. 北京：人民出版社，1986:63.

第一节　经济收入的变迁

一、收入变化状况

（一）改革开放以前的收入状况

1. 土地改革前后的收入状况（1949—1957 年）

新中国成立之初，沔城地区绝大多数居民主要靠种地为生。以七红村但堤口为例，1951 年土地改革时，但堤口有 198 户 865 人，耕地总面积 1 082 亩（地主和富农占有耕地 714 亩，贫农占有耕地 368 亩），人均只有 1.25 亩地，粮食产量低而不稳，稻谷亩产仅 100 公斤左右，因而收入极低。土地改革后，贫雇农分得了土地，实现了“耕者有其田”，农业生产得到了迅速恢复和发展，加上个体工商业在此期间有所恢复，人均收入增长较快，居民生活得到改善。1956 年，在土地改革的基础上开展了由低级向高级发展的农业合作化运动，居民收入来源逐渐由家庭经营变为由集体统一分配。集体的收益分配，由生产队按家庭人口和劳动力比例实行开成分配（人口、劳力三七开），大多数居民的收入增加，1957 年但堤口村民人均纯收入达到 70 元。

2.1958—1978 年的收入状况

在这 20 年里，沔城回族镇居民收入状况表现为徘徊不前或缓慢增长。这一时期的前期（1958—1961 年），由于受“左”的思想路线的影响，高指标、浮夸风及“一平二调”（平均分配，国家向集体、集体向个人平调财产）的“共产风”，加上没收社员自留地，禁止家庭副业，大大挫伤了农民的生产积极性。由于生产队粮食产量大幅度减产，农民的经济收入几乎断绝了来源，生活陷入饥馑之中。

从 1962 年开始，由于贯彻中央实行的“调整、巩固、充实、提高”的八字方针，“一平二调”开始纠正，并根据“三级所有，队为基础”的原则，缩小了生产队规模，减轻农民负担，采取按劳分配加照顾的分配政策，并恢复了社员自留地，允许发展家庭副业，农民家庭收入逐步提高。1965 年，集体分配的人均纯收入从 1958 年的 60 元上升到 108 元，农民收入缓慢增长，当地有相当一部分居民粮食不够吃。

1966—1976 年的“文化大革命”，使刚刚复苏了的农业生产再次遭到冲击。尤其是在“大批资本主义”、“割资本主义尾巴”的形势下，集市贸易再次被关闭，家庭副业再次受到限制，大大影响了农民家庭收入的增加。尽管这期间所开展的平田整地、治水改土的农业学大寨运动使农业生产条件得到改善，加上耕作技术的进步，农业生产较以前有所发展，单产和总产均有明显提高，但由于人口的骤增，人们的生活水平依然没有多少提高。1976年，集体分配的人均收入出现倒退，例如七红村集体收入分配最低的是1组、2组，只有65元，最高的是3组，才97元。

（二）改革开放以后的收入状况

1.1979—2009年的收入状况

1978年党的十一届三中全会以后，农村经济发生了深刻变化。沔城农村经济开始恢复，村民家庭副业重新起步。特别是自1979年，沔城地区实行联产承包责任制后（先是包产到组，后改为包产到户），农户由单纯的消费单位变成了生产经营单位，劳动者由单纯的生产者变为独立的生产经营者，有力地推动了农村经济的发展，居民收入开始稳步持续增长。

这一时期该村居民收入的发展大体经历了三个阶段。

1978—1991年：这一阶段，居民收入呈现高速增长的态势。以家庭联产承包责任制为主要内容的农村经济体制改革，极大地解放了生产力，调动了广大农民的生产积极性，部分剩余劳动力外出打工，加之1979年国家大幅度提高18种主要农产品收购价格（当年平均提价幅度达23.6%）[1]，这一时期当地农民收入快速增长，从1978年的120元增长到1991年的683元。在收入构成当中，种植业收入占67.6%，养殖业占9.7%，打工收入占11.5%。此阶段，种植业和养殖业收入在农民收入中占有重要地位，打工收入逐渐成为农民收入来源的重要渠道。

1992—1997年：这一阶段，随着农产品流通体制改革的逐步展开和城市经济体制改革的配套进行，以及国家再次大幅度提高农产品价格（仅1994年农产品收购价格总水平比上年上涨47.2%），沔城回族镇农民纯收入从1992年的980元增长到1997年的3 175元，这是沔城经济快速发展的时期。在收入构成当中，种植业收入占46.7%，养殖业收入占14.2%，打工收入占21.4%。由于通货膨胀的影响，农产品收购价格和名义收入较高，以及农作物新品种新技术的推广，畜牧业、中药材、地膜玉米的迅速发展，回族收入增长率超过了汉族。此阶段，种植业和养殖业收入虽然占有重要地位，但打工收入的比例明显提高。

1998—2009年：这是沔城回族镇农民收入缓慢增长时期。虽然农业结构调整力度明显增强，农民外出务工人数规模逐步扩大，但受市场和自然灾害的影响，当地农民增收缓慢。据统计，1998—2009年当地农民纯收入从3 491元增加到5 134元。缓慢增长的原因在于，受通货紧缩影响，农产

[1] 谢松保．农民收入增长缓慢的成因及对策初探[J]．鄂州大学学报，2002（3）．

品收购价格下降，产品积压严重。在农民收入份额中，种植业收入占45.36%，养殖业收入占20.2%，打工收入占30.44%，运输业占4%。收入来源多元化，其中，打工收入成为沔城农民增加收入的重要来源之一。

2. 收入来源多元化透视

改革开放以来，沔城回族镇农民纯收入逐年增加，收入结构上也有了较大的改变，收入来源呈现多元化态势。通过问卷调查，村民自报2009年家庭收入，年人均收入在3 000元以上的占31%，3 000—5 000元的占53%，5 000—10 000元占12%，10 000元以上的占4%。村民对人均收入的自我评价和估计，与沔城回族镇政府统计站提供的经济收入统计数据基本相符，说明对村民的调查问卷具有一定的可信度。当问及近五年的生活变化情况时，认为“近五年收入明显增长”的占19%，略增的占14%，基本持平的占57%，略减的占10%，没有人认为收入明显减少。而收入的增加主要是靠务工增收和农业结构调整，可见沔城农业的主导地位已经发生改变。传统农业的低效益，使农户开始转向种植蔬菜、棉花、甘蔗、莲藕、养殖鸡鸭等副业，越来越多的年轻人开始转移到大城市打工，当地商业的发展也为富余的劳动力就近打工提供了更多的机会。

（1）农业收入。沔城回族镇虽然是典型的农耕社区，但是家庭的经济来源不再是单一的田地耕作，农业生产的水稻、土豆、红薯、芋头及其他基本都是维持家庭的口粮，很少出售。农民对种田种粮的积极性大大下降，认为只要够吃就可以，关键是要挣钱。

（2）经济作物的收入。经济作物收入是家庭经济收入的主要来源之一，在村民的总收入中占到30%—40%，有些家庭高达50%—60%。20世纪80年代，沔城主要是种棉花、甘蔗脱贫致富。20世纪90年代，沔城依靠种蔬菜、棉花等经济作物，大大改善了生活条件，提高了生活质量。最近5年来，因为种植棉花增多，竞争加剧，加之市场疲软，致使价格大幅度下跌，蔬菜种植成为新的经济增长点，取代棉花成为家庭经济收入的重要来源。多元经济作物的种植结构，给家庭经济带来很大生机。

（3）打工收入。近10年，打工收入在家庭经济结构中的地位不断上升。在本书第三章中，已对打工经济作了分析。由于各种因素的影响，加之便利的交通条件，沔城出外打工的人较多，打工收入从而也就逐渐成为沔城农民收入的主要来源。在沔城，95%的农村家庭至少有1人在外打工，1%的农户全家在外打工，有4%的农户没有人外出打工，这些没有外出的农户，要么是在家里从事种植业或养殖业，要么是在本地从事个体经营，剩下的就是缺乏劳动力的家庭。打工收入一般占人均纯收入的35%。像袁娄、黄金、二羊等村，是全镇有名的打工专业村，打工收入更是丰厚。39 岁的袁娄村民王强自己说，他们夫妇从 1995 年就在宁波打工，2003 年用打工积攒的钱建了 4 层楼房，花费 20 万元左右，2009 年夫妇俩仅打工收入就将近 4 万元。

（4）养殖业收入。这在养殖专业户年总收入中占主导地位，在一般家庭中所占比例不大，只是作为日常生活开支的补贴。沔城回民有 200 多家专业养殖户，主要养殖鸡鸭，多是外销，一年收入 5 000—100 000 元。养牛的农户比较少。养殖业收入占全镇人均收入的 17%。

（5）商业收入。虽然回民的商品观念较强，除 3 个回民从事工业企业（注册资本 100 万元）以外，沔城镇农业人口中回民经商的主要是小商小贩。以离镇政府较近的七红村为例，七红村有 6 户常年从事蔬菜收购生意，3 户经营花木生意，1 户经营木材加工生意，有 3 户从事菜牛屠宰业，1 户从事旅馆经营，9 户从事餐饮业，2 户开理发店，有 24 户经营者拥有固定商铺从事日杂百货经营。商业收入也不等，从事日杂百货经营的年收入一般在 6 000 元左右，代外地老板收购蔬菜的当地商人每年能从中获利 15 000 万元不等，从事屠宰业收入最高的有 20 万元左右，餐饮生意最好一家的收入 50 000 元。

（6）运输业收入。沔城从事客运和货运的车辆有 49 台，从业人员 161 人，运输业年总收入达 227 元。

（7）建筑业收入。据统计，沔城现有建筑公司 4 家，年总收入 760 万元，带动从业人员 340 人。

（8）工资性收入。这主要指政府各部门的退休干部、职工、教师，这些人大多属于“半边户”[1]，每年工资收入人均有 1.5 万元，村干部的工资却很微薄，年收入 5 000 元左右。

综上所述，沔城农民家庭经济收入来源已不再是单一的农产品的交换，而是以差异性的个体选择，通过不同人的就地或外出打工、从事养殖业或其他副业、经商，构成家庭收入的重要支柱并构筑起整个乡村的经济转型过程，农民收入越来越趋向多元化。

二、收入对消费水平的影响

消费水平，是生产消费过程中，人们对生产资料的应用和消费程度。消费水平的高低，决定着人们的生活水平。“不同的收入水平，具有不同的消费水平，收入水平对消费水平的影响可分为三个阶段：①收入水平低，食品支出的绝对量少；②收入水平中等，食品支出的绝对量继续增加，所占比重相对下降；③收入水平高，食品支出的比重和绝对量都将随着收入水平的增

[1] 即家在农村，其配偶大多从事农业生产或没有固定工作。

长而下降。”[1]消费水平和收入的多寡关系密切，相互影响，相互制约。消费水平的高低，还受到商品价格的制约。如果商品价格上涨了，收入不变的情况下，人们的消费水平就会降低。在同一时期，不同价格的商品会影响消费水平。

个案：魏青，男，回族，1942年出生，王河村2组农民。家里6口人。访谈时间为2008年2月11日，访谈地点在沔城清真寺。

“改革开放前，我家住的是生产队给的房子，大集体时都在生产队干活，一天才挣几个工分，日子很苦。如果手头有10块钱的话，有一半的钱会花到宗教活动上，剩下的钱用来开支日常用品和饮食。1980年实行联产承包责任制时，分了1头牛和3个人的地，1984年就盖了房子。2008年，全家收入4万多元，其中房屋的翻修用了2万元，儿子、媳妇外出打工挣了近3万元，日常开支花费了4 000多。两个孙子上小学，免交学费。日常的生活开支，两个孩子一年下来1 000多。现在，宗教活动开支少了，一年花费300—400元。当今沔城大部分家庭同我家一样，日子都比较好过。”

个案：李家贵，男，回族，56岁，洲岭村4组农民，家里总人口为6人，有1个儿子、2个女儿，儿子已经结婚，1个女儿在上高中，1个女儿在武汉上大学。访谈时间为2008年2月11日，访谈地点在沔城清真寺。

“改革开放前，日子没有现在好，全靠挣工分养活家里人，日子很难过。土地联产承包到户后，也就是改革开放后，主要经营自家的3亩鱼塘，再就是搞点经济作物，经济作物以前主要是种棉花，现在主要种萬苣。儿子媳妇都在外面打工，2008年全家收入有34 000元。前年建了2层楼的平房，家里彩电、冰箱等基本电器一应俱全。现在，一年的消费开支大部分都要用在教育上，平时也没什么娱乐活动，逢回族的重大节日，会去清真寺交点麦子钱，2008年给清真寺分3次共捐了260元麦子钱，其他没什么要支出的。总的来说，新中国成立近60年以来，尤其是改革以来，沔城社会生活各方面都有很大变化。”

从上述2个案例可以初步分析，沔城回族镇回民的消费意识和消费水平的变化，主要是以经济收入为参考依据的，经济收入的多少是衡量家庭财富和消费水平变化的主要参考。

从1957—2009年沔城农民择年人均收入的比较，沔城农民的人均收入

[1] 董福荣．中国家庭消费结构透视[M]．北京：经济管理出版社，1999:8.

水平在不断地变化，改革开放30多年来和改革开放前有了很大不同，并且变化巨大。1979年前，由于靠挣工分来分配收入，那时的收入很低，平均每人年收入最多才100元左右；1979年，由生产队劳动开始转为个体经营，人均收入迅速增长，农民的人均收入1987年建立回族镇时为601元，1992年为980元，1997年人均收入为3 175元，2000年人均收入为3 678元，到2009年的5 134元。人均收入呈逐年上升趋势，农民的生活水平与消费水平也逐年上升。2009年与1957年、1978年相比较，人均收入分别增加了5 063元、5 036元，充分说明农民在改革开放后收入越来越高，生活水平越来越好（见表5–1）。

表5–1 沔城回族镇农民择年人均收入情况 （单位：元）

年份	1957	1978	1987	1992	1997	2000	2009
人均收入	71	98	601	980	3 175	3 678	5 134

数据来源：沔城回族镇统计站提供。

从上述个案以及沔城回族镇农民择年人均收入的比较分析，沔城回族镇农民的人均收入增多，生活居住格局发生了变化，文化教育也得到了重视，这些变化说明了沔城农民的消费水平在不断提高。随着消费水平的提升，消费结构和消费观念也发生了变迁。

第二节 消费结构的变迁

消费结构“是指消费主体在一定的时间内总的消费中，各类消费资料和劳务间的数量比例和相互关系。消费资料可以区分为满足生存基本需要的生存资料；满足享乐需要的享乐资料；满足自身发展的需要，以发挥、表现自己的体力、智力的发展资料三大类。这种区分也是相对的。消费资料三大类之间和具体的消费用途、消费形式种类的比例和相互关系，形成了消费结构”[1]。“从消费的规模和范围考虑，可以把消费结构划分为微观消费结构和宏观消费结构；从消费的目的或消费的效果考察，可以把消费结构划分为生存、享受和发展三层次；从消费的形式考察，吃、穿、住、行、用、服务也构成了消费结构”。[2]

本节主要从消费形式和消费总量结构比例出发，考察沔城各民族群众的

[1] 王玉波，王辉，潘允康．生活方式[M]．北京：人民出版社，1986:66.

[2] 杨圣明．中国消费结构研究[M]．太原：山西经济出版社，1986:8.

生活消费结构。生活消费结构内容，主要包括吃、住、穿、用、行、教育、医疗、宗教等消费形式。在消费过程中，消费结构中各要素所占比例不同，生活水平也就不同，消费结构影响人们的生活水平。在生活消费结构中，生活消费的吃所占比例大于其他生活要素，那么生活水平就低，因为在生活中人们首先要满足“吃”，其次是“穿”，之后才考虑“住”（人们的基本消费）和“用”（耐用品的添置，主要是家具、电器），还有教育（主要是子女的教育和自我知识的需求）、宗教消费等。

一、消费结构内部的变化

在研究农村消费结构变化时，首先遇到三大困难：①无法获得农户历年的消费情况资料；②如何处理一次性巨额消费（结婚、丧葬和造房子）与日常消费之间的关系；③对自给性消费品难以估价。费孝通在《江村经济》中指出：“调查者必须从两个方面入手来对消费品进行估价，一方面是那些从市场买来的消费品；另一方面是消费者自己生产的物品。前者应以货币值来表示……消费者自产自用的物品不进入市场。这些物的货币值就无人知晓。因为如果它们进入了市场，价格就会受到影响。如果以市场价格表示这些物品，从理论上讲是不正确的……把这两类物品分开进行研究，有助于我们调查其间的关系，而这种关系在农业经济研究中是非常重要的。”[1]费孝通提出的这种办法，在理论上是可行的，但是只能在自给性消费品和商品性消费品各自内部进行比较研究，无法得知两者之间的组合关系。要想得知两者之间的组合关系，只有用商品性消费品的价格作为估价的标准，只有不得已而为之。对于上述困难，一方面，在这里我们只能尽可能通过访谈和引用相关资料进行分析；另一方面，一次性巨额消费由于存在其特殊性，本书不考虑在内。

长期以来，沔城回族镇人民的生活资料大多取之于土地，很少通过交换来获取，消费品种类少，数量也少，消费结构单一。改革开放以前，受生产力水平低的影响，沔城回族镇人民的收入水平很低，人们终年辛劳也无法获取足够的食物，“吃饱饭”曾是沔城人世代追逐的目标。改革开放以后，随着生产力发展水平的提高和商品经济的发展，沔城回族镇人民的经济收入有了较大幅度的增加，其消费结构也随之产生了较大的变化。新中国成立60多年来，沔城回族镇居民消费结构内部的变化，最直观地体现在生活消费的各个类目之中。

[1] 费孝通．江村经济——中国农民的生活[M]．北京：商务印书馆，2006:124.

（一）饮食消费

1. 主食

新中国成立60多年来，沔城回族镇人民的食物消费最大的变迁是主食结构发生了变化，肉类的消费量有了较大幅度的增加。沔城回族镇是湖北的粮食主产区，过去沔城人主食以大米和小麦为主，辅以土豆、红薯、小米、南瓜和芋头。各种食物的消费比例约为：大米40%，小麦30%，另30%为土豆、南瓜、红薯、小米和芋头。大米、玉米、小米大多掺上其他杂粮煮成稀饭作中午饭，早、晚餐则吃红薯、芋头、南瓜。杂粮的做法具有地方特色：玉米先用石磨将其磨成颗粒，做饭时将玉米粒和大米一起煮，有煮成玉米粥的，也有做成干饭的，俗称“金包银”；小麦主要是磨成面粉，做成馒头或包子；南瓜去皮，切成小片拌大米同煮，做成南瓜饭，平时则将南瓜切成大片煮熟当主食；芋头整个煮熟当早中餐；红薯也可以整个煮熟吃，还可以切片煮汤，或和大米、玉米头做成干饭。20世纪80年代初，沔城回族镇实行生产承包责任制，农民的生产积极性显著提高，水稻优良品种得到迅速推广，水稻产量大增。1985年以后，沔城回族镇自产稻米充足，红薯、芋头、玉米、南瓜等杂粮等不再作为主食，仅作零食或喂家禽家畜。

2. 副食

沔城回族镇的副食品种类，有食油、肉食品、蔬菜、水果和酒。食油有棉油、芝麻油和菜籽油三种，以菜籽油为主。沔城回族镇群众认为，菜籽油养人，做菜味道好，年节做油炸食品也用菜籽油。20世纪50—70年代末，人平食油的消费量很少，食用油主要是靠集体分配，每家一年2.5公斤左右，回族家庭比其他民族家庭一年要多分配1.5公斤。那时，几乎每户人家都经常断油，只能用米汤当油做菜。20世纪80年代以后，沔城回族镇人民的食油量不断增加，现在每位居民年均在5公斤以上。

20世纪50—70年代，沔城回族镇群众只在过年过节时才买肉吃。改革开放前，回民吃肉主要是年节时靠生产队宰牛，每家能分到1公斤，平时很少吃肉。现在，沔城回族镇回民吃牛肉很方便。据从事宰牛业的魏木林介绍，在沔城镇上，现在每天要卖掉2头水牛肉，大约1 500公斤。逢年过节时，3家宰牛户每天宰10头牛都不够卖。沔城回族镇的牛肉在周边地区很有名气，过年过节时周边县、市的很多人都会到沔城来买牛肉。沔城回族镇生产的牛肉干、牛肉饼是当地的特色，一般是家里用来招待贵重客人的。当地汉、土家等民族过年杀年猪，将年猪肉制成腊肉，供招待客人或做重体力活时用，平时很少吃。

随着生活水平的不断提高，沔城回族镇人民的肉食品消费量也在增加。20世纪80年代初期，年节肉食品的消费量虽然有了增加，但平时买肉吃的还很少。20世纪90年代以后，当地居民的现金收入增多，平时买肉、豆腐等食品的人多了起来，现在一个中等农户平均每月至少要买20次肉。另外，沔城回族镇是“鱼米之乡”，鱼也是沔城回族镇群众的主要肉食品，很多人家都挖田养鱼自食。沔城的鱼干、鱼丸很有名气，家家户户在冬季都会做腊鱼。沔城回族镇专门做腊鱼贩卖的专业户有6家，每家加工量都在5吨以上，加工腊鱼最多的人是回民王世海，从2001年以来，每年春节前都会加工20—30吨，主要是卖到武汉。

各年代的食物结构及人均消费量，以中等户王忠民家为例（见表5-2）。

表5-2 王忠民家择年食物结构及人均食品消费量

品名	年份	1957年人均消费量（公斤）	1978年人均消费量（公斤）	2009年人均消费量（公斤）
主食	大米	30	120	150
	面食	20	30	40
	杂粮	120	100	15
副食	肉	0.5	1	30
	鱼		2	10
	食油	0.5	1	10
	豆制品	2	5	10
	糖		0.5	2
	蔬菜	150	160	200
	水果		1	10
	饮料			15

蔬菜水果。沔城回族镇群众食用的蔬菜大都是自家地里出产，各年代的消费量没有太大的变化。改革开放前，由于没有专门的菜园，每年3—10月，沔城回族镇群众多将蔬菜种在田边地角，数量少，品种单一，但基本能满足需要。现在，种植蔬菜已成为沔城当地群众发家致富的产业，蔬菜品种丰富，可供食用的品种和数量也多。改革开放前，水果的消费量依各家自有水果的数量而定，一般是当地自产的柿子和柑橘，而且数量少。改革开放以后，由于农业产业结构的调整，巨峰葡萄、沙田柚、香梨、碰柑等特色水果在当地都有大面积的种植，据镇政府统计，沔城回族镇年人均水果消费量在10公斤左右。现在，在大城市能买到的水果，在镇上的超市、小商店和水果摊都

能买到。

饮料的品种和消费量都在增加。20 世纪 80 年代以前，饮料主要是自产的“醪糟”。20 世纪 80 年代以后，主要是购买，品种有雪碧、可乐、橘子水、牛奶、椰子汁等。

（二）服饰消费

传统沥城回族镇人的穿着，以土布衣服为主。新中国建立前，约有一半的家庭妇女会织布。穷人家买不起织布机，只能买土布请人裁制，极少有买洋布的，那时街上卖洋布的摊子也很少。新中国建立初期，沥城约有一半人还穿自织的土布，政府每年每人发给 1 尺多的布票，要攒三年才够一件衣服，因此许多人家开荒种棉花自织土布。文革时期，禁止开荒，私人种棉也被禁绝，织土布者逐渐减少，也还有些人买棉花织布，或到供销社买棉布做衣服。供销社出售的棉布，是当时质量最好的土布。到 20 世纪 80 年代初期，当地合作社有的确良、的确卡等布匹卖。

沥城回族镇人较早就开始使用机械缝制衣服。1924 年，沥城费家裁缝铺就有 1 台缝纫机。1954 年费伦元带着这部缝纫机组成了缝纫社，到 1956 年转为服装厂，会做毛呢服装、唐装、中山装、便装。集体时期，以替村民做衣服的方式参加集体劳动，算一等劳力，每天挣最高工分 10 分。一套衣服的手工费约 1 元，相当于 4 天的工分钱，年底在顾客的工分里扣除。

20 世纪 60 年代，沥城回族镇人穿的仍然主要是自纺自织的土布，间或也购买一些土布或机织棉布。到 20 世纪 70 年代，自纺自织的土布渐行淘汰，村民凭布票购买国营商店的棉布，但数量少，质量也差。那时侯，沥城回民的衣着样式与当地汉、土家等民族无异，衣服不分冬夏装。冬天只有约 70% 的人能穿上自制的棉袄，另 30% 没有棉袄的人，穿上几层单衣，用绳子系在腰上保暖。有些手巧的妇女，还能用棉线织棉线衣驱寒。冬天无袜子，穿自制的布鞋或木屐。个别不会做鞋的，也买胶鞋穿。没有秋裤和毛裤，冷了就穿上两条单裤。夏天穿布凉鞋或草鞋。

20 世纪 70 年代末期至 80 年代初期，当地人逐渐穿起了毛衣、秋衣秋裤、夹克、中山装。冬天穿胶鞋的人多了起来，夏天有的人还能买上一双用废弃橡胶做成的“牛鞋”。80 年代中期以后，穿这种“牛鞋”的人逐渐少了。

20 世纪 80 年代中期至今，沥城回族镇人的穿着在数量、质量、款式上都有了明显的变化。老年人穿上了保暖的毛裤、棉衣、羽绒服等。外出打工的青年，穿上了时尚的皮鞋、西装、夹克、羊毛衫、风衣。夏天，女孩子们还穿上了时髦的裙子。很多人每年都要买上两三套衣服。现在，沔城回族镇人都是到商场或服装店买衣服，衣服分春夏秋冬。农户择年户均衣着消费以中等户王忠民家为例（见表5–3）。

表5–3　农户择年户均衣着消费

年份	1957年（全家9）			1978年（全家7）			2009年（全家5）		
项目／品名	人均消费量	支付次数	支付金额	人均消费量	支付次数	支付金额（元）	人均消费量	支付次数	支付金额（元）
土布	16米		自产						
棉布				10米	2	20			
人造纤维				2件	2	30			
成衣及加工				4件	4	40	15件	12	1500
布鞋	9双		自制						
胶鞋				7双	4双	14	3双		75
皮鞋							5双		450
凉鞋				3双	3双	6	5双		150
袜子				7双	7双	7	3双		60

20世纪50—60年代，沔城回族镇人还自种棉花，自制棉被，自织床单、蚊帐，基本每2—3人共用一套褥子、被子、蚊帐，有些老人用稻草编成草帘，垫在床上，再铺上褥子保暖。蚊帐用棉或麻织成，可用几十年不坏。20世纪80年代以后，基本上每人都有一套床上用品，除了少数老人坚持使用自制的蚊帐、床单和被褥外，年轻人使用的多是市场上购买的新式蚊帐、床单、被褥、枕套等，有的还买了席梦思床。过去青年男女结婚必备的“毛南锦”被面，现在也被时尚的毛毯所代替。

（三）住房消费

过去沔城回族镇人的住房有两大类：①普通村民住的房子；②本村地主住的房子。普通村民的房子为土坯房，稻草盖顶，低矮阴暗。而地主住的房子又有泥瓦结构和砖瓦结构之分。泥瓦结构的为平房，人畜分开。砖瓦结构的房子为干栏式，楼上住人，楼下关牲畜，房屋雕梁画栋，十分考究。沔城现存最古老的房子已有约300年的历史，当地人称“古董房”，过去归地主所有，土改后分给普通村民居住。20世纪50—80年代初期的30多年间，普通村民微薄的收入只能维持最基本的吃、穿、用，而无力改善自己的居住条件，多数人住的是祖辈留下的土坯房，翻修房子的人家不多。20世纪70年代末期开始，随着收入的增加，很多人家把老房子屋顶的稻草换成了瓦片，传统的土坯房基本消失。20世纪80年代中期后，沔城回族镇人普遍翻盖新房。新盖的房子均为砖混结构的平房，沔城人认为平房比较舒适、时尚。

（四）家庭用具消费

新中国成立前，沔城回族镇人的家庭用品大都自制。木器用具及瓷、陶用品大多祖传。日常生活用品如板凳、木盆、木桶、木勺、木桌等，也大多是砍树请木工制作。20世纪50年代，由于经济困难，多数家庭买不起卫生用品，没有牙膏牙刷，全家共用一条毛巾，没有洗发精，人们用地里的植物“猫爪刺”煮水洗头。20世纪60年代起，用肥皂的较多。20世纪80年代以后，随着经济状况的好转，人们用上了香皂、洗发水、牙膏、牙刷、沐浴露等卫生用品。家庭用具方面，价廉物美的塑料制品大量出现，替代了传统的木制品。现代化的家具、家用电器和交通工具，如组合柜、地柜、沙发、席梦思床、热水器、饮水机、电饭锅、高压锅、冰箱、电视机、摩托车、小轿车等，逐渐进入沔城人家中。

（五）医疗卫生消费

2003年，沔城回族镇开始实施新型农村合作医疗，镇医院配置了新的医疗设备，改善了卫生、医疗、保健等条件，提供了良好的就医环境，沔城镇医院成为仙桃市医疗设备较为齐全的乡镇卫生院之一。当地的医疗卫生条件有了巨大的变化，当地群众的健康水平也不断提高。对看病就医的方便程度，93.6%的家庭表示满意。但看病贵和看病难问题也值得重视，一些并不富裕的回族群众往往因为疾病的拖累而因病致贫的现象也时有发生。这项支出的变数也比较大，大多数村民遇到头疼脑热，一般都用本地草药来治病，或者自己找点药吃，除非大病，或老人、孩子生病，才去镇卫生院。所以，每家每年的医疗费很不一样，一般在200元左右，生病住院者可能要花费几千元甚至上万元。

（六）教育消费

近年来，沔城回族镇居民子女的教育支出，在日常家庭消费支出中的比例呈日益提高的趋势。子女的教育费用，是家庭的主要负担。沔城回族镇回民小学的学生每年教育费用为200—300元，因为普及义务教育，近两年学费都给予减免。沔城回民初级中学是仙桃市的重点中学，现在当地的学生都在该校读初中。因该校教学质量好、升学率较高，其他乡镇和附近县市到该校读书的学生也较多，占全校学生总数的1/4。虽然减免了学杂费，但学校实行住读，平均每个学生一年的费用在3 000元左右。沔城高中设在沔城回族镇，既是仙桃市的重点高中，也是湖北省的重点高中。沔城镇的初中学生毕业后，60%的学生都会到该校学习，该校其余的40%为本市和附近县市的学生。每个学生一年的平均费用在5 000元左右。由此可以看出，农民家庭的教育负担较重，教育制度的改革需要考虑到散杂居地区的实际情况因地制宜。据统计，现在沔城镇现有367个孩子正在读职高，441个孩子正在读大学，每年的费用为10 000—18 000元。由此可知，在有子女外出上学的家庭消费总支出中，教育费用是一笔不小的开支。

（七）文化娱乐消费

传统的文化娱乐逐渐淡化，越来越趋向于现代的娱乐方式，比如看电视、唱卡拉OK、看影碟，基本家家户户都有彩电和影碟机，而且有线电视可以收到比许多小城市还要多的卫视台。麻将机、台球、扑克、棋牌等娱乐形式，也普遍进入沔城百姓家中。沔城回族镇街头不仅出现了超市、影碟店，而且也有了网吧，虽然网吧还十分简陋，但对当地群众文化生活的提高无疑起到了重要的作用。镇里一半以上的人都参与打麻将，部分家庭全家都爱好，在这方面的支出很高，打麻将有输有赢，输赢的钱无法计量。

（八）红白喜事消费

结婚的费用占家庭日常消费支出的比例，一直是稳中有升。改革开放以前，回民结婚，只需要消费二三十只鸡鸭，牛肉一般都是到食品站凭票购买，大约30斤，自已家的肉票不够，可以向其他家庭借，将来再以同样的方式归还。改革开放以后，随着市场经济和金钱观念的深入，现在需要金钱购买大量的东西以备宴请宾客，参加婚宴的亲朋好友自然少不了贺礼。贺礼的多少，要看来客与婚礼举办者的远近亲疏，关系特别近的贺礼200—400元，一般的亲戚100元，普通朋友或村里人最少也要50元。回族的“丧葬”形式相对简单，所需费用不是很高，每逢丧礼，几乎所有的同村回民家庭都要派代表前往，带上纸钱、香、香油和酥饼，亲戚要带6尺白布，这些东西基本满足葬礼的需要。现在，亲戚朋友大多是给丧户家送钱，一般都是100元。其他“人情”消费方面，例如，搬迁新房、老人做寿、小孩出生和满10岁等都要送红包，亲近的自家人送的相对多一些，20世纪70年代1—2元的人情费，80年代5—10元的人情费，发展到90年代的20—100元不等，现在一般是100或200元。

（九）宗教活动消费

沔城回族镇是一个佛教、道教、伊斯兰教、天主教、儒教等多种宗教和谐共存的地方，大多数人信仰宗教。回族信仰伊斯兰教，并有一个独特的具有民族特色的宗教信仰体系。根据我对沔城回民的调查，家家户户平均每年支出100—200元不等。宗教节日，一些回民会送些酥饼、香油给清真寺，开斋节还会给清真寺捐麦子钱，数额在10—200元之间。沔城清真寺只有王明权阿訇一人，当地如有回族乡老“无常”，王阿訇会被请去念经，回民在一些特定的日子“走坟”，也会请王阿訇去，一般都会象征性地给王阿訇10—30元的辛苦费。

二、消费总量结构比例的变化

从消费总量结构比例来看，吃的开支在消费支出总额中占的比重逐渐下降，穿的开支所占比重逐步上升，达到饱和之后下降，而用的开支所占比重逐步增加，耐用消费品和精神生活消费开支占的比重持续增加。

（一）消费资料的种类和消费量增加

改革开放以后，沔城回族镇居民的生活消费资料日益丰富，基本生活消费品如鱼肉、禽蛋、烟酒类、油的消费量增加，一些耐用消费品如现代化的家具、家用电器和交通工具，如组合柜、地柜、沙发、席梦思床、热水器、饮水机、电饭锅、高压锅、冰箱、电视机、摩托车、小轿车等，逐渐进入沔城回族镇人家中（见表5-4）。

表5-4 所调查116户主要耐用消费品统计

品名	单位	年份			
		1957	1978	1992	2009
自行车	辆			129	154
缝纫机	辆	2	5	13	4
钟	台	3	6	23	82
手表	只		1	135	57
收音机	台		3	16	46
收录机	台			42	3
黑白电视机	台			71	8
彩电	台			43	129
电话	部			32	97
手机	部				312
沙发	套			32	184
冰箱	台			19	56
摩托车	辆			7	72
小轿车	辆			1	76
洗衣机	台			22	106
空调	台			3	77

对全镇116户调查显示，改革开放以前，当地居民基本上没有什么耐用消费品。到了1992年，耐用消费品在种类和数量上发生了显著变化。其特点主要有三个方面：

（1）品种扩大。改革开放以前，沔城的耐用消费品很匮乏，收录机、黑白电视机、彩电、电话、手机、沙发、冰箱、摩托车、小轿车、洗衣机、空调等，是不可想象的奢移品。20世纪70年代后期，甚至到80年代初期的较长时间里，农村流行“三转一响”，即自行车、缝纫机、手表和收音机。随着时间的推移，城里人兴起的家用电器如电视机、收录机等，逐步进入农民家庭。到80年代后期，除了普及较高的电视机（黑白为主）、收录机外，少数居民家已拥有了摩托车、电风扇等耐用消费品。调查资料显示，2009年末，98%的家庭用上了彩电、手机、洗衣机、电饭锅，40%的家庭有摩托车、冰箱，60%的家庭用上了煤气灶。

（2）数量增加。改革开放以后，随着居民收入的增加，购买力增强，耐用消费品在种类和数量上发生了显著变化。调查显示，2009年与1992年相比，自行车增长19.3%，钟增长256.52%，收音机增长400%，电冰箱增长294.7%，彩色电视机增长300%，洗衣机增长4.81倍，摩托车增长10倍。过去不曾有的空调和小轿车，也进入百姓人家。

（3）档次提高。耐用消费品更新换代快，名牌意识增强。20世纪80年代的黑白电视机已被彩色电视机所取代，且12英寸的电视机已少见，21英寸以上的较普遍。彩色电视机的普及率为98%，有线电视普及率达100%。过去拥有量较多的录音机已被淘汰，收音机的拥有量大增。过去男女老少通用清一色的28型黑色自行车，现在各种颜色和样式的男女坤车、摩托车也较普遍。人们普遍结束了木板床的历史，一些家庭换上了棕丝床，大多数家庭都用上了席梦思床。

（二）消费的恩格尔系数在下降

一般认为，恩格尔系数在60%以上为绝对贫困，50%—59%为温饱，40%—49%为小康，30%—39%为富裕。[1]1957年，沔城回族居民消费的恩格尔系数为93%，1992年为56%，2009年下降至44%（见表5-5，以王忠民家为例），41年间下降了49个百分点。

[1] 食物消费占全部生活资料消费的比例，在经济学中被称为恩格尔系数，是联合国测定一个国家或地区生活水平高低的标准之一，是消费结构优化的主要指标。

应该指出的是，1992年以来，粮食商品性消费比例减小，原因是实行联产承包责任制以后，自产粮食能够自给，人们不必从市场上购买大米和杂粮补充，因此，当地的食品商品性消费量的减少，并不能表明人们生活水平有很大的提高。

表 5-5　沔城中等农民家庭择年商品性消费类目支出情况

商品性消费类目		1957年		1992年		2009年	
		金额（元）	占商品性消费总支出比例%	金额（元）	占商品性消费总支出比例%	金额（元）	占商品性消费总支出比例%
食	主食	220					
	副食	13		200		1 000	
	小计	233	96.2	200	6.6	1 000	9.6
衣	布料及加工						
	成衣			200		1 500	
	鞋帽袜			50		735	
	小计			250	8.3	2 235	21.5
用	日用品	3		100		150	
	照明			120		240	
	人情费用			450		1 350	
	宗教费用	2		60		120	
	教育支出	4		1 100			
	医药费			100		275	
	耐用消费品					3 000	
	小计	9	3.8	1 930	63.7	5 135	49.5
生产性支出	生产工具						
	化肥			400			
	农药			100			
	农膜、种子			100			
	粮食加工			50			
	车船费			200			
	小计			850	21.4	2 020	19.4
	合计	242	100	3 030	100	10 390	100

需要说明的是，20世纪80年代以来，教育学杂费不断增加，对于那些有子女上学的农户来说，子女上学的支出是以牺牲衣、食、用的改善为代价的。这类农户全年食物费用所占全部生活费用的降低，并不意味着富裕程度的明显提高，用国际通用的恩格尔系数来测定村民的贫富程度时，我们必须注意到这一现象。

尽管近60年来沔城回族镇回族农民家庭消费的恩格尔系数在下降，但与湖北省平均水平相比，仍然存在较大的差距。2009年，沔城回族镇农民消费的恩格尔系数为44%，与我国东部发达地区相比，仍然存在较大的差距。比仙桃市农村居民恩格尔系数47%高出3个百分点，比湖北省农村居民恩格尔系数高出7个百分点，比全国农民恩格尔系数高13个百分点，比广东省农民恩格尔系数平均低9个百分点。按照联合国的评价标准，尚属于初级小康阶段。

（三）商品性消费在增加

新中国成立60多年来，随着村民收入水平的逐步提高，在自给性和商品性两类消费结构中，副食品、衣类、生活用品的商品性消费逐渐上升。在食品消费中，粮食、蔬菜及蛋禽、鱼依然自给，但肉、豆制品、饮品的商品类消费有所增加。衣类消费中，自纺自织的土布从20世纪60年代以来渐行淘汰，衣料成衣在集体经济时代基本仰仗沔城镇国营商店，改革开放后依赖于镇上的自由市场。近60年来，不同阶层农户商品性消费结构的变化，由于调查中难以获得全部农户各年份详细的生活资料而无法做出完整的统计，这里仍然以王忠民一家的消费为例。中等户王忠民一家，1957年，其全家9人，劳力5人，收入与支出在沔城属中等水平，当年全家缺粮6个月，现金收入几乎都用于购买粮食；1992年，全家7人，劳力3人，2个孩子要学杂费1 100元，学杂费支出较大，占去基本开支的1/3，生活消费降至中等偏下；2009年，全家5人，劳力3人，孩子们长大成人参加劳动。王忠民一家的收入与支出在沔城回族镇属中等水平，其他农户可以概见。

从以上分析中，我们可以看到，改革开放以来，沔城回族镇农民的消费生活正在由传统的自给性消费向商品性消费转化，消费结构从以吃穿为主的初级阶段逐渐向吃穿退居次要地位、耐用消费品占主要地位的中级阶段转化。现代化消费品的引进，极大地丰富了沔城人的物质生活。从消费结构的内部变化可以看到，沔城人民在消费领域中的从众意识依然普遍存在，但个性化、多样化的趋势已不可逆转。

三、消费结构发展的趋势和问题

对散杂居地区群众消费结构发展趋势做出科学的预测，是一个重大的课题。随着改革的深化，沔城农村经济乃至社会生活将发生更为深刻的变革，消费结构变化的速度也将大大加快。就沔城回族而言，在未来5—10年内，其消费结构发展的趋势将是：

（1）社会商品购买力将持续增长，生活消费加速商品化，购买生活消费品的货币支出占全部生活消费品支出的比重将继续上升，自给性消费将不断下降。

（2）在生活资料上，吃的比重将会下降，穿、用的比重将会交替上升，至2019年，沔城农民吃的比重可能下降到40%左右，人民的生活比较富裕。

（3）消费结构从物质型向物质、文化型结合转化。农民的物质生活有了显著提高之后，对精神生活会有更高的要求。①农民将迫切需要学习科学技术，学习的费用将增长；②文化娱乐活动也由单一化向多样化发展，随着电视机、VCD机普遍进入农民家庭，农民生活情趣日益广泛，订报、买书的支出将增加。

从消费结构的变化来看，总的趋势是越来越进步，但也还存在一些不容忽视的问题。当前，沔城传统消费习惯中的一些不合理消费行为，成为阻碍消费结构进一步优化和人民生活条件进一步改善的重要因素，如请客送礼开支大，浪费严重。

传统沔城回族镇人遇以下情况时都要请客、送礼：婚嫁、丧事、建房、入新房、三朝酒、寿酒、探亲访友、亲朋来访。近年来，孩子参军、升学、参加工作，也要请客、送礼。沔城人请客的规模都很大，按当地习俗，凡遇婚丧、三朝、做寿等传统礼仪场合，所请之客应包括以下6部分人：①自家兄弟姐妹；②本房族所有人口；③本地其他房族的老人；④娘家亲兄弟姐妹；⑤娘家房族叔伯；⑥其他零散的亲戚朋友。这是一个十分可观的数字，以七红村魏姓家族为例，该家族是沔城回族镇5个魏姓家族中最大的一个，该村共有43户216人，每户人家遇红白喜事“办酒”，仅请本家族216人就要备办酒席近22桌[1]，因此沔城人每次“办酒”少则20—30桌，多达80—90桌。

吃，是请客的中心内容。礼仪性食物消费在沔城人中占有极其重要的地位，即使是在经济困难的时期，平时粗茶淡饭，只满足于吃饱，逢年过节或遇红白喜事等礼仪场合，食物消费则尽可能铺张一番，“人们认为婚丧礼仪中的开支并不是个人消费，而是履行社会义务”[2]。在今天，沔城人的货币收入随着第二、三产业的发展及打工渠道的拓宽而增多，酒宴的规模、档次自然要在传统习俗的基础上进一步扩大，酒宴的菜肴十分丰富。按当地习俗，凡婚丧、建房、三朝酒等传统礼仪，“正餐”每桌必备办12—16个菜、香烟2包、糖果及瓜子1碟、啤酒2瓶、饮料1瓶。每桌所用菜料，仅荤菜类就用牛肉、牛杂5公斤，鸡、鸭、鱼各1公斤，蛋1公斤。这么多菜自然是

[1] 按当地习俗，每10人一桌。

[2] 费孝通．江村农民生活及其变迁[M]．兰州：敦煌文艺出版社，1997:93.

吃不完，但村民认为不办不体面。吃不完的饭菜只有倒掉，浪费极大。一场酒宴办下来，仅“吃”一项的花费，一桌少则200—300元，多则要花费500元。虽然这些开支可以用客人送来的“红包”钱或礼品“冲账”，但主人家并不因此而轻松，按当地习俗，对客人送来的礼物，主人家必备薄礼，如数登记礼品类目及礼金数额，以备日后“还礼”时查看，“还礼”的数额必超过送礼的数额，否则会见讥于乡邻。请客“受礼”，不仅造成巨大浪费，同时也使请客之家背上了巨额的“人情债”。

参加亲戚邻居的宴请，自然要送礼。在沔城回族镇人的社会里，礼既是一种仪式，也是亲邻间的交往方式。参加亲友的红白喜事时送礼，“礼”实际上又起着赞助的功能。沔城人送礼的数额较大，“礼重”现象曾长期存在于沔城人的社会中，解放前就有“人情逼出火，无钱卖鼎锅”的俗语。过去送的礼，多以实物的形式支付，有牛、羊、米、布匹、银饰等，礼品的数额视亲疏远近而定，但同一时期的礼品数额、种类相当一致。20世纪90年代以前，回民的女儿女婿回娘家或娘家亲兄弟到出嫁的姐妹家参加酒宴，必送25公斤以上的牛肉、米一担（50公斤）、“红包”钱50元左右；参加丧礼的还送祭品、祭帐；外婆参加外甥的三朝酒，另送银帽、银背带、禾把等，一般亲戚、房族则送米7.5公斤，“红包”钱5—10元。20世纪90年代以来，礼费开支随着货币收入的增多而迅速攀升，现在沔城人参加房族及一般亲戚的酒宴不再送酒米作礼，而是打“红包”送现金，数额为100—200元，兄弟姐妹间仍保留传统习俗，送肉、酒、米作礼物，但“红包”钱由10元左右上涨至几百元甚至上千元，礼费成为村民的一项重要开支。各农户全年的礼费开支各不相同，一般视是否有亲戚“办酒”及“办酒”亲戚与自己的亲疏远近而定，正常年景（无直系亲戚“办酒”的年份），一般家庭全年送礼30—40次，礼费支出2 000—3 000元，约占全部家庭消费支出的20%。送礼成风，已严重影响了当地人民生活水平的提高。

消费结构的内在矛盾性，决定了消费结构内部的关系是相互制约的。在收入已定的前提下，吃、穿、住、用的构成中，某一项消费量的增加都会影响其他各项的消费量。请客送礼消费开支过大，势必减少吃、穿、住等其他生活消费的开支乃至再生产的投入，从而制约了人们生活条件的进一步改善和消费结构的优化，对乡村社会经济的可持续发展产生了负面影响。引导和调节人们的消费，帮助人们确立正确的消费价值取向，是当前沔城消费生活方式现代化面临的迫切问题。

第三节 消费观念的变迁

消费观念，是指消费者的消费价值观，它是消费群体对消费对象整体的价值取向或评价，通俗地说就是消费者喜欢什么样的产品或购买何种类型的产品最满足他的需要。[1] 消费观念影响着消费过程，不同人群的消费观念也不同。

有的学者认为，我国的传统文化崇尚节俭，提倡“量入为出”和“无债一身轻”式的谨慎消费，强调储蓄和积累。我国农民消费呈现简朴性特点，一生中的消费主要用在建房、婚丧嫁娶、子女上学等少数几件大事上。[2] 有的学者总结了传统消费观的特点，认为中国古代消费观念的主导思想是崇尚节俭、反对奢侈。纵观中国上下几千年的经济思想史，节俭是共同的消费观念，即便在有条件奢侈的情况下，节俭仍是一种美德。[3]

沔城回族镇当地居民的传统经济收入来源，主要以农业为主。新中国成立以来，尤其是改革开放后，随着经济生活方式的变迁，居民劳动条件不断改善，职业生活内容和性质发生重大改变，收入不断提高，购买力不断增强，居民的消费取向不断发生变化，其消费观念也发生了较大的变化。基于笔者的实证调查，笔者认为，沔城回族镇农村居民消费观念的变迁既有总体性的变化，更呈现出老年、中年、青年三个群体的层级性的变化；其变化既有经济方面的影响，也有文化方面的限制。调查结束后，笔者借鉴郑红娥 [4] 和张永杰等人 [5] 的代际结构分类标准，把调查对象分成五个年龄段进行分析，分别为16—30岁、31—40岁、41—50岁、51—60岁、60岁以上；

[1] 杨魁，董雅丽．消费文化——从现代到后现代 [M]. 北京：中国社会科学出版社，2003:26.

[2] 文龙光，李秩敏．传统文化观念与扩大农村消费 [J]. 商业研究，2002（17）.

[3] 郭玉兰．从古代消费观念看中国传统文特征 [J]. 中共太原市委党校学报，2001（1）.

[4] 郑红娥．社会转型与消费革命——中国城市消费观念的变迁 [M]. 北京：北京大学出版社，2006:115.

[5] 张永杰，程远忠．第四代人 [M]. 北京：东方出版社，1988:2–4. 根据张永杰、程远忠、郑红娥等人关于新中国成立以来中国代际结构的分类标准，把调查对象进行大致的分类，把51—60岁和60以上的群体划为第二代人；把41—50岁年龄段的群体归为第三代人；把31—40岁和21—30岁年龄段的群体归为第四代人；20岁以下年龄段的群体则归为第五代人。由于以毛泽东为代表的第一代人已经渐渐离开了人世，因此本章无法分析这一代人的消费观念的变化。在沔城，基本上成家后就不再被认为是青年，50岁以上的人有了子孙后就自称为老人，再加上问卷调查得出的情况，所以笔者把16—30岁的人归为新一代，把31—50岁的人归为中年一代，50岁以上的人归为老一代。

并参考了陈文超在《从社会学视角看农民生活消费的现状和特点》[1]中的分类方法，主要从必需性消费、仪式性消费、表达性消费、时尚性消费和闲暇性消费 5 个方面对沔城居民消费行为和观念变化的情况进行分析。

一、消费观念的共同变化

（一）生理存在层面：物质消费观念变化明显

必需性消费方面的调查结果，如表 5-6 所示。时尚性消费方面的调查结果表明，有 42% 的人认为消费名牌能显示出自己的身份和地位，有 34.3% 和 24.4% 的人分别认为穿着打扮除了合身之外还应考虑显示出自己的身份地位和表现出时尚、不落伍。

需求层次上升了，爱的需要、尊重的需要、自我实现的需要逐渐上升为人们的首要需求。从社会认同的角度来说[2]，这是因为人们受经济条件的制约，不得不根据自己的经济实力来选择认同框架，因此在经济条件不足的情况下，只能选择资源性认同框架，并在此框架限制的范围内进行消费活动。因此，质量、营养、名牌、时髦、能否体现身份地位等，成为当今许多人消费时的重要参考因素，人们不再完全受制于经济条件，对消费者框架的选择也逐渐由资源性消费框架转变成诱导性消费框架和示范性消费框架。另一方面，人们消费观念的变化事实上也是人们认同动态性变化的结果。社会转型导致人们生活的外部社会环境发生了天翻地覆的变化，因此人们的认同内容也跟着发生了巨大的变化，年龄不再像在传统社会中那样成为现今社会的主要认同，取而代之的是能力，是经济实力。追求时尚、品质，逐渐成为人们的一种生活享受。

---

[1] 陈文超．从社会学视角看农民生活消费的现状和特点 [J]. 调研世界 ,2005（1）.

[2] 王宁．消费社会学：一个分析的视角 [M]. 北京：社会科学文献出版社 ,2001:24;54. 王宁教授的消费认同理论认为，人的认同固然是个人身上或群体之间的较为稳定的特性和属性，它不是凝固不变的，而是不断变化的，这种变化既是对外部社会环境变化的反映，也是人们之间相互关系不断变动的结果。他认为，人的认同是一个动态的、不断变化的过程，存在继承性和获得性的区别，在人生的早期阶段建立的认同构成了人的第一认同，比较稳定，在人生后来阶段形成的认同则为派生性认同。由此，王宁教授又把消费者认同框架分为四个类型：继承性认同框架（在社会化过程中所获得的认同框架）、诱导性认同框架（由厂家或商家在幕后主导的认同框架）、示范性认同框架（由参照群体所传播的认同框架）、资源性认同框架（由经济条件所制约的认同框架），以此来说明人们消费观念的变化原因和过程。

表 5–6 改革开放前后居民在必需性消费方面的消费观念

必需性消费方面的考虑因素 / 时间	衣服		食品		日用品	
	穿暖就行（%）	面料质地（%）	菜能吃就行（%）	考虑是否有营养（%）	凑合着用（%）	质量好（%）
1978 年以前	97.3	2.7	96.8	2.9	98.2	2.1
2009 年	5.3	42.0	7.5	65.0	3.9	79.4

（二）社会存在层面：表达性消费观念变化较大

在表达性消费方面，如表 5–7 所示。在调查对象中，有 89.5% 的人认为，改革开放以前他们搞好人际关系的主要方式是经常串门聊天，而只有 41.6% 的人认为现在经常串门、主动找人聊天能搞好人际关系，20.3% 的人以请客吃饭的方式来搞好人际关系，而 28.2% 的人认为要靠送礼来搞好人际关系。

随着生活水平的提高，商品化程度的加快，个体社会网络的扩展，表达性消费的筹码和范围在进一步地提高和扩大，消费者运用商品所包含的社会意义来传达信息，进而表达人情维系的愿望。但表达性消费作为人际网络的一种维持方式，受到了社会条件和社会结构的制约和影响。学者邓大才指出，由于小农分散经营替代集体经营，农民外出务工人员增多，现在需要农民集体参与的社区政治、文化活动很少，村民之间的合作活动也比过去大为减少[1]，因此，经常串门、聊天的机会少了，请客吃饭、送礼作为一种便捷有效的方式被越来越多的人所认同。但事实上，这种物质化的交情远不如单纯的频繁往来所结下的感情。所以，虽然采取这种方式的人增多了，但并不为沔城当地人们所推崇。

表 5–7 改革开放前后农村居民在表达性消费方面的消费观念

人际关系 / 时间	串门聊天（%）	请客吃饭（%）	送礼（%）	聚会（%）	其他（%）
1978 年以前	89.5	4.3	2.1	2.1	2.0
2009 年	41.6	20.3	31.2	4.4	2.5

（三）精神存在层面：闲暇性消费观念与仪式性消费观念变化不一

精神存在层面的消费有三种情况：①精神性产品方面的消费，比如在闲暇方面的消费；②仪式性方面的消费，比如婚丧嫁娶的消费；③宗教信仰等

[1] 肖静．村民关系为何疏远了（第三只眼）[N]．北京环球时报，2005–5–4（第 9 版）．

方面的消费。

在闲暇性消费方面，改革开放以前，沔城回族镇居民绝大多数人在空闲时间内选择的闲暇方式是与朋友或邻居打牌、聊天，而现在人们的选择一定程度上增多了，闲暇性消费观念变化较大，详细情况见本书的第八章。

仪式性消费观念方面，变化的差异性较大。调查数据显示，改革开放以前，人们不太赞同在婚丧嫁娶、小孩周岁生日等仪式上大操大办的消费方式，而现在，赞同的比例已超过60%，炫耀性消费成风，攀比现象日趋严重。拿当地老百姓的话说，“你不这样搞，别人就瞧不起你”。一个报告人这样评价其邻居儿子的婚礼：“你不知道，他儿子结婚时来的有多少人。汽车排成一排，真是有面子的人。他家摆了将近100桌，菜都是最好的。村里人都很羡慕他。”当地居民的这种炫耀性消费心理，其危害是不言自明的，它带动人们相互攀比，增加了经济负担。正如大多数人说的那样，虽然苦不堪言，但又不得不这样做。

在宗教信仰、祭祖等方面的消费上，基本没什么变化。改革开放前，宗教信仰的支出基本保持在2—10元之间；改革开放以后，这方面的开支基本上一直处于20—200元这一区间。

可见，并不是所有的认同内容都发生了巨大的变化，比如在宗教信仰消费的问题上，人们的观念在社会转型前后确实有发生一些变化，但是宗教信仰、祭祖等方面的消费上变化并不大。

二、消费观念的代际差异

（一）生活型、实在型与享受型、时尚型

在必需性消费方面，调查数据显示，除了吃饭方面没有什么分歧、大多数人都比较讲求营养外，50岁以上的人，尤其是老年人（60岁以上），大多数认为买衣服和日用品应该以实用、方便舒适为主；31—50岁的人认为，衣服、日用品当然要实用，但最好能够在实用的基础上不脱离潮流，不会显得太落伍；而16—30岁的年轻人，尤其是20世纪80年代以后出生的这些年轻人，在买衣服和日用品的时候则大多追求时尚、名牌等，他们的观念与老一辈们的观念存在着较大的差异。老一辈“一衣多季”的生活习惯，在年轻一代那里已然变成“一季多衣”。

在时尚性消费方面，60岁以上的人基本都表现出不太赞同的态度，认为大多数的时尚性消费是在浪费钱，对于分期付款的消费现象，有70%以上的人表现出不赞同或说不清的态度，认为应该等筹足了钱再买；

50—60 岁的人则认为，名牌质量好，合身得体；31—50 岁的调查对象则大多表示名牌时髦，能显示身份和地位，自身打扮会比较注重名牌时尚；而 16—30 岁的群体中，他们的主要看法是时尚性消费能使自己引人注目，体现自己的个性（见表 5-8）。

表 5-8 各年龄段居民对名牌的看法

对名牌的看法 / 年龄段	质量好（%）	时髦（%）	引人注目（%）	显示身份地位（%）	无所谓（%）
16 岁—30 岁	15.3	18.8	51.4	6.5	8.0
31 岁—40 岁	6.6	29.0	11.5	47.4	5.5
41 岁—50 岁	13.5	16.0	14.6	40.2	15.7
51 岁—60 岁	56.3	12.5	6.3	12.5	12.4
60 岁以上	8.2	6.2	0.0	11.3	74.3

在闲暇性消费方面，沔城回族镇农村居民的闲暇性消费相对于城市居民来说，是相对较少的，但并不等于没有。据调查了解，50 岁以上的居民一般会到茶馆或者在同村居民家里打牌来打发空闲时间；31—50 岁的居民其消费选择也并不多，有的会上卡拉 OK 或歌舞厅去消费（这部分人一般以男性为主），有的选择逛街（一般以女士为主），也有少部分人选择去旅游；而 16—30 岁的年轻人则相对比较重视精神方面的享受，他们的消费范围会比较广，比如逛街、上网吧、看电影、去卡拉 OK 或歌舞厅、旅游。

可以看出，在必需性消费、时尚性消费和娱乐性消费方面，各代人之间的消费观念表现出了较大的差别。笔者认为，可以把这些消费观念的差别归结为生活型与享受型、实在型与时尚型的差别。在必需性消费、时尚性消费、闲暇性消费方面，老一代人的节俭消费观念仍表现得比较明显，一切以实用为主，其次才考虑其是否美观、体面。而中年一代人则主要表现出大众化消费的观念，既不标新立异，也不表现落伍，喜欢随着大流走，表现得比较中庸。孩子的教育费用是他们消费的主要构成部分之一。一位家长曾告诉笔者，他们辛苦赚钱就是为了让孩子上好学校、读好书、考大学。在 40 岁以上的调查对象中，有 66.7% 的人认为，在 20 世纪 80 年代以前，上不上学都无所谓，而 85% 以上的人认为现在他们的孩子至少应该读到大学毕业。这些家长在教育方面的消费观念大大地改变了，生存的需要解决以后，他们把尊重的需要、自我实现的需要的实现都寄托在孩子身上。而新一代年轻人受到现代消费观念的影响较大，重视符号消费和精神享受，而不喜欢被一些陈规陋俗所羁绊，表现得比较开放和时尚。

（二）传统朴素型与现代物质型

在表达性消费方面，我们在调查中发现，大多数年轻人不是很赞同这方面的消费，而有部分上了年纪的人（这里指40岁以上的）仍然对此持较赞同的态度，各代人之间的差异不大。但在搞好人际关系方面，60岁以上的人全部认为经常串门、主动找人聊天就能搞好人际关系，而有一部分人60岁以下的人并不这么认为，他们认为请客吃饭、送礼才能搞好人际关系。

在宗教信仰消费方面，16—30岁的年轻人是比较不赞同和完全不赞同的；31—60岁的人则表现出因大家都这样只好跟着去做的态度，而在心理上还是比较赞同；而60岁以上的人则大多表示赞同和完全赞同（见表5-9），认为这是传统，是对真主、神灵、祖先的尊敬和景仰，如果不这样做就会亵渎神灵，得罪祖先，会被认为是不敬不孝之徒。

表5-9　各年龄段居民对宗教信仰方面消费的看法

对信仰消费的看法／年龄段	完全不赞同（%）	不太赞同（%）	说不清（%）	比较赞同（%）	完全赞同（%）
16岁—30岁	37.4	24.3	16.0	10.3	11.0
31岁—40岁	10.6	12.4	36.2	20.9	18.9
41岁—50岁	5.6	7.8	24.9	26.7	35.0
51岁—60岁	0	2.5	8.9	25.1	52.5
60岁以上	0	2.3	10.6	22.7	64.4

老一代与新一代在消费观念上的“代沟”，也正反映了消费观念演变的历程。从前面的分析可以看出，老一代主要靠朴素的交情和群体行为模仿来维持人际关系；新一代的年轻人则在西方物质享受的影响下，逐渐摒弃了纯粹的人际交往，主要利用社会资源来相互利用，对于群体的归属感也在逐渐淡化，追求独立的社会人的自由，不再受制和响应集体的号召；而中年一代的人处于一个最矛盾、复杂的境地。从前辈那里继承下来的传统观念与时代变迁所造成的巨大震动发生激烈冲突，为此表现出来一种宽大的容忍和理解，在老一代与新一代的

观念分歧中扮演一种调和缓解作用。于是，“消费反哺”[1]现象在中年一代身上表现得特别明显，一方面继承了老一代的文化传统，另一方面又要为与孩子进行顺利的理解和沟通而认识、了解甚至认同孩子的文化。因此，可以说中年一代所表现出来的是带着很强的传统朴素色彩的现代物质型消费观念。

小　结

消费水平、消费结构和消费观念，是研究消费生活方式的重要变量。经济收入的多寡，决定着消费生活方式的内容与质量。消费生活方式是生活方式的重要元素之一，消费生活方式变迁影响了社会生活方式变迁。在社会生活方式中，各变量间相互作用、相互影响，消费生活方式的变迁也影响宗教生活方式的变迁和闲暇娱乐生活方式的变迁。笔者在调查中发现，沔城农村居民的消费观念仍存在一些问题。

（1）消费结构和消费观念虽已有所变化，但仍制约着农村的发展，特别是制约着农村的现代化继承。一方面，当地农村居民消费求同的观念表现出他们仍不习惯于把自己定位成一个独立的社会角色；另一方面，农村居民在婚丧嫁娶等消费方面的观念，使得农民浪费了大量的钱财，而且还传播着迷信、愚昧和贪婪，严重影响了农民生活质量的提高和积累转化为投资的规模。

（2）社会转型期间，沔城居民在消费观念上还存在着几个方面的问题，如炫耀性消费、攀比性消费、面子消费等，导致了一些不良消费现象的出现。因此，在一部分人当中，传统的崇尚节俭、量入为出的消费观，正在被过于奢侈和透支的理念所取代，“花明天的钱，圆今天的梦”，引领“负债消费”的潮流。

因此，笔者就以上问题提出如下几点建议。

（1）通过加强社区文化建设、开展有益身心健康的文娱活动等形式，丰富居民的日常生活，寓教于乐，提高居民的文化水平和综合素质。

（2）应当建立和完善农村的社会保障制度和农村居民的投资渠道，调整和优化农村居民目前的消费结构，促进农村居民剩余资金的合理流动和利用，改善沔城在目前社会主义新农村建设过程中社区各种设

[1] 周晓虹教授提出“文化反哺”的理论来指年长一代向年轻一代学习的过程，学者郑红娥把在消费上的类似现象称为“消费反哺”现象。

施仍不完善的状况，以实现居民个人与社区整体的和谐发展。

（3）政府启动内需、刺激消费的同时，仍应通过社会舆论和媒体宣传大力提倡适度消费，促使整个社区形成一种与现在的社区经济发展水平相适应的消费价值观，引导居民的消费观念向科学合理的方向发展。

第六章　婚姻家庭生活方式的变迁

家庭是社会的细胞，而婚姻则是家庭中“基本三角”[1]的重要构成部件，婚姻和家庭也就作为现实社会系统的一个有机组成部分而存在。在这个意义上，我们可以把婚姻家庭生活方式的变迁作为了解社会的一个窗口，来研究它们和社会的相互作用。本章就此问题结合沔城回族镇回族的情况作一分析。通过调查，笔者认为沔城回族镇回族婚姻家庭生活方式的变迁大致可以分为三个时期。第一个时期，是新中国成立前后。这时，以伊斯兰文化为核心的回族，在保持自身文化的同时，婚姻家庭生活方式在很大程度上表现出复杂性和琐碎性。第二个时期，是20世纪50年代中期至70年代末。这是中国开创新的制度和观念文化并经历了人为挫折的时期，这一时期沔城回族镇回族的婚姻家庭生活方式发生了根本变革，婚姻家庭生活方式在某种程度上呈现政治化的倾向。第三个时期，是20世纪80年代初期至今。这是中国全面变革的时期，也是沔城回族镇回族婚姻家庭生活方式由传统向现代的转型时期，婚姻家庭文化呈现多元性、个性化和失范性的特征。

第一节　婚姻的变迁

一、沔城回族镇回族传统的婚姻生活

在回族传统文化的特质中，婚姻在人的一生中是至关重要的。沔城回族镇回族群众作为中国回族的一部分，其婚姻观念深受伊斯兰教的影响。

[1] 费孝通．乡土中国　生育制度[M]．北京：北京大学出版社，1998:15.

（一）提倡“入世”

伊斯兰教认为，男婚女嫁是“真主的使命”，反对独身，认为婚姻是美德，是社会繁衍生存的需要，因而也是一项积极的宗教义务。《古兰经》多次规定了婚姻的重要性，“你们中未婚的男女和你们的善良的奴婢，你们应当使他们互相配合”，[1]“不能娶妻者，叫他们极力保持贞操，直到真主以他的恩惠而使他们富足”。《古兰经》中还规定，15 岁以上的健康穆斯林都有自由婚配的资格。穆罕默德也说：“有娶妻能力者应当结婚。”[2]《古兰经》和伊斯兰教法的规定，从根本上否定了禁欲主义和出家制，提倡健康合法的婚姻。

（二）自主婚姻

在穆斯林的婚姻关系中，尊重婚姻当事人双方的择偶自主权益是必须的前提。穆斯林婚姻的成立是以男女双方相互爱慕为基础，男女双方都有婚姻自择权，反对强迫、包办、买卖的婚姻。“婚姻是真主赋予男女双方为爱情生活结合的权利，这种权利有如契约，必须双方完全自愿协定。”[3]《古兰经》还特别强调妇女的择偶权利，“当她们与人依礼而互相同意的时候，你们不要阻止她们嫁给她们的丈夫。这是用来规劝你们中确信真主的后世的人们”。可见，伊斯兰教明确承认结婚双方的自愿和承诺是婚姻成立的根本条件，在婚姻上给予了穆斯林充分的自主权利。

（三）限制通婚和多妻

穆斯林男子可娶穆斯林女子或有信仰的女子为妻，但穆斯林女子只能在教内通婚。《古兰经》规定：“你们不要娶以物配主（指非穆斯林）的妇女，直到她们信道”；“你们不要把自已的女儿嫁给以物配主的男人，直到他们信道”。这样的规定，主要是为了抵制异质文化的浸染、渗透，保证婚姻在宗教层面上的纯洁性。

伊斯兰教允许多妻，《古兰经》规定，“你们可以娶你们爱悦的女人，各娶两妻、三妻、四妻，如果你们怕不能公平地待遇她们，那么，你们只可以各娶一妻”。这个规定有着特殊的历史背景，并非是无限制的多妻，而是为了保护当时因战乱丧夫无家可归的妇女、儿童和维持社会的稳定，规定社会的抚养义务。

---

[1] 马坚译．古兰经 [M]．北京：中国社会科学出版社，2003.

[2]（埃及）穆斯塔发·本·穆罕默德艾玛热．布哈里圣训实录精华 [M]．宝文安，买买提·赛来，译．北京：中国社会科学出版社，2004:27.

[3] 赛生发．伟嘎耶教法经解 [M]．银川：宁夏人民出版社，1993:47.

（四）禁止血亲和姻亲

伊斯兰教禁止有血缘关系、姻亲关系和抚育关系的男女结婚，反对乱伦。《古兰经》规定："你们不要娶你们的父亲娶过的妇女，但以往的不受惩罚。这确是一件丑事，确是一种可恨的行为，这种习俗真恶劣"。"真主严禁你们娶你们的母亲、女儿、姐妹、姑母、姨母、侄女、外甥女、乳母、同乳姐妹、岳母，以及你们所抚育的继女，即你们曾与她们的母亲同房的，如果你们与她们的母亲没有同房，那末，你们无妨娶她们。真主还严禁你们娶你们亲生儿子的媳妇，和同时娶两姐妹，但已往的不受惩罚"。《古兰经》禁止血亲和姻亲的规定，无论从生物学角度，还是从社会伦理角度，都具有十分重要的社会意义。

（五）允许离婚和再嫁

伊斯兰教主张离婚自主，但对于离婚问题持十分谨慎的态度，因为伊斯兰教把美满和睦的家庭视为社会稳定、民众幸福的主要因素。针对离婚中妇女权益的保障问题，伊斯兰教有明确的规定：离婚中的妇女享有"待婚期"，一般为三个月。在此期间，妻子有权要求丈夫给予资助。"你们当依自己的能力而使她们住在你们所住的地方，你们不要妨碍她们，而使她们烦闷。如果她们有孕，你们就应当供给她们，直到她们分娩"，而"不要把她们从她们的房里驱逐出门"。"当她们满期的时候，你们当善意地挽留她们，或善意地离别她们"，"或以优礼解放她们"，但你们"不要妨害她们而加以挽留，以便你们侵害她们"。

离婚后的妇女，充分享有重新组成家庭的权利。《古兰经》规定，"如果你们休妻，而他们待婚期满，那末，当她们与人依礼而互相同意的时候，你们不要阻止她们嫁给她们的丈夫"。"如果他休了她，那末，她以后不可以做他的妻子，直到她嫁给其他的男人。如果后夫又休了她，那末，她再嫁前夫，对于他们便是毫无罪过的"。

伊斯兰教对穆斯林离婚和再婚的规定，实际上是对穆斯林妇女的人道主义关怀，对维护她们的合法权益有着积极的作用。

二、择偶观念的变迁

（一）择偶范围

1. 择偶的空间范围

由于回族传统文化心理的作用，沔城回族镇回族男女青年找对象首先重视对方的民族属性，因而历来联姻的范围多局限于沔城周边社区，近在附近一些回族村落，远则到洪湖市，或仙桃市郊区。这些地方的条件与沔城差不多，形成一个传统的联姻带，回族的姑娘嫁过去，那边的回族姑娘经过亲戚关系的穿针引线再嫁过来。存在着某种对偶婚效应，在空间距离上一般不超过50公里的半径。20世纪80年代以后，随着沔城回族镇社会经济发展水平的提高，以及城乡界限的打破，沔城回族镇回族女子嫁到城里、或男性青年娶个沿海地区的姑娘做老婆已不算什么新闻，通婚圈不断扩大。

表6-1 沔城镇回族择年结婚登记情况表　　（单位：人，%）

年份 地域	1978年		1992年		2008年	
	对数	比例	对数	比例	对数	比例
同村	14	24.6	8	11	9	10.4
同镇不同村	23	40.3	21	28.8	16	18.6
同市不同镇	18	31.6	20	27.4	24	27.9
同省不同市（县）	2	3.5	25	20.5	20	23.3
外省	0	0	9	12.3	17	19.8
合计	57	100	73	100	86	100

如表6-1所示，1978年沔城回族镇登记的57对回民夫妻中，同一个行政村内结婚的为14对，占总对数的24.6%；同镇不同村的为23对，占总对数的40.3%；同市不同镇但属邻近的为18对，占总对数的31.6%；同省不同市（县）的仅2对，通婚没有跨省，占总对数的3.5%。1992年沔城回族镇登记的73对夫妻中，同一个行政村内结婚的为8对，占总对数的11%；同镇不同村的为21对，占总对数的28.8%；同市不同镇但属邻近的为20对，占总对数的27.4%；同省不同市（县）的结婚对象增加，占总对数的20.5%；跨省婚姻出现，占总对数的12.3%。2008年登记的86对夫妻中，同镇的为25对，占总对数的29%；同市不同镇的为24对，占总对数的27.9%；同省不同市（县）的为20对，占总对数的23.3%；外省的为17对，占总对数的19.8%。

从表6-1可以看出，1978年以来，沔城回族镇回民的通婚范围明显扩大，同村和同乡镇不同村的通婚现象明显下降，同省不同市（县）和跨省的通婚人数增多。笔者在调查过程中了解到，2008年登记的外省通婚主要有浙江、安徽、广东、山西、山东、福建等省，而同年所登记的人口中女性外嫁的占总人数的65%以上。2000年全国人口普查资料显示：沔城回族镇回族人口进行迁移的有284人，占回族人口总数的5%左右。而这些迁移的人口当中，婚姻迁移是主要原因之一。其中，属于婚姻迁移的51人当中，女性为42人，占82.3%。

由此可以看出，在人口流动过程中，通过婚姻的方式迁移是沔城回族人口流动的一个主要途径，而其中主要的是女性的迁移。试想，在某一时期内，如果有一定数量女性人口迁出而相对数量的人口没有迁入时，自然就会引起当地性别比例的失调。这对回族的人口发展以及婚姻家庭来说，无疑是一个挑战性的难题。笔者将会在以后的研究中继续探讨此问题。

新中国成立以前，沔城回族镇回族为了保持姻亲的和睦关系，他们的婚姻遵循地域邻近原则，喜欢在附近村落的民族间进行择偶。改革开放以来，随着交通的通畅、交通工具的便利以及城乡二元对立的户籍制度的相对开放，从土地中解放出来的剩余劳动力，季节性地大量到各个城市务工，人口流动已成为当地社会流动的一大趋势。人口的大量流动和各民族之间的频繁互动，是沔城回族镇回族通婚范围和通婚半径扩大的主要原因。

2. 联姻的民族界限

就传统而言，沔城回族镇回族的通婚范围有族内婚、平表婚、交表婚、招养婚和族际婚等。在散杂居地区，回族的宗教意识并不明显，许多回族人在选择婚姻对象时，考虑较多的是生活习惯是否相同以及能否得到当地社会的认同，在他们看来，是否信教并不重要，因而教内婚并不多见。平表婚（嫁娶父亲兄弟的儿女或母亲姐妹的儿女）、交表婚（嫁娶父亲姐妹的儿女或母亲兄弟的儿女）、招养婚等通婚形式，是新中国成立前后沔城回族镇回族曾经盛行的通婚方式。受访者魏木林半认真半开玩笑地说过，“在沔城，随便碰到一个人说不定都扯得上亲戚”。据他介绍，新中国成立前，沔城回族镇回民近亲结婚的很多，有的是姑舅姊妹结婚，有的是姨表姊妹结婚，招“上门女婿”（招婿入赘）的也有一些。究其原因，主要是受到回族通婚范围限制的影响，又因为长期与汉族交错杂居，生产、生活和经济上相互往来，在婚姻形式和婚姻观念上受当地汉族影响较重。

新中国成立前后，沔城回族镇回族一直遵守着“族内婚”的婚姻规则，“族际婚”只占少数。在被访者中，80 岁以上的沔城回族镇老人多数不赞同回族与汉族结婚，在他们看来，“与其他民族的人结婚”就是违反伊斯兰教规教义，是一件不光彩的事。在我进行调查时，一位老人还劝我不要去问别人“回民与汉民结婚”的事，说“人家家里有这种情况的人都很避讳问这个的，你要是问这个就会惹得人家不高兴”。

在调查的 60 岁左右的老人中，出现了一些回汉通婚的事例。通过访谈得知，目前 60 岁左右的老人，结婚时大都在 1970 年左右，正值“文革”时期。我的报告人丁武伦谈到，“那个时候搞‘破四旧、立四新’，一些上过学的就积极响应号召，就不一定找回民。也有些回民女子因为家里穷而嫁给汉民的。我们村像我这年龄的就有好几个人这样的”，但他也谈到“这些都是少数，老人还是不让找汉民，一是传统上有回民同回民结婚的规矩，二是生活习惯不一样，结婚后一起生活不方便”。

大部分回汉通婚的家庭，是在20世纪80年代以后建立的。尤其是目前30岁左右的年轻人，择偶观念较其父母要相对开放许多，他们认为感情好才是最重要的，能找到回族配偶更好，但没有合适的回民的话，与汉民结婚也无所谓，只要对方尊重自己的习惯就可以。调查中，基本上没有年轻人反对回汉通婚，但父母对子女的结婚对象仍有着比较严格的要求。除了认为这是“祖辈的传统”、“找回民生活方便”外，“可以生两个小孩、有回民补助”等现实因素也是父母要求子女在择偶时首选回民的重要原因。

赵××，男，回族，1982年出生，上官村2组农民，准备于2008年底结婚，打工者。访谈时间为2008年6月17日，访谈地点在沔城红莲广场。

“现在婚姻都不受国籍的限制，还有什么回民汉民啊，我觉得两个人在一起开心、幸福最重要。不过一个民族的在一起生活上会方便些。但我妈的态度就很强硬。我打工时谈了个女朋友，是汉民，四川涪陵人，我爸妈就很反对。他们认为‘找回民是老辈的传统，你要是找汉民，老一辈们会看笑话的，还是找的一个外地人，生活在一起也不方便’，就非不让我们成。我妈后来又托别人给我找了好几个回民，让我去相亲。我就跟她说‘我就是要娶她，只要她嫁，这辈子就是她了，谁也改变不了。你们再不同意我就终生不娶’，不过这都是一时冲动说的话，吓唬人的。过了有一年吧，她看我年龄也不小了，怕再拦着我也不好找了，而且她看我对象也挺尊重咱的生活习惯，就同意了。”

刘××，女，回族，1963出生，1985年结婚，城郊村2组农民。访谈时间为2008年4月5日，访谈地点在沔城清真寺。

“前几年，我这街上有一家结婚的，女方是回民，男方是汉民，他们两个是单位的同事。一开始，女方家里不同意他俩结婚，那女孩决定和家人决裂，后来家里没办法了才同意的。”

在当地，人们对回汉通婚的态度，视另一方是姑娘或小伙子也有所不同。当地对回族姑娘要求更为严格，认为回族姑娘不能嫁给汉族小伙，而对回族小伙娶汉族姑娘则相对宽容。究其原因，主要还是出于对不同生活习惯的顾虑。被访者王××就对自己儿子和女儿的结婚对象有明显不同的要求。

王××，男，回族，1960出生，1985年结婚，七红村2组农民。访谈时间为2008年4月5日，访谈地点在王××家里。

"我的儿子如果找不到合适的回民，找汉民也可以。反正女方在咱家里住，肯定要按咱回民的习惯生活，问题不大。我的女儿就必须找回民了。不然嫁给汉民，不仅她自己汉化了，还有可能影响我们。这还是咱们说的'嫁鸡随鸡，嫁狗随狗'。"

现在，大多数父母在子女的"找对象"问题上比较开通。目前，在沔城长期居住的20—30岁的未婚回族男女青年并不是很多。尤其是现在许多回族青年都在外地学习、工作，使本地的回族青年想找个合适的对象变得更加困难。一些父母害怕"姑娘大了不好嫁"，对子女的择偶问题也不再强加阻拦。

定××，女，回族，1947年出生，1970年结婚，城郊村1组农民。访谈时间为2008年4月7日，访谈地点在定××家里。

"我以前也是要求我女儿找回民。她21岁时谈了个汉民对象，我全家都反对，他们俩就没成。我想着反正还这么小，肯定能找个合适的回民。后来有一些来提（说媒）的，都没相中。女儿一晃就26岁了。现在年龄就有点大了，不好找合适的了。我女儿老怨我，我也挺后悔的。现在她再找汉民，我就不拦着了。"

我们可以看到，目前，父母以及沔城社会对"回汉通婚"仍然是不太赞成的，但许多父母也表示，"现在找回民做女儿、女婿也不像以前那么好找了，只要对方尊重咱们的习惯，也管不了那么多了"，他们对回汉通婚采取"不支持、不反对"的默许态度。回族青年自身的婚姻观念较其父母要开放许多，并不认为与汉族结婚是"不光彩的事"，在择偶时考虑多种因素，认为婚姻对象"是回族就更好了，不是回族的话也无所谓"。

（二）择偶方式

费孝通认为："婚姻是用社会力量造成的，因为依我所知世界上从来没有一个地方把婚姻视作当事人间个人的私事，别的人不加过问的。婚姻对象的选择非但受着社会的干涉，而且从缔结婚约起一直到结婚后夫妻关系的维持，多多少少，在当事人之外，总有别人来干预。"[1]

虽然伊斯兰教提倡穆斯林婚姻自主，但在新中国成立前后，沔城大多数

[1] 费孝通．乡土中国 生育制度[M]．北京：北京大学出版社，1998:129.

回族青年仍缺乏对自己婚配对象的选择权，占主导地位的择偶方式一直是“父母之命，媒妁之言”。在所调查的60岁以上的老人中，无论男性还是女性，基本上都没有选择配偶的主导权，几乎所有人的婚姻都是由父母一手操办。通常来说，儿女到了结婚年龄，父母便托亲戚或熟人替儿女找对象。男方父母若觉得哪家的姑娘适合做儿媳，就请媒人去女方家“提亲”，女方同意后就进入正式的相亲。除了媒人提供的有关对方家庭条件的信息之外，婚姻当事人在婚前大多不了解彼此的情况，甚至都未曾谋面。

马××，女，回族，1931年出生，1950年结婚，城郊村1组农民。访谈时间为2008年4月7日，访谈地点在马××家里。

“那个时候，我结婚前都没跟我老头子见过面，都是听媒人说的，说他人很老实，我姑姑去他家相了一下，觉得还可以，那时候也不好意思向我姑姑问他长得怎么样，家里怎么样。我姑姑说行，我们就订下来了。现在觉得当时太傻了，啥也没问，去了才知道他家里有6个兄弟姊妹。他是老大，有几个弟弟妹妹还是小孩，我去了就帮着带，负担挺重的。”

《中华人民共和国婚姻法》（以下简称《婚姻法》）公布后，从1951年冬开始，至1953年春，沔阳县（现仙桃市）人民在县委的领导下广泛开展了贯彻执行《婚姻法》运动，县委成立了《婚姻法》执行委员会，民政、法院、团县委、妇联等部门组织宣传队，利用广播、图片、秧歌、文艺演出等多种形式在全县各地开展了宣传活动。由于国家法律和地方政府的共同推动，年轻人追求婚姻自由的意识逐渐被唤醒，父母包办的决策模式受到猛烈振动，开始发生转变。虽然婚姻大事还没有完全自主，但婚姻当事人已经可以参与相亲这一环节。按沔城当地的习俗，相亲时首先男方邀请女方到自己家中做客。回族女青年由自己的长辈或姐、嫂相陪，男方长辈与近亲好友都来见面捧场。之后，男方再对女方进行回访。若男女双方彼此都比较满意，这门亲事就基本确定下来。

20世纪50年代，沔城成立合作社，男女老少一块儿出工，男女青年接触机会增大。在共同的劳动过程中，一些青年男女彼此间逐渐产生了感情。这些年轻人大多都会征求父母的意见，只要对方是回民，双方都可以商量。

魏××，男，回族，1944年出生，1965年结婚，城郊村1组农民。访谈时间为2008年4月6日，访谈地点在魏××家里。

“我和老伴小的时候就认识，但不是很熟。我们是一个公社的。我爹和她爹在公社里干活，到了我们都19岁的时候，两个老人就商量着让我俩成。后来我家找了个介绍人去说媒，她爹同意了，我也挺愿意的，后来就成了。”

改革开放以前，如果回族青年选择的结婚对象是汉族，父母一般都不太赞同。在当时，大部分回族青年的择偶方式仍然是由“介绍人”介绍，充当“介绍人”的一般是父母的亲戚或朋友。此时的婚姻，虽然还是父母做主，但必须要回族青年本人愿意才可以。

改革开放后，许多回族青年进入工厂、企业工作或进入大学学习，择偶的机会呈现出增多的趋势，择偶空间不断扩大，择偶的社会关系网也逐渐从亲缘关系(当事人双方是亲属关系或由长辈亲戚、兄弟姐妹等平辈亲属介绍)、地缘关系（当事人双方是邻居或由邻居、介绍人介绍）转变为业缘关系（当事人双方是同学、同事、朋友或由同学、同事、朋友等介绍）。伴随着婚姻自主意识的增强，特别是回族女性自觉意识的加强，沔城回族的择偶方式发生了显著的变化，由“父母做主，本人愿意”转变为“本人做主，父母同意”，回族青年中自主婚姻所占比例越来越高。正如古德所评价，“在工业化过程中，我看到了人们从年长者的统治与种族限制以及刻板的阶层划分中获得了更多的自由和希望。自由可以包括这些方面：放松对个体的控制、爱的权利、家庭内部平等权利以及当婚姻死亡时另结良缘的可能性。”[1]

有意思的是，在沔城回族镇，即使有些当事人是自由恋爱，也还是要特意找上一个介绍人。回族青年魏国权谈到，“我和我老婆是在工作中认识的，但家里还是要我找个介绍人，所以我就找了个亲戚给我当介绍人，相亲、订亲、结婚的时候都得请她来。虽然有许多事情如买房子、结婚的日子等，我们两口子早就同双方父母商量好了，但我妈说介绍人（媒人）介绍对象是老辈的传统，没有介绍人总觉得不是那么回事，人家没有介绍人的也会找个人充当介绍人，咱不能搞特殊”[2]。虽然散杂居回族群众已经基本实现了婚姻自主，但我们依然可以从“特意找介绍人”的习俗中看到“媒妁之言”的影子。

（三）择偶标准

在传统的中国社会中，婚姻由父母包办，婚姻当事人无权选择自己的配偶。当然，父母包办时也有一个择偶标准的问题，即所谓的“门当户对”，即男女双方家庭具有相同或相似的社会地位、经济状况。新中国成立前后，

[1]（美）马克·赫特尔．变动中的家庭[M]. 宋践等，译．杭州：浙江人民出版社,1988:138.

[2] 魏国权，男，回族，29岁，2008年10月结婚，公务员。

沔城回民在择偶时也一直坚持“门当户对”的观念。男女双方家庭在婚姻关系未确定之前，要对彼此家庭进行一番了解，包括家庭人口、经济状况、家庭门风等，甚至要看三辈人的为人及其名声，以作权衡利弊的参考。“双方都是回族”，被当地人看作是“门当户对”的最重要的体现。在采访中，多数中老年被访者表示，找回族作配偶已经不能说是条件了，而是理所当然的事。先确定对方是回民，然后才能谈其他的条件。由于婚姻基本为“父母包办”，在结婚前，当事人并没有过多的接触机会，有的甚至没见过面，因而“感情”因素就无从谈起。父母在为子女选择结婚对象时，主要了解对方的人品和家庭经济条件。

20 世纪 60 年代，政治影响渗透于社会生活的各个方面，对人们的婚姻观念也产生了很大的影响，尤其在极左思潮的干扰下，人们在选择婚姻对象时十分重视政治条件。这些反映在择偶标准上，表现为政治面貌、家庭出身成为人们着重考虑的条件。在这一时期，追求政治进步是沔城回族青年的普遍心理。一些被访者谈到，当时“贫下中农”比较受欢迎，而家庭出身不好或历史上有“黑点”的择偶就比较困难。一直到 20 世纪 70 年代中期，政治因素都对沔城回族的婚姻过程具有决定性影响。

20 世纪 70 年代末，当地回族青年在择偶时越来越重视婚配对象的收入、住房，以及与此相关联的学历、职业和未来的个人发展潜力，择偶的标准更接近实际，更注重现实。

“职业”，是当地人提及较多的一项择偶标准。20 世纪 70 年代末，沔城的工厂逐渐增多，一些回族青年也进入工厂上班，许多回族青年在找对象时开始把“工人”这一职业作为重要的择偶标准。这一时期，还出现了“亦工亦农”（在工厂上班，户口仍在原大队，赚的钱 70% 交给大队，当作工分，30% 自己留着）的职业特色。当时，沔城镇上的居民以农民居多，其余是“亦工亦农”，没有工人（因为一旦成为工人，户口就要从大队中迁出，就不再受原大队管辖）。那时的沔城回民都乐意选择工人作为自己的结婚对象，主要是因为这些人有收入，条件要比农民好得多。20 世纪 80 年代，随着国家由计划经济转向市场经济，当地许多工厂效益明显不如以往，而“教师”逐渐代替了原来的“工人”，成为择偶时最受欢迎的群体。直到现在，当地的回族青年仍然十分愿意选择从事教师职业的人作为自己的结婚对象。他们认为，教师工作稳定，收入较高，文化水平也比较高。

在择偶时关注自己的感情问题，是从 20 世纪 90 年代才开始的。这些开始关注自己情感问题的人群，目前基本在 40 岁以下，尤其是现在 20—30 岁的年轻人，大多把“两人感情好”作为重要的择偶标准。一些选择汉族对象的回族青年，大多是因为两人情投意合。而长辈们对此却不以为然，许多沔城父母坚持认为，“感情可以培养，民族成分却无法更改”，民族问题要比感情问题重要得多，因而在子女与汉族青年谈婚论嫁时他们便加以阻挠。

三、婚姻的缔结与变动

（一）初婚年龄

沔城回族的初婚年龄，与《婚姻法》等国家政策关系密切。人们一般都选择在法定的结婚年龄之后结婚。新中国成立前，人们的初婚年龄在 20 岁左右。大多数青年男女 15 岁左右时，家里就开始为其物色结婚对象，有合适的就提前订亲，待时机合适时再举行仪式。1950 年国家颁布《婚姻法》后，人们在结婚时严格遵照法定的初婚年龄：男性 20 岁，女性 18 岁。在沔城，绝大多数在 20 世纪 50 年代以后结婚的被访者，其初婚年龄都大于法定的结婚年龄。1980 年新公布的《婚姻法》中，法定初婚年龄比 1950 年《婚姻法》的规定又提高了两年，即男 22 岁、女 20 岁。但现实中人们的初婚年龄普遍提高到了 25 岁以上，许多被访者选择在 27 岁左右结婚。这部分选择晚婚的人群，主要是响应当时国家鼓励晚婚晚育的政策。而近些年当地回族结婚年龄呈现两极趋势，一部分高学历的回族青年由于返乡后很难找到合适的回族青年，选择 28 岁左右结婚的居多，而大部分未外出学习过的回族青年往往 23 岁左右就已结婚。

虽然初婚年龄主要受到国家政策的影响，但是当达到法定结婚年龄后，选择何时结婚，则由所在地风俗以及个人的喜好决定。笔者在调查时发现，当地许多回族青年对自己初婚年龄没有规划过，他们主要按照当地的风俗习惯，大多数人多少岁结婚，自己就多少岁结婚。尤其是回族姑娘，在其 20 岁以后，家里人就为其考虑婚姻大事，一过法定年龄，就开始准备结婚事宜。目前，当地约定俗成的初婚年龄是女性 25 岁以内、男性 30 岁以内。

（二）订婚

在沔城，男女青年结婚前，仍保留传统的订婚习俗。所谓订婚，就是指婚姻当事人在对此婚姻满意的情况下举行的一种仪式。订婚前，女方家庭的长辈要到男方家庭察看。订婚时，男方给女方正式下定礼，由男方家出钱或特到女方家摆上一两桌宴席，并给女方家送一些钱和礼品。过去只是送一些糖、茶一类，现在大多采取送现金的形式。此外，要送彩礼，从而表示双方家庭及婚姻当事人对此婚姻的认可。订婚虽不具备法律效力，但在民间仍保留着契约的性质和约束作用，如无其他重大理由，任何一方是不能无故退婚的。在订婚后的日子里，遇有重大节日，男方须持一些礼物到女方家看望，这种行为，在当地被称之为“追节”。

（三）结婚仪式

沔城回族镇回族传统的婚姻仪式，带有浓厚的伊斯兰教色彩。结婚前，男方家有一项重要的活动就是提前“做喜日子”、“走喜坟”。婚礼的前一天，男方家请阿訇到家里诵读《古兰经》，新郎要到已故先人的墓地上去缅怀亡人。这项活动是为了感谢真主的恩赐和向先人们报喜，也是一种纪念仪式。

结婚当天，迎娶新娘进大门之前，先要“递经本”，即选品貌端正、夫婿健在、子女双全的妇女将《古兰经》递给新娘，寓意为“认主独一，不忘教门”，新娘接受后再进大门。婚礼由男女双方各两名代表和阿訇主持，新郎、新娘到场。首先，由阿訇诵经、念赞歌、撒喜果；接着，男女双方用语言明确表示同意，并且由证婚人作证；之后，阿訇用阿拉伯文写一份婚约——“伊扎布”。“伊扎布”的主要内容是：①这是婚书；②真主订良缘；③双方家长赞同；④夫妇双方情愿；⑤有聘礼；⑥有证婚人二人；⑦有亲友祝贺；⑧求真主赐他们美满等。男方还要赠给新娘聘金，叫做卡宾钱，过去6—8元不等。

如果结婚女方不是回族，但愿意尊重回族的生活习惯，在清真寺举行一个简单的“入教”仪式后，便可举行伊斯兰教的婚礼。“入教”仪式包括以下程序：请一位阿訇以及几名回族代表作证明；当事人按伊斯兰教的规定沐浴，阿訇教她念“清真言”，并为她取“回回名”；接着阿訇为“入教”者讲解伊斯兰教的基本教规教义，要求她“入教”后遵守。这样，她就可以算作“入教”了。如果男方是汉族，则不能举行伊斯兰教的婚礼，但也不举行汉族式婚礼，一般就在家里或饭店请一名证婚人，举行一个简单的证婚仪式。在过去，人们若因为这种情况而未举行伊斯兰教式的婚礼，常常会觉得很遗憾，甚至有些父母会认为很不光彩。

在“文化大革命”时期，由于政治因素，婚礼中请阿訇写“伊扎布”的仪式曾经一度中断过。“文革”结束后，写“伊扎布”的婚礼仪式在沔城又重新兴起。虽然这种仪式中断了10多年，但丝毫未消减人们对传统伊斯兰教婚礼的重视程度。那些迫于政治压力而未举办伊斯兰教婚礼的人，大多又补写了“伊扎布”。20世纪80年代以来，当地的婚姻习俗受到西方婚礼和时代变迁的影响，结婚程序方面逐渐取消了部分宗教仪式，只保留了阿訇写“依扎布”（结婚证明）的习惯，结婚仪式也越来越简单，很少有按传统礼俗举行婚礼的。主要原因在于；通婚范围扩大，各民族、各支系之间婚礼习俗区别很大，因此在同其他民族或支系的婚姻中，婚礼习俗也有相应的变化；随着民族融合、社会发展和进步，回民的婚育、家庭观念也发生了巨大的变化；随着市场经济的发展，经济观念深入人心，简单实用越来越成为人们结婚办酒的原则，因此，现代的婚礼也简单了很多。

（四）结婚费用

在订婚后一年左右的时间里，男女双方就着手准备结婚，结婚费用随社会经济的发展而看涨。20 世纪 50—60 年代，比较简朴，数百元就可结婚；70—80 年代初，一般为 1 000—5 000 元；80 年代中期后，特别是 20 世纪 90 年代后，普遍在 1 万元左右，经济条件较好的家庭达数万元。结婚费用包括：①彩礼。20 世纪 80 年代前，给女方送彩礼一般为 300—500 元，如今涨到 10 000—30 000 元。②购置家具和耐用消费品。如今结婚普遍要购几大件，如彩色电视机、洗衣机、电冰箱和摩托车。给女方购置金银首饰，也是一笔必不可少的费用。③购置衣物和生活用品。主要是穿戴的衣服或床上的被褥等。一般情况下，结婚的双方都要购置两套以上的高档服装，多的在五六套以上。④车马费。在 20 世纪 50—60 年代，娶亲用的工具一般为牛车、马车，后来发展到用胶轮大车、手扶拖拉机；20 世纪 80 年代后期至今，迎亲改用小轿车，至少要租用 1 辆，最多达 10 多辆，而且要求车要有档次。⑤宴席费。结婚办宴席，这是历来的规矩，届时亲戚朋友都要来庆贺。参加婚宴的人多，不仅体现了家庭的社会交往能力，而且也显示其家庭一定的经济实力。当然，如今置办婚宴一般不会“赔钱”，相反还会有所剩余，因为被邀参加婚宴的人，都会送去一份贺礼。20 世纪 80 年代一份礼金一般是 5—10 元，20 世纪 90 年代后少则 50 元，较亲近的一般都在 100 元以上，有钱的亲戚送上几千元也不稀奇。

（五）婚姻变动

1. 离婚

新中国成立前，沔城回族镇回族尚无“离婚”一说，但男子享有“休妻”之权利。对女子而言，便是“嫁鸡随鸡，嫁狗随狗”，即使婚姻不如意，也只能遵从夫命。儒家宣扬“三从四德”，对回族妇女也有着深刻的影响。“结婚自由、离婚自主”这一现代婚姻观念，只是到了新中国建立以后才逐渐成为人们处理婚姻问题的准则。20 世纪 50 年代初，在宣传新《婚姻法》、废除封建主义的婚姻制度和家庭制度的同时，一些童养媳解除婚约、另寻婆家得到政府的支持。但由于传统观念的束缚和社会封闭，直到 20 世纪 80 年代前，正常的离婚一直被许多人看作是一件有失面子或丢人的事，女性提出离婚更要承受种种压力。故这一时期，婚姻和家庭极为稳定。据沔城回族镇政府的一位干部介绍，改革开放以前，沔城回民离婚的只有 1 对，离婚原因是文化大革命时期所谓的“划清阶级界限”。

20 世纪 80 年代初实行家庭承包责任制后，由于经济结构和职业结构的多元化，人们交往的范围也愈来愈广泛，加上电视等现代媒体的影响，人们的婚姻观念亦发生着重大变化。在沔城的调查问卷中，“当婚姻出现危机”，主张“离婚”的占 8.5%，主张“分居”的占 1%，主张“凑合着过”的占 24.5%，主张“尽可能调解”的占 66%。但在青年和文化程度较高的人群中，主张离婚的略有提高，分别为 16.5%和 23.7%。由此可见，大多数人对于离婚持非常慎重的态度。特别是在女性中，主张以离婚方法解决婚姻危机的只占 4.5%。在进一步调查不主张离婚的原因时，有 50.7%的人认为“离婚对子女不利”；25.4%的人认为离婚“有失面子”；23.9%的人认为“离婚后不一定能找到合适的”（与其如此，不如凑合着过）。上述回答表明，沔城大多数人是从维护子女利益来权衡离婚得失的，表现出对子女的一种极大的责任感，子女也因此成为维系家庭婚姻的一个重要因素。许多婚姻当事人之所以当婚姻面临破裂而仍能维持，便是夫妇双方在这一点上取得共识：为了子女，个人的婚姻幸福并不很重要。这种观念虽说还是一种传统，但与旧时的观念大有不同，从中体现了做父母的一种自我牺牲精神的美德，对于维持农村家庭乃至社会的稳定有着一定的积极作用。

不过，随着人们对婚姻质量要求的提高和家庭子女的减少，加上社会风气的影响，近年来，沔城回民的离婚现象也是呈逐年上升之势。据了解，近几年离婚的共有 6 对，而且多数是女方主动提出离婚的。就离婚的原因而言，大多属过错离婚。例如，一方沾染了赌博恶习，屡劝不改，或一方见异思迁等等。纯粹因感情不合，双方协议离婚的尚无先例。

2. 再婚

回族与汉族有所不同的是，回族男性丧偶再婚不受限制，而女性丧偶再嫁会受到家庭及子女的干涉。沔城回民受汉文化的影响，不仅男子丧偶再婚视为合理，女子丧偶再婚历来也不受歧视。丧偶回民男子一般能及时再婚，除非年龄太大，但女性丧偶后往往不愿再婚。我们在调查中就碰到一位妇女，她 37 岁丧夫后，多次有人介绍她再婚，她始终不易其志。问其原因，告之，丧夫时孩子尚小，她想再婚而不能；现在孩子 14 岁了，自己也上了年纪，再嫁的心思也没有了。据她说，沔城有几对上了年纪的再婚夫妇，都因各自有孩子和家庭，彼此怀疑对方不能一条心，最后还是以各回各的家而告终。正因为此，有些上了年纪的人丧偶后对于再找个老伴均持谨慎态度：与其找来麻烦，不如自己过。不过，据我们了解，也有再婚后过得好的，但再婚的双方必须有一方跟前无子女，而另一方的子女对此持不干涉态度。近几年来，有些子女受电视节目的影响，懂得了老年人找个老伴不孤独的道理，作为对老人的一种孝心，甚至主动劝丧偶的父母再婚。在调查中，我们了解到这样的事例就有2例。这说明，丧偶再婚的问题如今社会方面的障碍正在排除，一般只要当事人愿意就行。

3. 离婚后再婚

由于沔城回族镇离婚的人很少，故离婚再婚的人相应亦很少。据了解，沔城大多数离婚者均在离婚后的1—2年内实现再婚。2008年结婚的86对夫妻中，有3对属于离婚后再婚。其中，2对属于双方离婚再婚；另1对属于一方离婚再婚。

四、性爱观念及其变迁

性的奥秘，及由此而来的两性在观念与行为上的差异，始终是人们公开或隐蔽关注的“热点”。加之人们对他民族具有的好奇心理及他民族的行为本身的奇妙怪诞，有关性、性爱观念、性生活方式等差异的跨文化研究，不仅对学者而且对一般大众产生了其他研究所不及的吸引力。福柯曾说：“性是没有任何一种权力能够忽视的资源。”[1]作为人类繁衍生殖的方式，性行为多多少少是人的一种天性，这种天性对社会的绵延和稳定既具有积极又具有消极的两重性质。在人类生活中，性是婚姻的自然基础，满足性需求是人们婚姻缔结、建立家庭的一个强烈内在动因，因而对性爱观念的探讨是婚姻家庭生活方式研究的一个重要方面。

回族的性观念，是在伊斯兰教和主流社会文化观念的双重影响下形成的。从历史视角看回族文化，主流社会的文化熏陶和明清时期日益巨大的政治压力，使回族自愿或被迫地寻求与社会大环境的一致，其中不少性观念和行为渐为本土化或儒化。明末清初就有回族学者用中国传统文化概念阐释夫妇关系，使回族的性观念带上汉文化色彩，主要体现在两个方面：①用太极理论、阴阳概念解释夫妇性交合行为，坚持伊斯兰教关于性具有积极功能的观念；②用阴阳概念阐释男女性关系，阴的特性使女性性特征具有消极被动的特色（阴柔弱的内涵，赋予女性性欲以消极、退守、被动的特性），与伊斯兰教关于女性性欲的看法（主动的、具有破坏性的）有了或多或少的差异。对回族性观念影响较大的伊斯兰学者王岱舆，曾以“夫妇”为题阐述伊斯兰教关于男女性关系的教理。他借用太极理论论证夫妇性生活的理所当然，反对将性欲视为淫欲，认为夫妇交合的道理源于宇宙运行的大道，是人类得以生存繁衍的根本。在中

[1]（法）福柯．性史[M]．张琛等，译．上海：上海科学技术文献出版社，1988:7.

国传统文化的影响之下，回族社会对于“性”的认知和态度往往与传宗接代的生殖观念糅合在一起。为了欢愉的性行为被严格控制，“性”变成了不涉及个人情欲的制造人口的工程。将性行为的生育功能推向极致，导致了回族社会的“非性化”发展，男女两性在身体上的差异被尽量掩盖，即使对已婚夫妻来说，性也成为一件羞耻或丑恶的事情。故在沔城回族镇传统回族社区的男女一般不愿意谈起有关性的话题，计生人员也难以作宣传，无论谁在社区里谈论性都会被认为是极其下流的人。改革开放以来，随着外来文化的不断冲击，沔城回族的性观念已发生明显改变。

（一）传统的性爱观念

1. 性爱的神秘观

在沔城回族镇回族社区，与性相关的话题都是禁忌，这也就意味着性是不可以被人公开言说的，这种在观念上对性的忌讳，迫使性以扭曲的形式表现自身。性神秘的观念影响深远，直到现在仍然有不少人相信男女间发生性事吃亏的总是女方，面对神秘的不可确知的性形成了一道道避讳的墙。事实上，人们对性问题越是不了解便越想探索，越是探索不清就越想找出答案。在当地，人们对别人的性生活进行关注的热情相当高，当地居民习惯于对他人的性生活进行关注，暗地里议论纷纷，唯恐有人不知道此事。由于圈子比较小，每个村子都有从周围各个社区娶过来的媳妇，她们是信息传递的中间媒介，哪家有什么桃色事件，在很短的时间内就会在寨子之间广为传播，甚至达到家喻户晓的地步，村民们在议论这些性事的时候，对年轻人也起到了威慑的作用，自己的性观念也无形中得到了彰显。以前的老人对性的知识没有传授，也不会教夫妻二人怎样做。小伙伴之间也不讨论这些事情，结婚后半年左右，女方的父母就会问女儿，为什么还没有孩子，是不是生病了，需不需要找医生看一下，但并不提及性生活方面的事情。显然，当地回族知道性交对生育的决定作用，只是他们不想把这一点告诉太年幼的孩子罢了，所以，每当孩子问起自己是怎么来到世界上这样的问题时，父母总觉得难以回答，大多都会说“从长江边捡回来的”或“莲花池里捞回来的”而搪塞过去。

回族社会很强调“非性”特征，个人性别的特征常常被抑制，特别是女性的服饰、体型或姿态上都尽量不表露“性”的特征。在回族传统社会里，性的表现是不受鼓励的，甚至是不允许的，因此，对与性有关的事都以道德的立场来衡量，性就成为一种罪恶，不但不可公开讨论，也不可用之教育下一代，一切有关性的事都要遮盖起来或用代替的方法转移之。男女的关系以授受不亲为原则，未婚男女不可接触交谈，即使已婚的夫妻也不可公开表露亲密行为，有时在大家庭中夫妻甚至要表现出很生疏的样子。年轻人在婚前发生的性行为中，比较常见的是男女的自慰行为，社会很少管制男女青年的这种行为，但自慰总是被放在秘密、偏见和伪善的背后。

2. 性爱的羞耻观

在沔城回族镇回族社区，不管是男人还是女人都羞于谈论性的问题，这也恰好证明了回族对性的羞耻感的存在。回族在日常生活中和他人交谈时，忌讳说到性交、月经、生殖器、奶头、大腿、阴毛和放屁等词语，在父母和兄弟姐妹面前尤其忌讳说这些话。回族禁忌说那些涉及到性行为和性器官的词语，从而形成了一些有关性方面的隐语。有异性在场的时候不能口出秽语，不得不说到性器官时一般用“那个”、“那里”、“下部”来代替，把性行为也说成“同房”、“发生关系”，把“拉屎”、“撒尿”等改为“解手”、“方便”，把“牛发情”说成“走草”。正常的性关系中也有一些语言上的禁忌，如“嫁女”要说“出门”或“给人家”，怀孕、生孩子要说成“有了”，新婚男女过夫妻生活称为“圆成”。还有一些羞辱的语言，如骂人为“龟儿子”、“王八蛋”必然激怒对方，现在仍有这种忌讳。

沔城回族镇回族对待性的态度已经十分接近汉族，这种文化支配着老一代人的情感和生育行为，妇女从小就被灌输性行为是可怕的、肮脏的、丑恶的观念，长大以后她们当然就害怕去实践。回族认为，女人要对性表示羞耻，对男人表现出疏远；男人也应该表现出对女人的冷漠和歧视。在外面干活的时候，女人和女人在一起，男人和男人在一起，有男人在的地方女人都不会去，妇女在一起的地方男人也不会去。妇女们由于对性的羞耻感使得她们对男人进行疏离，对异性的疏离又导致了对同性的亲近，因而妇女是以排除异性的小群体为单位来开展各种文化活动的。[1] 以前青年男女都比较害羞，女的不敢去男的家玩，男的也不敢去女的家玩，男女之间正常的交往也会非常的不好意思。以前的青年男女在定亲到结婚之前这一阶段，双方都觉得害羞，不好意思见面，据说有些男子到女方家害羞得连菜都不敢夹，饭也吃不饱。

3. 性爱的邪恶观

回族传统社会关于性的罪恶观念的产生，涉及到两性行为与社会之间的关系问题。费孝通先生指出，人的性行为对社会绵续和稳定具有两重性：两性关系是社会得以生存的大事，不通过生殖作用和世代继替，社会不可能延续下去，但生殖作用必须通过男女的两性关系；另一方面，两性关系也存在着破坏社会结构的潜在力量，如果容许人与人之间的性行为任意冲击已经建立起来的社会关系，那就会引起社会结构的混乱和破坏，以致社会分工体系

[1] 王筑生．人类学与西南民族 [M]. 昆明：云南大学出版社，1998:682.

无从稳定地运行。所以，自从人类形成了社会，没有不运用社会的力量对人的两性行为加以严格的控制。也就是说，没有一个社会不立下种种规定，以限制个人只能在一定时期、一定场合、一定范围里，对一定对象发生性行为。[1]既然人的两性行为对社会具有两重性，那么社会的绵续和稳定就取决于社会控制，社会控制的强弱和措施的取舍又取决于具体的社会组织结构和统治者的需要。对于回族来说，一方面要严格地遵守家族外婚制，另一方面还要严格限制婚前和婚外的性行为。不管是男人还是女人，异性对他们来说只有两大类：一类是不可以与之婚配的，一类是可以与之婚配的。不可以与之婚配的便是家族以内的，可以与之婚配的是家族以外的。家族内的男女严禁婚配（含性行为），家族外的男女则严禁非婚性行为。要稳定社会关系只有男女婚配方面的禁忌是远远不够的，还需要对两性行为加以别的限制，于是制定一些相应的两性禁忌，这种对性的多层次的社会控制愈演愈烈，从而使传统的回族社会极度地丑化性，以致形成了“性邪恶”的观念。

回族社会为了维护其内部的父系血统和社会稳定，从观念上和制度上都给性树立起一个丑陋的形象，人们从小就被灌输“男女授受不亲”的思想。在回族的观念里，除了特定场合、针对特定的对象以外，其他的性都被看作是邪恶的，只有当性和爱情、婚姻和责任联系在一起的时候，才因为它可能有助于稳定合法的社会关系而稍微有一点价值，否则，性就是下流的。从社会性别的角度来分析，妇女在性问题上更容易受到谴责，稍有不轨便要被指控污名。社会要求女人应清纯、端庄、稳重，不能挑逗男人，也不能展示她们个人的魅力，否则她们将会被认为是风流淫荡的女人，这就必然导致了妇女对男人的疏远和冷淡。

（二）性爱观念的变迁

在我国的历史上，性爱观念曾几经变化，时而极度放任，时而极度压抑。宋代以前，性不仅未受过分的压抑，而且备受重视。不仅孔子说“食色，性也”，《礼记》中有“饮食男女，人之大欲存焉”（《礼记·礼运》）的说法，而且中国人在长期的实践中还形成了包括性技巧、性治疗等内容在内的性科学——房中术。强调“饿死事极小，失节事极大”（《二程遗书·卷二十二》）及“男女大防之礼教”，则是宋代以后的事。[2]尽管在中国宋代之前人们对性的态度都有过一段十分松懈的时期，但自此之后直到20世纪初我国对性都采取着较为严格的约束态度。在这种约束之下，婚前和婚外性

[1] 费孝通．乡土中国 生育制度 [M]．北京：北京大学出版社，1998:140-144.

[2] 江晓原．“性”在古代中国 [M]．西安：陕西科学技术出版社，1988:3.

行为都是受到极度反对的，乱伦、偷尝禁果者常常要为自己的行为付出难以想象的代价。

性爱观念的变化，则是发生在最近几十年间的事情。从20世纪30年代起，尤其自第二次世界大战以后，社会文化的变迁先在西方随后在东方导致了人们的性态度和性观念的大转变：对性的讨论比以往更为公开、大胆，电影、电视和书籍开始明目张胆地表现性与性生活，在西方及东方的发达国家甚至出现了公开同居而不结婚的“浪潮”。在这一系列的变化之下，婚前和婚外性行为的社会文化控制有了明显的减弱。在美国性学家艾尔弗雷德·金西进行的一项涉及12 000名男女被调查者的大规模研究中，约有1/3的女性和2/3的男性有过婚前性行为，26%的已婚女性和50%的已婚男性有过婚外性行为。[1] 而中国性学家进行的一项包括20 000名被调查者的研究也证实，在中国这个传统上倡导“男女授受不亲”的国家，20世纪80年代末城乡男女婚前行为的比率已在18%以上。[2]

性观念是由社会存在决定的，而社会存在中无论是物质生产、精神文明还是社会环境都是动态的，是不断发展变化的，这就决定了性观念乃至性行为模式的变动规律。人们的性观念和性行为模式，主要取决于社会文化与社会环境的影响，而后者在不断地发展变化着，于是性观念和性行为模式也在不断地发生改变。现在的社会生活空间为人们提供了“做自己想做的事”的可能，在一个性逐渐成为“个人爱好”的社会环境中，批评或指责哪个人并没有太大的意义。舆论的作用或者“大家的说法”也已经发生变化，现在沔城回族镇回族社会对婚外性关系的称谓已经历了从“奸夫淫妇”、“狗男女”到“第三者”、“婚外恋”、“相好”等的变化，可见人们对谁跟谁在什么情况下可以发生性关系已经有了新的认同标准，大多数人也顶多是持一种“不关我事”的态度。自从对外交往，确切地说是电视引入以后，大量出现了接吻拥抱以及让人产生性联想的镜头，有些青年男女受到这些潜移默化的影响，一反过去的规矩，“谈恋爱时男男女女勾肩搭背，一对一对地逛马路，怀了娃娃才结婚”，老年人常用这样的话语指责年轻人的一些行为，这些话当然是以偏概全，但回族传统性观念已开始动摇却是事实。有些在外打工的姑娘生了孩子后领着丈夫迁回娘家住，父母也没有办法，但回来的时候要待客。

对于传统的回族家庭来说，保持妇女（尤其是未婚少女）的“贞洁”名

[1]（美）金西等．金西报告——人类男性性行为 [M]. 潘绥铭，译．北京：光明日报出版社，1989:164;184.

[2] 刘达临．中国当代性文化——中国两万例“性文明”调查报告 [M]. 上海：上海三联书店，1992:335.

声比什么都重要。当女孩子有了婚前性行为，她本人及其家人对此的反应发生了变化，这种反应说明了很多问题。过去当一个女孩子有了婚前性行为，她一定不敢跟家人说，而家人一旦知道也尽量地隐瞒，因为事情一旦传出去，女孩子就臭名远扬，当家长的也丢尽脸面。而且，女孩子失身的原因不管为何，都会遭到家人的谴责甚至毒打，绝无同情可言。而现在发生了同样的事情，年纪大的回民认为婚前发生性关系是丢人的事，而年青人觉得很正常，婚前性行为是你情我愿的事，二人在发生性关系后分手，也无可指责。有的年青受访者说："现在哪个人还会等到结婚那天哦？结婚前早就办那事了。"在过去，未婚先孕的情况时有发生，一般采取三种方式解决：①男方勇敢地站出来负责，二人结婚，皆大欢喜；②女方在怀孕1—3个月期间，采摘草药打胎；③上述两种方法来不及采用，女子就到外地找个比自己条件差的人结婚。现在，随着科技的发达，未婚女子也知道要保护自己。据镇计划生育服务站的工作人员介绍，经常有20多岁的女子前来购买避孕药。即使有谁不小心，出现了未婚先孕的情况，两人要么领取结婚证，要么到医院实施人工流产手术。

在传统性观念的支配下，回族社会中性行为的各项功能不可能得到全面而完美地展现，性行为的生育功能占据了统治地位，生儿育女以传宗接代成为夫妻过性生活的唯一目的，性的愉悦功能几乎从未被关注，尤其是性的健康功能简直很少有人知晓。因为回族的传统性观念认为，在夫妻性生活中不能违背"男主女从"的祖训，夫妻性生活的组织者、主宰者、支配者都是丈夫，在性行为中男性是永恒的主动者，女性往往做不到主动。20世纪80年代以来，特别是为了控制生育而大力普及避孕节育技术服务，使性行为与生育行为开始分离，夫妻性生活功能随之发生转变，为了性愉悦和性满足的性生活频数大大超过为了生育的性行为。改革开放初期，由于地下黄色录像和盗版光碟的传入，当地就有1家录像厅偷偷放映这类录像光碟，观众主要是中青年男性，他们对性生活也竭力模仿。现在，外出打工者在外地更有机会接触这类地下性产品和性市场，因此，他们的性观念和性行为也在发生变化，性的质量成了年轻人追求的目标之一。但老年人在电视节目里看到搂搂抱抱亲热的镜头还会浑身不自在，大骂现在的世风不古。问起一些老年人看不看电视，都以鄙视的口吻说"不看，因为很多镜头丑死了，看不惯，只穿那么一点点衣服，露胳膊露大腿的接受不了"，老年人的这种态度和年轻人形成鲜明的对比。

当地回族社区里那些结过婚生过孩子的年轻媳妇，已经全然没有了中老年妇女该有的羞怯感，她们的内衣洗后就随便晒在房屋内外。在沔城回族镇城郊村我们还看到这样的情况：有一家人的儿媳妇把两三件洗好的内衣直接挂在自家院坝里的铁丝上，旁边并没有别的衣物一起晒。刚好有几个人到她家有事，去的人以男性居多，都集中在她家的院坝里喝茶，这位年轻媳妇走出走进忙着招待客人，丝毫没有要把晒着的衣物收起来的意思。

在传统的回族社会里，人们对“性”讳莫如深，大多数人的性生活是从结婚时才开始的，并且受着婚姻的支配。性的规范是通过社会化途径作用于个体的，社会环境的改变不断冲击着人们的性观念。改革开放以后，与性有关的宣传图片、影视作品、科学展览和知识讲座陆续出现在回族的生活中，计划生育部门开展的避孕节育技术服务惠及千家万户，加之性保健品商店也相继跻身市场，对普及性知识和加强性教育起到了良好作用。连最讳莫如深的夫妻性生活不和谐、性功能障碍、不孕症乃至性疾病，当地居民也都能大大方方地求医问药了。沔城回族镇设有婚育学校，主要由镇政府计生办对育龄妇女以及女性进行婚育培训和计划生育宣传，妇女在回答计划生育方面的问题时，显得大方自然，上环、结扎等名词常常脱口而出。不断改变的性观念也改变着人们的性行为，现在不光是年轻人，甚至连他们的家长，也不再将一些不符合道德规范的性关系视为洪水猛兽了。在沔城回族镇有个回族男子在广州打工时认识了一个汉族女子，他们在婚前发生了性关系并怀了孕，结婚不到两个月就生了孩子。村里的人虽然认为这种未婚先孕的事情不好，但也只是把它看作是别人家的事情，跟自己并没有多大的关系。当事人的父母提起这件事情，也没有太多的羞涩表情，只说那是年轻人的事情，大人也管不了。

性知识和性问题已成为沔城回族镇回族村民日常交流的一个内容，所有这些都标志着他们的性观念早已明显改变。在当代社会，少数民族面临着太多的诱惑，通过电视、电影和其他各种媒体，村民们熟悉了非常性感的妇女形象，电视上那些不可阻挡的内衣广告、丰胸美乳广告和每天晚上都会看到的卫生巾画面，使他们对性的原有的羞怯感发生了改变。随着社会的发展，即使在那些比较“老派”的人眼里，婚姻内的性生活也不再是可有可无的东西，夫妻之间因为性生活不和谐而离婚的情况开始出现。特别是改革开放以后，随着社会风气的进一步开放，以婚姻为性的唯一合法渠道的规范越来越不具有约束力，在自由使用自己的身体寻求快乐这个问题上的社会监控越来越弱，社会舆论对此也越来越宽容。比如说，当地有位 80 多岁的老人，30 年前其妻病逝，他于 5 年前重新找了一个 50 多岁的女子同居，虽然子女们对此事都很反对，但父亲执意而为也没有办法。现在，村里开始有人因为性生活不和谐而闹离婚，原本以为这些事情只有在电视剧里才会发生，却真实地出现在了现实生活中。

五、婚姻生活变迁的原因分析

婚姻观念及其变迁，脱离不了具体的社会历史条件，是社会政治、经济、文化等因素的一种综合反映。在田野调查资料的基础上，从定量和定性相结合的角度对婚姻生活的变迁进行分析，认为自新中国成立60多年以来沔城回族镇回族的婚姻发生了较大变化，其变迁的根源，是市场经济导致的社会分化、社会流动的加剧以及与异文化的碰撞、冲突。沔城回族镇回族婚姻变迁是沔城文化变迁的局部展现，反映了沔城回族镇各民族在社会变迁背景中的自我调适。

（一）伊斯兰教与民族认同

"中国穆斯林妇女的双重身份（中国妇女、穆斯林妇女），使她们受到国家法律与伊斯兰教法的双重影响，处于二者的矛盾旋涡之中。"[1] 在散杂居地区，虽然许多回民信仰伊斯兰教的虔诚程度不如聚居区的回民，有相当一部分人没有读过《古兰经》，也从未履行过礼拜、封斋等宗教功修，但他们认为这是因为历史原因和现实原因造成的。正如受访者丁武伦所说："从小就没有阿文学校，家里也没有人教怎么念经、怎么礼拜，而且还得干活，没有条件天天礼拜、上寺。但伊斯兰教规定的不能执行的坚决不执行。"散杂居沔城回民对伊斯兰教的认识以及他们的民族认同，主要体现在生活层面上，如饮食禁忌、伊斯兰教式的婚礼和葬礼、开斋节等。

伊斯兰教有关婚姻制度、婚姻礼仪等教义教规，以世俗的面目调节和规范着散杂居回族的婚姻观念。这种影响更多的时候是一种内在的约束力量，通过社会化的作用将伊斯兰教的价值观渗透到回民个体的成长过程中，成为人们日后择偶的依据。与西北聚居回族相同，散杂居回族的婚姻观念也受到伊斯兰教的深刻影响。

在择偶范围上，《古兰经》告诫穆斯林："你们不娶以物配主的妇女，直到他们信道……你们不要把自己的女儿嫁给以物配主的男人，直到他们信道。"[2] 散杂居回族也一直遵守着族内婚和单方向的族际婚（即对回族男性择偶相对宽容，对回族女性择偶则较为苛刻，一般不允许回族女性外嫁）等规定，回汉通婚尤其是"回女嫁汉男"的情况仍为少数。在择偶标准上，大多数的回族青年仍愿意将同一民族的群体作为优先选择的对象。择偶时不重门第、富贵，而看重对方的人品、才貌，也是受到伊斯兰教"婚姻无贫富，

[1] 水镜君，（英）玛利亚·雅绍克．中国清真女寺史 [M]. 北京：三联书店，2002:211.

[2] 马坚译．古兰经 [M]. 北京：中国社会科学出版社，2003:2;230.

必择善良”[1]的影响。写“伊扎布”、“递经本”等婚姻仪式，也带有浓厚的伊斯兰教特色。

同时，民族认同也对沔城各族人民的婚姻观念产生了重要影响。人们在择偶时，更看重沔城社会对其行为的评价，认为“找汉民对象会被邻居笑话”。在调查时，一些被访老人对回汉通婚的回避态度，也说明他们并不认同回汉通婚。而近年来，随着回族青年人民族认同感的逐渐弱化，回汉通婚的现象也逐渐增多。

（二）现代化与社会转型

“社会现代化是一个以经济发展为基础，以工业化为动力，以科学技术发展为先导和纽带，以人的全面发展为主体，涉及政治制度、社会结构、组织管理、生活方式、人类活动空间等诸多领域的革命性、全球性、长期性和整体性的发展与变迁的过程。”[2]

新中国成立以来，中国社会逐渐从传统型向现代型转变，社会结构、经济体制都发生了很大变化。中国由农业社会转向工业社会、由计划经济转向市场经济的同时，对社会生活的方方面面，如政治、经济、文化、法律等领域都产生了很大影响。作为社会的细胞，家庭自然也不可避免地为社会转型所影响。而在家庭的微观世界里，婚姻观念又往往是最能因外部世界的改变而改变的。在这种社会转型背景的影响下，沔城回族镇回族的婚姻观念也在悄然发生着变化。

1. 经济体制的变迁

随着经济体制由传统的计划经济向社会主义市场经济过渡，市场机制的运行规则也潜移默化地渗入到婚姻领域。市场经济平等主体的契约原则、信用原则、务实原则，对沔城回族镇回族的婚姻观念产生了深刻影响，使人们更加注重自由、平等的择偶方式，在择偶标准上也逐渐关注职业、学历等与经济收入和个人发展相关的因素。

2. 社会结构的转型

随着大工业生产的发展以及社会流动的加速，散杂居地区逐渐由封闭、半封闭型的社会向开放型社会转化。越来越多的回族青年走出封闭的家庭环境，进入学校学习、进入工厂工作，一方面，他们的社会网络和婚姻网络不断扩大，加大了族际通婚的可能性；另一方面，随着受教育程度的提高，他们在择偶时更加注重感情因素和自由恋爱，这也使得他们的择偶标准更加多

[1] 刘智 . 天方典礼 [M]. 天津：天津古籍出版社 ,1988:199.

[2] 陈勤 , 李刚 , 齐佩芳 . 中国现代化史纲 [M]. 南宁：广西人民出版社 ,1998:2.

元化。沔城回族的婚姻观念，正在从“以民族为本”的传统婚姻观念向“以个人情感为本”的现代婚姻观念转变。

（三）国家政策与社会变动

国家政策作为上层建筑，规范和制约着人们的各种行为，对人们婚姻制度和婚姻观念的影响也是巨大的。尤其在社会变动时期，国家政策的影响体现得更为明显。中华人民共和国的成立，社会主义制度的确立，是巨大而深刻的社会变动，而“大社会的变动必然引起家庭各个方面的变动”[1]，必然对当地回族的婚姻家庭产生深刻的影响。

首先，1950 年颁布的《婚姻法》以婚姻家庭领域的封建制度和封建传统为改革对象，“废除包办强迫、男尊女卑、漠视子女利益的封建主义婚姻制度。实行男女婚姻自由、一夫一妻、男女平等、保护妇女和子女合法利益的新民主主义婚姻制度”[2]。《婚姻法》的颁布和贯彻，有力地推动了沔城回族择偶方式的根本变革，婚姻自主逐渐为人们理解和认同。虽然人们在择偶时还须得到父母的同意，但以前包办、强制的婚姻观念已经逐渐消亡。此外，《婚姻法》中对“初婚年龄”的规定，也规范和制约着人们对结婚年龄的选择。

其次，20 世纪 50—70 年代，中国社会经历了各种政治运动，其中以“文化大革命”为代表。在很长一段时间内，民族宗教政策被破坏，宗教信仰自由被剥夺，宗教活动被当作封建迷信活动受到批判，清真寺被烧毁，阿訇被驱逐。在这种政治运动的大背景下，回族青年的婚姻观念也发生了很大变化。传统的伊斯兰教式婚礼被迫中止，取而代之的是“唱《东方红》、背《毛主席语录》”等带有浓厚政治色彩的婚礼。

（四）中国传统文化的影响

由于沔城回族镇回族长期与汉族杂居，在婚姻观念上不免受到中国传统文化的影响，主要表现在：“父母之命、媒妁之言”的择偶方式、“门当户对”的择偶标准以及与“六礼”相似的婚姻仪礼。

回族传统的择偶方式，与中国传统婚姻制度中的“父母之命、媒妁之言”是一致的。新中国成立前，大部分人的婚姻都是由父母一手操办的。新中国成立后，虽然年轻人可以自由选择结婚对象，但父母的意志仍渗透到子女从择偶到结婚的全过程。与此同时，“媒人”的作用也是十分重要的。介绍对

[1] 费孝通 . 论中国家庭结构的变动 [J]. 天津社会科学 ,1982（3）.

[2]《中华人民共和国婚姻法》，1950 年颁布。

象、彩礼的数量、结婚的日期等都需要媒人在两个家庭间进行沟通才能最后确定。直到现在，许多自由恋爱的回族青年在婚前仍要特意找一个“介绍人”，体现出对“媒妁之言”传统的重视。

新中国成立前后，沔城回族镇回族在择偶时也一直坚持“门当户对”的观念。男女双方家庭在婚姻关系未确定之前，互相要对彼此家庭的人口、门风、经济状况等进行一番了解，而“同一民族”被他们看作是“门当户对”的最主要体现。

从择偶到正式结婚，我国古代讲究“六礼”，即所谓纳采（提亲说媒之意）、问名（讨八字）、纳吉（正式提亲）、纳征（送彩礼、嫁妆）、请期（择定吉日娶亲）、亲迎（娶亲）。沔城回族镇回族的“相亲、定亲、下礼、结婚”等仪式与“六礼”之俗相差不多，但不履行与伊斯兰教规定不符的程序，如“合八字”等。另外，平表婚、交表婚、招赘婚等通婚形式也受到当地汉族的影响。

第二节　家庭生活的变迁

家庭是通过血缘或姻缘关系结合而成的一种特定的社会群体形式。它不仅是一个自然关系、社会关系的综合体，而且也是社会文化细胞的创造者和传承者。家庭中的每个个体就是在这样的关系体和文化环境中接受社会化训练，习得现实社会的生活方式、社会规范，掌握生产活动的基本知识、技能。但随着社会物质存在的变迁和人们观念、意识等精神要素的变化，家庭在其结构、功能、内部关系等方面也在发生着变迁，并出现了一些社会问题。

一、宗族

（一）关于宗族的讨论

在中外许多学者眼中，中国社会的一大特性就是它的宗族性。例如，钱穆认为：“中国本无社会一辞，故无社会学，亦无社会史。然中国社会绵延久，扩展大，则并世所无，余尝称之曰宗法社会、氏族社会、或四民社会，以示与西方社会之不同。”有鉴于此，钱先生进一步指出：“故欲治中国之政治史，必先通中国之社会史，而欲通中国之社会史，则必先究中国之宗法史。”[1]当代一些学者在谈到宗族研究的价值时也认为：“宗族是中国历史上存在时间最长、流布最普遍的社会组织，拥有的民众之广泛为其他任何社会组织所

[1] 钱穆．现代中国学术论衡 [M]. 长沙：岳麓书社，1986:11;203.

不能比拟。中国人的宗族关系是最主要的社会关系，宗法精神贯穿于中国古代及近代社会结构中，是维系社会结构的纽带，是稳定社会的因素。”[1]

那么，什么是宗族呢？对此，学术界流行着两种不同的解释。一种认为，宗族即家族，宗族和家族是同一的概念。在我国学术界，有关家族最经典的定义为：家族是根据单系（父系）亲属原则组成的社群，它是家庭的扩大（家庭是基本组成单位），是一个“社群的社群”[2]，即家族是按男系血缘关系的原则、以家庭为单位组合而成的群体。基于这一定义，许多学者往往将我国农村宗族视同家族，即宗族是“由男系血缘关系的各个家庭在宗法观念的规范下组成的社会组织”。“宗族与家族、宗族制与家族制、宗族社会与家族社会、宗族生活与家族生活，并没有严格意义上的区别。”中国宗族（家族）应具备以下四个要素：“（1）男性血缘系统的人员关系；（2）以家庭为单位；（3）聚族而居或相对稳定的居住区；（4）有组织原则，组织机构和领导人，进行管理。”[3]徐扬杰也认为，“家族亦称宗族，就是一个男性祖先的子孙若干世代相聚在一起，按照一定的规范，以血缘关系为纽带结合而成的一种特殊的社会组织形式”[4]。还有一种与上述立场相似的界定和表述，即以“宗族”这一概念来特指南方农村中这一按男性世系聚族而居及按宗法规范结合而成的特殊社会组织。钱杭与谢维扬在《宗族问题：当代农村研究的一个视角》一文中指出，实体性宗族组织“是指农村中依据真实的血缘关系联结而成的宗族性团体，具有稳定的组织和对其成员有系统的约束力。其最典型与最极端的表现就是在祖先祭祀、宗族财产、伦理、宗子继承以及参加宗族活动等方面，对于族人有着严格和成型的规定，因而这不同于那些临时的、仅为某一单个的具体行动目标而形成的亲属联合”[5]。

另一种观点认为，宗族跟家族是两个不同的概念。但根据学者们对家族的不同认识，又可分为两种不同的理解。①认为宗族比家族涵盖的内容要窄。孙本文认为“家族”是一个“大”的概念，他对家族和宗族的关系做了这样的表述：“家庭”为最小单位，限于同居共财的亲属，“宗族”则要由“家庭”扩充，包括父族同宗的亲属，“家族”则更由“宗族”扩充，包括父族、母族、妻族的亲属。“宗族”为同姓，而“家族”则未必为同姓，盖包罗血亲

[1] 冯尔康．中国宗族社会 [M]. 杭州：浙江人民出版社，1994:1.

[2] 费孝通．乡土中国 [M]. 北京：三联书店，1995:39.

[3] 冯尔康．中国宗族社会 [M]. 杭州：浙江人民出版社，1994:7–11.

[4] 徐扬杰．宋明家族制度史论 [M]. 北京：中华书局，1995:1.

[5] 钱杭，谢维扬．宗族问题：当代中国农村研究的一个视角 [J]. 社会科学，1990（5）.

与姻亲二者。”[1] 肖桂云也认为，宗族和家族是两个有区别的概念，他指出，“所谓家族，是指以家庭为构成单位、以血缘和姻亲关系为纽带的一种传统社会群体”；“家族作为若干具有血缘、姻亲关系的家庭所构成的10群体，既包括父系，也包括母系和妻系的亲属，实际上是一个父母双系的亲属网络。而宗族仅仅是指具有男系血缘关系的各个家庭，在宗法观念的规范下所组成的群体”；“中国的宗族是家族组织的主要表现形态”。[2] ②认为宗族所涵盖内容要比家族所涵盖内容宽。“中国国民和国家结构的关系，先有家族，再推到宗族，再然后才是国族，这种组织一级一级地放大，有条不紊，大小结构的关系当中是很实在的。”[3] 郑杭生、潘绥铭等认为：“从实体单位角度看，中国人所说的家族一般是以五服为界，宗族则指同宗同姓同地域的各个家族结成的群体。”[4] 在这里，他们虽然没有对家族、宗族进行明确而严格的界定，但宗族比家庭涵盖内容宽的观点是显而易见的。

从实质上看，上述界定和表述基本上是根据传统社会中宗族的一般特征，坚持以男系血缘为界定宗族的最基本标准，来考察和分析我国的宗族，并据此给其下定义的。不过，根据笔者对现实生活中的宗族和家族的了解与认识，笔者更倾向于“宗族跟家族是两个不同概念”的观点。宗，指亲族之中奉一人为主；族，指凡与血统有关系之人。[5] 宗族关系，以血缘为标准，表现为一种原始的人际秩序。从历史上看，宗族作为一种社会群体或社会组织，至少包括5种构成要素：①有一定数量的族人。族人越多，宗族的规模也就越大，实力往往也就越强。②有一定的领导和组织体系。例如，宗族一般设有族长，其下的房支设有房长或房头等。族长一般选择那些辈份高、品行声望能服众者担任，负有管理全族事务的责任。房长则主管房务，同时协助族长助理全族的一些事情。③有一定的宗族活动规范，如族规、宗规等等。④有一定的物质基础和设备条件，包括祠堂、族产、族谱、族墓等等，是宗族组织活动的手段。⑤宗族成员的认同感。这是构成宗族组织的主观因素和精神纽带，其最主要的表现是族人对于同一始祖的崇拜和彼此之间的血缘联系的认可。

现在，宗族虽随着社会的变迁而发生了很大变化，但从目前所了解到的宗族情况看，构成宗族的基本要素还是一致的，即宗族是指来源于某一共同

[1] 孙本文．现代中国社会问题 [M]. 上海：商务印书馆，1947:71.

[2] 肖桂云，张蓉．农村社会学 [M]. 北京：中国社会出版社，2001:83–84.

[3] 孙中山选集 [M]. 北京：人民出版社，1981:675.

[4] 郑杭生．社会学概论新修 [M]. 北京：中国人民大学出版社，1999:226–227.

[5] 吕思勉．中国制度史 [M]. 上海：上海教育出版社，1985:371.

祖先、按男性血缘世系原则建立起来的、存在某种组织形式和具有宗族色彩的活动、有着一种内部认同和外部边界的社会群体。而家族则指基于血缘和姻亲关系基础上多个家庭的联合体。也就是说，凡是同一始祖的男性后裔才属于同一宗族群体，嫁出去的女儿，及其丈夫和儿女，尽管是女主父母的亲属，但不属于女方父亲宗族的成员。按照宗族制度规定，女子出嫁便脱离了父宗，加入夫宗，参加丈夫宗族社会活动。直到目前，母亲方面的亲属依然叫做外亲，这不同于本宗。不过，女子出嫁之后，她们及其丈夫、子女将同时属于两个不同的家族，即同时为女方父亲家族的成员和男方家族的成员。

（二）沔城回族镇回民宗族状貌

长期以来，沔城回族镇一直是回族、汉族、土家族、蒙古族、满族等多民族杂居区，这样一种格局和我国大多数地区类似，即大杂居、小聚居。小聚居，使得在一定范围内的文化表现出民族的特性；大杂居，则使得各民族之间有了难以避免的文化接触和文化交流，以至他们必然选择聚族而居的生活方式以增强宗族的凝聚力。以宗族血缘共同体作为文化传递的载体，所产生的宗教、文化、族规、家法、礼仪、风俗、习惯等一系列生活方式和生活规范，虽然随着社会的发展有所淡化，但由于历史的连贯性，其宗族活动有它存在的理由。

沔城回族镇的回民宗族，主要有魏氏宗族、定氏宗族、王氏宗族、马氏宗族，在近200年间，容纳了一些迁移来的和并入的外姓户，形成了目前这样一个以魏氏宗族、定氏宗族、王氏宗族、马氏宗族为主体的，有34个姓氏组成的回民聚落。

据沔城回族镇魏氏族谱记载，现在的魏氏宗族并非出自一门，流传广泛的有“二门”说，即最初到沔城定居的有两个魏姓兄弟，兄从军做官，弟从事商业。他们繁衍的后代，形成两个宗族，一个叫“七里城魏家”，一个叫“古柏门魏家”。如今的沔城魏姓人，一般都知道自己属于哪一门。解放前，在魏氏宗族内按辈分排序，如今魏姓人能记住的辈分依次是：金、学、文、章、光、尚、国；贤、才、德、行、重、朝、邦；宏、声、远、应、云、龙、化；厚、泽、长、新、彩、凤、翔。目前，以“金”字辈为最大辈，“翔”为最小辈。现在，许多人取名字已不遵从统一的辈分排序了，从年轻一辈名字中已难以分辨出辈分的高低。

除魏氏宗族、定氏宗族、王氏宗族、马氏宗族外，在沔城居住的其他回族姓氏，大多尚未形成一个宗族，他们多是来这里定居时间不长的一些单门独姓，并无宗族谱系，即使沔城的答氏，据调查原本也不是同宗同祖。在沈姓中，只有不同的宗族，而无共同的血缘相承的沈氏宗族。陈姓、胡姓、张姓等情况，也大体如此。能够称得上宗族的，在汚城还有金姓、蒋姓、余姓、谭姓等。他们的祖先，由于迁徙到汚城的时间较早，由最早的单门独户发展到今天已有若干代，形成了若干个宗族。这些宗族都认同同一个祖先，从而形成一个有血脉相承并有辈分排序的宗族。这些宗族在人口占优势的魏姓等宗族面前显得弱小，但由于血缘关系较近，内部的凝聚力和亲和力均超过魏姓宗族，且内部尚无通婚先例。

（三）宗族文化的消解

自古以来，中国的乡村一直保持着一种自治地位。但实际上是一种宗族政治，宗族是国家与村民的联系中介。[1] 新中国成立后，乡村第一次全面纳入国家政治的范畴，宗族在国家政治生活中无立锥之地。而且，新中国成立以后的土地改革、大跃进、人民公社化运动及文化大革命等一系列政治运动，有效地冲击了农村宗族政治文化，但是这种冲击是相当表面性的、强制性的，因为真正能够动摇村落宗族文化的应该是物质生产力的高度增长以及由此带来的其他变革。强制手段引发的只是外部变革，这种变革难以成为深刻的巩固的变革。改革开放以后，原有的人民公社体制解体，代之以“乡政村治”型的乡村政治体制，而这种体制还不足以消除血缘、亲属及地缘等观念对它的影响，反而受到这些观念的严重制约与影响。一旦外部强制松懈，宗族文化必将出现一定程度的复兴。但宗族文化的消解是历史趋势，复兴只是特定的历史现象。从对汚城政治生活方式的研究中，我们可以看出，宗族文化虽然在改革开放以后有过短暂的时隐时现的复兴，但它的真正消解也正是在此时期才开始展开。

1. 宗族权威的消解

权威基础的演变，是宗族文化变迁的一个重要方面。进入 20 世纪 80 年代以后，虽然有些地方的宗族势力重新抬头，但是其权威基础开始发生转化。在经历过集体化时期的汚城，改革后的宗族活动同样也试图恢复至以前的状态。开展宗族活动的其中一项，就是族谱的重续。在 20 世纪 90 年代初期，魏姓、定姓、马姓、王姓等族人开始了他们族谱的重续，他们推选出族里最年长、又经常参与族里活动的几位代表去与其他村庄或周边县（市）的族人联系，商量族谱的重续问题。其间所需的费用由族里所有家庭集资，当然也有在外面手头宽裕的族人自己额外捐钱的现象。虽然汚城大多数宗族势力很小，但笔者通过调查并结合其他资料得出如下结论：①即使是在宗族聚居比较多的姓氏群体中，宗族中的族长单靠血缘地位已经不能发生作用，往往需

[1] 买文兰．中国农村宗族势力复兴的原因探析 [J]. 华北水利水电学院学报，2001（3）.

具备其他条件，主要是品德、能力、为人等。②宗族中族长的权威呈日益下降趋势。根据调查显示，认为“族中能干的成年男子作用大，地位高，善于处理族内纷争，比普通族长更具权威”的占了95%；认为“勤奋好学、知书达礼的青年能得到族内的普遍爱护和支持”的占了78%；而认为“能干的妇女能博得称赞，并在宗族中享有较高的地位”的也占了80%以上。③财富逐渐成为权威的基础之一。农村改革带来了农村的层级分化，拥有较多财富的乡民逐渐势重，他们在族内事务的发言权往往超出他们的血缘地位。在宗族聚居比较多的姓氏群体中，他们往往出资资助族内共同活动。这样的行为，导致这部分人的地位逐渐上升，超越血缘等级。因此，宗族文化中纯粹以血缘关系为基础的传统型权威已经开始走向消解。

2. 宗族活动的分化

传统上，每到春节那天，沔城回族镇各回民宗族之间有互相拜年现象。除了村庄内部成员之间的拜年之外，还有本村与邻村族人之间的团拜。例如，二羊村的魏姓家庭选出一些代表去邻近的城郊村进行团拜。第二天，城郊村的人回拜。这种团体拜年的活动，一直持续到20世纪90年代初期，之后就再也没有过这种团拜活动。沔城不同姓氏回族宗族之间的团拜活动，也是在90年代之后就慢慢地消失了。不同宗族组织起来共同拜年的情形没有了，相反地却是个人单独拜年或以门为单位组织起来拜年的现象多了起来。

沔城在人民公社时期，魏姓、定姓、马姓、王姓等几大宗族成员被分别划分到几个生产队里面，它所带来的影响却是使得宗族的整体性活动规模与频率远远少于人民公社时期之前。除了前面所提及的族谱重续及持续时间不长的团体拜年之外，以宗族为整体或者说以宗族为一级行动单位的活动几乎没有了，取而代之的是被村民称为“门”或“房”。经常从村民那里听到的是，“谁和谁家是一个门的，那当然近了”。宗族的分化，必然带来宗族整体性活动的减少和宗族作为一级单位行动能力的弱化。最能体现这种分化现象的是“走坟”，每年“春节”、“清明节”、“重阳节”等重要节日，“走坟”不再是整个族人的整体性活动，而是由分属于各个“门”里的成员集体进行，这种形式的祭祖活动一直持续到现在。自改革后，沔城回族内部各“门”之间的不和现象也多了起来，甚至出现扯皮打架的事件。在最近几年，这种以“门”为单位的公共生活现象也变得少了起来，回民更多关注的是以核心家庭为单位的利益。

3. 个体人格得以彰显

无论是封建时代的族人，还是计划经济时代的社员，都只是获得了一种集体人格。如果封建时代的族人离开了宗族，计划经济时代的社员离开了公社，他们都无法享有独立的权利和义务。在乡村宗族文化中，“父亲、子女、兄弟、姊妹等称谓，并不是简单的荣誉称呼，而是一种负有完全确定的、异常郑重的相互义务的称号，这些部分的总和便构成这些民族的社会实质部分”[1]。而计划经济时代的农民甚至连最基本的生产经营权都没有，生产资料的公有等于人人没有，不服从集体等于自寻末路。改革开放以后，农民不仅拥有了生产经营自主权，实际上也拥有了土地等主要生产资料的长久使用权。政治成分的取消，也使农民们的个人地位与关系正常化。这一切使得农民开始摆脱集体的严格控制，个体意识开始产生，集体人格开始向个体人格转换，个体人格得以彰显。这种集体人格向个体人格的转换，不仅表现在人际交往的扩展、效率观念的加强、竞争意识的确立、市场概念的摄入、信息需求的增加、冒险精神的萌发、幸福观念的转变、知识追求的执着等社会观念，还表现在农民在乡村事务上开始有独立的意志表达与诉求，农民对于国家的政策、对于中国共产党的领导也不再是简单地服从。

4. 公共生活趋于市场化

乡民社会的婚丧嫁娶早已成为乡民社会公共生活的重要组成部分，它自集体化后越来越成为村民公共交往的一种重要形式。事实上，婚丧嫁娶作为公共交往的一种形式，无论是在传统社会还是在转型后的乡村社会，从来就一直存在着，所不同的只是它的规模与程度问题。即使在社会意识形态化很强的特殊历史时期，它也以某种形式和规模而存在，但如今再重新审视这一民间传统时，人们将会看到它在乡民社会场景中所拥有的更具现代的特征。在沔城，像婚礼、丧礼、孩子出生、老人祝寿等人生礼仪举行时的交往，村民历来都十分重视，而且这种大事一直是全宗族甚至全村性的公共仪式活动。

改革开放以前，婚丧嫁娶的运作一般情况下都是由族里人互相帮忙完成的。在沔城，每一个宗族内部都有自己的“头人”，“头人”一般被称为“总管”或“都管”，“头人”的职责是临时性地牵头处理本宗族内各个家庭的如婚丧嫁娶之类具有公共性的礼俗性事件。对于这种具有公共性的事件处理，并非一两个人的合作可以完成，往往需要其他的人手来配合。“仪式是中国民族的生命[2]”，在沔城回族镇村民的观念中，婚丧嫁娶的处理马虎不得，不能出乱子、闹笑话，所以婚丧嫁娶必须要让懂得祖宗规矩的“头人”来办理。例如，在丧事方面，回民无常后丧礼的完成，一般要经历2—3天。这期间，需要做什么事情，主人家完全是听从“头人”的安排，所需人手也大都是宗族内的其他成员。其间，主人会不间断地接待前来表示哀悼的亲朋好友。改

[1] 马克思恩格斯选集（第4卷）[M]. 北京：人民出版社，1975:24.

[2] 明恩溥. 中国乡村生活 [M]. 午晴，唐军，译. 北京：时事出版社，1998:193–194.

革开放以后，在按照传统请阿訇来念经和祷告的同时，也会请乐队或歌舞表演队来表演助兴，告慰死者的亡灵，让他们归顺真主。每逢此时，在为乐队临时扎起来的棚子前面都会聚集着很多村民观看，热闹的场面自不必说。这种场面所吸引的不仅仅是来自本村的村民，有时还会吸引邻村的村民观看，并且经常直至深夜方才散去。到下葬的那天，主家还会办宴席招待前来悼念的所有亲朋好友。招待的地方往往会在主家邻居的院子里，或在宽敞的场所临时扎个礼棚。招待宾客所用的饭桌、凳子、碗筷等，也都是从族里或邻居家借的。

随着人们收入的增长和生活条件的改善，当地回民举行婚丧嫁娶的方式也在慢慢改变。现在，沔城回族镇有 6 家专门从事婚丧嫁娶所需物品租用或出售的店铺，举行仪式或宴请亲朋所需要的物品，主家一般都会去镇上租用或购买，很少会去向邻里借用。举办婚宴的，酒席大多数是安排在邻近的饭店或酒楼里，而不再是在家里面办。市场力量的介入，使得当地婚丧嫁娶由原来的族里合作、邻里互助变得不再非此不可；相反，若主家依然用传统的方法来举办的话，还会招致村民的嘲笑，“某某家太会省钱了，现在谁还这么麻烦，直接在饭店里摆几桌不就行了”。

5. 政治功能淡化

在传统的封建社会，宗族组织是联系国家与乡村的桥梁，国家一般不直接干预乡村社会事务。因而，宗族组织虽然不是正式的政府机构，但履行着相当多的政治职能，如政治沟通、政治协调、政治社会化等。据了解，在沔城回族镇历史上曾经存在过一些较有影响的宗族势力，例如魏氏宗族，其宗族势力最鼎盛期是在民国实行保甲制以前，特别是在晚清以前。当时，沔城的一切政务、教务的权力，包括维护治安、管理宗教事务、管理寺产和坊产、举办庆典、与官方联络等，都落在族长手里。族长既是是一村之长，又是清真寺的学董，集族权、政权、教权于一身，享有最高权威，实行家长式的统治，官方亦需通过族长实施对村民的政治控制。20 世纪 40 年代国民党实行保甲制后，宗族势力的权力和影响逐渐削弱，过去由族长行使的权力部分转移到了保甲长手里，但宗族势力并没有完全消退，在宗教事务方面依然占有明显的优势。新中国成立后，乡村第一次全面纳入国家政治的范畴，宗族势力在国家政治生活中进一步削弱。首先，土地改革、镇反等运动使昔日那些借助于宗族势力为霸一方的地主豪绅受到了严重打击。其次，乡村政权的建立和党组织在村一级的建立，完全改变了农村基层组织的政治结构，宗族势力被排除在这种政治结构之外。沔城解放后，族长的权力就被农会的权力所代替（“一切权力归农会”）；之后，村党支部及大队管理委员会取代农会行使一切权力；在宗教方面推行民主管理，由寺管会接替了教长及学董的权力，使族权与教权两股势力不能结合。

改革开放以后，虽然如前所述，宗族组织有了一定程度的复兴，但是此时的宗族已不再是传统的宗族，它大体上只有文化形态的返祖，而缺少经济基础与国家政权的支持，传统宗族的政治文化功能趋向消解。宗族不再充当国家或政府与乡民沟通的桥梁，农民的利益表达也很少采用宗族这一组织形式。即使在宗族聚居比较多的姓氏群体中，仍然认同村委会是乡村公共权力的唯一代表。例如，在宗族内发生的矛盾，要是在村民及族人的干涉下解决不了，一般是向村干部反映，由村干部出面调解。如村干部在纠纷现场时，村干部也会现场调解。要是村干部不知道，同姓族人发生矛盾也要向村里反映，按照正常的纠纷调解渠道，村民要向村民小组递交一份控告书，一般是递交给村党支部书记、村委会主任或村民小组长，然后党支部书记或村委会主任会同村民小组小组长，一起到村民家中进行调解。当然，也有村委会主任、村民小组长、村党支部书记单独在场进行调解的。以下是七红村 2 组组长王中文曾经为本组村民进行的一次纠纷调解过程。

案例：王中文，男，回族，1965 年出生，七红村 2 组农民，任七红村 2 组村民小组组长。访谈时间为 2008 年 10 月 3 日，访谈地点在沔城清真寺。

我组村民之间或宗族内部有什么纠纷，村民一般先向我反映，我会先到相关村民家中进行调解。要是调解没有结果，我会向村党支部书记（兼村委会主任）李家富（回族）反映，如李家富不在，也可向村党支部副书记向世水或村副主任郑文学反映。村民魏 ××（男，回族，1947 年出生）与族人魏 ×（男，回族，1966 年出生）于 2007 年 11 月发生纠纷，纠纷原因是，魏 ×× 认为魏 × 在修新房时没向他打招呼而占了他的一小部分地，于是认为魏 × 在欺负他，要求把占用的地退出来。魏 ×× 找到我，向我反映情况。我到了魏 × 家，告诉魏 × 的确是占了魏 ×× 的地。魏 × 则认为自己没有占魏 ×× 的地，自己建房是在镇土管所办了证的，有凭有据，魏 ×× 是故意捣乱。我只好向李家富反映。调解当日，党支部书记兼村委会主任李家富、村党支部副书记向世水以及我到了魏 × 家，告知魏 × 建房的宅基地是有几平方米荒地，但那是魏 ×× 的地，只是魏 ×× 近年来没耕种而荒芜了。最后，魏 × 认识到错怪了魏 ××，并向魏 ×× 赔礼道歉，且答应给魏 ×× 补点钱。魏 ×× 认为，既然赔礼道歉了，且都是同一宗族的人，建的房就不用拆，自己应该支持，补钱就不用了，一族人应该以和为贵。

农村宗族政治文化的消解，也许要经历一个相当长的历史过程，究其原因，有学者认为，“一是20世纪70年代末以来，社会体制为推进社会经济的发展、尤其是农村发展而做的有组织、有计划、有步骤的推动，如家庭联产承包责任制和其他各种乡村经济活动外部体制的变革等；二是由社会环境因素变革而产生的对村落宗族文化的冲击，如市场机制、大众传播、价值观念体系、交通等因素的变化；三是在所有有意识的推动之下产生的副产品。”[1] 我们要注意到，作为一种政治文化的宗族文化正在走向消解，而作为一种社会文化的宗族文化却不一定会消解。因为任何人都需要有一定的价值信念支撑，几千年来农民的理想王国最终破灭后，每个农民都需要重新找到自己的价值归属。而对于有着一千多年宗族传统的沔城回民来说，通过恢复族谱的记载和祠堂等活动，将每个人与其家庭历史联接起来是最为便捷的途径。通过这种确切的历史定位，不仅满足了自己对历史感和归属感的需求，更重要的是找到了联接现实与传统的中介。

（四）宗族文化存在的合理性分析

在我国当代社会转型过程中，由传统与现代“冲突”而形成的僵化性的文化格局，使人们对具有与传统文化特征和命运相似的宗族文化也陷入非此即彼的两难选择模式。但是，无论传统社会与现代社会在理论上有多大区别，有生命力的现代社会的建立，实际上在相当大的程度上依赖于传统社会中的某些因素，剖析沔城回民宗族文化存在的合理性，挖掘宗族文化与现代化本质相契合的有效因素，引导其成为散杂居去现代化的动力。

1. 宗族文化的现代境遇

在前面的论述中，我们有这样的结论：自新中国成立后，沔城回族镇回民宗族因其依据于父系家长制的原则，并服务于传统的封建国家统治集团的需要，而与社会主义的意识形态相背离，遭到了全面的批判和取缔，宗族赖以标示自身存在并开展活动的宗祠被拆除或另作它用，宗规族约被废除，家谱也被烧毁。即便如此，沔城回民宗族的观念和活动在近三十年间也以隐蔽的形态继续存在着，甚至有复兴的态势，其最为突出的表现主要是以修族谱、立宗祠、祭祖宗为目的的宗族组织的存在。对于宗族的复兴，目前学界主要持以下几种观点：一种观点认为，从宗族势力赖以生存的经济基础来看，农村宗族与宗族主义都是建立在封建的、落后的宗族文化基础上，并与自给自足的小农经济形式相适应的，它与现代社会制度和现代文化是不能相容的，

[1] 于毓蓝．试析农村基层民主的政治文化基础 [J]．理论探讨，2003（6）．

宗族主义是农村现代化的一大障碍。[1] 另一种观点认为，宗族制度是一种能够容纳现代化持续变迁问题与要求的较有弹性的制度形态。[2] 这种观点倾向于挖掘家族组织与现代社会偶合的一面，以积极的眼光来看待家族的复兴。但是更多的学者认为，宗族势力的复活和继续存在是严重制约农村社会化进程的消极因素，这方面的观点偏重于功能后果尤其是负面后果，修族谱、立宗祠、祭祖宗、寻亲会祖、党政基层组织的涣散等被简单地与宗族重建联系在一起，甚至把宗族看作是上述种种不良社会现象滋生和蔓延的直接原因，妨碍了基层政治结构的建设和社区安定。[3]

在当代，家族文化作为中国传统文化的一个分支也遭遇了整体性的文化困境：一方面，传统文化在自己的整合方式难以发挥社会功能的情况下，日益面临一个自我秩序崩溃的危险；另一方面，西方现代化的价值理念、制度安排和生活方式，展现着不同于中国传统文化的强大魅力。不难看出，这两种社会生活模式在类型上具有内在的相斥性，这就注定了选择其中一种生活模式，就必须放弃另一种生活模式，于是，这种非此即彼的选择模式就此形成了一种僵化性的文化格局。但是，无论是宗族文化在当代的表现，还是学术界的各种纷争，都强烈地提醒我们，宗族组织的消亡与复兴并非国家行政律令所能强加的，不管人们是否愿意，宗族这一具有浓厚传统历史色彩的组织已经在我国农村社区中复活了。宗族秩序何以复兴？宗族复兴依赖的社会条件和内在因素是什么？宗族文化是否有其存在的合理性？如何正视家族的存在及其功能？这些才是需要我们关注和深入研究的东西。

2. 宗族文化存在的“有限合理性”

黑格尔说过，“凡是存在的，都是合理的”。这句话的本质在于：一切社会现象的存在都有其内在的必然性，而这种必然性一旦不存在，这种社会现象也就不可能存在了。沔城回民宗族文化的复兴也正是这样一种社会现象，除了家庭承包制的推行等为其创造了外在条件，它还反映出家族文化复兴的内在动因，即现阶段农民的内在需求和愿望，甚至是一种民族心理的表达和诉求，也就是说，宗族在某些方面还能给回族家庭带来利益。不然的话，宗族就不会复活。在沔城回族镇的调查中，我们也注意到宗族“能人”在调解本宗族家庭内部纠纷、号召扶持本宗族内遭天灾人祸的困难户、参与调解与外姓群众纠纷等方面，都还有一定的作用和影响；群众选举村、组干部时，也往往是投本姓本宗“能人”的票。一位李姓被访者认为，现在虽然没有明

[1] 吕红平．农村家族问题与现代化 [M]. 保定：河北大学出版社 ,2001:125.

[2] 李成贵．当代中国农村宗族问题研究 [J]. 管理世界 ,1994（5）.

[3] 林修果．宗族文化与中国现代化 [J]. 新东方 ,2005（8）.

的族长，但某些姓氏暗中可能会有个头头，他认为自己就是周围一带李姓“暗中的族长”，因为大家有什么婚丧嫁娶、分家析产之类的事多半要找他，与其他姓氏间有些纠纷磨擦更免不了得他出面解决。

宗族文化在我国存在了几千年，这是其他国家所无法比拟的，作为重要的传统因子，虽然形式上有些许改变，但是仍以一定形式存在，它的存在必有其存在的理由，即合理性。宗族活动在当代农村的复活，有着诸多历史和现实的原因，是一种无法回避的社会现象。不管当代宗族如何不同于过去，多数宗族对家庭尚具有种种积极功能，但不可否认，由于宗族自身的传统积弊太重而创新能力有限，当代农村出现的宗族仍然只具有“有限的合理性”，这种有限的合理性无法掩盖或完全替代因其具有或容易产生种种破坏性功能而表现出不合理性。随着商品经济的发展和生产社会化水平的提高，宗族的未来趋势和命运必然是逐步走向最终消亡或进行脱胎换骨式的革新。因此，断然否认当代宗族问题的存在、否认宗族的存在尚具有一定的合理性，不是一种现实的、唯物的态度，同样地，给当代宗族复兴过高的评价和期望也是错误的，这必将影响和制约我国的现代化进程。作为一种建立在亲缘和地缘关系上的群体，宗族具有先天的封闭性和褊狭性，如何以科学的态度挖掘家族文化与现代化本质相契合的有效因素，引导其成为散杂居民族和散杂居地区现代化的动力，社会各界应当有所作为。

3. 宗族文化复兴的正向度分析

在当代，和谐社会的构建和现代化的实现，都需要凝聚涣散的人心以作向心式的运转，这给宗族文化以永恒的存在价值的证明，但是，结构和功能上逐渐消解的宗族文化，是否可以为现代社会建构提供动力性的资源呢？回答是肯定的。

（1）宗族文化与社会稳定

宗族文化复兴对于维系社会稳定的根源，是由我国社会的特殊结构和宗族组织的功能决定的。宗族组织的存在核心，便是维护宗族利益，保证宗族的发展稳定性，增强宗族的凝聚力。对共同祖先的认同感，是宗族团结、稳定的精神基础。当前，现代社会的转型使得宗族的权威基础转移，宗族成员丧失了归属感，人们对传统权威的认同感落空，人口的流动也打破了宗族网络的平衡状态，乡村社会从而产生了现代性危机。但调查过程中的许多资料表明，沔城回族传统生活方式中的一些重要组成部分（政治生活方式、经济生活方式、家庭结构等）的瓦解，所导致的往往不是现代化，而是一种解组、断裂和浑沌状态，此种情形不利于现代秩序的建立。从这种意义上说，宗族复兴有利于社会稳定。

（2）宗族文化与经济发展

事实上，宗族组织本身也具有经济功能。沔城回民宗族成员在其日常生活中，总是处于一种不断的人际互动过程之中。这种人际互动，有时是政治性的，有时是经济性的，有时是情感性的。因此，宗族内部成员间进行一定范围和一定限度的生产协作，也是宗族组织的特点之一。族人之间，往往因为某项生产劳动的需要，而进行简单的劳动协作，协作的双方、诸方在协作中都得到好处。族人间相帮或换工，自然要比请外人帮工合算，花费少又靠得住。宗族组织的经济功能，有利于克服小生产的局限性。联产承包责任制之所以能调动农民的生产热情，是因为它与我国传统的家庭经营联系在一起。这一改革本身就非常明确地认清了我们现阶段社会结构的基本特征，联产承包责任家庭的和睦稳定也就被视为社会和谐安定的基础，因为它适应我们这个社会特别是农村社会以家庭或亲缘关系进行生产协作的基础。

（3）宗族文化与精神文明建设

回族传统文化，是一个集宗教、世俗、精神、物质、科技于一体的多层次的结构，是一个庞大的文化综合体。虽然回族传统文化无法在整体上成为现代化的原生形态，但其结构中的诸多成分逻辑地构成了回族走向现代化的动力基础。“敬主爱人”是回族文化的核心价值观，讲究人与人之间的和谐，其伦理规范很多，如提倡人人平等、爱人如爱己、公平公正、宽容大度、诚实守信。在分配观上，回族文化承认人与人之间存在天资和能力的差异，允许在经济收入上存在差别，不搞平均主义；但反对财富过分集中在少数人手中，主张通过适当方式对社会财富实施再分配，让那些智商高的、能力强的、收入多的人将其部分财富拿出来，解决社会上贫、病、残、愚等弱势群体的生存问题，以便调节贫富悬殊，实现合理分配。上述诸多思想，表现为伦理亲情的召唤在宗族成员心中激起的强烈归属感和依赖感。应该说，家族实现的是一种文化整合，对社会主义精神文明建设有着一定的积极意义。

二、家庭

家庭，作为生活实体，强调的是血缘、供养、继承，以及由此所产生的各种权利义务关系。在人类学中，关于家庭的比较典型的定义是默多克的家庭定义，他认为：“家庭/家族是一种具有共同居住、经济合作及生育等特征的社会群体。它包括男女两性别的成年人，其中至少有两个人维持社会认可的性关系，以及他们所生育或收养的小孩。”[1] 而中国人类学家费孝通则

[1] 庄孔韶．人类学通论[M]．太原：山西教育出版社，2003:284-285.

认为：“父母子所形成的团体，我们称作家庭。”[1]家都是一种双系的组织，是社会的基础。家庭本身就是一个生物性的和社会性的统一体。而人类学家普遍使用家庭这个名词，是用于指一个包括父母及未成年子女的生育单位，这是一种三角结构关系，即由“夫”、“妻”、“子女”构成。

传统的沔城家庭包括了如下特征：以孝为支撑的父系父权家庭；以父子关系为主轴；婚姻以父母之命为基础；家庭和社会的整合力较强；社会、家庭部分功能的重合。按传统习惯，每个家庭成员在家中都有一定的地位、权利和义务。以三世同堂为例，祖父地位最尊，依次为祖母、儿子、儿媳妇。一般来说，祖父在一家之中有决定权。祖父过世，祖母有决定权。儿子分了家，年老的父母分别由儿子赡养。如儿子掌握家庭经济权，则由儿子当家，但父母仍有一定的发言权，他们的意见受到尊重。公婆在世而没有分家时，儿媳少有发言权，家中的大事一般都要回避，有何意见只向丈夫述说；即使想分家，在公婆面前也只是有所暗示，一般不会明言；分家后，才有发言权。家庭成员各有一定的义务，父母有抚养和教育子女的责任，子女从小就要学习各种生产知识和人生礼仪；子女长大后有赡养父母的义务。夫妻之间相爱相敬，同甘共苦；妯娌之间不论先后，不争强弱；兄弟之间不因分家而断了情义，要互帮互让；后娘有抚育丈夫前妻子女的责任，与自己亲生子女一视同仁，继子女也有赡养后娘的义务。

近 60 年以来，沔城回民家庭的变迁主要体现在：婚姻不再以父母之命为基础，而更多的是个人的选择；家庭的功能分化，部分功能已经由社会来承担，比如儿童的教育功能；家庭规模趋小，家庭结构转变，家庭类型由扩大家庭为主转向核心家庭为主。家庭结构的变化主要表现在，传统的父子关系为主轴的家庭关系，转移到以夫妻关系为主轴的家庭关系。家庭关系的转变，引起了一系列相应的家庭格局和家庭内涵的变化，如家庭中父权的式微、女性得到更多的话语权和决定权、家庭人际关系松散化、家庭功能社会化。生育是家庭生活中的焦点之一，随着经济的发展和价值观念的多元化，沔城回族的生育观也发生了转变。

（一）家庭规模与结构

家庭结构主要是指家庭成员的组合方式和内部构造，它包括家庭的人口数、夫妻对数、代际层次和具体的家庭类型。对于家庭结构的区分方法，我国学术界比较流行的是，以家庭的代际层次与夫妻对数为主要依据，并

[1] 费孝通．乡土中国 生育制度 [M]. 北京：北京大学出版社，1998:163.

参照家庭成员的血缘关系，将家庭结构划分为：核心家庭，即由父母与未婚子女组成的家庭；主干家庭，即由父母与一对已婚子女组成的家庭；联合家庭，即由父母和两对及以上已婚子女组成的家庭或兄弟姐妹结婚后不分家的家庭；其他家庭，即以上类型以外的家庭，如隔代家庭，即祖孙两代组成的家庭；单亲家庭，即由于丧偶或离异等原因，核心家庭中失去父亲或母亲一方的家庭。[1] 这几种家庭类型，在回族家庭中正慢慢呈现不同程度的变化。

1. 家庭规模小型化趋势

根据七红村回族的择年人口统计资料显示，回族的家庭规模一直呈缩小趋势，家庭户均人口从 1963 年的 6.1 人下降到 1990 年的 5.6 人，到 2009 年下降到 4.3 人，只是缩小的幅度较小（见表 6–2）。

表 6–2 沔城回族镇七红村回族择年人口统计表

	1963 年	1990 年	2009 年
总人口	361	677	759
总户数	59	121	176
户均人口	6.1	5.6	4.3

从调查所搜集的数据来看，在家庭户规模的分布上，回族的家庭户人口集中于 4—6 人，1963 年的家庭户人口在 6 人及以下所占比例为 65.6%，6 人以上的比例为 34.4%；而 2009 年的家庭户人口在 6 人及以下所占比例为 79.5%，6 人以上的比例为 20.5%，与 1963 年相比，回族家庭户人口在 6 人及以下所占比例上升了 13.9 个百分比。这也说明，回族家庭规模与过去相比正在呈现逐渐缩小的趋势。同时，从家庭户均人口数减少比例来看，我们发现，回族家庭小型化速度十分缓慢。回族的家庭规模逐渐缩小，但减速缓慢，一方面是因为我国人口控制和对少数民族实行生育优惠政策的结果，另一方面与当地社会生产发展水平和家庭功能发挥的影响有直接关联。

2. 核心家庭成为主导

家庭规模的缩小，必然会引起家庭代际关系及家庭类型的变化。从 1963 年、1990 年的有关统计和 2009 年初笔者调查整理的数据来看（见表 6–3），在家庭类型上，回族家庭中核心家庭所占比例一直最大，同时主干家庭也占一定比例。

[1] 邓伟志，徐榕．家庭社会学 [M]. 北京：中国社会科学出版社，2000:39.

表 6–3 沔城回族镇七红村回族择年家庭类型变化表（单位：%）

年份	联合家庭	核心家庭	主干家庭	其他
1963	5.7	45.6	43.3	5.4
1990	1.6	53.2	39.4	5.8
2009	0	59.5	26.2	14.3

与此同时，回族的家庭类型开始出现多样化趋势。除了占主导地位的核心家庭和主干家庭外，还出现了少数的隔代家庭和单亲家庭，这与近些年来社会经济、文化的发展分不开。父母外出打工而使年幼子女与爷爷奶奶一起居住，隔代家庭也就出现了。另外，随着离婚现象的出现，单亲家庭也就产生了，但这类家庭所占比例还是非常小的。

（二）家庭关系

家庭关系通常表现为家庭成员之间的互动行为，这种互动既包括物质方面也包括精神方面。在沔城回族社会中，家庭关系以夫妻关系和亲子关系为主，衍生出了如兄弟姐妹间的关系、婆媳关系、妯娌关系、祖孙关系、姑嫂关系、叔侄关系等其他的家庭关系。家庭关系集中体现在家庭内人际关系、家庭角色互相交往的社会行为规范体系——家庭角色模式以及家庭内人际关系的自然延伸——亲属网络构成的社会资源方面。

1. 家庭内部关系

（1）夫妻关系

受宗教信仰、传统文化、生产与生活环境的影响，沔城回族家庭关系中最核心的夫妻关系是建立在对男性的尊崇和依靠的基础之上的，它决定和直接影响家庭关系中的许多方面。在绝大部分家庭中，丈夫是绝对家长，有决定权，地位最高。作为妻子，对丈夫的这种权力和地位是认可和支持的，甚至因此而感到生活有指望和保证。在日常生活中，如决定所属土地的使用方法、家庭总的经济支出原则、子女成亲、家畜的购进与出售、家用农机具与家具的购买与使用等重大事情，一般都是夫妻商量后由丈夫决定。而抚育儿女、赡养老人和日常家务，均属妻子分内工作。大部分家庭中“财政”由妻子掌管，但由丈夫“宏观控制”。户外农事活动大部分由男子承担，妻子只是助手。近年来，由于回族男性外出务工的较多，许多家庭由老人、妇女、儿童留守，家中的事务主要由女性掌管，女性在家中的地位渐渐有所提高。尽管传统的“男主外，女主内”的家庭分工模式并没有改变，但女性在家中也有了一些发言权，夫妻共同商量逐渐成为普遍现象，尤其是家里的男性外出务工期间家中事务多由妻子来决定。

（2）父母与子女的关系

沔城回族认为，生儿育女是人的本能，养育孩子是父母的责任；善待父母，给他们养老送终是子女的义务。父母与子女之间的关系，就是建立在这种世代相传的共识基础之上。沔城回族家庭里，父母与子女的关系，因父母在家庭中所起作用的不同而有所不同。母亲主要照管子女的生活事宜和学习，与子女相处的时间较多，所以给孩子传授了较多的日常生活常识、习俗和礼节礼仪等。父亲对子女则主要起到一种精神依托和生活保障作用，给孩子们传授一些基本生活经验、生产技能以及为人处世的道理和方法。

（3）兄弟姐妹之间的关系

实行计划生育以前，沔城回族家庭一般有 2—3 个孩子，多的有 5—6 个。年长的孩子，会担负起帮助父母干活以及照顾弟妹的责任。长子在家庭和子女当中具有较为特殊的地位。如若父亲出远门或去世，长子要在家中发挥家长的作用，弟弟妹妹（包括姐姐）都必须尊重他，遇事与其商量。兄弟姐妹们成家之后，无论多忙，也都会经常往来，互通有无，特别是在节假日更要互相拜访。

（4）祖辈与孙辈的关系

按照沔城回族的传统习惯，祖辈与孙辈的关系非常亲近。对孙辈不分“孙子”与“外孙”，而一般情况下，孙辈对祖辈都统称为“嗲嗲”（即爷爷、奶奶），不分“外公”、“外婆”。

（5）公婆与儿媳的关系

公婆与儿媳的关系，在沔城回族家庭人际关系中，属最为敏感的一种关系。在大部分家庭里，媳妇娶进家后，便成为家务活动的主要承担者，婆婆只做一些指导性的工作。但在儿媳怀孕生育期间，婆婆会重操家务。儿媳在婆家具有与该家庭的女孩们平等的权力，与公公之间禁忌较多。

（6）岳父母与女婿的关系

在沔城回族社会，女婿相当于是岳父母的亲生儿子，对女婿的迎送及招待甚至都超过亲生儿子。作为女婿，逢年过节时，要陪妻子和孩子们一起去岳父疏母家看望，农忙季节必须要抽出一定的时间去岳父母家帮忙。

2. 姻亲与血亲的疏密关系

在亲缘团体中，姻亲和血亲是相互关联、彼此应照的两股力量，在家庭中形成盘根错节的关系网络。这些关系的远近是先定的，但其亲属疏程度并非一成不变，它依双方经济状况变动而变动，随着生产资料和生产力的发展、变化而变化。目前，在沔城，很难概括出家庭与姻亲和血亲的关系谁更紧密、谁较疏远，每个家庭依照各自的家境与亲缘集团有不同的亲疏状态。总的说来，家庭与亲缘团体的关系可以分为三类。

（1）血亲紧密型

在这类家庭中，血亲尤其是三代以内的直系血亲，是家庭经济中最可信赖的合作伙伴和生活中最能依赖的帮助力量。如沔城回民魏光熙有4个儿子、2个女儿，以前魏家由于孩子多劳力少，是当地有名的穷困户。老三魏木林1979年便与父亲在自家的老房子里开小酒馆，1994年转行在沔城从事宰牛生意，由于肯吃苦耐劳，从此发家致富。发财后夫妇俩在本镇建了一栋4层的楼房，建筑面积有600多平方米，将父亲接入新房居住。在魏木林的资助下，其原本务农的3个兄弟，老大开了家百货店，老二办了家私人幼儿园，老三另外起家做宰牛生意。目前，兄弟几个的生意都经营得红红火火，而且都建了新房子。在这个大家庭中，老三凭借其雄厚的经济实力不断为家人谋福，使几个兄弟亲如一家。

（2）姻亲紧密型

在沔城回族镇回族社会，姻亲逐渐进入了以前只包涵男系血缘关系的同心圆中，在家庭亲缘关系中起着举足轻重的作用。如城郊村2组王××（男，回族，1972年出生）有兄妹4个，有1个哥哥在沔城回族镇开理发店，下有2个妹妹已出嫁到本镇。王××是一泥瓦匠，早些年随着父亲在沔城附近揽活干，1994年在叔叔的推荐下去了广州，在其叔叔一位朋友的装修公司做事，由于勤学苦干慢慢在广州站稳了脚跟；2001年当上了广州一家大型装修公司的项目经理，由于承包工程需要人手，就将同是泥瓦匠的两个妹夫招进公司做帮手，几年下来，两个妹夫在王××的提携照顾以及自身的努力下与王一起挣了不少钱，都成了当地数得着的富裕户；2005年王××和两个妻弟一起在老家都盖了3层楼的平房，三人在外面一起做事是同事，在家比邻而居相互照应，关系非常亲密。而王××的哥哥一直在沔城开理发店，家境一般，兄弟俩的关系主要是日常生活中礼仪上的往来。村里像这样与内兄弟的关系超过亲兄弟的家庭为数不少，他们大都由于工作上的同质性和经济上的关联相互照应，来往频繁。

（3）双系并重型

沔城回族镇回民家庭中的亲缘关系不一定都是“一边倒”，多数家庭中血亲与姻亲具有同样的重要性。如二羊村1组农民李××（男，回族，1968年出生）兄弟3个，他排行老二，老大和老三都一直在家中以种田为业，李××曾在外打工多年，经济状况不错。近几年，由于养鸭利润丰厚，本镇兴起了养鸭的热潮，李××也跃跃欲试，但苦于资金不够，自家也没有合适的地方新建鸭场，于是他说服南桥村经济状况不错的妻兄杨××（男，汉族，1966 年出生）来共同出资合作办场，再与自家兄弟老三（男，回族，1971 年出生）商量，在老三靠近东荆河的 3 亩责任田里建鸭场，老三则以土地入股享受分红，于是以李 ×× 为中心的三人合作的养鸭场于 2006 年初办起来了。在鸭场的管理上，老三负责鸭的喂养和防疫，李 ×× 和杨 ×× 来负责鸭饲料的购买，以及鸭和鸭蛋的销售。从 2008 年鸭场的经营情况来看，三人合作顺利，效益良好。

可见，沔城回族镇回族家庭的亲缘关系并没有固化。直到 20 世纪 80 年代实行联产承包责任制之初，家庭亲属群体一直以血缘群体为主，本家兄弟之间在种田和红白喜事上的相互合作强化了血缘亲情，亲属群体呈现单系偏重的态势。但现在姻亲进入差序格局，扩大了差序格局的范围，使家庭不再仅以男系血缘为中心分出远近，女系血缘也成了丈量亲疏关系的坐标原点。在男女双方均为亲属等级中心点的情况下，亲属关系就有了多种组合方式，可以双系并重，可以单系偏重，单系偏重中可以姻亲偏重也可以血亲偏重，具体的选择方式要依每个家庭状况不同而不一，但共同点就是互惠原则在其中起着关键作用。在以上个案中，姻亲也好，血亲也罢，人们都是以盈利能力的大小选择合作对象，并不局限于是亲兄弟还是内兄弟，也就是说，现在利益正在成为决定关系亲疏的最大砝码。

3. 家庭权威的变革

同汉族一样，传统的沔城回族镇回族内部也是一个盛行父权家长制的社会，男性家长拥有至高无上的绝对权威，掌握着家庭成员的财产权、人身权，大到可以控制子女意志、可以包办子女婚姻，小到可以干预子女衣食住行等日常行为生活，乃至所有家庭成员都是家长的私有财产。此外，家长还对家庭成员掌握着生杀予夺的司法大权，对于触犯族规家法的成员可以动用私刑。

王 ××，男，回族，1936 年出生，城郊村 3 组农民。访谈时间为 2007 年 8 月 11 日，访谈地点在沔城清真寺。

“我年幼的时候，我父亲那个凶啊，真是忘不了！我们家那时人口多，上有爷爷奶奶，中间有父母，下有我们兄妹 6 个，我是老三，上面 2 个哥哥，下面还有 2 个妹妹和 1 个弟弟，我们一大家子人一起生活了很多年，直到我妹妹她们全部出嫁、最小的弟弟也结婚生子之后才分家，分家时我大哥已有了两个儿子，最大的有 12 岁。我们这个大家庭住在一起时，由我父亲当家作主，那时他对我们非常严厉，脸上很少有笑容。在夏天父亲常常早上四五点钟就把我们兄妹几个叫起来干活，有一次他 3 点钟叫醒我们要大家趁着月光收割早稻，我们在田里呵欠连天，父亲二话不说就给每人背上来了几扁担，打得我们顿时默不作声，老老实实干活。我大哥结婚那年学习耕田，学了一天，耕入泥土的深浅始终掌握不好，一回家父亲就叫他跪在大门口，跪了整整一夜，我妈和我嫂子都不敢吱声。父亲那王法，他让我们向左我们不敢向右！”

家庭中这种至高无上的家长权威的基础，首先来源于血缘。血缘关系在早期乡村的形成中发挥了关键作用，赖有这种血缘家属关系，它所联合起来的个人而成为一个族群，定居的族群就是乡村的雏形，因此，基于血缘关系的权力在我国传统乡村权力结构中居于主导地位。在家族生活中，人们以血缘基因中相同成分的多少来决定关系的亲疏，由此构筑出一个盘根错节的亲属关系网络。“血缘关系本身就制做出一种生物学上的等级梯度，每个人根据其在血缘上的亲疏远近排定地位，每个人一出生就被决定了他在这个等级系统中的地位。”[1] 由是，辈分在传统社会中具有重要意义，它意味着家族内部的权势划分，辈分高的人权力也最大。在家族中，权威集中在族老；在家庭中，权威聚焦于男性长辈，他们由于处在血缘关系的中心，是辈分最高者，因而在家族、家庭事务中拥有天然的最高权威。

另一方面，家长权威源于其财富创造能力。在私有制下，家产通过两种方式取得：①祖产的继承；②当代人的劳动创造。前一种状况中，年轻人依据身份而非能力取得财富，处于依附享受的地位，对上一辈只能敬畏顺服，在家事处理中只有被动接受父辈指挥没有当家做主的权力。后一种状况中，家产即使由当代人创造，家长对此的贡献率也要大于年轻人。在变动不居的乡土社会中，文化是稳定的，生活是一套传统的办法，经验具有无可替代的作用，农业是谋生的主业，对耕作技术的熟稳程度以及生活阅历的丰富程度是与年龄的增长成正比的。父辈要遵从祖辈，子辈要服从父辈，男性家长是创造财富的主力军，拥有家庭财产的控制权，在家庭中具有至高无上的权威。即使家长年迈，丧失了劳动能力，但所掌握的适应传统社会的生产、生活技能对于幼辈具有指导作用，仍然握有强制年轻人的教化权力。同时，孝文化的熏陶与维护，也加固了这种家长权威。由于传统社会是一个家国同构的社会，国是扩大的家，忠是孝的延伸，忠臣事君是孝的结果，孝子尊亲可以延伸为忠臣事君，统治阶级为了将人们对父母的正常感情纳入到政治轨道，大力在社会中宣扬孝行孝义，认为百德之首孝为先，“孝，德之本也，教之所由生也”，“孝，天之经也，地之义也，民之行也”，“五刑之首三千，而罪莫大于不孝”。[2] 孝是天地的自然法则，是人们行为的基本准则，也是治

[1] 王沪宁．当代中国村落家族文化 [M]. 上海：上海人民出版社，1991:83.

[2] 汪受宽．孝经译注 [M]. 上海：上海古籍出版社，2004:4–22。

理天下的重要手段。为了宣传孝道，由孔子门徒编写的《孝经》在汉代被列为七经之一，并和《论语》一起，列为学生的必读课程。汉代以来，统治者就提倡以孝治天下，选择官吏也以孝廉作为重要标准，行孝可以成名，可以为官，不孝则没官为民。在孝文化的强大支撑下，子女必须对父母毕恭毕敬，绝对服从，逆父母之意为大不孝，受人轻视唾骂，由此父母的权威得以彰显，家长制得以巩固。

在家长权威统治下，回族大家庭的维持与否就取决于家长的意志。而中国传统文化宣扬的几世同堂，作为治家有方、家道兴旺的标志，对家长无疑具有极大的吸引力。在家长的权威管束下，大家庭的摩擦内部消化吸收，除非到了矛盾不可调和时，分家才成为不得已的选择。但是，这种血缘关系决定权威基础的权威模式在新中国成立后受到了挑战。新中国成立后，中国共产党进行了全国性的土改运动，根据土地拥有量的多少将人划分为不同的阶级，此时人们确定社会成员在社区中权力的标准是其社会地位（阶级），而非血缘地位，“亲不亲，一家人”被“亲不亲，阶级分”所取代。这种按人们在社会政治经济关系中的地位来划分其社会身份的方法，可以把不同血缘地位的人划分在同一范畴，而把相同血缘地位的人划分在不同范畴，从而严重冲击了传统的乡村社区权力结构。在合作化运动中，实行统一经营、收获物按土地入股和劳动比例进行分配的原则，推行统购统销体制，这在很大程度上削弱了家庭的生产功能，从而也弱化了家族的权威。而后在“文革”时期进行的一系列焚毁家谱、没收族产、禁止祭祀活动等等措施，进一步摧毁了家族活动赖以生存的物质的、仪式的基础，淡化了人们的家族意识和家庭观念。

在十一届三中全会以后，中国共产党开始在全国范围内推行家庭联产承包责任制，责任制推行后，政府权威逐步退出生产领域，家庭生产功能得以强化，农业生产的家庭化和个体经营的单独性在一定意义上呼唤着家族血缘认同的回归，但是与此相关的血缘权威并没有随之得以重塑。由于商品经济的发展，农业已经不再是人们获取财富的主要渠道，外出打工，从事第二、三产业是家庭收入的主要来源。年轻人是打工者的主力军，他们具有对现代生产机制的适应能力，活跃在商品经济的中心地带，携带着工业文明的现代价值观念，掌握了创造财富的技能，成为家庭中备受倚靠的重心。由于财富创造能力的下降，原来在家庭中高高在上的老人退居幕后并日益被边缘化。

沔城回族镇的调查表明，在解放以前，大多数回族家庭在儿子结婚后，父亲仍然对家庭事务占有主导权，直到父亲年老力衰，不再从事主要劳动，才将家长的接力棒传给儿子，富庶的家庭尤其如此。在集体经济时代和改革开放初期，家庭的权威结构有所变化，一般是儿子结婚后就当家，成为一家之主，父亲从旁对其辅助支持。在打工经济兴起之后，家庭权威转移的速度加快，子女出去打工之后成为了家庭财富的主要创造者，又增长了见识，对家庭事务上的发言权增加，在家庭重大经济事项上具有主导权，而父亲的权威仅保留在农业经营范围之内。

（三）分家机制的运行

1. 分家的界定

对于分家的界定，由于家庭形式的多样化，学者们有不同认识。美国汉学人类学家孔迈隆（Myron Cohen）认为，家产的正式析分才算是分家，他认为只要家计是共同的，即便是分居的人们，也都是一个家庭的成员，家计的分裂才是最初家庭分裂的主要变量。胡台丽认为，孔迈隆的定义忽略了没有家产的农户以分灶作为分家的标志,分灶作为分家的标志才具有普遍意义。麻国庆认为，无论析产也好，分灶也好，它们都只是分家的重要指标之一，如果没有正式的分家仪式，即使是析产或分灶都不能算分家。[1]在沔城回族社区，不同的人对于分家的判断有不同的标准：一种标准是对于户口本的拥有，即如果新家庭没有独立的户口本，人们则认为它还没有单独立户，还从属于母家庭；一种标准是看是否分灶；还有一种标准是要看大家庭的财产是否已经分割，如若析产，则算分家。一般情况下，这三种标准是统一的，即分户必定要分产，分产肯定会分灶。但自从 20 世纪 90 年代以来，这三个标准就逐渐不统一了，有些家庭虽然分了户，但依然在一起吃饭；有些家庭没有分家，但其成员分散在几地打工，常年不同灶吃饭。对此，农民自己也很难说清楚自家是分了还是没有分，于是就将析产作为最终的判断标志。

2. 分家仪式与财产分配

分家是沔城回族日常生活中的一件大事，分家仪式是分家的一个重要过程，对此，家庭成员都给予足够重视。据老人们介绍，传统的分家有颇多讲究，分家时要选择吉日，一般都在 2 月、8 月间进行，习俗认为春分、秋分这两个节气日夜不差，象征着分家时公平合理。分家时，聘请娘舅或本家长辈 1 名来主持，还有若干族人作为见证人。分家时将所有家产平均分为若干份，将各份编以字号，让儿子们当场抓阄。然后，由识字人书写分家文书，将分家缘由和各家所分财产细目一一列举清楚，人手一份，每份文书的内容相同，都要有当事人、见证人签字画押。分家结束之后，还要祭拜祖先。整个分家过程，严肃而正规。

但集体经济时期和改革开放以来，当地回族分家程序就趋向简单化了。

[1] 麻国庆．分家：分中有继也有合——中国分家制度研究 [J]．中国社会科学，1999（1）．

对于分家日期不再有特殊规定，当家庭成员有了分家意向并且通过某种方式表达之后，父母就选择一个适当的时间召集儿子媳妇们商讨分家事宜，将家庭财产列举清楚，在儿子或父子之间进行明确分割，由在场家人表明各自态度，当所有人都对分家方案表示认同后，分家就算结束，之后分开的各家就开始各自分开炊煮，不再请中人来分家，也没有正式的分家文书。这与新中国成立后家庭财产的变化和人们思想观念的变迁有关，集体经济时代财产是公有的，家庭没有什么财富可供分配，所谓的分家也就是分开吃饭而已，分与不分差别不大，所以不必大张旗鼓。改革开放以后，人们有了一定的资产积累，但此时人们认为分家是自家的家务事，除非在分家中出现纠纷，否则请中人、写文书都没有必要。尤其是打工经济兴起以后，人们有了新的收入来源，对田地、农具这些财产的兴趣已经大大降低，多一点少一点关系不大，分家也就越来越简便了。

在每个儿子之间分配家产的原则是平均分配，但也不是完全意义上的绝对平均。农户分家可以分配的财产，主要有房屋、田土、粮食、家具、农具、积蓄或债务等。所有田土都按照肥沃程度、距离远近搭配好在各儿子之间平均分配，有的父母会把最肥沃、最便利的土地分给最先结婚的长子，以示对长子所做贡献的补偿和对第一个子辈家庭的支持。如回族农户刘 ×× 有两个儿子，家里的旱地水田共 8 亩，大儿子 1987 年结婚，婚后 2 年与父亲分家，分家时分得田地共 3.5 亩；小儿子于 1990 年结婚，婚后 1 年与父亲分家，分得田地 2.5 亩；父自留 2 亩耕种。就田地的质量来看，大儿子的 3.5 亩地最好，全是水田，离家也最近；小儿子有 1 块旱地，且离家较远。

房屋的平均分配程度，要视分家时的经济状况而定。在集体经济时，沔城回族农户普遍儿子数量较多而房屋数量很少，分家时房屋的分配就将房屋数量除以儿子数量，如果平均不足一间就每户住半间，或者是没有分到房的人得到分房人的房屋作价补偿。改革开放以后，经济状况逐渐好转，修建新房的人增多，不同的分家时期儿子得到的房屋数量就不一样。比如，农户向 ×× 有三个儿子，大儿子 1979 年结婚，1984 年与父亲分家，分家时分了一间半房屋，两年后自己花了 200 元购买了别人的 3 间房屋搬到了新宅；二儿子 1988 年结婚，婚后马上与父分家，分家时由于其兄搬走房屋稍微宽敞就分了两间房屋；三儿子 1993 年结婚，1994 年与母亲分家（其父已亡），此时二哥也建了新房搬出老宅，5 间老宅母亲住 1 间半，他得 3 间半。这是一家之中结婚越迟房子越多的情况，也有的家庭刚好与之相反。如农户叶 ×× 有 4 个儿子，大儿子 1987 年结婚，婚后 1 年与父分家，分得一栋新房；二儿子 1992 年结婚，婚后半年分家，此时家中已经无力再做新房，只分得老屋2间；其余两个儿子分别于1994年、1995年结婚，分家时都只分到老屋1间。可见，农户家产分配是基于当时家庭经济水平程度上的平均分配而非绝对的平均分配。

在父子之间，家产分配一般都遵循有利于儿子的原则。儿子是父母生命的延续，肩负着继承家业、光宗耀祖的重任，是父母一切希望的寄托，尤其在父母年老之后，儿子就成了父母一切生命意义之所在。父子虽然会分家，但父母对儿子的关爱与照顾之情却丝毫不会改变，父子分家时财产的分配完全不同于兄弟之间的平均分配，而是采取尽量让利于子的原则。如上文提到的，刘新民与两个儿子分家时，将最好的田地、最宽敞的房屋都分给了儿子，分家后自己只留下2亩最差的旱地和一小间狭窄的偏屋，没有做饭的空间则用石棉瓦在小儿子的新房侧面搭建了半间屋顶做厨房，且两次与儿子分家都将家中的现金分给了儿子，债务留给了自己。父子分家时，常见的情形是父母只留下维持自己生存的财产，其余都分给儿子的新家作为生产和生活资料。

传统上，因为女儿是要出嫁的，往往被视为别家的人了，分家与她们是没有关系的。出嫁的女儿虽然没有财产的分配权，但是她们出嫁的时候会以陪嫁的形式带走一部分的家庭财产，这些陪嫁可以视为父母给予女儿继承的财产。新娘的嫁妆，基本上都是高于丈夫家给的彩礼数目，多出来的部分可以视为父母给予女儿的财产。

在传统农业社会中，女儿的嫁妆是根据丈夫家给予的聘礼决定的，女儿能够得到的嫁妆价值，其实和聘礼的数额是相差不大的，也就是说出嫁的女儿没有从家里带走太多的财产，多余的部分也可以视为她们多年在娘家生产应得的。

现在的沔城回族家庭，女儿的嫁妆是很丰厚的，新娘的父母在置办嫁妆时，一般都会在彩礼之外再加上嫁资，虽然这个投入的数量没有习俗的规定，但是这一形式确实得到了当地回民的一直认可并遵循。父母的这一行为，除为了显示新娘家的声望和名誉以外，也是为了把财产合理合法地传递给女儿。根据2007年、2009年在沔城镇七红村的访谈资料统计，2000年结婚的5对新人，彩礼的平均估价是10 000元左右，而嫁妆的平均估价是15 000元；2008年结婚的7对新人，彩礼的平均估价上升到了15 000元，而嫁妆则是在30 000元。抽样调查结果会出现偏差，但是据访谈对象说，嫁妆比彩礼要高，这是沔城镇回民普遍接受的观念。

张×，女，回族，1983年出生，打工者，原城郊村2组人，已出嫁到洪湖市，丈夫为回族。访谈时间为2008年10月1日，访谈地点在张×娘家。

“我是在广州打工时认识我丈夫的，并且熟悉、相恋起来的，2006年回到沔城订婚的时候，丈夫家给了12 000元的聘礼，可是我2009年出嫁的时候父母给我的嫁妆却包括了彩电、摩托车、沙发、冰箱、四季衣服、8床全套被褥等等，折合价值约为28 000余元，远远超过了丈夫给我的聘礼。出嫁的时候，母亲还给了我5 000元作为压箱钱，虽然我在外打了5年工，有自己的积蓄，但是母亲说嫁到人家去，有些私房钱还是方便一些。”

3. 养老与居住方式

2001年，沔城回族镇政府在王河村建立了1家敬老院，但是全镇只有4位回族老人入住该院，养老方式仍然是传统的家庭养老，居住方式和养老方式有以下4种。

（1）同住式

所谓同住，不仅指父母与子女共同居一处房所之内，还包括父母与子女合灶共食，一起共事。例如，在沔城城郊村，有1个或1个以上儿子（女儿）已结婚且父母一方或双方还健在的回族家庭共有174户，其中父母与子女共住的有91户，占52.3%。这种与子女共住的情形，只限于父子未分家的家庭，要么是独子家庭父子未分家，要么是多子家庭中父母与最后结婚的幼子合居。这类家庭的特点是，家庭和睦，老人明事理，在家庭和社会事务中多谋善断，以威服人，处于受人尊重的地位；年轻人比较孝顺，婆媳关系融洽，婆婆摺平事，媳妇不挑事，以使家庭能保持长时间的同住状态。同住家庭中，父母继续发挥余热，年迈者承担家务劳动，年纪尚轻者参加田间劳动甚至外出寻找务工机会，尽量为子女减轻负担、增加收入，因而养老负担轻；独子家庭中的养老，完全由其独子一人承担，女儿闲暇时探望，可能为其添置衣物并给予一定数量的零花钱；多子家庭中，父母与幼子共居，幼子平时较多地享受老人的劳动成果，老人丧失劳动能力之后较多地承担照料义务，但养老成本还是由各子均摊。

（2）分住式

分住，并不是指父母、子女分别居住于不同的房子，而是指他们分开居住，各自炊煮，分属不同的户籍单位。在城郊村，大多数老人即使与子女分住，也都是和一个子女共居在一栋房屋之内。城郊村有52户分住回族家庭，占总数的29.9%。此类家庭的显著特点是：①家中老人健朗，无大病小灾，还有较强的劳动能力，能下田耕作，尚有独立生活的能力，暂时不需要子女过多的帮助；②老人仍然具有权威性，可以决定自己的居住方式，自己的事自己处理。老人与儿女的关系是，平时各忙各事，互不干涉；忙时互相帮工，老人在家做饭晒谷、照看孙子女，儿子帮助栽秧割谷。二者的居住方式，是典型的“端一碗汤也不冷”的距离。分住家庭中，老人身体状况良好，粮食能够自给，基本上不需养老，只需在逢年过节给点零花钱、买点衣物以表心意。

（3）轮住式

轮住主要发生在多子家庭里，当老人重病或丧失劳动能力之后，由老人自己决定或所有子女议定由每个子女供养一段时间，或一个月或半年不等，每家在固定的时间负责衣食住行，并规定出到时间的接送办法。一般来说，老人愿意自己有一个固定住所，不希望自己四处辗转，寄人篱下。这种家庭的养老比较麻烦棘手，老人往往得不到很好的照料，儿子之间容易起纠纷。如城郊村 2 组农民张 ××（男，回族，1935 年出生）育有 3 子，老人从 2003 年起便卧病在床，生病之前住在小儿子家，生病之后小儿子的妻子不愿意独自承担伺候老人的责任，遂召开家庭会议，决定让老人在 3 个儿子家轮住，每家住 1 个月，每个月最后一天交班，在此期间各家负责老人的饮食起居。自轮住以来，3 兄弟常因为老人饮食质量的好坏、交接时间是否及时纷争不断。这种居住养老方式，在城郊村只有 4 户，仅占 2.2%。

（4）父母分开到子女家住

这种方式大多是，父母健在，并有 2 个及以上子女，父母分开居住到某一子女家并由其供养。例如，城郊村 2 组农民周 ××（男，回族，1968 年出生）兄弟 2 人，周 ××1995 年结婚以后就分家出去自己过，1997 年生了一个儿子，由于周 ×× 在外打工，孩子由其母亲和妻子一起带；1998 年弟弟也结了婚，和父母一起住，2000 年生了一个女儿；此后，父亲就和周 ×× 一起住，而母亲则是和弟弟一家住在一起。不过，他和母亲也不是没有联系，逢年过节还会给母亲零花钱。2001 年，父亲胃出血住院，住院费用是周 ×× 与弟弟一起支付的。这种养老方式与居住方式在城郊村有 27 家，占城郊村回族家庭的 15.5%。

（四）生育观

生育观是人们的价值取向在生育上的一种反映，生育观不只是人们对生育子女的目的、意义的评价观念，也包括对子女性别、数量、质量的期望和选择意向。

表 6-4　沔城回族镇七红生育偏好抽样统计表　（单位：人）

	合计	儿子越多越好	儿女双全	无所谓	女儿更好
男性	51	18	29	3	1
女性	49	15	30	2	2

传统社会中，生育问题在回族的家庭生活中是人们关注的焦点之一。“男

主外，女主内”的传统社会性别分工格局，以及女性在婚姻家庭生活中所采取的自主策略，都带有“生育”问题所留下的烙印。生育观，使回族女性异化并丧失了自主性。在“传宗接代”、“养儿防老”等观念的支配下，沔城回族父母对是否有儿子还是很在意的，虽然在养育上由于种种原因对儿子和女儿没有显示出特别的偏好，但是在生育上则是显示出了一定的偏向性。表 6-4 为沔城镇七红村 60 岁以上父母生育偏好的抽样调查。60 岁以上的父母，他们的孩子基本上都出生在改革开放之前，父母都还记得当时对生儿生女的偏好，以此可以说明改革开放之前沔城镇家庭的生育观念。

从统计表可以看出，在传统的沔城家庭中，儿女双全被认为是最好的模式，儿子保证了传宗接代，符合了人们对男孩的生育偏向，并以此保证农业生产的进行，而女儿则是作为母亲的助手给予期待。有相当多的父母表示，希望在可能的情况下多生儿子。

究其原因，在这些父母的眼中，儿子所提供的收益大于女儿提供的收益，即男孩的价值大于女孩的价值。①在保障效用方面，我国大部分农村包括沔城镇的养老保障体制不健全，社会保险的机制远远没有到达乡村这一层面，在相当长的时间内，养老还是得由家庭来承担，而沔城的父系的继嗣制度使儿子成为养老的实际承担者，所以，认为只有生育男孩才能降低养老风险性的思想，在传统家庭中根深蒂固也是有背景的。出嫁的女儿虽然也能为父母提供经济供养和生活资料，但毕竟已经是人家的人，父母会认为女孩的保障效用的可靠性差。②男孩创造的收入保留在家庭内部，不会向外流动；女儿虽然也是父母所生，但在成年后终究是要出嫁的，也就是说女孩早晚要排除于家庭内部，这就意味着家庭财产向外流动。③在沔城传统社会中，农业生产是社会经济的支柱，对于一个家庭也是如此。传统的“农耕式”劳作方式对体力要求高，劳动强度大，干得多获得收益也多，家庭男孩多则有利于争取更多的财富。

随着经济的发展和价值观念的多元化，沔城回族的生育观正在向现代生育观念转化。①越来越多的人不再信奉“养儿防老”，认为凭自身的辛勤劳动完全有能力安度晚年，“少生、优生、优育”的观念逐渐为大多数家庭所接受。在当今社会，即便在少数民族生育优惠政策下，许多回族青年仍选择了“只生一个好”的生育观念。②由于生育子女成本的提高，以及人们对个体价值实现的关注，回族越来越倾向于少生，越来越多的人愿意只生一个孩子，生第二胎的家庭日渐减少。在对待生育子女的性别态度上，人们的生男偏好并没有完全改变，但重男轻女的思想从总体上趋于淡化，生育性别差异缩小的观念正逐步形成。与此同时，当代回族青年更加注重个体价值的实现，普遍认同晚婚晚育观念。③现代避孕药物的引进和发展，使生育成为可供选择的行为，性与生育相分离，也使计划生育成为可能，传统的生育观念逐步改变。人们的生育动机越来越趋向于满足自身的情感要求，充实家庭生活，体验做父母的乐趣，巩固和发展婚姻关系。随着时代的发展，回族婚姻家庭生育观念的重心已从注重子嗣的纵向关系转向注重夫妻感情的横向关系。沔城回族生育观的的变化，一方面反映了市场经济的发展使人们对个人独立价值更加重视，另一方面也反映了家庭伦理由家庭本位向个人本位变化的一种趋向。

小　结

婚恋家庭生活方式，是人类生活方式的重要组成部分。有学者认为，现代的婚姻和家庭，是一种摆脱了封建或其他前资本主义社会色彩的婚姻和家庭类型。这种婚姻与家庭类型产生于现代工业社会，是现代人民群众的一种生活方式，其根本特点是建立在男女双方独立自主基础上的结婚与离婚自由，以及家庭成员的极大平等，由此而带来夫权制、父权制的日益衰落和瓦解。[1]婚恋家庭生活方式逐渐现代化。婚姻形式，作为一种能动的社会文化，是随着社会的发展变化而不断变化的。在“婚姻革命”、“家庭革命”的影响下，沔城回族婚姻家庭领域中社会性的成分逐渐增多，妇女也开始走出家庭、走向社会；此外，“文明婚礼”、离婚再嫁等新型的思想观念，已得到当地人们的理解和认同。再说，人们的择偶观变化就更大了，在择偶方式上，自主婚姻所占的比例越来越高，传统的包办婚姻已基本不存在。在择偶模式上，尽管地区差距较大，但从总体上看，婚姻当事人选择恋爱对象的形式也越来越多样，有自己认识的，有通过朋友、亲友或婚介介绍的，也有通过网络交流认识的。总之，择偶媒介开始呈现出以亲属、邻里为主转向以同学、同事和朋友为主的倾向，即择偶网络正在由亲缘、地缘向业缘关系扩展。在择偶标准上，也从以家庭出身、政治面貌、经济条件、社会关系作为主要标准，转向以家庭利益为重的倾向，如今人们在择偶时更注重个人条件，其中情感因素和经济条件在婚恋中所占的比重也越来越大，以往起决定作用的政治因素已经失去了市场。

宗族是介于国族和家庭之间的纽带，作为一种社会群体，它在历史上曾经为维系当时社会秩序起过稳定社会与和谐人际关系的作用。现在，宗

[1] 方心清，王毅杰．现代生活方式前沿报告 [M]. 北京：中国社会科学出版社，2005:64.

族随着社会的变迁而发生了很大的变化，从目前所了解到的宗族情况看，虽然宗族文化不断弱化、宗族功能逐渐消解，但宗族仍然存在某种组织形式和具有宗族色彩的活动，有着一种内部认同和外部边界。当地群众对宗族这一血缘组织形式的认同，其最基本的理由就是，宗族文化具有能够在很大程度上满足农民对自身历史感、归属感的深刻需求的文化品性。如果硬是一味地棒杀，未免失之偏颇。从发展观来看，宗族必然有它消灭的时日。即使宗族消亡，原有宗族社会的某些优良传统还可以继承。从建构和谐社会的目标来看，宗族组织是一种可资利用的积极力量，是很重要的社会资源。利用宗族资源，会大大降低社会运行中的摩擦成本，对建构和谐社会具有重要意义。我们应当给宗族组织以合法地位，积极鼓励和支持宗族的正常活动，让宗族和传统文化在建构和谐社会中发挥应有作用。

家庭是社会的基本生活单位，是一种社会关系与社会组织的缩影。不同地域和不同文化之中的家庭千差万别，家庭结构、家庭分工、家庭关系都体现出了文化和社会的差异。当社会发生变迁的时候，作为社会生产生活基本单位的家庭，自然体现了这种变迁，所以，在沔城镇的现代化过程中，沔城回族的家庭体现出了一种适应性，调试家庭的类型、结构、规模以及家庭规范，以适应沔城现代化的过程。沔城回族家庭变迁的趋向及特点主要表现在：①从“四世同堂”的大家庭进入到核心家庭。②家庭关系的简单化和传统大家庭的亲缘关系纽带不断地被削弱。③家庭子女数的减少，社会流动的增加，尤其是“空巢家庭”、提早到来的中年“空巢家庭”、地区与文化差异的存在，导致两代人共同居住的现象减少，一种夫妻平权、代际独立程度较高的家庭环境正在形成。人们在重视亲子关系的同时，夫妻关系的地位也有了很大的提高，家庭关系也有从纵向向横向转移的趋势：主干家庭更多的是在节假日中发挥积极的亲情纽带作用；独立家庭更乐于分而不离的居住形式。④在三口之家中，妇女的地位已趋于和男人平等，人们普遍树立了“晚婚少育”的观念，其“重男轻女”和“生育是为了传宗接代”的意识也日趋淡化。此外，日益增多的离婚现象，也逐渐被人们视为一种社会进步和生活质量追求。也就是说，家庭变迁的基本走向是：更加多样化、现代化、民主化，更重视家庭和个人、家庭责任和个性满足的平衡的家庭形式和家庭生活方式。正如托夫勒在《第三次浪潮》中所说，同“第一次浪潮”即农业社会文明相适应的是大家族式的家庭生活方式，同“第二次浪潮”即传统的工业社会文明相联系的典型家庭生活方式是小型的核心家庭，而到了“第三次浪潮”社会，应是多样化的家庭形式，并认为，“新的家庭制度将成为崭新的社会领域的中心”。[1]

[1](美)阿尔温·托夫勒.第三次浪潮[M].朱志焱等，译.北京：生活·读书·新知三联书店，1983:277—278.

第七章　宗教生活方式的变迁

宗教是人类历史上十分久远的现象，它的复杂性可以从学者们给它所下的千差万别的定义中表现出来。在宗教定义无法统一的情况下，有人则建议用族类相似概念来“解决——或许也就是消解了——‘宗教’定义的问题”。约翰·希克认为要给宗教下一个确切的定义有相当的难度，但仍然有人从现象学、社会学、心理学等角度对宗教进行了界定。这些定义的共同缺陷在于，它们都使用了化约主义的方法，如：

> 宗教是对我们与一种不可见的、灵性的秩序有实践关系的意识。
>
> 宗教是人对超越于他自身力量的信仰。
>
> 宗教是一个统一的与神圣事物相关的信仰和实践体系。
>
> 宗教是人通过对神的崇拜所建立的一种与神的关系。[1]

在众多的宗教定义中，我们可以感觉到宗教现象的复杂多样。之所以有如此多的定义，是因为人们对宗教的认知方式各不相同。另一个因素就是，世俗化所导致的制度化宗教与世俗社会过于密切的交涉，遮蔽了宗教最为本真的东西——宗教是人类的一种生活方式。也就是说，宗教是作为一种生活方式出现的，而不是作为一种研究对象出现的，宗教就是宗教，而不能化约为意识、信仰、文化等其他什么东西。宗教学者很少将宗教看作一种生活方式，正如哲学史家极少注意到古代哲学首先是一种生活方式。当然，哲学史

---

[1]（英）约翰·希克．宗教之解释：人类对超越者的回应 [M]. 王志成，译．成都：四川人民出版社，1998:19.

家可以去实践他所研究的哲学，而宗教学者却很难成为他所研究的宗教的教徒。但这并不妨碍宗教本身作为一种生活方式为人们所信奉。在这个意义上，伊斯兰教就是回民的一种生活方式。

回民信仰伊斯兰教，伊斯兰教是严格的一神教，故其风俗习惯大都与此有密切联系。只要考察一下回民宗教生活的基本内容，我们会发现，宗教已经渗透于回民社会的各个角落。依照《古兰经》的规定，凡信仰伊斯兰教的人，都必须遵照《古兰经》和《圣训》行事。《古兰经》是所有伊斯兰教教徒的经典和行动准则。《圣训》则是注解，其中也包括穆罕默德的言论、行为以及得到其许可或默认的种种事实；还要按规定完成五项功课，即念、礼、斋、课、朝。回民的宗教活动，涉及生育小孩、建造房屋、选择吉日、祈福、丧葬、嫁娶等等，可谓事无大小均需以宗教的形式来进行。伊斯兰教以其特有的形态表达着回民的信仰和生活方式，他们甚至不需要对其做出任何解释，而是如其所是地实践着。他们有赖于宗教的仿佛不是那些宗教知识，而是那些知识得以阐发的形式。他们的宗教既是经过知识精英系统化、概念化的宗教科学，也是自然而然地实践着的作为生活方式的宗教。

第一节　沔城宗教信仰状况

宗教是各民族传统文化的重要组成部分，影响着信教群众的思想观念和生活方式。宗教的社会功能具有双重性：①它可能在稳定社会、推进社会变革方面发挥积极作用；②又可能引发社会动乱，阻碍社会变革。如果民族之间在宗教信仰、礼仪和生活习俗等方面存在很大的差异，就可能直接影响民族之间的日常交往和民族关系。而且，不同宗教在对待其他宗教的宽容度上也各有不同。回汉民族之间主要的文化差异，如饮食、风俗习惯等，都是由宗教信仰塑造的。所以，要了解散杂居地区民族间的关系以及回民生活方式变迁的情况，应先了解当地群众对不同宗教的认知和认同情况。

一、沔城宗教信仰现状

中华人民共和国成立时，沔城地区就已经存在伊斯兰教、基督教、道教、佛教及其他地方民间信仰多元共生的现象[1]，这说明当地群众历史上就有信仰宗教的传统。2009年，沔城信仰伊斯兰教、基督教、道教、佛教四种宗教的信教群众9 000多人，占全镇总人口的1/3。宗教团体1个，即仙桃道教协会；登记的宗教场所11个，其中清真寺1座、道观1座、儒教场所1个，

[1] 关于沔城各种宗教的源流与发展情况，有关内容在第二章已作了介绍，这里不再赘述。

其余8个为佛家活动场所；宗教教职人员43人。以下是笔者在沔城区实地调查的情况。

表7–1 沔城回族镇调查样本的民族与宗教信仰情况 （单位：人，%）

信仰宗教＼民族	回族		汉族		其他少数民族		合计	
	人数	比例	人数	比例	人数	比例	人数	比例
不信教	4	5.1	3	8.5	0		7	6
伊斯兰教	75	94.9	7	20	1	50	83	74
佛教	0		14	40	1		15	12.9
基督教	0		1	3	0	50	1	0.8
道教	0		6	17	0		6	5
儒教	0		1	3	0		1	0.8
其他	0		3	8.5	0		3	2.5
合计	79	100	35	100	2	100	116	100

从调查样本来看（见表7–1），回族受访者中，伊斯兰教信仰者75人，占回族总受访人数的94.9%；不信教者为4人，占回族总受访人数的5.1%；全体回族受访者中，没有人信仰基督教、道教和佛教等。回族样本分析中，引人注意的是，信仰伊斯兰教的比重仅占94.9%，与典型的回族聚居区宁夏石嘴山市惠农区99.4%的比例[1]相差4.5个百分点；而且“不信教”的比重达到5.1%，这与人们通常认为回族全民信仰伊斯兰教的看法不相符。从不信教人群的职业和学历构成情况来看，4人中有1人是在校大学生，3名党员干部；1人是中专学历，3人为大学学历。从年龄角度来分析，不信教的在校大学生年龄为22岁，3名党员干部均在30岁以上，

虽然样本中没有反映出当地回族有信仰基督教、道教和佛教等宗教的情况，但在访谈中，蒋××（男，回族，1943年出生，沔城清真寺管理会成员）告诉笔者，“也有个别回民信基督教，近几年基督教搞得比较厉害，不过都很隐蔽，在沔城还没有固定的基督教活动场所”。

对此，沔城清真寺王明权阿訇的态度是：“基本上没有回族改信基督教等其他宗教的，据说有一两个人经常参加基督教活动，但没有去证实。”

从以上资料可以看出，沔城回民的伊斯兰教信仰情况与其教育状况（国民教育）及职业有一定的相关性。一般来说，受教育时间越长、教育程度越高、职业与回族传统行业相差越远的人，对伊斯兰教的认同程

[1] 丁宏.回族、东乡族、撒拉族、保安族民族关系研究[M].北京：中央民族大学出版社,2006:5.

度越低；年轻人的宗教信仰意识比老年人要弱；当地还出现了个别回族群众信仰基督教的现象。这都说明，散杂居地区回族对伊斯兰教的认同程度低于回族聚居区。

汉族受访者中，不信教的人数为 3 人，占汉族总受访人数的 8.5%，这与国家唯物主义、无神论的教育宣传有关；信仰伊斯兰教的有 7 人，占汉族总受访人数的 20%，主要因为与回族的婚姻、血缘关系而随教；14 人信仰佛教，占汉族总受访人数的 40%；1 人信仰基督教，占汉族受访总人数的 3%；1 人信仰儒教，占汉族总受访人数的 3%；选择“其他”项的汉族人数为 3 人，占总人数的 8.5%。除此之外，近年来群众自建土地庙的现象较多，仅 2006 年当地民宗局就发现了 3 处并做出处理。整体看来，沔城汉族的宗教信仰比较复杂，在农村地区多是以复合型的民间信仰形式表达出来的。笔者认为，虽然汉族中有 20% 的人因为与回族的婚姻、血缘关系而自称信奉伊斯兰教，但是由于回族人口仅有 7 000 多，占当地信教群众的 90% 左右，且主要依靠人口自身繁衍发展教众，在当地总人口中的比重也相对稳定，所以汉族信奉伊斯兰教的比重对汉族整体信教群众比重增加的贡献率是较低的。相反，改革开放以来，佛教、道教、基督教、天主教[1]讲经点、聚会点增多，尤其是 2000 年以来，全镇新增的 6 个已登记的宗教场所全部为佛教场所，各种宗教信徒迅速增多，2009 年达 9 000 多人。

二、各民族对宗教的态度

以上分析了沔城回族镇的宗教信仰状况，那么，当地各民族群众对宗教信仰的看法又如何呢？在问卷中，对“您认为宗教信仰对社会经济生活的作用”一栏，回族受访者中有 65 人认为“有促进作用”，占样本回族总数的 75.9%；7 人认为“有所促进”，占样本回族总数的 15.3%；认为“无所谓”的有 5 人，占样本回族总数的 6.3%；选择“不知道”的有 2 人，占样本回族总数的 2.5%。汉族群众受访者中，有 23 人认为“宗教对社会经济生活有促进作用”，占样本汉族总数的 71.4%；5 人认为“有所促进”，占样本汉族总数的 8.5%；认为“无所谓”的有 4 人，占样本汉族总数的 11.4%；2 人认为“有妨碍作用”，占样本汉族总数的 5.7%；1 人选择“不知道”，占样本汉族总数的 3%。其他 2 个少数民族认为，宗教对社会经济生活有促进

[1] 虽然沔城目前没有基督教和天主教的传教点，但据荆州市沙市天主教堂李兆若神父介绍，沔城属于基督教、天主教洪湖教区的传教范围，基督教、天主教对沔城各族群众也有一定影响。

作用或有所促进（见表 7–2）。

表 7–2 沔城调查样本的各民族及其对宗教社会作用的看法（单位：人，%）

民族 宗教的作用	回族		汉族		其他少数民族		合计	
	人数	比例	人数	比例	人数	比例	人数	比例
促进	65	75.9	23	71.4	1	50	89	76.7
有所促进	7	15.3	5	8.5	1	50	13	11.4
无所谓	5	6.3	4	11.4			9	7.7
妨碍	0		2	5.7			2	1.7
不知道	2	2.5	1	3			3	2.5
合计	79	100	35	100	2	100	116	100

分析以上数据，可以看出，样本回族中认为“宗教对社会经济生活具有促进作用”或“有所促进”的达到 91.2%，同比汉族高出 11.3 个百分点。同时，样本回族中没有人选择“宗教妨碍社会经济发展”，其原因应该是与当地 94.9% 的回族信仰伊斯兰教有关。样本回族中，选择“无所谓”和“不知道”的共占到 8.8%，这与上文中 5.1% 的回族选择“不信教”的结果相符。从另一个角度说明，在散杂居地区回族并不意味着全部信仰伊斯兰教，散杂居回族对伊斯兰教的认同程度低于回族聚居区。

宗教信仰是民族文化的重要内容之一，它在一定程度上模塑了不同的传统生活方式。人类学家格尔兹（Clifford Geertz）指出，“人类如此依赖于象征符号和象征符号体系，以致这种依赖对其生物性存在具有决定性影响，因此，我们最重要的财富，永远是关于在自然界里、地球上、社会中以及我们所作所为中的一般定位的象征符号，即我们的世界观与人生观的象征符号”[1]。亨廷顿认为，以宗教为分野，世界各个民族将面临着“文明的冲突”，宗教在人类认同中将起重要作用。信仰是宗教的核心，宗教信仰所造成的“边界控制”和文化差异是民族认同与排斥、融合与隔离的基本因素。[2] 因此，多民族散杂居地区的不同民族，如果在宗教信仰、礼仪和与宗教相关的生活习俗等方面有很大差异，那么民族间的日常交往和民族关系就会直接受到影响。

在“宗教信仰对族际交往选择的影响”选项上，汉族更多选择佛教或道教信仰者作为交流对象；回族则选择了信仰伊斯兰教者。宗教认同，对

[1]（美）克利福德·格尔兹．文化的解释 [M]. 纳日碧力戈等，译．上海：上海人民出版社，1999:114.

[2] 马建福，陶瑞．西北杂居村落民族关系的个案——以加入村为例 [J]. 西北第二民族学院学报，2006（4）.

于民族生活方式的整合程度有较大的影响。当然，也有人选择了无所谓，他们认为与人交往，不必与宗教信仰相联系。在选择交往对象时，116 份问卷中，97 人选择了无所谓，占 83.6%；19 人选择了同一信仰，占 16.4%。但是在婚姻选择时，79 个回族样本中，65 人选择了同一宗教、同一民族，占 82.3%；35 个汉族样本中，有 31 个选择了同一宗教、同一民族，占 88.6%。在婚姻上选择同一宗教、同一民族的比例都超过了 80%，主要原因是生活习惯上的差异，尤其是饮食差异。在宗教态度上，都选择了“不同宗教相同道理，无优略之分”。从宗教认同角度来分析，民族间的正常交往并没有因宗教信仰差异而终止，宗教认同没有为民族关系的和谐发展树立屏障。

第二节　清真寺和寺坊的结构变迁

一、清真寺

“清真”，原为普通的名词，在汉语里是纯洁质朴的意思。唐宋时期有名的文人墨客，以“清真”入诗的不少。如唐代姚合有“不行门外地，斋戒得清真”的诗句；刘春虚有“深林度空夜，烟月资清真”的诗句；李白有“韩生信英彦，裴子含清真”、“右军本清真”和“垂衣贵清真”的诗句，赞颂裴政、王右军等人。宋代陆游以“阅尽千葩百卉春，此花风味独清真”来赞美梅花的纯洁质朴；词人周邦彦以“清真”命名自己的词集。其他宗教也有以“清真”命名寺院的，如道教的“清真观”、开封犹太教堂“清真寺”等。后来，伊斯兰教逐渐借“真”指真主独一至尊，永恒常存，无所比拟。简而言之，清则净也，真则不染，净而不染，就是清真。到清代以后，叫“清真寺”的逐渐多起来，清真寺便成为中国各地伊斯兰教寺院的专有名称了。

在沔城回族镇，清真寺在传统上至少有以下几种职能：

①穆斯林礼拜的场所。每日的五番乃玛孜、每周的一次主麻、每年的两次会礼都在清真寺举行。

②穆斯林沐浴洁身的场所，人们礼拜前或平时都可来此沐浴净身。

③阿訇宣讲教义和宗教常识的讲坛。每逢回族的节日或重要活动，阿訇都要在寺讲“卧尔兹”。

④培养新一代宗教人士的经堂。招收一些学员（称作“海里凡”或“满拉”），由开学阿訇向他们讲授阿拉伯语、波斯语、《古兰经》、各种《古兰经》注、圣训、伊斯兰教教法、教史等知识，以造就新一代宗教人才，即人们所谓的经堂教育。学员们在寺内吃、学习，整日生活在寺里。

⑤回民儿童及一些成年人接受伊斯兰教育的启蒙学校和培养回民子弟的学校。其宗旨是普及伊斯兰文化知识。

⑥回民群众主办婚丧嫁娶和屠宰食用禽畜的服务场所。

⑦纪念亡故先贤或其他亡人集会的场所。

⑧阿訇、伊玛目及乡老们处理寺坊内事物的办公处所。选聘阿訇、修寺、办学、过节以及事关回民利益的大事往往习惯在寺里开会商议。

⑨穆斯林群众欢度斋月和过圣纪节的筵席场所。回坊群众在每年过圣纪节时都习惯在清真寺内共同坐席用餐；斋月期间，经济条件较好的人家还向寺里按时送去开斋饭，和"要乜帖的"（穆斯林乞讨者）在寺里共同用开斋饭。

清真寺的人员一般由两部分人组成，一部分是管理教务的，一部分是管理寺务的。管理教务的统称为"阿訇"，管理寺务的人称为学董。

（一）沔城清真寺的历史和现状

沔城清真寺历史悠久，据《沔阳州志》记载，沔城历史上建有清真东寺（俗称下寺，在七里城）、清真西寺（俗称上寺，在红花堤）。沔城东寺最迟当建于明末。清真大院的总面积约为4 500平方米，建筑面积共为2 682平方米。寺宇规模宏伟，朝觐大殿可容千名回民会礼，正大门前的清真大院可容万人集会。寺内保存着自唐宋以来的经典和建寺以后的碑文与史籍。该寺所办的经堂教育，为湖北、海南、上海等地培养了不少著名阿訇。清嘉庆年间，因沔城回族人口增长，清真东寺已不能满足回民节日聚礼之需求，又在红花堤街兴建了一所坐西向东、建筑面积约2 500平方米的清真西寺。

沔城东西两寺，有其繁荣兴盛的历史，亦有其被破坏和重建的过程。清朝末期，受清王朝"护汉抑回"政策的影响，两个清真寺被破坏。1941年，国民党一二八师驻防沔城，实行焦土抗战，团长陈良强奉师长王劲哉之命，放火烧城，东、西两寺同当时沔阳城内外3 000余栋民房及历朝古建筑，全部化为灰烬。寺内所存大量伊斯兰教经典、期刊及建寺以来各种文物、碑刻等，荡然无存。新中国成立后，党和人民政府十分关怀回民，重视回族人民文化生活和传统风俗，于1955年拨款扶助，在红花堤清真寺的废墟上重建了"沔城清真寺"。1987年，沔城改建湖北省唯一的回族镇后，在湖北省民族宗教事务局的关怀下，各级政府再一次拨款扶助，对原有清真寺重新改修扩建，使现有建筑规模超出原来的2倍，形成新的格局，朝觐大殿一次可容300多穆斯林聚礼。2002年，经回族乡佬捐资捐物和各级政府的支助，红花堤清真寺又进行了修整，并重建了围墙和水房。现在，红花堤清真寺是沔城著名的旅游景点之一，也是展示沔城民族团结的一个窗口。

（二）清真寺功能的变化

“清真寺”阿语译音为“买斯吉德”（Masjid），其意为礼拜真主的地方。对于广大的回族穆斯林来说，清真寺是他们最重要的宗教活动场所。沔城清真寺作为该区域内伊斯兰教最重要的活动设施，被当地的穆斯林视为“真主之家”或“安拉的房子”，是伊斯兰教的灵魂。伊斯兰教的宗教教义和宗教文化知识，都通过清真寺所进行的一系列活动传播到广大回族穆斯林的心灵之中。当地回族所有重大节日的庆典活动及所有宗教礼仪活动，都在清真寺内举行。

清真寺还是该教区内回族穆斯林聚会与交往的中心，伊斯兰教教义提倡和鼓励回族穆斯林在清真寺内集体礼拜。每周五一次的“主麻日”聚礼，既提供了穆斯林之间经常交流的机会，也增强了穆斯林之间的内在团体精神意识，这在一定程度上反映了回族内部的凝聚力。同时，在频频聚会中，回族穆斯林内部的交往与思想感情的交流日益加深，尤其是在市场经济时期，回族群众除了从广播和电视上获得商品信息和市场行情外，而更实际的市场运作及其收益情况方面的信息则需要从亲朋邻居处获得。在农村普遍缺乏交流场合的条件下，清真寺成了满足回族居民这种需求的重要场所。

也就是说，在传统社会里，清真寺扮演着多重角色，它既是基层政教中心，又是培养人才的教育基地，还是信息文化内外传播的窗口。此外，清真寺的基本功能还派生出众多的社会功能，如集市贸易中心、文化娱乐场所、文化交流中心等等。新中国成立以后，清真寺原有的功能渐渐被削弱。

1. 政治功能的削弱

新中国成立前，清真寺既是宗教活动场所，又是政教基层组织，掌教或阿訇扮演着政治和宗教的双重统治者角色。世俗政权和寺庙特权，有着千丝万缕的联系。新中国成立以后，通过民主改革，政教分离使清真寺失去了获得政治特权的制度根源。“三反五反”运动使得清真寺失去了神权政治所赋予的各种特权，取而代之的是在沔城先后建立的各基层组织政权，而且随着这些基层政权组织的建立和完善，彻底改变了沔城基层组织的结构。清真寺仅仅以宗教活动场所而独立存在于现代沔城人民的社会生活中。一位曾经在沔城清真寺的阿訇如此评价这种现象：自从民主改革以来，清真寺不再具有政治和商业的色彩，如今的清真寺已变成名副其实的宗教活动场所。

2. 教育功能的退化

清真寺的教育功能，体现在清真寺负有培养宗教接班人以及传播伊斯兰宗教文化思想的使命。经堂教育，是实现这一功能的重要途径。清真寺通过招收穆斯林子弟，请阿訇讲习伊斯兰教经典，传授教义、教法知识，普及宗教基础知识，以及培养阿訇。沔城清真寺内的经堂教育同其他各地清真寺里的经堂教育没有什么根本性的差别，一般都大同小异。每逢“主麻日”、斋月、大小开斋节或是圣诞、圣忌纪念日，此时清真寺便成为阿訇向穆斯林宣传《古兰经》、伊斯兰教义、教法、教律、圣史和宗教故事的讲坛。沔城清真寺曾经培养了许多有名的阿訇。新中国成立以后，国民教育很快在全国普及和推广，现代意义上的教育蓬勃发展。孩子们有机会进入现代学校并接受现代教育，清真寺的经堂教育便渐渐边缘化。20 世纪 50 年代至“四清运动”之前，沔城清真寺曾经为当地穆斯林开设过伊斯兰基础知识短期培训班。即便 20 世纪 70 年代末以来，宗教信仰政策重新得到贯彻和落实，沔城清真寺的经堂教育也没有因之而振兴。沔城回族镇成立后，沔城各中、小学有一年无一年地请清真寺的阿訇去传授回族的传统文化知识。2002 年、2006 年、2007 年，清真寺的王明权阿訇共主办过 3 期伊斯兰文化培训班，培训对象主要是放暑假的沔城回族子弟。

当然，这与沔城现代学校和现代教育快速发展不无关系。比如，2009 年，沔城高中在校生达 4 061 人，沔城初级中学在校生达 1 693 人，沔城 2 所小学招生 1 348 人，幼儿园在园幼儿 1 204 人。小学学龄儿童入学率达 100%，初中入学率达 99.5%。不言而喻，现代教育的普及和发展，彻底改变了沔城教育结构和教育方式，进而限制了当地清真寺经堂教育的发展规模。

3. 其他功能的削弱

民主改革以后，清真寺不仅政治、教育等功能退化，而且在基层社区中原有的其他功能，如围绕清真寺而形成的传统集市贸易、清真寺所承担的社区医疗功能以及传播外来信息窗口的功能等也渐渐削弱，这些功能逐渐被政府在基层建立的政权组织和服务设施所取代。同时，随着宗教信仰的恢复和宗教文化的复苏，围绕清真寺培育出了新的宗教文化形态，清真寺作为旅游景点渐渐成为沔城宗教旅游文化的重要内容。

（三）清真寺内部组织的变迁

1. 阿訇权威的变化

清末民国初以前，沔城伊斯兰教实行依玛目掌教制。教职人员除了掌教（依玛目）外，还有督教（海推布）和副教（穆安津），由本地有势力的穆斯林担任，而且可以世袭。这一制度大约在民国后失去群众基础，改为阿訇掌教制。阿訇是波斯语“Akhund”的音译。《辞海》中的定义是：原义为教师，在通用波斯语的穆斯林中，是对伊斯兰教师的尊称，在中国是伊斯兰宗教职业者的通称。

沔城的阿訇一般从外地选聘，是教坊穆斯林的最高宗教领袖或首领，其地位也有一个演变的过程。在依玛目制度下，阿訇多指经堂学校的教师，主要以讲经授徒为业；清末民国初后，代替依玛目的地位，拥有行教权，全面主持教务，掌管各项重大宗教事务，集教学、教务之权于一身，兼有多项职权和职能，在教坊中拥有极高的权威。阿訇行使的职权范围包括：负责经堂教学的课程安排，招收生徒，讲授经典，培养满拉（海里凡）；担任集体礼拜的伊玛目，特别是聚礼和会礼，必须由其主持、领拜，并负责宣讲教义教法，劝人行善止恶，遵纪守法；为穆斯林证婚，为无常者举行殡葬仪式，主持其他重大宗教事务；负责解释教律，根据经训，结合国家实际，对某些重大问题做出自己的决定。以改革开放为界线，改革开放以前，阿訇无论在宗教生活还是世俗生活中都具有较高的权力和威严。在宗教信仰上，在经典、教义的理解上，阿訇说了算；对于世俗生活，阿訇更是具有规范、约束信教群众的权力。在采访中，穆斯林老人们告诉我：小时候，上至七八十岁的老人，下至幼童，见到阿訇都要毕恭毕敬。现在，当地群众仍然很尊重清真寺的阿訇。

沔城清真寺从1949年以来一共选聘过4名阿訇。1949—1961年为张长信（河北人），1962—1966年为魏章才（洪湖人）。从1966年“文化大革命”开始到20世纪70年代末，由于宗教被禁止，这期间阿訇受到打击，阿訇也随之消失。1979年后，重开清真寺，重新聘请阿訇。他们是：定正秉（1979—1987，沔城人）、王明权（1987年至今，洪湖市老湾回族乡人）。

阿訇虽说称之为聘任，改革开放以前，沔城的阿訇除包其吃住外，实际上并不拿工资，他们的生活都由寺管会来安排，每月给一定数量的粮食和菜金，作为收入，还可收到信徒捐赠的数量不等的乜贴和赠物。1987年沔城回族镇成立后，沔城清真寺阿訇的工资由镇财政出，一年6 000元。全镇牛羊的屠宰多由阿訇持刀，一般是义务性的，现在镇上3家从事宰牛业的老板，都是请阿訇持刀，宰一头牛一般都会给持刀阿訇1元钱的辛苦费。镇上回民家有红白喜事请阿訇去念经，有时也会给阿訇一定的辛苦费。

2. 寺管会的变革

沔城回族镇宗教事务的管理，由清真寺和寺坊管理组织寺管会负责。这一管理机构的组织形式和名称，在不同时代和不同地区都有所不同。随着回族穆斯林寺坊制度的形成，沔城清真寺和寺坊事务的管理机构——寺管会逐步得到完善。旧时寺管会也叫学东乡老会，由数名热心宗教事业的长老（乡老）组成，为首者称学东或主事乡老，民国时期又多称为学董。

沔城清真寺和寺坊管理机构，最早成立于明嘉靖三年。“文革时期”，沔城清真寺被毁，寺管会也停止工作。1979年，恢复了清真寺的宗教活动，并组织了寺管会。寺管会一般由 5 人组成，设正副学董 2 人，会计、出纳、保管员各 1 人。寺管会的主要职责是：决定选聘或解聘本寺坊掌教阿訇和其他教职人员；筹办集体性的宗教活动，如三大节日庆典等，举办经堂教育和其他公益福利事业；负责清真寺的维修，管理回民公墓；筹集和管理寺坊经费、财产及接待来访人员等。

沔城寺管会从新中国成立到 1966 年，学董是魏光明。1979 年沔城清真寺重新恢复宗教活动以后，寺管会学董已换了 7 任，1979—1982 为李常明，1983—1985 年为金耀章，1986—1988 年为魏珍光，1989—1993 年为王艾英，1993—1996 年为李和斌，1997—2002 年为马方新，2002 年至今为蒋锡富。上述学董及寺管会成员，在市（县）民族宗教事务局和统战部主持下，由本镇信教穆斯林选举产生，实行民主管理，依法办事。

3. 清真寺内部组织的变迁

清真寺内部组织制度，是阿訇及其信众为了有效实现与宗教信仰相关的一系列特定价值目标而建立起来的结构比较严密的制度化群体，是由文本化的宗教思想、模式化的宗教仪式和层级化的教权组织等要素有机组合而成的一种比较稳定的结构体系。沔城清真寺内部组织制度的特质及其发展走向，主要取决于身处的特定地域及民族内部的文化认同所反映的文化自保，这也构建了沔城清真寺宗教生活的地域性及变迁，即沔城清真寺群体内部成员在宗教活动和社会生活中的角色组合、权力模式和认知取向及其变迁。

具体地说，清真寺是由阿訇—寺管会—信众等组成的教权层级结构。在这种关系框架中，宗教权力集中在阿訇这一极，他既是精神领袖也是世俗权威。但 20 世纪 80 年代以来，随着国家经济社会结构的转型，清真寺内部出现了从阿訇权力本位向多元权力主体发展的变化，即从金字塔形层级权力结构向菱形多元分散权力结构发展的趋势。导致这一结构性变迁的动力因素，是清真寺民主管理委员会对基层宗教生活的有效介入及其在穆斯林社会所处地位的不断提升。①清真寺寺管会的委员人选采取新老教众共同参与，由群众酝酿、讨论、提名，委员的选举采取普选方式，由全体信众到寺里开会，举手表决。②寺管会所开展的各项工作均以本社区群众的授权为基础，寺管会班子业绩的考核者是全体信众，从而使广大信教群众成为社区宗教生活的权力主体。③寺管会内部有比较成熟的规章制度和职责分工，有较为健全的财务统计、定期公布、收支管理、使用监督等制度。寺管会成员大多是基层社区中的精英，有较强的组织协调能力。寺管会的建立及其职能的强化，在一定程度上使清真寺阿訇一人说了算的情况有了改变。

二、寺坊的结构变迁

民族居住格局主要体现在三个方面：一个国家或地区各民族人口的地域分布，各民族人口的城乡分布，一个村落、街道或社区内各民族人口的分布情况。居住格局不仅是民族关系在空间上的一种表现方式，还是各民族开展交往和各种互助合作的重要条件，各民族交错分布的程度越高，交往合作的可能性也就越大。[1] 各民族在日常生活和经济活动等方面的接触与交往，因其分布上的交错与穿插而不可避免的重复多次进行；相反，如果空间分布相对隔离，或者有明显的界限，那么，民族间的交往则较少。所以，一般来说，民族间的混杂程度、相互交往频率的高低，与民族间的相互了解、民族关系的密切程度成正比。历史上交错分布的民族居住格局，对回汉民族间的政治、经济、文化、乃至血缘关系均产生了深刻的影响。

按一般规律，凡有穆斯林聚集的地方，无论是乡村还是城镇，都有规模大小不同的清真寺，以满足穆斯林精神生活与世俗生活的需要。回族的居住格局通常是围清真寺聚居，回族人把自己的以清真寺为中心的聚居区称为“哲玛尔提（Jamaat）”，这是阿拉伯语的音译，意思为“聚集、集体、团结、共同体”等，意译为“寺坊”。[2] 这种围寺坊相对集中的居住格局，构成了回族社会结构的基础，是回族在大分散、小聚居中保持民族群体传承的一种社会组织形式。

可以说，如果没有对伊斯兰教的共同信仰及受其制约的生活习俗，就不可能形成聚族而居的“寺坊”。相对于主体社会而言，“寺坊”是一群彼此间具有共同伊斯兰文化特征的回回民族个体成员，依据相同的人生价值观、共同的心理素质及所承担的共同义务而聚拢在一起，共同居住、生活的特定区域。

一般来说，“寺坊”具备村落的构成要素，同时又具有自己独特的特征。①它是以一定的社会关系为基础而组织起来的进行共同生活的社会群体。②受伊斯兰文化制约。③每个坊中的居民都具有对坊的归属感和依赖感。④坊内的居民都有共同的心理素质，对内是民族共识，对外则是民族群体的自我保护。因此我们说，“寺坊”是回族社会的一种典型社区，也是中国社会一种独特的社会结构。

回族社会的交往，除了各种自发的人际交往以外，主要就是“清真寺交往”。清真寺是沔城回族村落各种信息的汇集点和交换中心，同时也还是社会事务的议事中心，更重要的它还是穆斯林心目中的精神家园。围寺而居的

[1] 马宗保．多元一体格局中的回汉民族关系 [M]. 银川：宁夏人民出版社，2002:77.

[2] 杨文炯．传统与现代性的殊相 [M]. 北京：民族出版社，2003:184.

村落，构成穆斯林社会结构中的一个节点，清真寺成为这种节点中的文化核心。各个节点之间，具有某种或是比较松散或是比较紧密的内在联系，无数个类似的节点，构成了一套完整的回族穆斯林的社会网络系统。

明清时期，回族寺坊制度的形成，标志着回族传统社会的定型。如果沔城东寺最迟建于明末的话，那么说明，在明朝末期沔城就已形成了以清真寺（东寺）为中心的七里城回族居住的寺坊社区。清嘉庆年间，因沔城回族人口增长，为满足回民节日聚礼之需求，在红花堤街兴建的清真西寺，则是另一个寺坊社区的形成。当时的寺坊，是负责管理坊内回民宗教活动和民俗、教育活动的回族传统社会的代表。由坊内群众推举有名望的乡老组成“伊斯力”（董事会）等管理机构，负责天课财务、寺院修整、延聘阿訇、兴办经堂教育、筹建回民公墓等集体事业，并安排和仲裁坊内的回族群众除行政、司法、税赋、差役以外，其他一切婚、丧、礼、庆、生辰、斋节等民俗和宗教活动，以及不触及刑律的民事纠纷。[1] 此后，沔城清真寺的屡毁屡建，说明清真寺是寺坊的核心和标志，是整个回族社区的“灵魂”，反映出清真寺在当地回族群众追求民族、宗教的心灵归属的重要作用。

现在，沔城回族镇回族主要分布在七红、古柏门、城郊、王河等 4 个回族散居村和沔城居委会。此外，还有少量与汉族杂居的回族。2009 年，七红、古柏门等 5 个村（居委会）的回族人口总数达 5 160 人，占全镇回族总人口的 66.1%。说明沔城回族主要居住在七红、古柏门等 5 个村（居委会），全镇回族的居住格局仍呈现出大分散、小聚居的特点。

七红村位于沔城回族镇城区中东部、清真东寺周围，历史上私人商业、饮食业曾一度极为兴盛。该村共有居民 611 户，2 445 人；其中，回族 219 户，1 095 人，占该村总人口的 44.8%。古柏门村位于清真寺东南部，也是主要居民区。总人口 2 163，其中回族 821 人，占居委会总人口的 37.9%。沔城城关居委会也是回族传统聚居区，总人口 2 420，其中回族 1 243 人，占本居委会总人口的 51.4%。

随着沔城小城镇建设的深入，城区发展重心的逐渐西移，作为回族主要聚居的七红村，从曾经繁华的商业中心逐渐沦为居住区。越来越多的人愿意到西区建房和做生意,留在老城区的多是习惯于寺坊居住的老人以及受屠宰、饮食、食品加工等回族传统行业的限制而没有搬到城西的回族群众。在市场经济条件下，在小城镇建设中，受商品房买卖和城市规划、改造等影响，沔城回族居住的范围越来越宽，集中居住的可能性也会越来越小，人们将更多

[1] 邱树森．中国回族史 [M]．银川：宁夏人民出版社，1996:529.

地追求居住的舒适和生活的便利。这也意味着，当地回族传统的民族居住格局将逐渐改变，回族会越来越分散，与汉族杂居的程度也会越来越高。回汉散杂居程度的增高，并非意味着民族边界已经消失。处于散杂居状态的回族家庭，往往因家庭、姻亲等关系与回族聚居社区或农村社区保持着密切的联系，而且还有其他各种禁忌、习俗、仪式与信仰等可以标识民族边界。

第三节　回民宗教信仰的变迁

一、“六信”的坚守情况

沔城回族镇回族世世代代普遍保留着伊斯兰教信仰，即使在20世纪60—70年代宗教信仰自由政策遭到破坏的年代里，这种信仰也从未动摇。原因是，这种信仰早已融化在沔城回民的血液之中，成为其文化、心理和生活方式的一个不可分割的部分，也是其群体凝聚力和生命意志的体现，及认识世界、表达愿望的一种特殊的世界观和人生观。

对伊斯兰教的信仰，包含6个方面的内容，亦称“六大基本信仰”。

信安拉（真主）。信“安拉”的前提，是“认主唯一”。按照《古兰经》的表达和回族穆斯林学者的解释，安拉不同于汉族人所尊崇的有形象的神祇菩萨。安拉是世界的本体，它“寂而非空寂，感而无声具，不落形色，不拘方位，似无而有，似虚而实，人不知其所以然”[1]。

作为普通的穆斯林，沔城回族居民自然不会人人懂得许多玄妙的宗教哲学，但这并不影响他们对安拉的坚定信仰。在他们的意识里，对安拉的信仰就是对神圣和崇高的敬仰。调查表明，在回族老年人中，大多数人都会背诵表达这种信仰的“清真言”，他们把一切看作是真主的“造化”，而且把人生的祸福看作是真主的“安排”，同时相信唯有真主是公平、公正的化身。因此，遇到艰难曲折时，他们相信通过对真主的祈祷，会逢凶化吉；心中有邪念时，他们会自觉地向真主忏悔，相信会得到真主的宽容；顺利成功时，他们会把这一切首先归之于真主的赐福，相信真主不会亏待每个勤劳奉主的人。例如，有的人在谈到这些年来的变化时，认为现在的日子好是“党的政策好”，同时还随口道出“也托真主的福”。

在新一代有文化的青年穆斯林中，他们与前辈对安拉的理解有所不同，他们更多地理解为一种精神，对超自然的神的存在持保留的态度。

---

[1] 马德新．四典要会（《信源六箴》，第一箴）[M]．西宁：青海人民出版社，1988.

信天使。据《古兰经》的讲述和回族穆斯林学者的解释，天使是安拉用光创造的勤而无惰，顺天无违，圣洁无邪的妙体，是“安拉的忠使，人类的朋友”，同时也是人类一言一行的监护者。“天使”的反面便是“恶魔”，即“假恶丑”的事物。

对于沔城回族居民来说，尽管他们对作为神的“天使”并非每个人都那么当真，但一些人相信世间有“天使”的存在，即相信这个世界上有“真善美”事物的存在，相信“真善美”必然战胜“假恶丑”。他们习惯于把好人比喻成“天使”，把社会的丑恶堕落比喻成“易卜里斯”（即“恶魔”），正是这种信仰使他们避恶趋善，爱憎分明。

信《古兰经》。伊斯兰教义强调，《古兰经》是安拉授予穆罕默德的“天启”，它体现了安拉的意志，是“万古不易”的根本法典，也是穆斯林的行为准则和道德规范。我们看到，这里的回族居民对这一点深信不疑。从古到今，人们都在诵读《古兰经》，不仅把它当作宗教知识的来源，而且当作传家之宝。2007 年，我在沔城调查时，亲眼看到这里的一些孩子在纸上用阿拉伯文字写着经文进行习诵。在调查过程中，我还发现有回族家庭为了表达对《古兰经》的虔信，特意把《古兰经》摆放在客厅或书房专门制作的柜架上。

信使者（圣人）。按照《古兰经》的说法，安拉的使者就是“先知”、“圣人”。沔城穆斯林把穆罕默德当作他们心目中最崇敬的一位“先知”和“圣人”。人们在礼拜中，一是颂主，二是赞圣。但如今，人们对穆罕默德的信仰并不是作为神明膜拜，而是把它当作伟大的历史人物和民族英雄来崇敬。在问卷调查中，人们在回答“您心目中最崇敬的本民族的历史人物”时，90%的回答者写的是“穆罕默德”。穆罕默德的生日和忌日[1]，是沔城最隆重的民族节日之一，甚至穆罕默德这个名字也成为一些沔城人的“经名”。

信复生（来世）。《古兰经》和圣训反复强调，任何事物都有末日，总有一天要毁灭。但毁灭之后，凭安拉的意志：一切生命将被复活，集中于安拉预备下的审判场，接受末日的审判。他们把死亡称之为“归真”，用善行开辟通往“天堂”之路，以实现“两世吉庆”。

信前定。按照《古兰经》的说法，人世间的一切，无不在安拉的预定和安排之中。按照回族穆斯林学者的解释，“前定，也就是命运”，但与汉民群众所说的“命里注定”的“宿命论”不尽相同。改革开放以来，人们对“前定”的信仰有了变化，许多人对那种消极的“前定论”持怀疑的态度。如在回答“您是否真心相信命运前定”这一说法时，由于对这里所

[1] 即每年的 3 月 12 日，该日为圣纪节。

说的“命运前定”未作解释，因此，回答“完全相信”者只占17.5%；“有时相信”者占15.3%；“半信半疑”者占12.5%；“基本不相信”和“完全不相信”者分别占13.5%、27.7%，其余未表态。在他们中的许多人看来，命运前定并不意味着个人可以消极等待、无所作为；而是确信自己在“前定”的条件下，通过个人现世的努力，可以在一定程度上把握自己的命运。个人的前定再好，不努力也会失去。另一方面，他们从“前定”的信念出发，确信人们现世的表现如何，会有某种相应的结果。“善有善报、恶有恶报”，在他们看来这是确定无疑的，正是在这一信念的基础上建立起了他们的道德观。

二、“五功”的遵守情况

伊斯兰教认为，信仰不仅仅表现为内心的一种信念，还必须通过信仰的实践，即宗教的功课和修行表达这种信仰。这种信仰的实践活动，分为“念、礼、斋、课、朝”，谓之“天命五功”，也是穆斯林的神圣职责和根本义务，必须终身不渝地履行。履行五功，一直是这里宗教活动的基本内容和方式。

念。所谓“念”，就是把内心的信仰通过口头表达出来，做到心口一致。表白的词有两种：①赞颂词，即“清真言”，包括颂主与赞圣两方面的内容，即“万物非主，唯有真主，穆罕默德是主的使者”；②“作证词”，内容是“我作证，一切非主，唯有真主，止一无二。我又作证，穆罕默德是主的使者”。在不同的教派中，依声调高低分为“高（声）念派”和“低（声）念派”。沔城的穆斯林属于“低念派”。

礼。即礼拜安拉养育、赐福的感赞。按伊斯兰教义规定，一日有5次礼拜，分为晨礼、晌礼、脯礼、昏礼、霄礼。礼拜前要沐浴，清洁身体，穿衣有讲究，要求“盛装”干净整洁。礼拜时原则上要求男性穆斯林按时赴清真寺合众礼拜，有特殊情况可以例外；女性礼拜则在家中进行（调查表明，沔城女性穆斯林作礼拜的占12.7%，比男性少5.9个百分点）。礼拜时，以麦加的“克尔白”圣殿所在的方位为“正向”。礼拜的“仪则”，是端立、鞠躬、跪坐、叩首，合称“四仪”。礼拜时要求清除心中的一切杂念，聚精会神，面容肃穆庄重。一般由阿訇领拜。沔城人用波斯语把礼拜称为“乃玛孜”。

每个星期五为“主麻日”，这一天的晌礼为聚礼。沔城居民尤其重视聚礼。平时因事务繁忙可以不参加五时礼拜，故在平时的礼拜活动中，多为50岁的老人，年轻人很少（抽样调查，经常参加礼拜的男性穆斯林，青年占17.4%）。但“主麻日”这一天的聚礼，许多人会主动赶到清真寺参加，故这一天的晌礼比平时隆重。平时，每日坚持五次礼拜的人较少，“主麻日”礼拜人数较多。2007年8月10日晌礼统计的人数为71人，占全镇回民总人数的1%，2009

年4月4日观察人数约133人，占全镇回族人口的2%。两次观察中，参加“主麻日”聚礼的中老年男性穆斯林占53.5%，中老年女性穆斯林占39.5%，青年人极少。聚礼时，先由穆斯林个人自礼，然后听阿訇的“虎图白”演说，主要是用当地语言阐述《古兰经》和圣训。据王明权阿訇介绍，20世纪80年代以来，阿訇在“虎图白”演说中一般都会结合一些现实政策法律来讲经，一方面力图从经典中找到现行政策的合理性，另一方面用现行的政策来证明经典的先知性。引导人们在尊经的同时，也要遵守现行的政策，通过讲解使沔城回民都明白这样一个道理：“改革开放以来，政府所提倡的东西与伊斯兰教所主张的东西并不矛盾。”沔城回民称这样的阿訇为开明阿訇。许多人正是通过阿訇的“虎图白”演说，既接受到宗教知识，又接受到政策宣传。2008年10月2日，笔者参加了沔城回民的开斋节。当天王明权阿訇在清真寺大殿讲经时，还给穆斯林群众介绍了我国构建和谐社会的目的和意义，同时还介绍了实施新农村建设的种种好处。

斋。斋戒的目的，在于通过戒持，即不饮不食、忍饥耐渴，断绝各种尘情、抑制个人的私欲，以敬事真主、接近真主。同时，还要求人们省过节欲、清心。因为在伊斯兰教看来，每个人都不可避免地会有过失，但只要知过悔改，劳其筋骨、饿其体肤，过失自然消失。而过失的根源在于私欲，如果能够节制饮食，血气平和，私欲也就自灭。若能慎其口腹，静默参悟，兢兢自持，心灵也就自然净化了。

回族称斋戒为“封斋”或“把斋”。按规定，每年教历的9月为“斋月”，在这期间从“鸡鸣”（拂晓以前）直至“星灿”（日落之后）结束，不饮不食。

沔城穆斯林历来很重视封斋。尽管如今封斋如同礼拜是个人自愿的行为，不封斋也无人干涉，但除一些未成年的小孩（伊斯兰教规定，女子9岁，男子12岁，即要封斋）和体弱、重病者以及在外上学、工作的人外，其他人一般都自觉地遵守，连一些外出做生意的人也不认为自己可以例外，致使封斋的人20世纪80年代以来呈上升趋势。据王明权阿訇介绍，20世纪80—90年代，沔城封斋的人数不过1/3，目前封斋的人数占总人口的一半以上。在斋月里，这里的穆斯林宗教生活最为活跃，宗教气氛尤其浓烈，参加礼拜的人数也较平时增多，夜间请阿訇到家里念经，纪念亡灵的活动也增多。

课。即缴纳天课，也叫“济贫税”。既是一种善行义务，又是伊斯兰教的一种社会经济制度。[1] 每一家回民到年末将所有资产清算一下，除自己生活所需以外，盈余则按比例纳课。按教义规定，“凡人执有资财，满贯应

[1] 王正伟．回族民俗学 [M]．银川：宁夏人民出版社，2008:32.

四十取一（即 2.5%），以给贫乏，逾年一算”。所谓“满贯”，过去的标准是指金 2 两或银 40 两，达到这个标准才负有缴纳天课的义务，否则可不承担义务。所谓“资财”，是指“动产”，不动产不在其中。天课施济的对象，规定为穆民、良人（自由民）、健在、贫乏，四个条件缺一不可。受课的对象主要是“人”，也可以用于修桥、挖井、办教育以及其他慈善和公益事业。原则上是“先亲而后疏，先近而后远，有余入义库；父子不相与受，夫妻不相与受，主仆不相与受”，以防止弄虚作假。[1]

在沔城回族镇，天课的施济完全出于穆民的自觉自愿，施多施少无人强迫，且施舍人也不能有意张扬和炫耀。但由于人人都把它看作是责无旁贷的一项义务，即使收入未达到“满贯”者，有些人家也要采取力所能及的“海迪叶”（赠予）形式，作为宗教布施。不过，如今收入“满贯”的人，有些也未必严格按照教规的规定进行施济，一般只尽到心就行。但总的来说，这些年由于沔城经济的发展，天课的数额在逐年增加。施济的对象也不仅是生活困难的人，包括敬老院里的孤寡老人、同村的残疾人和阿訇在内均是施济的对象，重点是在职的阿訇。近年来，沔城的回民小学也是受施的对象之一，但数量较少。天课也有用作维持清真寺公共开支的，按教规不允许，但采取“变通”办法，通过转手可转化为公益事业。

朝。即朝觐天房（克尔白），被穆斯林视为一项复命归真的实践活动，也是穆斯林一生中最大的心愿。朝功分为两种情况：①朝觐，即亲自到圣地麦加朝觐天房；②心朝，即要做到“夙夜省视父母，晨夕亲近贤学，动静省察心灵，时刻念念不忘安拉，人们遵此数事，亦可以当作朝功”。朝觐须量力而行，生活贫困者、个人资财不是“满贯”者、四肢残废行动不便者以及身患重病者，可以免朝。到过麦加的朝觐者达到“五功俱全”，被誉称“哈吉”，在穆斯林中受到赞誉和尊敬，被认为是一生中最崇高、最幸福不过的一件事情。沔城到麦加朝觐的回民，只有王文荣（70 岁）、李家美（68 岁）夫妇于 2007 年自费去过一次。

三、宗教信仰的代际差异

宗教观念的代际差异是回族宗教生活变迁的一个重要现象，老一代人和青年一代的宗教观念有很多不同之处。就参加宗教活动的频次而言，老一代人是宗教活动的主体，他们对教门虔诚、尽心，一般都坚持每天去清真寺参加礼拜，青年一代的普通信教群众把主要精力放在发展经济、改善生活方面，从事宗教活动的时间相对较少，对宗教的感情、虔诚程度也有所淡化和减弱。

[1] 刘智．天方典礼·课赋篇 [M]. 天津：天津古籍出版社，1988:97.

在对宗教伦理规范的遵守方面，老一代人较为严格谨慎，他们的行为方式大多受宗教教义的有效控制和约束。青年人则不同，有的人对宗教教义缺乏详细了解，处事灵活随意，对是非的判断和行为方式的选择强调自我。在处理宗教教育和世俗教育的关系方面，青年一代更重视世俗教育。

（一）老年回民群体的宗教信仰状况

宗教信仰包含一整套的观念体系和行为体系，它是民族意识和民族心理等民族文化的深层结构的体现。[1] 有研究者指出："信仰伊斯兰教的中国穆斯林各民族，由于其民族形成的时间长短、历史渊源、文化背景等等方面的较多不同，因而在对宗教教义、教法理解上存在着一些微小的差异，但是归根结底，他们的根本信仰和宗教遵行都是基本一致的。"[2] 通过在沔城的实地调查，能够深深感受到伊斯兰教在沔城回族居民日常生活中举足轻重的地位和作用。沔城回族居民的言谈举止、衣食住行等物质文化和精神文化的各方面，无不渗透着伊斯兰文化的影响。在采访中，我们将老年人群体作为沔城回族居民最重要的一个群体进行研究，老年人是沔城穆斯林中最虔诚的穆斯林，甚至可以说他们是当地回族居民宗教生活的主要群体，引导着沔城回族居民日常的宗教活动。

冯钢德是一位 82 岁高龄的回族老人，这是我们在沔城回族镇调查的年龄最大的老年人之一。当我到他家客厅时，首先映入眼帘的是书柜里摆得规规矩矩的《古兰经》和《冯氏族谱》。老人并非宗教职业者，但是从年轻时起便潜心学习伊斯兰教教义教规，并做了大量的读书笔记，提到本民族的宗教信仰，老人的话题滔滔不绝。他说："伊斯兰教是真理，没有个人崇拜，教导信众诚实、谦恭、勤于学习。"年事已高的老人仍然坚持每天 5 次礼拜，重大活动更是不会错过，逢人便解释伊斯兰教教义，是虔诚的信徒。在沔城调查期间，我基本上都住在清真寺里，每天早晚，我都会看见他到清真寺大殿做礼拜。2008 年 10 月 4 日晚上 9 点多钟，在访谈即将结束时，老人不顾身体欠佳，戴上白帽，手捧经书，肃然站立，坚持为我认真地诵读了一段《古兰经》，其对伊斯兰教的虔诚可见一斑。

在清真寺里，我还经常碰到当地的老年人，他们当中有一些人年事已高，连走路都有些不便，但仍然坚持每天来清真寺做礼拜，常年一如既往。在他们心目中，每天做礼拜是必修的功课，不可荒废，这表明了老年人群体对伊斯兰教的虔诚，也是自身宗教意志得以修炼和提高的途径。而每当见到陌生

[1] 高永久 . 宗教对民族地区社会稳定的双重作用 [J]. 甘肃社会科学 ,2003（4）.

[2] 马平，赖存理 . 中国穆斯林民居文化 [M]. 银川：宁夏人民出版社 ,1995:130.

人时，他们总会热心地攀谈，当对方问及与伊斯兰教有关的知识时，他们又不厌其烦地向对方讲解伊斯兰教的教义及博大精深的内涵，其热心的态度、认真的回答和虔诚的神情更是给我留下了深刻的印象。

沔城回族镇的老年人群体，长期生活在沔城回族镇，经历了沔城回族镇的兴衰，也同时经历了伊斯兰教在沔城回族镇发展的繁荣时期。特别是经历了沔城回族镇从旧的社会形态到新的社会变迁的历程，体会到了新时代的安乐生活，因此他们代表着沔城回族镇的历史、见证着沔城回族镇伊斯兰教的发展。在调查访问中，许多老年人都给我们谈到，他们感谢共产党、感谢新中国，使他们的生活发生了翻天覆地的变化，同时，他们也坚信这是真主对他们虔诚信仰的赏赐。这两种认识交相辉映，也是宗教与社会主义社会相适应的思想体现。[1] 我对老年人群体恪守宗教信仰的印象是：一方面，他们坚信伊斯兰是真理，虔诚遵循伊斯兰教教规教义，并竭力维护伊斯兰的纯正。老年人希望更多的中青年穆斯林能像他们一样诚挚地感谢真主赐给他们美好生活，并继续祈祷真主佑护他们。另一方面，由于他们年事已高，已不再承担家庭生活的重担，大多退休或赋闲在家，没有生活的压力，大多都能安常处顺，老年人生活的安然无恙及怀旧情结促使他们寻求精神上的寄托，长期受到伊斯兰文化的熏陶，伊斯兰教便成了他们真诚的选择，他们勤于礼拜，将精神托付给真主，认真履行穆斯林的义务，祈祷更加美好幸福的生活。

沔城回族镇老年人群体身体力行，其愿望是真诚的，其精神更是值得称道的，然而，他们对中青年人的期望却往往难以了却心愿。由于社会结构转型，社会分化的加剧，中青年人受家庭所累，疲于奔命，生活的压力迫使他们无法像老年群体一样有着恬静的生活方式，也就无法静心完成一日 5 礼拜的功课，毕竟生存才是最基本的需求。因此，在清真中频繁见到老年人而较难见到众多中青年穆斯林的身影就不难理解了。

总之，沔城回族镇老年人作为现代社会中最虔诚的穆斯群体之一，始终恪守伊斯兰教教规。他们虔诚的信仰，对沔城伊斯教的发展起到了重要的维系作用，他们不仅身体力行，虔诚信教，同时，作为家庭的长者，总是在为中青年穆斯林的未来着想。长期受到汉文化讲究礼仪、孝道的传统文化的影响，回族老年人群体对家庭其他成员和家庭生活的影响力是不可小视的，他们严于律己和身体力行的风范必然会对后代产生深远的影响，这也是伊斯兰教得以在穆斯林中代代相传久而不衰的重要社会原因之一。在现代社会，处于汉文化的汪洋大海里，老年穆斯林群体在家庭和社会中所起的这种示范作

[1] 高永久，刘庸．多层面引导宗教与社会主义社会相适应的途径 [J]．青海民族研究，2005（3）．

用是沔城回族镇伊斯兰教得以传承和发展的一个重要原因。

（二）中年回民群体的宗教信仰状况

沔城回族镇的中年回族群体是伊斯兰教自身发展中不可忽视的力量，中年穆斯林群体处在社会的中间阶层，是当地社会发展的重要力量，是市场经济发展的有生力量，也是家庭收入的重要支柱。沔城回族镇中年回民由于历史和自身的原因，大多数文化程度较低，缺乏赖以谋生的专业特长，然而，回族擅于经商的文化传统使得他们当中的许多人选择了从事小本生意的职业。加之沔城位于江汉平原中部，交通便利，受多种因素的影响，近年来外出打工的中青年回民比较多。

个案：李××，男，回族，1972年出生，城郊村3组农民，一家4口，他在沔城镇上开了一个小吃店，妻子在家务农，两个儿子在当地上小学。访谈时间为2008年4月4日，访谈地点在其小吃店里。

"由于忙于生计，只是在周五中午才去清真寺礼拜，但是心中对伊斯兰教还是十分虔诚的，平时会根据自己的经济状况不定期地给寺里散'乜帖'，遇到父母的祭日时，也会请阿訇'走坟'并到家里去念经，且会给阿訇'乜帖'。两个儿子对伊斯兰教的相关知识知道一点，一年之中我也会带孩子去清真寺做一两次礼拜，在家里也会教小孩一些伊斯兰教的相关知识。"

个案：魏××，男，回族，1965年出生，七红村1组农民，常年在武汉打工。访谈时间为2008年4月9日，访谈地点在魏××家里。

"我在武汉打工已经有10多年了，受各方面条件的限制，基本上不去清真寺礼拜，即使在开斋节等大的节日也没有时间去，但是一年会给清真寺100元左右的'麦子钱'。2007年暑假，我还送14岁的女儿参加了清真寺举办的伊斯兰教知识学习班。对于对我这类疏于去清真寺做礼拜的人，老人们还是很理解的，毕竟现在要挣钱养家，很少有空余时间。"

中年回族群体，一方面作为家里的主要劳动力和经济收入的主要提供者，生活的负担越来越重，他们当中有的需要赡养老人，还有未成年的孩子需要抚育；另一方面，社会转型和分化的加速带来的日渐激烈的竞争却有上升的势头，他们不得不投身到激烈的竞争队伍中去，为了自己的发展，同时也为家人争取更好的生活条件而加倍努力。作为沔城回族镇回族中年群体，特别是作为年轻一代穆斯林，虽然他们的心中仍然保持着对伊斯兰教的敬畏和虔诚，但是现实情况却使他们无暇顾及宗教活动，更没有平静的心态去清真寺安心做礼拜，宗教活动中难觅他们的身影也就可以理解了。调查过程中，一些中年回民对笔者说：“我们知道应该坚持去做礼拜，也想去做礼拜，可是一家人要生活，要钱用，不做事不行，哪有那么多的时间做礼拜啊！”这清楚地表明了沔城中年穆斯林群体的民族心理素质，正如马平先生所总结的那样：“民族心理素质的形成需要经历长期的过程，然而它形成以后就具有稳定性的一面，这也可以解释有不少的民族，虽然它的民族语言、民族服饰、民族风俗习惯都消失了，但民族的心理素质却依然可以相当长时期地继续保持下来的原因”[1]。对沔城回族镇中年穆斯林群体来说，从其幼年开始，伊斯兰教即在他们心目中打下了深深的烙印，使他们始终对伊斯兰教保持着一颗敬畏崇敬之心，他们有去清真寺做礼拜的愿望，但是现实生活的重担却占据了他们几乎全部的时间和精力，为了生计而疲于奔命，生存成了他们的第一要务，当宗教活动遇到生活压力问题时不得不暂时让步。正是由于生活的压力，使得他们成了现代社会中无法坚持正常宗教生活的穆斯林群体。

（三）青少年回民群体的宗教信仰状况

当代沔城回族镇回族正在受到现代价值观念、科学技术及生存环境的影响。在传统回族社会，人们的价值观念、伦理道德、行为方式受到伊斯兰教教义的严格约束，人们敬畏宗教、热爱宗教，很注重按照特定的宗教规范思考和修行，教义上允许做的就做，不允许做的就不做。现在，人的自由思想有明显增强，人的行为方式突破宗教伦理框架的情况越来越多，宗教律令对人们特别是青少年一代行为方式的指导力和控制力明显减弱。接受调查的25位28岁以下的回族青少年中，有14人不信仰伊斯兰教；没有1人常去清真寺做礼拜；有6人一年会去清真寺1—2次；有7人有喝酒、抽烟的习惯。在教育方面，如何处理“念书”和“念经”的关系上，25人都认为“主要是念书，宗教上的知识多少有一点就行了”。

四、宗教生活方式变迁的特点

（一）伊斯兰文化仍然是回族民族文化的内核

回族文化是伊斯兰文化和汉文化的紧密结合体，伊斯兰文化对每一个穆斯林而言，它不仅是一种宗教信仰、一种意识形态，也是一种社会制度、一种生活方式，在日常生活、社会关系、心理素质以及价值取向等各个层面产生着决定性影响。[2] 回族基本上是一个全民信仰伊斯兰教的民族，伊斯兰教对回族的形成起了决定性的作用。无论是从回族的族源来看，还是从回族的

[1] 马平．回族心理素质与行为方式 [M]. 银川：宁夏人民出版社，1998:5.

[2] 赵嘉文，马戎．民族发展与社会变迁 [M]. 北京：民族出版社，2001:91.

形成乃至后来的发展中看，伊斯兰教成为一种凝聚力量，起到了纽带作用。

散居在沔城回族镇的回族，长期以来为了适应自然地域环境和生存发展，在保持自身的伊斯兰教信仰和传统习俗的前提下，兼收当地民族与自己相适应的部分，为本民族源流注入新鲜血液。在他们的文化中虽然有这样或那样的变化，但并未动摇其传统的文化根基。虽然语言文字使用汉字，但内心深处却始终认定自己是回族。散居在沔城的回民，即使处在汉文化包围之中，也始终保持着自己特有的文化未被其同化。其原因之一，是伊斯兰教的作用。如伊斯兰教规定的念、礼、斋、课、朝的“五功”，始终成为沔城回族镇回族信仰民俗的核心。回族丧葬习俗的主要程序和核心内容，至今仍按伊斯兰教规执行。如回族实行土葬，忌火葬，主张速葬，严格执行伊斯兰教“三日必葬”的规定，主张薄葬，且一律平等，只用三丈六尺白布。其他如“抓水”、“穿克番”等习俗，也都是伊斯兰教处理丧事的基本规定。“走坟”，对当地回族来说也是非常严肃的事情。做七日、四十日、百日、周年的纪念活动，诵经、做油香、待亲友，一般有条件的家庭都要请阿訇到坟上念经、走坟；没条件的或天气不好，可以请阿訇到家里或在清真寺念经。除此之外，逢家中发生诸如子孙结婚、添丁加口、考上大学等喜事去走坟，称为“走喜坟”；或者遇事不顺、心情不安的时候，都可以去给老人走坟，大致意思为没忘记老人，请老人同喜并祈求保佑。走坟一般都在上午进行，阿訇面向坟头站立，家人恭敬地站在阿訇身后。阿訇用阿拉伯文念 18 个“苏啦”（章），用汉语提示家人“来接个都哇”，家人双手托起，手心向上，随阿訇的节奏双手自上向下拂面，意为虔诚地洗心革面。到此阿訇念经就算结束，有熟悉“教门”的人，这时会请阿訇接着念“平安索礼”（保佑平安的经文），祈求先人保佑后人的平安。阿訇念经结束，家人双手递上“封经礼”，作为对阿訇的答谢。“封经礼”通常用纸包上，意为阿訇双手干净不沾钱。“封经礼”金额不限，老人们说即使不给钱阿訇也要给念经，不能嫌贫爱富。念经结束，家人可以修整坟墓，或有什么想说的与亡人念叨念叨，然后返回，“走坟”结束。

葬礼和走坟是沔城回族镇回族最重视的仪式之一，是在日常生活中民族认同的表述手段。远离伊斯兰教中心的沔城回族普通群众，对两种仪式在伊斯兰教中重要意义的把握没有阿訇那么透彻、明晰，只知道回民要土葬，不知道为什么土葬；只得到心理安慰，而鲜有知道走坟的宗教意义和内涵。然而，长久以来，这两种仪式却贯穿每个回民的一生，成为生活的一部分。

（二）宗教热情复苏

由于宗教信仰自由的贯彻和社会环境的宽松，20 世纪 80 年代以来，穆斯林受到压抑的宗教热情开始复苏。原来无法公开表达信仰、履行宗教功课的穆斯林，可以合法地自由参加宗教活动、履行宗教功课。经济的发展和穆斯林生活水平的普遍提高，更加推动了宗教活动的开展、沔城穆斯林宗教热情的高涨，沔城回族镇清真寺曾经修复和扩建2次，除一少部分由国家为落实政策、补偿损失而拨款修复或新建外，大部分是由穆斯林集资修造的。1990年中国与沙特建交后，自费朝觐更加方便。2007年，沔城回族镇王文荣夫妇去过麦加朝觐。到麦加朝觐，对于回族聚居区来说，本身就是一件不平常的事,对类似于沔城回族镇这些星星点点散居于全国各地的穆斯林来说，更是一件了不起的大事。王文荣夫妇到麦加朝觐之事，至今是沔城回族镇穆斯林的骄傲。据王明权阿訇介绍，当地有几位穆斯林也正准备去麦加朝觐。从此，民间伊斯兰文化宣传活动开始活跃，特别是一些接受过良好教育的青年穆斯林，重视并致力于伊斯兰文化的研究，或出版书籍、或申办网站、或申请博客，以弘扬伊斯兰思想文化的精髓。难以想象，在20世纪极“左”思想盛行的年代能有今天这种盛况。改革开放以来，尽管穆斯林积郁多年的宗教热情空前活跃，但从整体上来看，基本上还是保持了平稳发展的态势，同时宗教内部还出现了某种世俗化的倾向。这种变化的出现，无疑与宗教管理制度化、宗教实践活动逐渐理性化有关，但更是受社会大环境影响的结果。

（三）回民出现信徒和非信徒两种群体

伊斯兰教信仰的全民性，发生了一定程度的变化。不信教的已占一定的比例，全民信教的现象一去不复返；即便随着人口的增加，许多人是回族，但不一定信仰伊斯兰教的现象会凸现。在传统社会中，回族内部并没有信徒和非信徒之分，回族基本全民信仰伊斯兰教，宗教信仰是信徒们寄托精神生活、追求终极目标的一种信仰认同，因而宗教信仰建构在信徒的信仰信念上。新中国成立以后，才渐渐出现非信徒群体，随着时间的推移，该群体的规模逐年扩大，并且对散杂居区伊斯兰教信仰领域产生了一定的影响。

新中国成立初期，中国共产党把回族进步人士吸收到组织中，沔城回族镇出现了第一批回族中共党员。他们普遍放弃宗教世界观和人生观，接受了马克思主义的新世界观和人生观，从此在沔城回族镇出现了信徒和非信徒两种群体。随着现代教育的发展，回族年轻人走进学校接受现代教育，这些学生普遍接受了马克思主义的世界观和人生观,其中的一些进步者加入党组织。在沔城，回族学生参加中考、高考，按照国家政策可以分别享受5分、10分的加分，于是一部分汉族学生家长把自己孩子的民族成分改为回族，虽然当地回族人口增加了，但这类学生大多数不会信仰伊斯兰教。随着时间的推移，沔城回族镇非信教群众渐渐发展成为不可忽视的群体。1957年，沔城（包括沔阳县直机关在内）有回民党员 43 人；1987 年沔城回族镇成立时，全镇共有回族党员 61 人；2008 年底，沔城全镇回族党员 107 人。2008 年 3 月，接受调查的 25 位 28 岁以下的沔城回族青少年，有 14 人是非伊斯兰教信徒。调查显示，沔城回族镇回族群众已有不少非信教群众。从上述的调查数据来看，放弃宗教信仰加入中共党员的人数虽不多，但在沔城回民中出现非信教群众，意味着一次历史性的变化。沔城出现非信教群体，标志着回族宗教信徒内部出现分化的趋势。宗教以传播和发展信徒来体现自身的价值，以吸引宗教信仰的人数来扩大自身的影响面。因而，宗教信仰的人数越多，说明该宗教对社会和对人的影响力越大；反之，宗教信仰人数越少，宗教对社会和对人的影响力就越小。

笔者在沔城回族镇的调查中了解到，当地回民在对信仰伊斯兰与自己民族身份的关系这一问题的认识上模棱两可，有着明显的矛盾心理和困境，但这也正是回族从宗教为主的认同向民族分类认同转变过程中所不可避免的。

当笔者询问是否有不信仰伊斯兰教的回民时，得到的回答全都是："回民都是穆斯林啊！"但是，从回民的礼拜情况以及对伊斯兰教的信仰程度来看，似乎名不符实。就像沔城回族镇清真寺王阿訇所说的，十年前他刚被聘到沔城回族镇来做阿訇的时候，非常吃惊于这里情况：没什么人礼拜，普通坊民的宗教知识少得可怜；最近情况有所改观，但还是不尽如人意。

同样，沔城回族镇的部分回族干部也对回族和伊斯兰教这两者关系的问题很是困惑和矛盾。

魏 ××，男，回族，1966 年出生，沔城人，沔城地税局干部。访谈时间为 2007 年 7 月 29 日，访谈地点在沔城迎恩楼宾馆。

"回民都是穆斯林，但回族和穆斯林不是一回事。按照对穆斯林的要求，是不能吃烟酒的，可是我们这里有的回民也吃。回民信仰伊斯兰教和真主，不信教就不是回民。现在改革开放了，回族年轻人不一定都像老年人那样按照宗教信仰来处事，但他们仍是回民。"

告诉笔者"认主独一"是"清真"这两个字内涵的当地回族干部魏 ××，对于自己是不是穆斯林，也有点儿模糊不清，一会儿说是，一会儿又否认了。

魏 ××，男，回族，1969 年出生，沔城回族镇人，镇政府干部。访谈时间为 2007 年 7 月 29 日，访谈地点在沔城回族镇迎恩楼宾馆。

"我们这一代人对伊斯兰教谈不上完全信仰，也谈不上不信仰。我是党员，所以只能说我是一个回族。经文我不懂，昨天的开斋节，我还是去捐了麦子钱。”

就这种矛盾和困境，笔者与居住在七红村的一位由仙桃市政府退休的干部定××[1]进行了交流，他也说，“民族是一个血统关系，即使吃大肉，你还是回民。你父亲是回民，你就是回民；你母亲是回民，你也就是回民，这是不以意志为转移的，户口上的民族身份一般是很难改变的。虽然有的动机与信仰不沾边，但仍然是回族”。从他的回答中可看出，似乎他的认识也处于这种矛盾和困境中。

的确，“回族”作为社会的一种分类系统，被识别之时受到宗教很大的影响，回族身份认同最初也是建立在宗教上，但它毕竟不是宗教信仰的分类，所以被国家贴上标签后，通过血缘关系就可以延续民族身份，即使原来以伊斯兰教为基础的文化特质改变了，“回族”这个民族分类也已经有了自己的生命力，会像社会阶层一样自主地运转和延续下去。而在自身发展的过程中，伊斯兰教毕竟是回族的文化基石，把当地式微的伊斯兰教再重新拿出来强调，以试图向政府及主流人群彰显其民族性，稳固其价值和地位，同时利用回族身份与政府“协商”互动，以获得其附加在回族人群分类上的政策上的优惠和利益。这样，回族的认同就从单一的宗教为准则，向血缘、地方传统文化、公民身份、宗教等多元化的方向转变，从而沔城回族镇回民就出现了信教和不信教两种群体，以及对自身身份认同的不确定性和困境。

（四）宗教信仰世俗化

“宗教世俗化”一词，原本专指原属天主教教会所控制的领土和权力，被转让给世俗统治者的权移现象。后来，宗教世俗化涵盖的内容日益宽泛，泛指信徒宗教观念的淡化、宗教情感的变异、宗教活动的减弱、宗教功能的退化以及宗教认同观的失落等。在这个过程中，宗教在社会系统的操作中变成了一种边缘现象，社会运行较为理性化，脱离了宗教机构的控制。[2]现代化发展过程中的宗教世俗化现象，无论在西方还是在东方都存在，而在沔城现代化发展过程中也不例外。伴随着政治生活和社会大环境的变化，在今天沔城回民的宗教生活中，出现了明显的世俗化倾向。

首先，穆斯林的思想观念有了明显改变，教义教法的影响力和制约力在某些穆斯林群体中有所减弱，部分穆斯林行为方式不受宗教教律影响的情况

[1] 定××，男，回族，1947年出生，沔城人。访谈时间为2007年8月4日，访谈地点在沔城回族宾馆。

[2] 汪维钧．论现代化条件下的宗教世俗化问题[J]．南京政治学院学报，2004（4）．

越来越多。受伊斯兰文化的影响，穆斯林往往对不符合教义教法的新事物表现出冷漠或是拒斥的态度，认为新出现的事物是“异端”。比如，因为伊斯兰教反对偶像崇拜，一些穆斯林认为不能看电视、不能开展和参与新出现的文体活动；一些穆斯林视传统经堂教育为教育的最佳形势，忽视普通教育，特别是忽视汉语言文化的学习等等。但是，新中国成立以来，这些情况却有了很大变化，大多数家长更愿意把孩子送到普通公立学校读书学习，接受现代教育。穆斯林积极参与有益的休闲娱乐活动，许多人由新闻媒体了解外部世界信息，学习实用的科学知识和技能。这种观念变化也带来了一些消极的影响，那就是部分穆斯林宗教提倡的如和睦互助的人际关系、孝敬父母、尊重师长、服从领导、扶贫济困、排忧解纷、坚持公道和公平等等传统美德，渐趋淡漠甚至丢失。伊斯兰教严厉禁止的赌博、饮酒、吸烟以及抽签算卦等迷信活动，在一些人中死灰复燃。传统美德的丢失，一方面说明一些穆斯林的宗教伦理观念已发生了深刻变化，另一方面表明外部环境已经成为这种失范状态的诱因。一些“明显违背伊斯兰教义的社会经济行为的大量出现，确实是贫富差距加大、社会发展失序等恶性循环下的产物”。[1]

世俗化在宗教活动中的另外一个重要表现，是宗教观念的代际差异明显。前面已作了详细论述。这里要指出的是，穆斯林社会中不同年龄阶段人群的宗教观念有很大区别，特别是中老年人与青年人之间的差距尤为明显。就以对待宗教功课的态度为例，目前老年人是参加礼拜的主要人群，许多人能坚持每日 5 次的礼拜。而绝大多数中年人因忙于经济生产和社会活动，即使他们始终对伊斯兰教保持着崇敬之心，也有去清真寺做礼拜的愿望，但是现实生活的重担迫使他们不得不为生计而疲于奔命，根本无法保证次次都能参加星期五的聚礼，有的甚至平时不去清真寺。大多数青少年人则对伊斯兰宗教教义缺乏系统的了解，加之自由思想的增强，他们的行为方式的选择更注重自我和个性，突破宗教伦理框架的情况越来越多，宗教律令对青少年一代行为方式的指导力和控制力明显减弱。

宗教信仰世俗化的倾向，在穆斯林的婚姻家庭生活中也有所体现。穆斯林一般实行“族内婚”制，即信仰伊斯兰教的人可以互相嫁娶，一般不允许穆斯林娶嫁非穆斯林，除非对方成为穆斯林。20 世纪 70 年代以来，沔城回族镇回民族外婚的比例在不断增加，尤以回汉之间的通婚为多。在整个穆斯林民族的历史上，从来不乏与非穆斯林通婚的情况，但通常是以对方信仰伊斯兰教为前提，伊斯兰教也借助这种方式得到了传播。但是，今天的族外婚

[1] 张中复．当代中国大陆西北穆斯林民族社会经济发展的转折点 [J]. 西北第二民族学院学报（哲学社会科学版）,2001（4）.

与以往不同，穆斯林一方往往会放宽对非穆斯林一方的要求，即不要求对方信仰伊斯兰教，仅要求对方尊重自己本民族的风俗习惯。随着族外婚的增多，穆斯林的传统婚姻形式受到一些冲击。

（五）宗教文化娱乐化

在沔城回族镇，宗教节庆已发展为具有地方特色的娱乐活动。在沔城回族镇现代社会里，伊斯兰教不仅是宗教信徒的信仰内容，而且还是回族宗教文化的载体。清真寺的建筑、雕像、壁画等宗教艺术文化，越来越受到宗教学界、民族学界、人类学界、艺术学界的关注和外来游客的喜爱。因此，清真寺等宗教场所也成为游客必游之地，沔城回族镇逐渐形成了以寺院为依托的宗教旅游文化圈，这种宗教文化旅游渐渐影响到当地信教群众的思想观念，尤其是附近地区的回民。2009 年 10 月 2 日，我在沔城回族镇清真寺做调查时，前来清真寺参加“开斋节”的外地回民有 120 多位，他们共带来了 200 多位亲朋好友。这是因为：①到沔城回族镇的交通非常便利，回民随时可以前往沔城回族镇进行朝拜；②对生活水平提高了的回民来说，到沔城回族镇既能满足朝拜的宗教信仰，同时还能游览宗教、文化氛围浓厚的历史古镇。

五、影响宗教生活方式变迁的因素

（一）汉文化影响

回族“大分散、小集中”的分布形势，遍及全国城乡，处于汉族和其他兄弟民族汪洋大海的长期包围之中，生活方式自然也会相互渗透、影响。从明代经堂教育的勃兴，到汉译经典；从唐宋时期回回清真寺的建筑风格，到现代新建清真寺的牌匾门联；从历史到今天回族人对祖国的忠贞不二，到日常生活中的风尚习俗、服饰特点、节日庆典等，处处无不透射出汉文化与伊斯兰教文化的巧妙结合，融伊斯兰教文化与汉文化为一炉，以汉文化再造伊斯兰教文化，“迈着伊斯兰教文化的步伐，合着汉文化的鼓点”，这就是世世代代回族人创造的回族文化，也就是回族化的伊斯兰教，它最为直接具体地体现着伊斯兰教中国化的本质特点。[1] 在汉文化占绝对优势的沔城，人口较少的回族想要生存下来，就必须为适应当地的社会经济环境而做出适当的让步。而且，历史上长期与汉族杂居，政治、经济、社会、生活中的相互交流与互动，更因为族际通婚而产生回汉族婚姻与血缘关系的融合，必然导致双方文化上的涵化与融合现象。这种文化融合现象，在各方面均处于弱势的回族文化接受强势的汉族儒家文化上，表现得更为明显。在沔城回族镇回族

[1] 纳麒．从回族角度谈伊斯兰教的中国化 [J]．回族研究，1999（4）．

丧葬习俗中，既继承吸收了伊斯兰教的有关规定，又有从汉族民俗文化吸收来的事项。如沔城回族镇回民给亡人做“头七”、“二七”、“三七”、“四十天”、“百日”等纪念活动，时间上同于汉民族的习俗，回族借用其形式，并赋予了宗教的意义，使之成为回族民俗，与原来汉族习俗在本质上有了一定的区别。

（二）国家政策的影响

在我国，政府政策的导向作用是影响社会经济生活各个方面的关键因素。因政策导向而产生的国家与社会关系的变迁，直接影响了散杂居回族的传统聚居社区与宗教信仰、民族意识、生计方式等各个方面。

（1）通过民族识别，“回族”作为一种社会分类被国家以政策的形式确定下来以后，已经具有一个稳定的身份和地位。因此，即使族群原有的文化特质有所变化，也不会影响整个民族的自主运转和延续。而且，相关的民族、宗教优惠政策都是与民族族体相联系的，即使对伊斯兰教的信仰逐渐淡化，凭借回族的民族身份，同样可以享受到作为少数民族的优惠。

（2）通过国家宗教政策的实施，使清真寺作为传统的民间权威和权力中心的作用衰落，从而改变了回族传统寺坊聚居区的权力结构。

（3）通过广泛安排社区劳动力转业和就业，将回族成员纳入到国家单位，从而使个人成为依附于国家和单位而不再是依附于社区的成员。20世纪50年代以后到改革开放之前，形成了总体性社会结构，单位成为国家在城镇中的基本组织，个体成员对单位组织的依附在很大程度上意味着对国家的依附，因为国家是资源的最终掌握者，通过对资源的掌握和调动，单位也成为执行国家意志的重要工具。这样，在当时全社会普遍实行的身份制、行政级别制和单位制的影响下，散杂居回族成员同样成为受国家力量全面控制的社会公民。

（4）通过广泛建立的基层地方组织，即“两级政府、三级管理、一级自治”的管理体制，配合单位制，建立和加强了国家政府对社会的行政监视和控制，进一步使回族社区成为细胞化的社会控制单位。

（5）通过广泛而不断掀起的群众动员和一系列政治运动，将国家的意志不断地渗透到个人和社区的意识形态中。

（6）国家普通教育的全面实施，取代了经堂教育的部分功能。[1]

[1] 良警宇．从封闭到开放：城市回族聚居区的变迁模式[J]．中央民族大学学报（哲学社会科学版），2003（1）．

（三）现代教育对宗教生活方式的影响

在传统的沔城回族镇回民社会中，孩子在宗教氛围浓厚的家庭、社区和清真寺等环境中成长，宗教对于回族孩子来说就是根深蒂固的一种信仰。如今，孩子成长的社会环境发生了变化。他们无论生活在城镇中，还是生活在农村，几乎都有机会进入学校接受现代教育。因此，他们较早地脱离了宗教色彩浓厚的家庭环境和寺庙环境，大部分时间在学校中度过，宗教对孩子成长产生的影响越来越小。比如，笔者在沔城回族镇调查时发现，上学的回族学生基本以家庭和学校为主要活动空间，大部分时间在学校里度过，只有遇到特殊的宗教节庆，他们才随大人到清真寺做礼拜，因而孩子接触清真寺环境的机会相对较少。孩子成长环境的变化，对孩子形成自己的人生观有着重要影响。而他们在学校内所接触到的现代思想观念和现代科学知识，直接或间接地影响到他们形成自己的世界观和价值观。

（四）现代化对宗教生活方式的影响

沔城位于我国中部较发达地区，区位优势良好，当地社会经济的现代化发展水平远高于西部大部分民族地区，现代化的生活促进了沔城回族镇回族宗教生活的理性化趋势。宗教信仰同民族习俗和经济生活相互渗透，融为一体，是回族居民精神生活的一个特点。“伊玛尼”（即对伊斯兰教的信仰）在精神生活中高于一切，它不仅是民族心理和个人生活的最高价值，亦是精神生活的出发点和归宿。由于它重道德理想而鄙视文化娱乐，重庄重而反对浮夸，许多精神生活领域的内容受到限制和歧视。但是，随着人们思想观念的变革，民族和宗教领域传统的精神生活方式也正在发生着某些令人瞩目的微妙变化。虽然回民信仰伊斯兰教，但活动方式尤其是参加宗教礼拜的自由度比过去大了，每个人可根据自己工作的忙闲或身体状况自主决定活动方式。对信教和不信教者所持有的“不能容忍”的人越来越少，越来越多地表示“理解和宽容”。[1]随着现代科技在生产和生活领域中的普及和推广，当地回民从宗教和科学的相互冲突和矛盾困惑中走出来，一些落后的生活方式渐渐改变。传统上，老百姓生病多是用宗教方式来消灾避邪。而现在，老百姓生病时，选择投医治疗者占多数，这说明老百姓能理性看待宗教信仰和科学医疗问题。也就是说，随着科学和教育的蓬勃发展，宗教逐渐演变成为信徒精神层面的信仰，在科技知识面前宗教日趋边缘化。

[1] 束锡红等 . 西北回族社区现代化实践的新探索 [M]. 北京：商务印书馆 ,2004:99.

（五）社会结构转型对宗教生活方式的影响

沔城回族镇现代社会结构向多元化发展，传统的社会结构发生了根本性的转变，沔城社会结构功能出现多元化的趋势，这给现代回族人提供了广阔的择业机会。经过50多年的发展，沔城回族镇现代工业从无到有，不断壮大，目前已基本建立了包括能源、轻工、纺织、机械、建材、化工、印刷、食品加工等20多个门类的现代产业结构。职业是人们生计和生存的根本前提，因而回族信徒在现实与来世、生存与信仰之间渐渐学会了平衡。尤其是20世纪90年代以后，大量剩余劳动力的出现，沔城回族镇再次面临着竞争激烈的择业问题，人们没有太多的时间参与宗教活动。正如笔者在沔城调查时发现，很多回民平时因忙于工作，很少参与日常的宗教活动。只有在宗教节庆时，他们才能抽出时间到清真寺做礼拜。此外，他们还得抽时间来参与娱乐活动。在日新月异的现代沔城社会里，信徒既要适应迅速变化着的现代生活节奏，同时还要满足他们正常的宗教信仰生活，有时在两难面前信徒往往把赚钱和生存放在首位，宗教活动时间自然越来越少。其实，在沔城回族镇现代社会中，日常的宗教活动几乎已成为老年人的专利。

小　结

无论从宗教功能角度来探讨，还是从宗教社会学角度来分析，现代化必然导致宗教领域的世俗化趋势。引起宗教世俗化的主要原因是：①政治制度的变革引起宗教领域的世俗化；②社会结构功能的多元化导致宗教功能的退化；③宗教为了适应日新月异的现代社会，自身积极吸收现代世俗文化。宗教世俗化的基本特征主要体现在两个方面：①宗教领域出现世俗文化的特征，比如宗教活动场所出现的世俗文化色彩、宗教职业者身上显现的世俗生活方式等；②宗教在社会、政治和思想等领域的影响力渐渐减弱。

人类首先是从禁锢的宗教观念和僵化的宗教制度中慢慢获得解放。随之，宗教渐渐向现代层面的世俗化方向推进。19世纪末20世纪初，宗教文明与世俗文明似乎以交叉形式发展。宗教在政治层面虽已失去了主导功能，但在社会结构层面仍然具有重要的影响力。20世纪以后，社会结构层面的宗教功能越来越减弱，宗教渐渐演变成个体精神层面的信仰现象。在沔城，伊斯兰教同样经历了类似的世俗化过程。纵观沔城回族镇伊斯兰教世俗化的历程和特点，其原因是：①1949年中华人民共和国成立后，政治制度变革导致沔城伊斯兰教功能的削弱和退化，尤其是政治制度层面和政治组织领域；②沔城回族镇社会结构的多元化，使得伊斯兰教对现代沔城回族镇穆斯林社会的影响力越来越削弱；③清真寺功能的退化，加快了宗教世俗化的历史进程；④科学技术的推广和普及，间接地影响了信徒对宗教信仰观念的认知程度；⑤沔城回族镇现代教育的全面发展，直接影响到当地回民的知识结构和价值结构，甚至还影响到信徒的宗教信仰观念领域。

沔城回族镇伊斯兰教世俗化，有如下几个特征：①如今沔城回族镇的伊斯兰教基本脱离了政治制度和政治组织。换句话说，现代沔城回族镇政治制度独立于宗教以外。当然，有时宗教因素还会影响政治秩序和社会秩序。②传统回族的宗教文化与现代世俗文明间形成了一种相互交融的现象。在沔城回族镇迈向现代化过程中，现代新的文化主体逐渐影响到沔城现代社会的主流文化，从而间接地影响到沔城回族镇回族传统文化的价值观和世界观。③寺庙功能渐渐被削弱和退化，包括清真寺的教育功能以及宗教的伦理道德方面的整合功能等。④回族的宗教观念渐渐趋于淡化。

从全球现代化的发展规律和趋势来看，宗教实际的社会控制能力渐渐趋于削弱。而且，宗教价值观对社会的整合功能也随之被减弱，加上现代人对宗教信仰观念的淡化，因此宗教世俗化已成为全球现代化的必然趋势。正因为如此，沔城回族镇现代化发展过程中出现宗教世俗化现象，既符合人类现代化发展的基本规律，同时又反映了沔城回族镇现代化过程中宗教发展的必然趋势。

第八章 闲暇生活方式的变迁

闲暇生活方式是工业文明的产物。“农民站在工业文明的入口处”，这是社会发展向社会学提出的一个重要问题。中国现代化的根本问题是农村和农民的现代化，而农民生活方式的现代化则是其中的重要一环。我国散杂居少数民族人口众多（已约占全国少数民族人口的1/3），分布广泛，而且大多数居住在农村。[1]随着我国社会经济的发展，少数民族人口散居化、各民族交错居住的民族分布格局将会更加明显，民族生活方式将呈现出多样性。[2]沔城回族闲暇生活方式的变革，是当代沔城农村生活方式变迁的重要组成部分。作为一种社会文化现象，当代沔城农民闲暇生活方式的变革足以引发我们许多深刻的思考。

第一节 沔城传统闲暇生活方式概况

一、闲暇的一般内涵

自1899年美国休闲学的鼻祖凡勃伦发表《有闲阶级论》以来，休闲问题日益凸显，对休闲的研究也不断深入，人类学、社会学、经济学、哲学、文化学等都从各自的视角探讨了这一问题，并逐渐发展成为一门综合性很强的新学科——休闲学。

何为闲暇（或休闲）？不同的学科、不同的研究视角，有不同的定义。

[1] 沈林等.散杂居民族工作概论[M].北京：民族出版社,2001:28.

[2] 沈再新.和谐社会构建对散杂居民族关系的影响[J].中南民族大学学报（人文社会科学版）,2007（4）.

马克思认为，休闲一是指“用于娱乐和休息的余暇时间”，二是指“发展智力，在精神上掌握自由的时间”。“休闲”就是“非劳动时间”、“不被生产劳动所吸收的时间”，包括从事较高级活动的时间和从事普通活动的闲暇时间。凡勃伦在《有闲阶级论》中曾经提出，休闲是一种“社会建制”，是一种生活方式和行为方式。瑞典著名哲学家皮普尔在《休闲：文化的基础》一书中指出，休闲是一种精神状态，是一种使自己沉浸在“整个创造过程中的机会和能力”。美国著名休闲学家约翰·凯利认为，休闲应理解为一种“成为人”的过程，是一个完成个人与社会发展任务的主要存在空间，是人的一生中一个持久的、重要的发展舞台。[1]美国研究休闲的学者杰弗瑞·戈比教授指出，休闲是从文化环境和物质环境的外在压力下解脱出来的一种相对自由的生活，它能使个体以自己所喜爱的、本能地感到有价值的方式在内心之爱的驱使下行动，并为信仰提供基础，是人们追求生活意义的一种活动。[2]他同时强调，“要是把有关休闲的种种定义归归类，就会发现，它们出现在四种基本语境之中，分别是时间（time）、活动（activity）、存在方式（state of existence）和心态（state of mind）”。卡拉·亨德森等人认为，“休闲总的来说主要是指自由时间、消遣活动、有意义的体验，或这三种因素的混融”[3]。

相对而言，我国关于休闲的研究起步较晚，最早关注的是于光远先生。他认为，休闲是一种“畅”，在休闲中人们注意力高度集中，没有心思注意与此无关的事，也不考虑别的问题，自我意识消失，意识不到时间的存在。王雅林认为，“休闲是一种时间结构、活动结构和心理结构相统一的特殊社会现象”。保继刚等人认为，闲暇是指人们扣除谋生活动时间、睡眠时间、个人和家庭事务活动时间之外剩余的时间。[4]我国学者马惠娣认为，休闲的一般意义包括两个方面：①解除体力上的疲劳，对人遭受的艰辛起补偿作用；②获得精神上的慰藉，医治工业生产程序统一化所引起的个性结构的破坏。从一般意义上来讲，它是完成社会必要劳动时间之外的活动，是人的生命状态的一种形式。而对于人之生命意义来说，它是一种精神的态度，是使自己沉浸在“整个创造过程中”的一种机会和能力。[5]虽然研究者对闲暇或休闲的定义各不相同，但可以看出，构成闲暇生活方式的最基本的三大因素是闲

[1] 王明．关于集镇社区居民娱乐方式的思考[J]. 中共杭州市委党校学报，2006（5）.

[2] 杰弗瑞·戈比．你生命中的休闲[M]. 康筝，译．昆明：云南人民出版社，2000:101.

[3] 女性休闲[M]. 刘耳等，译．昆明：云南人民出版社，2000:24.

[4] 保继刚等．旅游地理学[M]. 北京：高等教育出版社，1993:1.

[5] 马惠娣．休闲问题的理论探究[J]. 清华大学学报（哲学社会科学版），2001（6）.

暇时间、闲暇活动、闲暇心态。

二、对闲暇生活方式的理解

就“闲暇生活方式”概念而言，笔者赞同把闲暇生活方式定义为“人们利用闲暇，进行闲暇活动的方法和形式”[1]。因为这样表述，它既阐明了闲暇生活方式的内涵，也说明了闲暇生活方式的本质。笔者认为，闲暇生活方式的构成，应当以主体拥有闲暇时间为基础。没有闲暇时间，就无所谓闲暇生活方式。此外，闲暇生活方式的构成要素中，还应当包括主体进行的闲暇活动。主体如果在特定的闲暇时间内不是进行闲暇活动，而是进行“规定性”活动，也就不能算是闲暇生活方式。例如，学生在课余时间继续看书学习，运动员在规定的必要训练时间之外的闲暇时间里继续训练，工人和农民把生产劳动之余的闲暇时间全部用于从事繁重家务劳动、抚育子女等“规定性”活动，就不属于闲暇活动的内容。闲暇时间和闲暇活动，是构成闲暇生活方式的基本条件。一个人的闲暇生活方式，往往表明这个人如何度过了闲暇时间。

通过上述分析，笔者认为，闲暇生活方式就是人们在自由支配的时间内进行的休闲活动的方式及其过程。它是一种充分展示人们生活情趣和个性特征的生活状态。它总是同一定历史时期的社会政治、经济和文化发展紧密地联系在一起，并且相互作用。当代沔城回族农民的闲暇生活方式变革，从一个侧面反映了当代沔城农民个性化的现实生活图景，从中我们能够观察到当代沔城农村生活方式变迁的某些特征。

三、沔城传统闲暇生活方式

过去，由于受到社会生产力水平低下的限制，以及人们价值观念、思维方式比较单一的制约，使得人们的闲暇生活受到诸种因素的影响，其形式也显得比较单一。沔城传统的闲暇生活方式主要有以下几种。

（一）粗俗型的闲暇活动方式

这种方式随意性比较强，可以选择任何地点、任何时间，不受时空的限制。例如，劳作之余和农闲时刻聚居于田间地头、房前屋后、街头巷尾的“聊天”（也称“侃大山”、“拉家常”），这种闲暇活动不择内容，只是人们休息过程中的一种闲聊活动，是彼此进行思想交流的一种方式，以获取外界的信息和达到心情放松、精神愉悦的目的。此外，日常生活中的搓麻将、打纸

[1] 游俊，龙先琼．湘西农民闲暇生活方式变革的文化审视 [J]. 吉首大学学报（社会科学版），2000（1）．

牌、玩扑克等，也可算是此种类型。沔城回族农民特别喜欢下方棋，回族俗称“下方”。每当劳动休息期间或茶余饭后，三三两两蹲在一起下方棋，有时下棋的人多了就摆几摊。方棋是一种培养智力的民族休闲活动项目，多少年来一直兴盛不衰。方棋方便有趣，没有专门的棋盘和棋子，也不需要裁判，只要找一个平坦干净的地方蹲下，用石子在地面上画横七竖八的交叉线，便成为42个方棋、56个棋眼的棋盘。甲乙两方用不同的棋子，如石头、土疙瘩、瓦片、柴棍子等等。下棋前一般讲好规则，是否允许悔棋，之后便开始下棋。走棋以吃掉对方棋子、堵死对方棋眼为胜负。下方棋就像下围棋、象棋一样，有时两人下棋，围观参谋、助威者不少，大家吵吵嚷嚷，非常热闹。上述闲暇活动的共同特点是，形式比较简单，约束性较小。

（二）游戏型的闲暇活动方式

1. 过家家

几个孩子一起来到房子外或在野外，分成男孩与女孩，扮作夫妻，用衣服包成的布娃娃作为他们的孩子，用树叶或草作为他们的食物。他们做买卖、建房子、做饭等，假装学大人一样过着家庭生活。这个游戏是3—7岁的小孩子一起玩的，小孩10岁以后基本上就不再玩这种游戏了。

2. 踢毽子

踢毽子之前，必须要制作毽子。当地的一个年近12的女孩子说，毽尖子可以用长约8—10厘米的植物叶子或小颗的植物编成，也可以用鸡毛来做。踢毽子的时候，用手拿着毽子，抛向空中，不要抛得太高，等快落到跟人差不多高的时候，再提起脚接住毽子，毽子就被踢向空中，这样反复踢，谁踢得多谁就赢了。这种游戏主要是女孩子玩。笔者在观察当地女孩踢毽子的时候，发现她们除了比谁踢得多还比很多高难度的技巧，所以踢毽子不仅是她们平时喜欢的游戏，还是一项很有挑战性的体育竞技活动。

3. 打老钱

打老钱，犹如现代的打保龄球。当地小孩子打老钱的时候，一般选择在一块平地里，在人正前方10—20米的任意地方，立一块长、宽约40厘米的石板，手拿一块巴掌大的石块丢出去，以击倒前方立着的石块为胜，可轮流玩。这种游戏基本是小学生玩的游戏。

4. 跳房子

在地板上用粉笔画上一个方格，把大方格分成很多小方格，再把碎瓦片放在大方格的一个角上，跳方格的时候就从这里开始。提起一只脚，单脚跳的时候带动瓦片移动，按照方格的顺序或按照规定的路线一步一移，瓦片不能超出方格，如果超出就轮到别人跳，等到下次又从停止的地方开始跳，谁先把瓦片按规定的路线移完谁就是赢家。

另外，还有跳皮筋、滚铁环、跷跷板、荡秋千等等，以上这些都是小孩子玩的游戏。

（三）体育竞技型的闲暇活动方式

1. 武术

回族具有强健、勇武、好锻炼、不畏强暴的民族性格。自古以来，凡回民聚居的地方大都有尚武的习俗。回民为什么好武呢？原因主要有两条：①回族崇拜的伊斯兰教领袖穆罕默德勇武并精于剑术。《穆罕默德的宝剑》一书，在广大回族人民群众中早已传播很广，并有不少模仿练习者。穆罕默德还曾经给勇士哈立得赐名“安拉之剑”。回族人由于严格遵守穆圣的言行，因此，回族群众认为练武功自卫是“逊乃提”、是圣行。②回族人由于是从中亚等地来中国的，其祖先系外来人，后来“大分散、小集中”在全国各地，元朝回族人被编入探马赤军”，为适应战争的需要经常练习骑马射箭、使枪弄棍。在受到统治阶级的压迫后，回族人民感到力单势薄，于是就养成了尚武、任侠、团结的习俗，并把练武作为抵抗压迫和屠杀的重要手段。由于以上两方面的原因，旧时沔城回民始终把开展武术活动当作振奋民族精神、健身、自卫的手段。

清末民初，沔城城乡有许多武术馆。抗日战争前，还剩少许。1941 年大火之后，完全停办。武师由习武的人出资聘请。沔城七里城是回民聚居区，回民为了自卫，习武者比较多，先后出了马光旦、哈志超、马德润等武术名师。在沔城清真寺执教的阿訇，也不乏武林强手，如杨修甚（湖南人）、刘鸿勋（河南人），既是学训渊博的经师，也是精通武术的高手。沔城寺庙的和尚，也有不少武林高手，如广长律院住持释虎可（又名红花和尚），工文善诗，精拳术，有吐纳功，曾带了不少徒弟。沔城回族的武术种类很多，具有代表性的有查拳、回回十八肘、弹腿、汤瓶功等。

查拳，属于一种长拳，与西洋、西夏、关东、心意六合等拳法并列为回民的教门拳。查拳具有独特的民族风格和特点，它起伏转折、刚柔相济、快慢相间、动作灵活、节奏鲜明、姿势舒展大方，给人以美的享受。起式时的“都瓦”式、“依玛尼”式等，具有浓厚的回族特色。

“回回十八肘”，从明末开始流行，是以肘法为主的短打招法，与沙家杆子马家枪一并为武林人士所瞩目。多年来秘不外传，目前沔城有 2 位回族老拳师正在整理传授这一绝技。

汤瓶七式，是回族的教门拳之一，它以回族穆斯林净身用的汤瓶为基式。“七”在阿拉伯人看来是个极数，用“七”、“七十”表示多数。汤瓶七式上身动作是，抬左臂握拳似壶嘴，曲右手握拳如壶把；下身动作是，弓箭步，左手叉腰，右手伸出食指表示坚信真主独一无二。汤瓶七式整个动作与穆斯林礼拜动作相似，刚柔并重，颇有特点。

弹腿，也叫教门弹腿，在回族中流传广泛。弹腿歌诀中有“手是两扇门，全凭腿打人”，弹腿因腿出力激烈，取弹射之势而得名。回族中，学习弹腿者甚多，传播教门弹腿者也不少，沔城蔡光东已成为当地公认的弹腿名家。

新中国成立后，武术活动一度停止。1979 年以后，由于国家提倡体育活动，鼓励习武强身，沔城的老武术师开始收徒传艺，挖掘、整理、推广传统武术体育项目，并培养了一批有发展前途的业余武术运动员。1986 年 3 月，沔城回族运动员蔡光东、马顺一、谢华等组成的荆州代表队，在湖北省恩施市召开的省首届少数民族体育运动会上，获得查拳、刀术等 6 项表演奖。

2. 民间体育

沔城回族除了参加篮球、排球、足球、乒乓球、田径等多种体育活动外，主要喜欢参加具有回族特点的踏脚、木球、掼牛等体育活动。

踏脚是一项既可娱乐又可健身自卫的活动，受到沔城回族群众的喜爱。在沔城回民社区，从小孩到老汉，每逢农闲时节都要聚集到一起进行热闹的踏脚活动。踏脚，即像踢足球一样，用脚不用手。可 1 人对 1 人，也可 2 人对 4 人等。双方对踏时，靠灵活机智、技艺娴熟，你踏我闪，你攻我守。其基本的动作是，平踏、破脚、背脚、连环转、飞脚等。平踏时，一般侧身面向对方，以全脚掌向对手蹬出。破脚，则要单腿跳步，面向对手正面，向高处蹬出。背脚，回族民间俗称“关后门”，多用于进攻对方的裆部、臀部。这个动作声东击西，防不胜防，一般在背向对手时，突然向后方踏出。连环转，即快速转体 360 度，打击对手的背面和侧面。飞脚，即双腿腾空，踏向对方的肩部和背部。在对踏中，往往一两个动作连在一起，成为一个整体动作，如前踏后蹬，就是少数对多数发出的连续进攻动作。在“晦”、“哈”的发声中，一个前踏动作后，迅速转身，再猛地向后蹬出，可谓眼观六路、灵活进攻。踏脚比赛，有一定规则：①有平坦宽敞的场地；②不准穿皮鞋等硬底鞋，不准用头、拳、肘、臂进攻对方。

打木球，俗称“打篮子”、“打锁儿”或“赶毛球”，是沔城回族人民代代相传下来的一种传统的民族体育活动。木球是用一种硬度强、不易破裂的木头制作的小球，长约 8 厘米，粗约 10 厘米。打木球，器具简单，规则明确，容易掌握。在民间打法也灵活简便，不受场地、器材的限制。每人只要准备一根 60 厘米长的木棒或木板，用来击球即可。木球的比赛场地，一般是长约 30 米、宽约 20 米，中间有一道中场线，两边底线中间各有一个 3 米宽、

0.5 米高的球门，类似冰球门。比赛时间一般为 20 分钟至 2 小时左右，分上下场。在民间，木球的打法有三四种，如打圈杠、刁杠和赶龙等等。在正式比赛时，由裁判召集双方队长挑选球门，确定谁先击球。当裁判员宣布比赛正式开始时，双方队员各持一根 60 厘米长的木棒击球。场上你追我赶，竞争非常激烈。每攻进球门一个球，计一分，以攻进球门多少计胜负。胜方由一人用木棒将球击出，负方派一队员从击球点出发步喝“嗦……”，跑向落球点将球拾起跑回，要一气呵成，中间吆喝嗦儿声时不许换气，否则就要受罚。有好多队员在吆喝嗦儿声中，不能一气呵成，被受罚后，要吆喝几次才能成功。打木球，竞争性、趣味性都很强，而且便于普及推广，深受当地群众的欢迎与好评。

沔城回族社区的掼牛，与西班牙的斗牛是不大一样的，西班牙斗牛要用剑把牛刺伤。而回族的掼牛，不伤牛身，完全靠个人的勇敢与力量，灵活而巧妙地把牛摔倒。掼牛没有什么严格规则，主要是根据每个人的力量和技巧，在一定时间内把牛掼倒为目的。沔城回民在掼牛表演时，一般都机智灵活，面对触角似剑、暴跳如雷的大公牛，跨步向前，双手紧握两只牛角，全神贯注，用力把牛头拧向一侧，然后马上用右肩扛住牛下巴，把牛脖子使劲一别，大公牛前脚立刻跪下，随即用力压住牛的颈部，通过拧、扛、压等一系列动作将牛掼倒，使之四脚朝天。

（四）节庆型的闲暇活动方式

这是一种具有中华民族特色的群众性的闲暇娱乐活动方式。参与这一活动的对象也相当广泛，每到节庆之日，不同阶层的人都加入到这一喜庆气氛中来，载歌载舞、龙狮锣鼓相伴。这些节庆日有各族人民欢庆的春节、端午节、中秋节等。地方性节庆日有“灯会”、“龙舟赛”、“庙会”、“武会”等。此外，回族有自己的传统节日，但沔城回族并不像西北回族那样只过节不过年。沔城回民习惯于欢度一年一度的开斋节、古尔邦节、圣纪节等传统节日以及阿舒拉节、法图麦节、登霄节等节日，过回历年，也过阴历年——春节。这些节庆闲暇活动，把沔城各族人民从繁忙的生产劳作中解放出来，通过活动的参与达到心情愉悦的目的，让人尽情享受闲暇生活的快乐。

（五）传统文化型的闲暇活动方式

管、弦、乐、曲、琴、棋、书、画是中国人民闲暇生活的骄傲和自豪，人们自古就懂得各种乐器的吹拉弹唱、民间舞蹈的始兴和诗情画意对自我感情的表露。沔城回族镇传统文化型的闲暇活动，主要有沔阳花鼓戏、渔鼓、皮影戏、说善书、硪歌、小曲清唱、十番锣鼓等。就拿渔鼓来说，沔城民间称之为道情，演唱者边拍鼓筒边演唱。渔鼓词讲究音韵，后来发展到一人唱、众人和（帮腔）。新中国成立前，唱渔鼓是一种行乞手段，新中国成立后，逐渐形成为一种文艺形式，并被搬上了舞台。今天，沔阳渔鼓的音像制品在仙桃市各大音像商店到处可见。沔阳渔鼓一代新人如雨后春笋般地涌现，活跃在仙桃乡里民间、街头巷尾和红白喜事之间，欣赏渔鼓成了沔城人民生活的一项重要内容。

第二节 沔城回民闲暇生活方式的变迁

一、"集体"时代的闲暇生活

"集体"是农村这个没有"单位"的各个社区对自己所属的行政单位的总称，这个称谓既体现了国家对基层社会的控制力量，又反映了村民对村庄的心理归属感。1949 年新政权建立后，发动了一系列的"运动"，运动不仅构成了这个时期的脉络，而且重构了国家与社会的关系，重构了村民与国家的关系，个体自由在这个时期完全被强大的权力机构剥夺，个体更加依附于"生产队"这个国家权力的执行工具。这个时期的政治特色在村民的生产生活中都有充分的反映，本书仅讨论这些时代特征对农民闲暇生活的影响，其他主题暂不作论述。

"事实上从土地改革至合作化运动前，农村在经济上并不属于集体化"[1]，或者说集体特征不明显，合作化运动才真正将农民集中到一个政治共同体之中。正是在这个共同体中，农民充分体验了"集体"的力量，将自己的自由时间完全交给了集体，特别是到"文化大革命"时期。集体化时代，村干部对群众管理严格，他们具有极高的权威，不仅是集体生产的组织者，也是村庄日常秩序的维持者，在这种井然有序的社区里，公共设施建设的成本低、成效大。"社员"在农闲之时被组织起来建设公共基础设施，受访者答 ××（男，回族，1942 年出生，七红村 2 组农民，访谈时间为 2008 年 6 月 18 日，访谈地点在沔城清真寺）这么说："主要筑堰沟、河堤，都算工分，反正也没什么事，就去干呗。再说了，要是不去干就是不响应党的号召，谁还敢呆在家里啊？"现在看来，当时的组织力量对村民起到了最大作用的限制，不仅规定了时间的分配，而且还要求村民参与干部所组织的活动，这些活动有劳动上的，也有娱乐文化上的。

"那个时候，大家经常要求到大队办公室前面的敞坝子上学习毛主席语

[1] 黄宗智．中国乡村研究 [M]. 福州：福建教育出版社，2007:5.

录，除了学习还有其他的活动，过几个月看次电影，农闲时看得更勤。说起看电影，那个时候可是月月盼啊，一到放电影那天，都提早吃完晚饭，拿起板凳就去等着，有的还连饭都不吃，下工就去！”当问到还有没有其他的娱乐活动时，答 ×× 想了一会才说：“跳绳、下棋、打楚符（不是现在常见的扑克牌，是一种老牌）都有。搞这些活动还会进行比赛，赢了的人还有奖励，按照成绩评出一、二、三名，第一名奖 10 个工分，第二名奖 5 个工分，第三名就只有 2 个工分了，只要你有本事就可以去挣这个工分。我那时还得过下方棋比赛的第一名。”从访谈中，笔者发现，当时的沔城和中国其他地方的农村一样，集体化时代的特征非常浓厚，村干部具有绝对权威，这决定了他们能够支配村民的空闲时间，能够安排村民闲暇活动的场所，能够规定村民的闲暇方式，并且在一定程度上左右了村民的闲暇态度。“大伙都去乐和，反正没有什么事情做，又可能会挣到工分”，答 ×× 是这样认识的。

大部分人都认为，这些活动不仅充实了空闲时间，而且能给村民带来快乐。通过参与这些活动，村民加强与乡亲们的联系，在竞争与合作中建立深厚的情谊，人际关系纽带更加稳固。

二、“后集体”时代的闲暇生活

“后集体”时代是指 20 世纪 80 年代，其集体特征相当明显，农民社会生活中的许多方面仍然受到“集体”的支配。首先，从农民闲暇场地上来说，村委会或生产队办公地及其前面的空地，是村民参与娱乐活动的主要场所，在“土地联产承包责任制”实施的头几年，村民的集体活动仍然是在这里举行，活动的组织者仍然是村干部。

姚 ××，男，回族，1943 年出生，七红村 1 组农民。访谈时间为 2008 年 6 月 18 日，访谈地点在沔城清真寺。

“村里（村干部）组织活动，我们经常去，反正也有时间，闲着也是闲着，又不要钱。”魏 ×× 说，“不过活动没有以前（20 世纪 70 年代）多了，也就是看看电影，其他娱乐都没有人来了，不过，那个时候还是多了其他一些在节日才有的活动，比如说跳秧歌、赛龙舟。跳秧歌是有讲究的，按老规矩只在插秧之前才能跳，可插秧的时候又是大家最忙的时候，所以就改在春节期间，这期间大家都有时间。吹吹打打的，很热闹！划龙舟在文化大革命期间中断过，改革开放后又搞了起来。刚开始好像是公社组织比赛，每个村都会出一支参赛队伍，有个别生产队（村民小组）也会组织队伍参赛，用的船就是那些渔船，参赛的人不光是年轻人，有些四五十岁的人也去，现在还分男队、女队，来看的人很多，附近各乡镇的人都会来看，莲花池边到处都是人。”

从上面的访谈可以看出，沔城农民在20世纪80年代初舍弃了一些70年代所进行的闲暇活动，但同时又有了新的闲暇方式，如扭秧歌、赛龙舟。随着时间的推移，到80年代中后期，现代电子设备的传入，又给村民带来了“打发”空闲时间的方式——听收音机、听收录机、看电视。“村里谁家先买了电视机，周围的人（邻居）基本每晚都上他家去，大伙围在电视旁，边看边聊天。现在想起来还觉得奇怪，那时候只有一个中央台，效果也不好，麻普普的，尽是雪花，可偏偏大家都愿意去看”，答××（同前面的答××是同一个人）如是说。从物质匮乏到基本自给自足，中国走了几十年的路，村民到现在基本上体会到了“新政策”给他们带来的切身利益，他们第一次接触到电视这样“现代化”的东西，也是第一次看到自己有能力消费这个“奢侈品”。新鲜事物的诱惑以及触手可及的目标，让村民一户接一户地买上了电视机，从此，这个传达外界消息的媒体成为村民生活中的一部分，也成了他们休闲娱乐的一部分，“看电视”是千百万中国农民的重要闲暇方式。电视的魅力就在于，它向一直处于封闭状态的农村传递了“外面”（城市）的信息。信息空间的扩大，给了村民接触外界、了解不同于自己所生活的地域空间的机会，同时，激发了“胆大”的村民到外面闯荡的热情。在前面已经提到，农村人多地少，村民可以依靠它养活家人，却不能指望它让人致富。当看到外面的精彩世界，再加上致富欲望的驱使，当地的一部分富余劳动力便开始外出打工。电视对村民闲暇生活的影响力一直持续到现在，而另外一种与它基本同时进入沔城的闲暇方式就是打麻将，则更是贴近村民的生活，由于它在这一阶段仅仅是传入、兴起，其影响力、影响范围都还不大。

“后集体”的农民闲暇还有一个特点：响应“集体”的号召，参与集体组织的娱乐活动，而且是自觉自愿并全身心地投入，这说明党和政府在村民中还有着绝对的权威。“党的号召，谁敢不响应？”村民仍然保持着对政治权威的服从，持续着“集体”时代养成的习惯及思维方式，未形成完全的自主意识。“集体”在村民生活中仍然扮演着重要角色，从对娱乐活动的组织中，我们可以看出，国家基层权利强大。组织权力，是这一时期农民闲暇呈现多样化、娱乐化、健康等特点的主导因素。

三、茶馆时代的闲暇生活

茶馆在学界被看成研究乡村文化娱乐的一个重要场所，如吕卓红的《川西茶馆：作为公共空间的生成和变迁》、戴利朝的《茶馆观察：农村公共空间的复兴与基层社会整合》等。在这些调查研究中，茶馆的首要功能是“喝茶”，在此基础上才产生乡村公共空间，形成乡村闲暇生活方式。沔城茶馆何时兴起，无法考证，解放前沔城大大小小的茶馆有20多家。新中国成立后，只剩下魏家茶馆，茶馆内有说书、唱小曲、唱围鼓、唱皮影戏的，是沔城重要的闲暇场所。

本书所指的茶馆，虽然称谓相同，其最主要的功能却不是为来客提供茶水，而是提供一副麻将、一个场地，即到这里来的人不是为了喝茶，“麻将”才是吸引他们的主要原因。因而，从基本功能上来看，本书所提到的茶馆只是村民不定期的聚会场所。茶馆的形成，经历了从无到有、从少到多的过程，伴随这个过程的是农民闲暇的单一化和农村公共空间的萎缩。原因在于，20世纪80年代末，随着外出打工人数的增多，村民参与集体娱乐活动的热情降低，参与人数越来越少，原来一直组织的看电影、跳秧歌等活动都自然地停止。同时，各种现代化农具的不断引入，节省了村民的劳动时间，村民有了更加充分的闲暇时光，他们对于闲暇活动的渴求更加强烈，这就催生了新的闲暇方式、闲暇场地的产生。

20世纪80年代末期，外出打工的村民，带回了一种新的娱乐形式——打麻将。打麻将现在已成为中国各个地方比较流行的闲暇方式。有人认为，麻将是中国传统文化的一个重要组成部分，其独特价值堪称国之瑰宝；也有人深恶痛绝，认为麻将是赌博之首，其罪恶程度几与吸毒无异。麻将的利弊暂不讨论，本书主要分析它成为农民闲暇方式从而对农村社区带来的影响。

麻将的普通玩法是四人参与，一张桌子、四把椅子即是其所需设备，普通农家每户都有这些家具，但并不是每一家都有麻将。因而，最先买麻将的农户也就成为继广场闲暇中心之后最早的农家闲暇中心。这样的农户首先有一定的“闲钱”，有能力购买这种“奢侈品”（一副麻将是100元左右，按照当时当地的物价来说属于奢侈品之列）。其次，家庭住址要在农户比较集中的地方，这样才方便邻居来串门。最后，户主与邻里关系很好。具备这几个条件的农户在当地不多，最早进入人们视线的是村里的小卖部。

小卖部是包产到户后，为村民销售日常生活用品的地方，村民经常上这里来购买所需品，因而，大家容易在此碰头、聊天，也就很方便地观看他人打麻将。再者，由于麻将还是一项一学就会的游戏，从学习到亲自上阵只需要1个小时，并且它还是一个新事物，因此，很快在村民中传播开来。

李××，男，回族，1959年出生，城郊村3组农民，个体户。访谈时间为2008年10月3日，访谈地点在沔城回族镇李××的百货店里。

“那个东西（麻将）挺上瘾的，开始的时候只是看热闹，后来慢慢就上瘾了，哪天不去心里就不舒服。最先不赌钱，也就是觉得拿它来消磨时间。后来，从1毛开始，慢慢往上涨，到现在都最低5块了。长期打麻将的人都知道，其实一年下来可能是不输不赢，所以说想去赢钱的都肯定捞不着！大部分人都像我一样，就是图个乐趣，要不然没事干啊！”

“没事干”是许多村民参与打麻将的主要原因，但是，按照常人的观点，农民是最勤劳、最辛苦的社会群体，他们不可能“没事干”。法国闲暇社会学家杜玛泽迪耶认为，个体从庞大的社会体制中获得更多的自由及其技术的进步都会使闲暇在数量上增长；法国社会学家A·孔德、政治与哲学评论家P·J·蒲鲁东等人也提出，科技进步使人们获得更多的闲暇。中国20世纪80年代农村经济改革和土地联产承包责任制的实行，不仅改变了农民的生活条件，也改变了他们的劳动形式和经济关系，已由“大集体”时期的“天天有活干，四季无闲空”的“出勤不出力”的全日工作制，变成了弹性工作制，农民劳动的时候很辛苦，但他们现在能够自由安排自己的劳动量，能够合理安排自己的劳动时间。农村社会的发展和农业科技的进步，也使农业劳动生产率大幅度提高，缩短了必要劳动时间，从而相应地增加了农民的闲暇时间。

“就地里那点活，播种、收割都用机器，摆弄完只要两三天，平时的时候想起来了去看看，想不起来就让它自己长，好多人干脆就不管了，让它荒着，反正现在也不指着它出什么东西”，李××说出了这样的缘由。对于沔城农民来说，“没事干”的原因还有两个：①随着大批富余劳动力到外地打工，他们所挣的钱成为家庭收入的主要来源，完全能够维持一家的生计，家里人无需再种地，因而没事干；②部分在当地农贸市场做小生意，这些收入比种地强，还能省下很多时间，这些时间里当然就“没事干”了。“有闲”，是村民寻求娱乐活动的驱动力，也是农民闲暇的前提。

一家家小商店在沔城回族镇各个社区开了起来，它们不仅方便了村民的日常生活，而且给村民提供了闲暇场所和便利。但是，它们的优势没有延续多久就受到了来自“正规”茶馆的挑战，因为小卖部这种非法的“聚赌”场地受到警察的禁止，警察经常上这里抓赌，而后进行罚款、拘留，以至于村民不敢再到这里打麻将，因此，有个体户牌照的“正规”茶馆受到青睐。正是在这些茶馆中，形成了一个麻友圈子，其划分的明显标志就是牌资的大小和参与时间的长短，具体来说有以下4种：牌资大，参与时间长；牌资大，参与时间短；牌资小，参与时间长；牌资小，参与时间短。从此，麻友圈代替集体娱乐圈成为当地闲暇生活的的主体。

总的来说，这一时段的农民闲暇反映出政府权力后撤、农民自主选择能力增强。这一特点随着农村地区的发展以及国家有关农村、农业、农民政策的变动而逐渐发生变化，“在集体组织不再能全面控制全体村民的生产和分配时，其权威必然迅速下降，这也就是人们所说的‘国家权力从农村后撤导致村庄内出现权力真空’。包产到户这一制度的推行，在 20 多年的时间里极大程度地改变了村民的生产、生活状况和村庄的组织形态：村民们又回归到从前的小农耕作；通过外力建立起来的村庄组织体系迅速松动，村庄的社会关联大大削弱，从而导致了这个组织原本就比较薄弱的村庄日益原子化。[1]”伴随农村税费改革的是国家权力逐渐从村一级行政单位撤出，村干部在村民中越来越失去昔日的权威，对村民的管理和控制、对村庄的治理已经是“有力无处使”的境况。与村委会式微相对应的是村民“自主性”的增强，除政治参与一直受到较严的控制外，经济参与和文化参与基本由村民自己做主。加之社会环境的渐渐稳定，国家的各项措施慢慢走上常规，相应的基础设施也在日趋完善，一些娱乐设施也开始出现，并逐渐兴盛起来，比如电视机的进一步普及，录像厅也开始出现，人们可供选择的闲暇内容不断增多，村民能自主安排自己的生活时间。

然而，由于当地公共文化娱乐设施和资源短缺，农民自身参与健康的娱乐活动的意识不强，更重要的是缺乏组织农村娱乐活动的人才和力量，农民闲暇生活并不丰富。

四、家庭闲暇时代

“农家”即农户家里，之所以将其作为一个时段提出来，原因在于它是 20 世纪 90 年代末以来沔城农民闲暇的主要场所。

20 世纪 90 年代至今，由于经济体制改革的进一步深入，市场经济继续快速向前发展，社会物质财富进一步丰富，人民的生活水平得到进一步提高，尤其是劳作机械化程度和效率的不断提升，劳动的强度逐渐减弱，劳动时间相应缩短，加上家用电器的使用、普及，使得沔城居民的家务劳动时间进一步减少，人们的闲暇时间更多，闲暇内容更多。利用电视、影碟机、电脑、数码相机以及功能越来越丰富的手机等，来丰富个体的业余时间；根据自己的爱好和想象，进行一些简单的娱乐休闲活动，比如唱卡拉 OK，看自己喜欢看的电影和电视剧，拍一些自己的 DV 短剧等等；或是走出去游历祖国乃

[1] 黄宗智．中国乡村研究 [M]．福州：福建教育出版社，2007:173.

至世界的大好河山；或是通过网络和志趣相投的朋友聚会互动等等。其中，影响最大的仍然是电视，这一时期，农民才能够看上有线电视，频道由以前的一两个增加至几十个，每天有看不完的电影、连续剧，农民闲暇时间在一集集电视剧中溜走。

何××，男，回族，1969年出生，城郊村1组农民，个体户，2006年前在广州打工近10年，2007年起在沔城集镇上做服装生意。访谈时间为2008年10月3日，访谈地点在沔城集镇李××的服装店里。

"我们一般是边看电视边吃饭，一集没看完当然不会出去啦，有时候看完一集后还有下一集啊，没什么事就等着看呗。"

"有空的时候就想休息一下，不愿出门，在家看看电视睡睡觉，镇上出租影碟的铺子有很多，你想看多少就可以租多少，有时也会在家卡拉OK喊几嗓子，时间就不知不觉过去了。要实在是手痒了想玩麻将，或者别人来叫我，才到茶馆去。现在到茶馆打牌都是要收钱的，不像以前那样只收第一局赢家一个人的费用，所以还不如找几个人到家里来玩呢！"

"享邓小平改革开放的福，现在日子过得还算舒服，吃喝不用愁，打哈小牌，看哈电视，一家人到外头去旅哈游，闲暇娱乐是个很简单的事情，别的不多，兜兜里钱还有几个，我想怎么玩就怎么玩。"

从以上的访谈材料我们可以看出，农民的闲暇内容日渐丰富，电视、影碟机等娱乐工具基本普及。沔城回族镇的公共娱乐场所并不多，红莲广场是村民们去得较多的闲暇场所，面积大约500平方米，场地上有湖北省体委于2003年赠送的一套健身器材，沔城回族镇政府也安装了一套音响设备，每晚都有专人播放音乐，村民们在这里可以跳舞、唱歌、聊天，每天晚上这里都会热闹到11点。镇上有卡拉OK厅4家、网吧2家，是年青人去得较多的地方。

在田翠琴、齐心对河北8个村庄的调查中也反映出同样的情况：村庄多数没有读书看报、体育活动场所，没有专门的娱乐和社交场所，尽管农民的闲暇时间增多，但农村闲暇活动少，致使大多数农民的闲暇活动基本上在家里进行，自家庭院成了农民闲暇活动的第一空间，家庭闲暇娱乐成为现阶段我国农民闲暇娱乐的主要形式。[1] 同样，据福建社会主义新农村建设百村调查显示，大多数农民群众在闲暇时间里，文化生

[1] 田翠琴，齐心．农民闲暇[M]．北京：社会科学文献出版社，2005:6.

活选择面窄，日常文化生活形式单调，主要是室内的、简单的、参与人数少的文化娱乐形式，其中以看电视最为普遍和典型。从调研的数据可以看到，当问及“业余时间都做什么”的时候，70.11%的农民选择了看电视,还有12.11%的农民选择了打麻将,有的则进行聚众赌博和“六合彩”等一些低级、非法的娱乐活动。[1]我们可以看到，该调查中所说的文化生活，即是农民闲暇生活，当地农民同样面临闲暇方式简单的困境，看电视同样是他们的普遍选择。

由此可以看出，全国各地其他地方的农民闲暇与沔城居民闲暇生活的变迁过程可能会有所不同外，但其现状都是以家庭为主要闲暇场地。

小　结

根据以上对闲暇历史的回顾和现状的描述，可以得出如下结论：

（1）闲暇的形式和内容，因历史与时代的不同，以及社会意识形态的变迁，有着相当大的差异。只有当我们把农民的生活质量放在重要位置的时候，当我们关注“以人为本”的时候，当我们注意人们的精神文化生活的时候，农民的休闲事业才会发展起来，农民的休闲生活才会变得丰富多彩起来。

（2）随着城镇化与工业化继续前进，劳动和闲暇之间的分界也比以前更加明显、清晰。虽然进入“后工业社会”、“知识社会”，但马克思所说的劳动给人带来的“异化”仍然存在。也就是说，无论工作方式从形式上看起来是怎样的悠闲，它都会使人性有一种“异化”，只有在工作之外，人才能真正找到意味着自己存在的“休闲活动”。这一点与传统的自给自足的农业社会是不同的——生活是悠闲的，工作地点要么是在离家不远的田地上，要么是在家里，工作没有量的要求，可以随时停下或是边聊边干，且科技含量不是很高，没有什么心理压力，即心态是悠闲而平和的。因此，严格意义上的工作与闲暇生活的界限，是模糊的、交织在一起的。

（3）随着社会文化生活的变迁、经济与科技的发展，人们的休闲取向也会发生新的变化。一方面，工作压力增大，需要选择合适的休闲方式来放松自我，或彰显个性，或“重新定位自己”；另一方面，随着社会文明的进一步发展，越来越多的人认同闲暇时间与闲暇活动的必要

[1] 吴碧英．新农村公共娱乐空间建设的功能及其价值[J]．福州党校学报，2007（5）．

性，更有相当多的年轻人逐渐树立了“工作的目的是为了休闲”这一新的现代工作、生活理念。那么，休闲怎样才能使现时的人们满意？怎样才能实现人们对休闲的要求？哪些休闲方式是有积极意义的？这些首先与一定的时代背景和各民族的文化特性有关，同时也是散杂居地区发展的应有之义。它的形成不仅反映了社会文明的进步与发展，更对社会转型期我国散杂居少数民族闲暇生活的塑造与完善具有重大的启发作用。

第九章 沔城回族生活方式变迁的模式与构建

第一节 生活方式变迁的原因与发展趋势

一、生活方式变迁的原因

生活方式是人类社会存在的一种基本的社会方式。原因在于，人们的社会生活总是以一定的方式存在，而这种方式首先是一种自在的过程，通常在这种过程发生变化的时候，或者在我群与他群的存在方式的对比被意识到的时候，群体内会产生对生活方式的自觉，并进而引起对生活方式的关注、议论和变革。

在社会学的话语中，变迁既泛指一切社会现象的变化，又特指社会结构的重大变化；既指社会变化的过程，又指社会变化的结果。变迁产生的原因也不尽相同，既有来自外部的压力，也有自身的根本原因。生活方式的变迁，是指由于社会的变迁从而促使人们的生活观念、生活态度、价值取向以及行为习惯上发生了变迁。这种变迁对人们的生活以及社会产生了积极或消极的影响。

"人不能两次踏入同一条河流"，古代希腊哲学家赫拉克利特欲图通过这一表述告诉我们，自然界无时无刻不在发生变化，人类社会也一样如此。从有文字记载的这几千年的历史进程和近百年来席卷全球的现代化浪潮来看，变迁的主流是向前发展的，这是我们已经获得的结论。生活方式为什么会变迁，这是古今中外学者们共同关注的一个问题，形成了诸多理论学说。当然，生活方式的变迁也归属于文化变迁的范畴。

自西方民族学（文化人类学）诞生之日起，对人的关注和研究就从体质转移到了文化。西方文化人类学各家理论和派别，从早期的古典进化论到功能—结构论，乃至于当代的符号象征理论，尽管在许多问题上众说纷纭，但在分析“文化”的特征时，一般都认为它既有静态的深层结构，又有动态的发展变化。西方民族学领域内的文化变迁研究，是与该学科的历史发展同步前进的。只是在不同时期，各学派的侧重点不同。早期古典进化论的研究，实际即是文化变迁的研究，尽管当时并没有明确提出这一概念。古典进化论研究的基点，是以文化或社会中的人具有同一心智为前提的。这种同一性，是指技术知识的普遍性。他们采用的主要研究方法是比较法，即技术知识的比较。比较首先要注意对象的不同，不同正是变迁的结果。由此可见，进化本身就是变迁的过程。“变迁”在他们那里只是一个中性词，可以是进步，也可以是倒退。

进化论后，无论是播化学派的文化传播说、历史学派的历史文化区说、功能学派的文化相互作用说，还是心理学派的文化模式说、结构主义的深层结构说，都从不同角度进行了文化变迁研究，或者说从不同的方面对文化变迁的研究产生了影响。西方由于受发展研究的影响，“文化变迁”常常同“社会变迁”相混同。尤其在美国，社会学家和文化人类学家都经常使用“文化变迁”一词，有时亦用“社会变迁”，有时又合为“社会和文化变迁”或“社会文化变迁”。就事实而言，文化变迁和社会变迁有时的确难以区分，然而在理论上进行适当分离还是必要的。比如克德·M·伍兹就认为：“文化变迁和社会变迁都是同一过程的重要部分，但在必要的时候，在概念上也可以区分，倘若文化可以理解为生活上的多种规则，那么，社会就是指遵循这些规则的人们有组织的聚合体。”[1]

当代西方的文化变迁研究，以美国最为发达。以美国为范例，其主要特征有以下几点：视变迁为一切文化的永恒现象，文化的均衡稳定乃是相对的；以个人为变迁的最小单位；以既定的社区为中心，进行相对完整的、系统的解剖；在强调引起文化变迁的外部刺激的同时，也强调文化内部的发展为导致变迁的原因，重视文化变迁的内部整合与调适机制运行过程的分析；不是侧重于对变迁现实结果的说明，而是力图把握正在发生的具体的变迁过程并着眼于未来，试图建立富于预见性的理论架构；通过参与分析而指导变迁，这体现了文化变迁的研究内在应用人类学的实质；在应用多种研究方法的同时，大量采用计量人类学的手段，以尝试建立精确的模型。

美国的研究在西方很具有代表性。①其研究的理论立足点在于以变迁为

[1]（美）克莱德·M·伍兹．文化变迁[M]．何瑞福，译．石家庄：河北人民出版社，1989:6.

文化属性，均衡只是相对的，文化处于永动之中；②研究的具体对象小到一个人，大至一个社区乃至整个社会；③在变迁的动因方面，既强调外因，也肯定内因的作用；④在研究方法上，既强调运用参与观察等多种研究手段，也重点突出计量民族学的方法；⑤在研究的目的上，不局限于对变迁现实结果的说明，更力图把握变迁的具体过程，预测变迁的方向，为社会发展提供服务。

在变迁的分类上，西方有多种方法：以参与变迁的人的意愿为标准，划分为“自愿变迁”和“强制变迁”；根据变迁在整个文化中所占的范围和比重，划分为“有限变迁”和“无限变迁”；以变迁的速度为标准，分为“文化渐变”和“文化突变”；以人为参与的程度为标准，划分为“自然变迁”和“计划变迁”。

事实上，文化变迁的理论有很多种，并不全是民族学、人类学的理论，还有社会学、哲学、心理学、生物学不同学科的研究者，从不同的角度出发，提出了各种理论来解释社会文化的变迁，其中影响较大的理论有生物因素说、地理因素说、心理因素说、文化传播因素说、冲突论和现代化理论。

生物因素说，视生物本身为文化变迁的动因，代表人物有英国的斯宾塞、法国的华牧斯等，他们把社会文化的发展看作是生物有机体适应环境变化的过程。当代代表则是美国的社会生物学家威尔逊，他把文化的创造性归结为“亲族选择”，将文化进化或变迁归因于生态环境中群落基因库的变异和基因群的分布。

地理因素说，以地理环境的变迁为文化变迁的根本动因，代表人物是德国的拉采尔与美国的伯克勤。他们认为，地理环境决定文化的性质、形式和内容。当代代表人物是美国的文化学家伯特兰·罗素，他把文化变迁的终极原因归结为地理环境。

心理因素说，把心理因素看作是文化变迁的根本动因。这一学派分化出3种观点：①人类本能说，代表人物是美国社会学家沃德。他认为，欲望是人类的主要意志，也是社会文化发展、变迁的原始动力。另外，还有美国麦独孤的“本能说”、奥地利赖荷夫的“关心说”，都是从人类先天的心理出发，从而解释社会文化现象中的发展变化。特别是弗洛伊德，更是夸大性欲的本能作用。②心理刺激说，比如法国塔尔德的模仿心理说，就认为模仿是人类的主要心理，也是文化发展变迁的重要动力。英国汤因比则进一步发挥这种观点，认为文化变迁是挑战应战的连续交替过程。③心理交互作用说，代表人物是德国的齐美尔、美国的劳斯和爱尔伍德。

文化传播因素说，把外来文化的传播看作是文化变迁的动力，以德国文化圈学派和美国的传播学派最为典型。文化圈学派着重于物质文化的变化，把各民族相同的物质文化归结为一种原始的形成，归结为文化传播的结果。传播学派则认为，文化变迁现象是在文化接触中产生的，是文化融合的结果。

冲突论，也是一种著名的社会文化变迁理论。该理论吸取了马克思主义的阶级斗争学说，同时又将斗争的观点扩大到了种族、国家、政党以及宗教团体之间。虽然齐美尔和韦伯等人为冲突论奠定了最初的理论基础，但一直到达伦多夫的理论出现以后，冲突论才以能够与功能论相抗衡的姿态登上理论舞台。在他看来，每个社会每时每刻都在经历着变化，社会变革是随时随地都存在的；每个社会每时每刻都表现出不一致和冲突，社会冲突是随时随地都存在的；社会中的每一个要素都对社会的分解和变革发挥着作用；最后，每个社会都是以一些人对另一些人的压迫和强制为基础的。[1]

最后一种有关社会文化变迁的理论，是现在日益兴盛的现代化理论。这一理论是20世纪50年代末和60年代初由美国的一批社会科学家所创立的，它在很大程度上建立在一般进化论和功能论的理论基础之上，帕森斯本人就是这一理论的先驱者之一。在这派理论家们看来，现代化主要指的是一个传统的前工业社会在其经济发展过程中其内部所发生的社会变革。为了建立一种具有普遍意义的现代化理论，在分析西方发达国家的发展经验和发展中国家当代社会变革实际内涵的基础上，他们将一个国家在现代化进程中发生的主要变革归纳为1两个方面：经济关系已经从其他社会关系中分离出来，它在社会网络中具有独立的社会职能；工厂制度改变了雇佣工人和他们的工作之间的关系，用马克思的话来说，工人们成了自己劳动的异化物；劳动大军的主要经济活动从农业和自然资源开发部门转向制造业，随后又转向服务业；和这种经济活动的转化相伴随的是许多新的职业角色的诞生；职业角色的专业化又产生出一个新的必要的活动阶层——各类行政组织；新的职业角色的大量出现又必然引起社会流动和地理上的迁徙；原有的社会分层体系开始发生变化，先赋地位逐渐被自致地位所代替；核心家庭开始代替原有的扩大家庭；由于社会流动和迁徙的普遍，家庭和亲属网络的非正式社会控制机制被削弱，而法律等正式的国家控制机制日渐增强；在世俗化过程中，某些占优势的宗教信仰让位于理性和科学；大众交往、大众教育以及大众文化都得到了蓬勃的发展；在大多数国家的现代化进程中，中央集权化的科层制体制都得到了强化，政治对经济的控制开始加强。[2]

但是，现代化理论也遭到了许多学者的质疑，对该理论最常见的批评，

[1] 司马云杰．文化社会学[M]．北京：中国社会科学出版社，2001:320-327.

[2] （美）戴维·波普诺．社会学（下册）[M]．李强等，译．沈阳：辽宁人民出版，198:632-636.

除了这派理论家及其趋同论太偏重于欧美国家的经历、无视第三世界国家今天的发展在许多地方和欧美国家有许多不同之处外，还集中在这样4个方面：①这一理论将社会类型简单地分为“传统社会”与“现代社会”，并将两者置于完全对立的两极，多少有些牵强附会；②虽然现代化理论提出了社会发展的道路问题，但对发展的过程却阐释得极少；③现代化理论认为传统文化有碍经济发展，但现实表明，经济的增长和现代社会的到来并不一定就意味着人们一定要抛弃所谓“传统的”行为方式、价值观念，传统的价值观在现代工业社会中都有不同程度的保留；④对“现代化理论最激烈的批判，是指责它完全无视殖民主义和帝国主义对第三世界国家的影响。”[1]

以上诸理论流派，都从一定的角度、在一定时期内、一定程度上揭示了生活方式变迁的动因。当代生活方式研究中，越来越多的学者意识到，生活方式的变迁是一个多因素共同作用的过程，其本身的复杂性决定了其变迁过程的复杂性。新中国成立60多年来，沔城回族生活方式的变迁，既以全国乃至全球社会文化变迁为背景，又表达着沔城独特场域的“惯习”和具体场景。

（一）外部原因

1. 制度变革

制度变革，是推动沔城回族镇回族生活方式变迁的主要原因。国家自上而下的制度和政策安排，是导致沔城回族生活方式发生变迁的一个基本原因。国家力量在沔城这样的农村社区的控制力和影响力是较大的。新中国成立以后，国家对人民的直接统治得以逐步确立，1949年到20世纪70年代末之间的30年中走向高潮，政府发挥无产阶级专政的威力。土地政策、民族平等政策的实行以及《婚姻法》的颁布，动摇了沔城回族婚姻家庭政策赖以生存的各种制度基础，直接导致了沔城回族婚姻习俗、家庭关系的变化。通婚禁忌被消除，婚姻跨越了民族、族系和阶级的区别；早婚现象得到抑制；夫妻关系平等和民主等等。同时，由于国家行政力量的介入，被纳入中央行政体系下的沔城回族社区建起了一套以村民自治制度为基础、自下而上的行政管理体系，打破了以血缘和族缘关系为基础建立起来的社会组织制度。国家法律、法规替代了传统伊斯兰律令，传统的村落、族群等血缘和地缘的关系，逐渐被业缘的、行政的区域关系取代。国家与人民的关系，基本上是命令与服从的关系。党的十一届三中全会以后，在农村，随着人民公社解体，农民承包土地，自主经营，得以从对公社、大队的人身依附中解脱出来。于是，沔城回民开始部分恢复和重建传统的相对自主

[1]（英）安德鲁·韦伯斯特．发展社会学[M]．陈一筠，译．北京：华夏出版社，1987:37.

的社会，生活方式也从过去简单的“样板戏”和“红宝书”开始多样化，地方社区恢复和新生一些自己的文化表现，在国家意识形态之外保持自己相对独特的价值观、仪式和表达方式。

2. 科学技术的影响

马克思认为，一切社会变革和政治变革的终极原因“不应当在人的头脑中，在人们对永恒的真理和正义的日益增进的认识中去寻找，而应当在生产方式和交换方式的变更中去寻找；不应当在有关的时代的哲学中去寻找，而应当在有关时代的经济学中去寻找”[1]。在马克思看来，一切文化变迁的现实基础就是生产力的发展水平，当生产力发展到一定阶段，原有的生产关系与它不相适应时，就会发生变革。开始于20世纪中叶的信息化过程，包括第二次世界大战以来一切新的科学、新的技术，尤其是新的信息技术的发展，使世界一体化、经济全球化、信息化成为不可抵挡的历史潮流，人类的文化正在走向一体化。[2]这其中每一次文化高峰时期，都由科学技术的进步和生产力水平的大幅度提高所引发。

贝尔纳（J. D. Bernal）把科学的发明创造看作文化变革的基础，认为正是科学技术周而复始的改进，才使“文化一个接一个兴起又衰落”。美国新进化论者莱斯利·怀特在1959年出版的《文化的进化》一书中认为，文化的进化和发展受技术、社会、意识形态和政治组织四个因素的影响，其中技术因素是决定性的，其他因素处于从属地位，他强调技术与自然的结合，认为新技术及其制度一旦出现，它本身的生命和力量就构成了文化进化的源泉。

我们把文化分为物质文化、制度文化和精神文化3个由低到高、由外到内的层面，在现代社会中，科学技术在文化的每一个层面的变迁上的作用越来越明显。众所周知，生产力是推动社会发展的根本动力，它决定着其他一切关系。生产力包括3个基本要素：劳动者、劳动资料和劳动对象。科学技术通过渗透到生产力的各个要素中，推动其发展，从而成为社会发展的第一生产力。借助于科学技术，人类的认识能力、改造周围环境的能力获得提高，人和人的关系也发生变化，社会制度、风俗习惯、宗教信仰等都随之发生变化。

就沔城来看，由于是多种民族文化的“杂居”地区，因此其文化惯性比单一民族社区就小得多，生活方式也更具开放性特征。像农作物品种改良、机械化耕作方式、大棚蔬菜、产业化种植莴苣、较大规模的家禽养殖、手机、电话、电脑、网吧等与现代社会联系在一起又具有一定科技含量的的新事物，更容易被居民所接受，并很快普及开来，获得经济效益，沔城回族镇成了仙

[1] 马克思恩格斯选集（第3卷）[M]. 北京：人民出版社，1972:424-425.

[2] 周有光．现代文化的冲击波 [M]. 北京：三联书店，2000:84-86.

桃市新技术推广中心和实验基地。相应地，在外出打工的职业选择上，沔城回民也更讲究“技术”的作用而与主要凭借“力气”的周围其他村民区别开来。这一方面说明，科技对散杂居地区生活方式变迁具有重要的推动作用；另一方面也说明，同等条件下散杂居地区比其他地区更容易接受新生事物，这也是沔城社会生活充满活力的重要原因。

3. 市场经济因素

市场经济的渗透，是推动沔城回族生活方式变迁的又一强大动力。改革开放后，市场经济的发展，迅速推动了沔城各民族与外界的经济交流。大规模的商业和副业的发展，导致沔城乡土社会的流动性增强。外地商人和外出打工、学习的人，在你来我往的过程中交流、融合，加上各类商品市场的兴起、市场共同体的发展，不仅将强势的主流文化带入到沔城，改变着人们的思想观念，更打破了沔城回族以血缘和地缘关系为基础建立起来的各种交往关系，人们的交往不仅仅限于血缘关系和地缘关系的交往，更多的人际交往已转向各种类型的业缘交往。就沔城农村家庭而言，自 20 世纪 90 年代以来，随着城乡一体化进程的加速，市场经济对当地农村家庭的影响是，随着其生产功能的萎缩和逐渐消失，以往小农经济时代那种自给自足的自然经济逐步让位于市场交换，换言之，在家庭的经济功能方面，“消费”功能正在日益凸显。至于还存在的那部分生产功能，其生产的目的更多的也是为了交换（挣钱），而不是为了自己吃用。

4. 集镇发展的推动

集镇作为城乡结合的纽带，交通便利，区位优势明显。江汉平原的农村小集镇多建于水陆交通要冲或物资集散地，是在长期集场贸易的基础上逐步发展所形成。新中国成立前，沔城回族镇的集镇建设完全处于放任自流的状态，街巷曲折狭小，房屋低矮破旧；新中国成立后至 20 世纪 70 年代中期，由于受“左”的思想影响，农村集镇发展速度缓慢；改革开放以来，沔城农村商品经济和集镇得到了较快的发展。目前，沔城中心集镇的水、电、路、通讯等基础设施均已配备齐全，商品经销基本能满足集镇居民及村民生产生活的各项需求。对于沔城散杂居少数民族而言，其生活方式受当地集镇发展的影响显得尤为突出。集镇发展对当代居民生活方式变迁的推动作用，主要体现在以下几个方面：

（1）吸引农业人口流向集镇。在乡村经济发展和农村社会进步中，集镇的一个重要作用就是实现农业人口的就地转移。据沔城回族镇统计站的数据，2009 年有 170 多户搬到集镇居住，主要有以下两种情况：①村民在集镇上从事个体经营；②在外务工或经商的农民，不少人已不愿意回到村里继续务农，而是希望能迁居镇上做些生意。可以设想，随着当地集镇的发展及其吸纳能力的增强，将有更多的村民流向集镇，寻求新的生存方式。

（2）对市场依赖增强，传统自给自足的小农经济日益受到冲击。20世纪90年代之前，由于交通不便、集镇经济落后等原因，农民的生产生活资料主要以自给自足为主。正如本书第三章介绍的情况，随着集镇贸易的发展，沔城各民族的生产生活对市场依赖程度增强，自给自足的小农经济日益受到冲击。

（二）内部原因

1. 散杂居民族社会生活需要的内在驱动

马林诺夫斯基认为，一切文化要素，都是直接或间接地满足人类的需要，“一切都是活动着的，发生作用，而且是有效的”。[1]因此，他主张对人类学事实进行全面的功能分析，要确定这些事实在完整的文化体系中所占的位置，注重文化体系内各个部分之间的相互联系以及文化体系与周围环境之间相互联系的方式，这样，他就将人的“需要”纳入了理论的视野当中，费孝通将马林诺夫斯基的这一主张称为“朴实的文化论”[2]。费孝通所指的马林诺夫斯基有关文化的功能观点，实际上就是在强调人类的任何社会现象、任何文化现象，都是为了满足某种现实生活的需要而存在的。

在生活方式的研究上，一段时期人们总是在强调生产和生产力，似乎唯有生产、生产力才是社会生活史中惟一贯穿始终的东西。事实上，仔细体会马克思、恩格斯对于“物质生产活动本身”是“第一个历史活动”的观点，[3]就可以发现，他们实际上是在强调生产、需要和生活三者之间的关系。因此，我们可以认为，社会生产是由社会生活需要引起的，社会生产也是为了满足社会生活需要。人类的社会生活需要绝不是纯粹被动的现象，它是人类全部活动的原动力、目的和归宿，它在人类演化的过程中一经形成，便具有了自身的结构和确定不易的指向性。这种结构和指向性是人类自身肉体和智力的必然要求，是客观存在的，尽管每个人和每个民族在具体的社会生活需要上有差异，但在他们的发展轨迹、基本图式及其选择顺序上却是共同的，如此

[1]（英）马林诺夫斯基．文化论[M]．费孝通等，译．北京：中国民间文艺出版社，1987:14.

[2]费孝通．学术自述与反思：费孝通学术文集[M]．北京：三联书店，1996:336.

[3]马克思、恩格斯在《费尔巴哈》中这样指出：“我们首先应当确定一切人类生存的第一个前提也就是一切历史的第一个前提，这个前提就是：人们为了能够‘创造历史’，必须能够生活。但是为了生活，首先就需要衣、食、住以及其他东西。因此，第一个历史活动就是生产满足这些需要的资料，即生产物质生活本身。”参见《马克思恩格斯选集》（第1卷）[M]．北京：人民出版社，1972:32.

才会始终指引着人类前进的脚步。[1] 正是因为社会生活需要在社会发展中起着决定性的、选择性的作用，它才为人与社会的发展提供了潜在的、无法背弃的基本图式，才成为潜藏于每一个人、每一个民族自身之中的内在的活力之源，既造就着人们的生活方式，也造就着人类社会的发展。

散杂居民族社会生活需要作为生活方式变迁的内驱力，它首先对散杂居地区的发展起着最终动因的作用，处于散杂居民族生活方式变迁动力系统的最深层次。另一方面，散杂居民族社会生活需要作为一个宏观的社会事实，它必然受到散杂居民族的生产水平、社会发展状况、文化观念以及文化传统等因素的制约。由于受制于价值观、技术、市场化水平、社会互动和社会化过程等方面的影响，这就决定了散杂居民族的社会生活需要水平的低层次性、社会需要范围的有限性和满足其社会需要的手段的单一性。

2. 散杂居民族对现实利益的外在要求

对于我国这样一个统一的多民族国家而言，国家利益和民族利益之间就其实质来说本来是一致的。一方面，国家利益的实现是民族利益的前提和保障，国家利益实现的层次和动态进程也内在地设定了民族利益的水平和相应要求；另一方面，民族利益又是国家利益的有力支撑，只有建立在民族利益这一坚实基础上的国家利益才是具有强大动力源的，也才是具有蓬勃而又旺盛的生命力的。但是，国家利益的实现也有一个“被创造”的过程，不过这个“被创造”只能是在民族利益的不断满足和实现的过程中被“建构”起来的，这个过程是如此的重要，[2] 所以我们把散杂居民族对现实利益的要求视为其生活方式变迁的重要原因。

在我国，不管是作为集合体的“少数民族”，还是每一个具体而又单一的“少数民族”都是客观存在的现实，这是无法回避和否认的。顺次类推，散杂居民族地区的民族利益也是一个客观的存在。众所周知，我国作为多民族社会主义发展中国家，社会主义的建立使少数民族获得平等的权利，但民族之间和地区之间发展不平衡的现象依然存在。散杂居民族群体由于他们历史上比较落后，加之他们的人口数量少而被视为社会弱势群体，往往在一些地方的民族工作上关注度并不高，其边缘化趋势、弱势化趋势越来越明显。即便他们的现实利益得到一定的关注，但大多是经济利益、政治利益等方面，而常常忽视了其民族文化、宗教信仰、民族教育、婚姻家庭、消费与闲暇、社会保障等等这些事关散杂居民族社会生活的重要内容，从而势必影响散杂居民族生活水平和生活质量的提升，也制约着散杂居地区经济与社会的可持

[1] 钟国兴．社会选择论 [M]. 北京：人民出版社，1987:20–21.

[2] 马戎．西方民族社会学的理论与方法 [M]. 天津：天津人民出版社，1997:8.

续发展。因此，维护、保障散杂居民族合法利益，帮助散杂居民族摆脱困境，尽快使他们得到进步与发展，在此基础之上实现各民族共同富裕，便成了我们各级人民政府和学界的迫切任务。

3．散杂居民族在生活方式上的主动性选择

人是生活方式的创造者，同时也是生活方式的载体。正如人类学家弗思所说："人类不是消极地住在世界各地，而是改变环境的积极因素。任何民族，不论是野蛮的还是文明的，都曾在某种程度上改造过环境……这种努力和成就表明，支配一切的不是环境而是文化。"[1] 沔城回族生活方式变迁的另一内在因素，就是他们面对自然环境和社会环境的变化，为满足本民族社会生活的需要和民族利益的实现，以及对于先进民族、先进地区的现代化追赶，不断缩短民族间的发展差距，在生活方式上能够做到自我调适和主动选择。1949 年新中国成立时，沔城回族同我国其他 55 个民族一样，发生了第一次变革。20 世纪 70 年代末期起，改革开放使沔城回族又迎来了第二次变革。第二次变革是在第一次变革的基础上进行的，是第一次变革的继续。对于沔城回族来说，第二次变革既是一场社会变革，也是一场经济变革，更是一场生活方式的变革，并体现在沔城回族现代生活方式变革的方方面面。改革开放以后，随着人口流动的加快，族际交流更加频繁，不同类型的文化以前所未有的速度在全球或区域空间流动，文化与文化之间的时空距离大大缩小，文化传播对生活方式变迁的作用体现得更加明显。面对异质性文化的强势，沔城回族不是被动地全盘接收，而是出于民族自觉与文化自觉，从被动走向主动，在各种文化相互激荡中进行扬弃、采借与创造，在保护本民族的传统生活方式的同时，也在传统生活方式的基础上构建现代的新型的生活方式。沔城回族长期与其他民族"大杂居、小聚居"，使沔城回族对外来生产生活技术，尤其对外来文化的影响本身，就有着很强的接受能力和消化能力。以往对外界展示沔城回族时，过多强调其生活禁忌和宗教性特征，而忽略了其兼收并蓄的主流特性。沔城回族兼收并蓄的民族性格特征，同时也包含现代民族的性格特征，当今沔城回族的生态保护意识、商品经济意识、传统文化的保护与开发、发展旅游业等等，都具有多民族性、调适性和主动性等多重特征。

总之，沔城回族镇回族生活方式的变迁过程，实际上就是国家制度、市场经济、族际互动、集镇建设、现代科技应用等外源动力不断输入回族文化体系，与回族文化内部的诸要素发生碰撞和融合，促使文化的内部要素及其

[1]（英）雷蒙德·弗思．人文世界 [M]．费孝通，译．北京：商务印书馆，1991:40.

结构方式发生变化，从而推动回族生活方式的整体性变迁的过程，也就是外源动力输入→内外源动力聚合→内源动力扩张的动力转换过程。

二、关于生活方式变迁趋势的讨论

生活方式是人类社会文明进步的标尺，实现生活方式现代化，是无数人孜孜不倦追求的理想生活。确实，新中国成立以来，尤其是随着改革开放的不断深入，散杂居民族的生活环境更加开放，物质条件更加富裕，文化氛围更加浓厚，人们的生活水平有了很大提高，生活方式也发生了深刻变化，由温饱型走向了小康型，由传统型走向了开发型，由产品型走向了商品型，由节约型走向了消费型。开放的社会环境、富裕的物质生活、宽松的文化氛围，增强了人们的竞争意识、效率意识、民主法律意识和开拓进取精神，增加了人们的独立性、选择性、多变性和差异性。经济发展、社会进步的结果表现出生活方式的多样化，生活方式的多样化又有利于市场经济的发展，也给沔城这样的散杂居地区带来了生机与活力。

开放、富裕、宽松，使沔城回族的生活方式发生了巨大的变化。但是，市场在经济活动中的主导地位，使得市场取向成为衡量事物的重要标准，人们社会交往的功利性显著增强。社会的主流世界观、人生观、价值观、道德观，在相当一部分人中渐渐淡化，出现了多元化的选择趋势，自由主义、利己主义、享乐主义大为泛滥。社会交往规则出现无序化倾向，社会信任度大大降低。生活方式从以政治为主转向以经济为主，从以集体为主转向以个人为主，从强调信念转向强调实际，从强调奉献转向强调功利，从注重工作转向注重生活。在日常生活中，我们不难发现，人的生活方式时常受权本位、钱本位、“关系”本位等价值观的支配，由此造成精神生活的危机、精神需要的缺失，造成人的片面发展和人性的扭曲，一些人在生活目标、道德水平、实现生活价值的才能与途径等方面逐渐迷失了自我。

对外开放有利于人们开阔眼界、增加知识、活跃思想，随着对外开放的不断扩大，西方发达国家的生活方式和价值观迅速传播，产生了极强的示范效应，诱发了不当攀比和盲目效仿，产生了对金钱的过度追求、超前消费、奢侈浮华等不良倾向，形成了“初级阶段，高级消费”的不正常现象。腐朽文化思想和生活方式也会乘机而入，封建落后的习俗也在抬头、蔓延，一些丑恶行为成为某些人津津乐道的生活方式。

在建设社会主义新农村和实现小康社会的进程中，沔城所处的社会环境和特定历史条件都要求我们充实生活方式发展模式的内涵，构建“科学、文明、健康、节约、合作、民族”的生活方式。我们首先应该反思现代生活方式，改变生活中的某些陋习，才能实现各民族和睦相处、和谐共生，才能推动生活方式更加科学化、文明化和健康化。

第二节 散杂居地区生活方式变迁的模式

一、文化的圈层结构与生活方式的变迁

任何一种文化，都不是整全的铁板一块。它的结构如何划分？或者说文化是以怎样的形态存在着？民族学、人类学、社会学等学科，因所持的标准不同而意见不尽一致。归纳起来，文化结构的分类法有二元结构说、三元结构说、四元结构说乃至多要素说等等。本书采用学界公认的文化结构分析的3个层面：表层——物质文化、中层——制度文化、里层——精神文化。[1]

图9–1表示了文化的内部结构，在图中，笔者关注的只是表示文化的内外层次关系，而不是各层圆圈之间的包含关系。圆圈的最外层表示物质文化，中层表示制度文化，最里层表示精神文化。越到圆圈的里层，文化的特质体现得越明显、越集中；相反，越到圆圈的外层，文化的特质体现得越微弱。从这三个由浅入深的层面，可以大致描绘出某一民族文化形态的基本模型和内部结构。

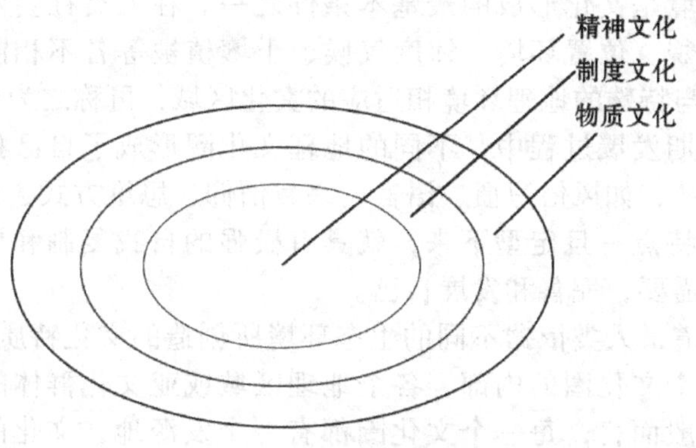

图9–1 文化的内部结构图

奥格本用“文化堕距”理论[2]探讨了在社会文化变迁过程中物质文化和非物质文化在变迁速度上所发生的时差问题。该理论认为，物质技术方面的

[1] 林耀华．民族学通论[M]．北京：中央民族大学出版社，1997:388.

[2]（美）威廉·费尔丁·奥格本．社会变迁——关于文化和先天的本质[M]．王笑毅，陈育国，译．北京：人民出版社，1989:106–112;265–272.

变化发生在非物质文化变化之前。但是，非物质文化变化先于物质文化变化的情形也常有发生。马克思主义认为，物质文化决定非物质文化，而非物质文化一旦形成便具有相对的独立性和稳定性，因此，文化堕距是社会变迁中不可避免的一种现象。如科学技术上的发明创造和发现，使物质生产发生了变化，而指导和组织生产的政策、组织、制度等并没有及时做出相应的调整，这时后者就成为文化变迁过程中的滞后部分，从而发生堕距现象。各文化在相互接触过程中，其变迁路径大致为“物质文化→制度文化→精神文化”。

然而，文化乃是人与环境交互作用的产物。这里的环境可以分为自然地理环境和人文社会环境，因此，对民族文化的分析也可以从自然地理环境和人文社会环境两个方面来展开。司马云杰指出：“人类不同的社会群体，包括民族的、国家的、地区的各种人类共同体，依据一定的自然环境和社会环境共同参与劳动及社会事务，他们不仅创造了别具特色的物质设备、经济生活、工艺技术，也创造了特殊的风俗、习惯、伦理、道德以及宗教、语言、制度等社会文化。在历史的发展中，这些文化特质不断实现功能的整合，于是构成一种文化形态。”[1] 在司马云杰看来，社会人文环境乃是在自然地理环境的基础上产生和发展起来的，因此，自然地理环境是文化形成的最基本条件之一。在人类社会发展的早期，由于地形地貌、位置环境、纬度气候、土壤植被等各不相同，形成了各具特点的、与特殊的地理环境相适应的文化区域，可称之为地理文化圈。在以后的长期发展过程中，不同的地理文化圈形成了自己独特的文化特质和文化集丛，如风俗习惯、语言、宗教信仰、思维方式、价值取向等。文化的基本特点一旦定型下来，就具有极强的自我复制和更新功能，不断适应新的需要，完善和发展自己。

我们知道，人类依据不同的生态环境所创造的文化特质是不同的。[2] 因此，在一个文化圈的内部，各个地理区域或亚文化群体的文化表征各不相同。一般而言，每一个文化圈都有一个发源地，文化的基本特质在这里表现得最为集中，构成文化圈的中心地带，称为文化中心；相反，离发源地较远的地区，文化的特质表现得比较弱，文化要素较淡疏，称为文化边区。[3] 就文化要素的表现来说，由文化中心到文化边区是文化要

[1] 司马云杰．文化社会学 [M]. 北京：中国社会科学出版社，2001:201.

[2] 司马云杰．文化社会学 [M]. 北京：中国社会科学出版社，2001:195.

[3] 夏建中．文化人类学理论学派——文化研究的历史 [M]. 北京：中国人民大学出版社，2003:59.

素逐渐淡疏的过程，可以形象地看作是水中被石头激起的波纹，以石头击水为中心，一层层地扩散开来，直到波纹完全消失，文化圈影响力消失的地方也就是其边界。一个文化圈内，随着文化自身内部要素及其结构方式的发展以及和其他文化类型的接触，文化的基本特质也会向前发展，此乃文化之“变”；但是，文化中心并不是一直固定在其发源地，像文化圈的“滚动”一样，文化圈内部也会有文化中心的“滚动”现象，即文化中心在地理上的迁移，此乃文化之“迁”。因此，某一文化形态的变迁过程也可看作是由此文化形态所表征的文化圈的“变”、“迁”过程的统一。[1]

在世界文化体系中，中国文化是一个公认的相对独立的文化圈。[2]对于中国文化变迁过程的研究，已经形成了物质—制度—精神（也有学者称为观念）3个层面的研究视角。[3]从另一方面来看，我国幅员辽阔，自然条件多样，民族结构复杂，如果用文化圈作为分析工具，那么中国文化内部也可以区分出不同的亚文化圈，各亚文化圈之间及其和中国文化之间都存在着内在的区别。从区域文化的稳定性特征上来看，我国的齐鲁文化、吴越文化、三晋文化、楚文化、八蜀文化、燕赵文化亦各有特点，可以区分为不同的亚文化圈；从民族结构来看，我国各民族基本上都有相对集中的聚居区，不同的民族由于其民族特性和居住地域不同也可以看作是不同的亚文化圈，比如回族、藏族、蒙古族、维吾尔族、壮族、土家族、苗族、白族、高山族等聚居区都可以看作是一个相对独立的亚文化圈。

多民族散杂居地区的生活方式也可以用文化的圈层结构来解剖，如前文所述，中国文化可以看作是一个大的文化圈，每一个区域、每一个民族的文化都可以看作是一个小的文化圈；同样，多民族杂居地区的文化也可以被看作是一个与其他地区不同的文化圈，其特征就是文化的多样性和互补性。在这个大文化圈内部，每一个民族文化可以看作是一个更小的相对独立的文化圈，它有自己特有的文化特质丛，无论是在文化中心还是在文化边区，这种特质都通过物质文化、制度文化、精神文化等不同层面表现出来。与其他地区不同的是，多民族杂居地区的文化圈更密集，各文化圈的核心价值差异程度更高，各文化圈文化融合的速度更漫长。因此，我们把文化层次和文化圈这二者结合起来，运用文化的圈层结构来分析散杂居地区生活方式的变迁问题，也是一种很好的研究方式。

[1] 司马云杰．文化社会学 [M]. 北京：中国社会科学出版社，2001:277−278.
[2] 司马云杰．文化社会学 [M]. 北京：中国社会科学出版社，2001:196.
[3] 杨春时．中国文化转型 [M]. 哈尔滨：黑龙江教育出版社，1994:2.

二、散杂居地区生活方式变迁的理论模式

散杂居地区的生活方式变迁过程有章可循已成为人们的共识，但是其规律到底是什么，却仁者见仁、智者见智。有学者持“文化生成论”观点，认为多种不同形态的文化在文化传播和接触过程中，会自发形成一种与多种文化不同的新的文化形态；也有学者持“文化交互论”观点，认为在多种民族文化交互作用的多元文化环境中，人们通过与其他不同民族族群的文化碰撞、交叉与磨合作用，各族群集团逐渐地改变，都是各民族文化由差异甚至冲突到适应并最终相互融合的过程。在这一逐步融合过程中，多种不同民族文化的变迁遵循着一个共同的规律性。[1]

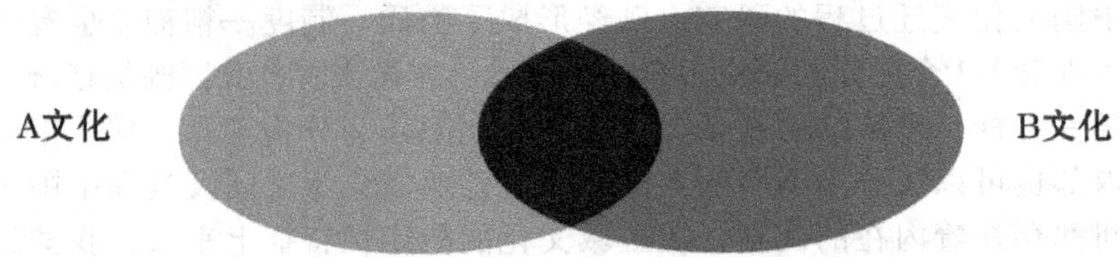

图 10–2: 文化变迁的简化模式

散杂居地区生活方式变迁与其他地区生活方式变迁的最大区别，就是其多民族性，亦即生活方式多元性，其生活方式变迁实际上就是“多元”文化交错互动。为了便于研究，我们不妨先探讨两种不同的民族文化在文化变迁过程中的文化互动模式。我们假设所研究的时空范围内存在且只存在 A、B 两种不同的民族文化，它们各有不同的文化特质，可以看作两个不同的文化圈，A、B 两种文化的文化中心在地理距离上相距足够远，在此之前没有文化传播和互动，各自独立演进；A、B 两个文化圈在文化变迁过程中按照规则路线运动，当两种民族文化在文化变迁过程中相遇，运动的结果是 A、B 两个文化圈首先发生文化的互动和采借（见图 10–2）。在这种双向互动、变迁过程中，A、B 文化圈的中心逐渐靠近，并最终形成一个内部协调、统一、互补的、新的文化整体 X（见图 10–3）。这一文化变迁过程，用费孝通的话来说，就是一种多元一体格局。

[1] 马戎 . 民族与社会发展 [M]. 北京：民族出版社 ,2001:175.

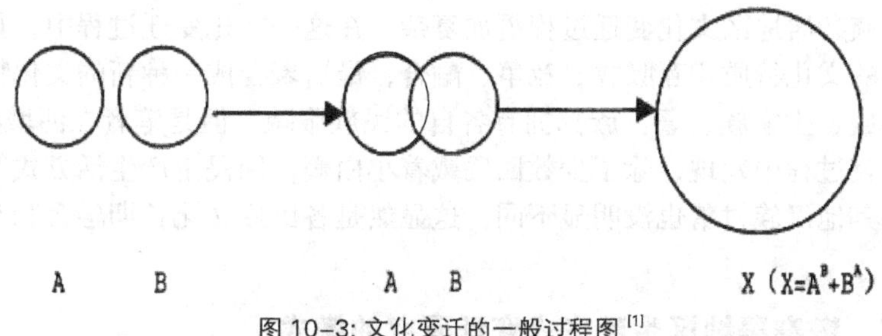

图 10-3: 文化变迁的一般过程图[1]

然而，现实中的文化传播和互动并非完全按照上述假设进行，也就是说，上述假设在实际中并不一定存在，这就决定了文化变迁和文化圈运动的复杂性。首先，在任何一个地理区域内，都不可能只存在一个文化圈。文化圈表示了一种文化传播和扩散的过程图式，在某个既定的区域内，由于历史、地理等众多方面的原因，必然同时受多个文化圈的影响，人们很难区分出哪些文化特质来自哪个文化圈。其次，文化圈的划分和研究只是一种理想模式，在实际的文化传播过程中，并不存在完全与其他文化没有关系的文化类型，供我们研究文化变迁和传播过程。实际存在的仅仅是，几乎从人类产生之初，就已经开始了各民族族群集团的文化互动过程。在我国历史上，这种远古时代的文化传播更是比比皆是。在经济全球化和世界一体化的今天，各文化圈之间更是相互重叠、相互交错，你中有我、我中有你。最后，文化的传播过程并不是单一地按照文化圈的层次进行。文化是人的文化，它必须通过作为文化主体的人的各种文化活动表现出来和传播开来。当今全球化时代，地理距离已经不再成为人们交往的主要障碍，文化传播形式多样化，互联网、电视等现代传媒手段使人们足不出户就可以接受世界各地不同民族文化的熏陶。就某种文化形态来说，文化的传播和变迁也并非严格按照物质文化→制度文化→精神文化的顺序进行，这一点奥格本在提出“文化堕距”时就做了明确的说明。[2] 因此，尽管我们总是试图找到文化变迁的规律性，而且我们也在某种程度上认为自己确实找到了这种规律性，但是理论上的逻辑推演和实践中的事物发展并非完全同步，仍然值得进一步深入研究。

在散杂居地区，各民族文化圈之间也存在着广泛的相互交错、重叠等“杂居”现象。因此，其文化变迁过程也就是文化的多圈多层同时互动过程，比

[1] 饶旭鹏．多民族杂居地区文化变迁研究 [D]. 中国优秀博硕士学位论文全文数据库（硕士）,2003（3）.

[2]（美）威廉·费尔丁·奥格本．社会变迁——关于文化和先天的本质 [M]. 王笑毅，陈育国，译．北京：人民出版社，1989:265-272.

两个民族杂居地区文化变迁过程更加复杂。在这一文化变迁过程中，具有相同功用的文化特质相互吸收、竞争、融合，最后聚合成一种新的文化特质。尽管回族、土家族、蒙古族都拥有各自的民族服装，但是笔者在沔城将近3年的调查过程中发现，除了少数回民戴着小白帽，回民生产生活方式等方面和周围其他汉族村落也没明显不同，这显然是各民族文化长期融合和互动的结果。

三、散杂居地区生活方式变迁研究的模式

实际上，由于多民族散杂居地区类型多样、情况复杂，因而其生活方式变迁模式也不完全遵循统一的规律性，对于这一问题的研究，绝不可仅仅用一种程式化的方法去生搬硬套。笔者以为，散杂居地区生活方式变迁的研究至少有两种不同的模式，即整合共生模式和差异共生模式。

（一）整合共生模式

整合模式就是一种民族文化内部是一个以共同心理素质为纽带的统一体，当两种不同的民族文化发生互动时，这种族内的文化认同能否顺利地转变为对族外成员的认同是一个关键性的环节。在这一环节中，如果两种民族文化有共同的价值取向、社会规范、行为习惯、宗教信仰和语言等，即有比较多的共同文化要素，这种外族人的内化就比较容易，基于这一基础的文化整合就是一种整合模式。在这里，共享的价值观念是关键，正是这种共享的价值观及其适当的行为方式形成了各民族文化群体成员共同的心理基础亦即民族意识，顺利突破民族意识的界限，不同民族成员就可以顺利地实现由族际（外族）到族内（本族）的转换，当各民族成员把外族人当本族人看待时，各民族生活方式的整合和融合就顺利地实现了。事实上，这只能是整合共生模式的初级阶段。[1]而最终意义上的整合，则是指各民族生活方式特征和差别的逐步消失，成为一个没有民族界限的人类共同体。这是一个漫长的历史过程，也是体现民族与民族问题的产生、发展和消亡规律的自然过程。

（二）差异共生模式

与整合模式调整共享的文化价值和行为一致性不同，差异共生模式以突出文化之间的不同和差异为特点，强调了文化中的差异性和互补性，采取开放、多元的观点，将生活方式变迁看作是一个不同背景文化的联结过程，而其中每一种民族文化的形成也是受到内外多种因素共同影响的结果；认为文化系统内的价值与表现不同正是文化中各种差异和不同的亚文化的力量之源，而不同亚文化的独特之处，不在于它与文化整体的一致性，而正在于它

[1] 切排．河西走廊多民族和平杂居与发展态势研究 [M]．北京：民族出版社，2009:184–185.

所具有的独特性。这种差异性、不一致性，才是产生社会化生活活力的源泉，生活方式在互动中的变迁过程就是文化之间共生互补的过程。必须提出的是，基于差异共生模式的生活方式变迁和融合过程，有时是以丧失民族文化的优秀传统为代价的。

第三节　散杂居少数民族新型生活方式的构建

生活方式的现代化，既是人类生活之必需，也是各民族生活方式内部矛盾运动的必然结果，是社会发展的必然趋势。本节的目的在于，试图从我国当前社会生活方式的现实出发，达到对生活方式现代化之必要性、必然性及其本质、目标的正确认识，并寻求散杂居少数民族构建新型生活方式的有效途径。

一、新型生活方式的本质规定与发展取向

（一）现代化：新型生活方式构建的基本目标

生活方式现代化问题的提出，是与整个社会的现代化进程密切相关的。生活方式现代化,必须立足于在社会现代化的大背景中获得其自身的规定性。“如果把人类的基本社会活动作生产和生活两大类划分的话，那么今天我们对现代化可以作这样的表述：现代化就是获得现代文明的生产方式和生活方式的过程。”[1]换言之，生活方式现代化是社会现代化的应有之义。从另一角度说，生活方式现代化的本质就在于传统生活方式的现代变迁。但是，在理解生活方式现代化变迁或转型时，必须对以下方面有正确认识：①生活方式现代化绝不是“西方化”，更不是“美国化”，不能笼统地将西方发达国家的生活方式当作生活方式现代化的目标和标准。②生活方式现代化也不是指对现代工业所能生产的物质和精神产品的充分享受。在现代西方社会，现代主义、大众文化和市场体系三者紧密结合，构成资本主义的文化体系并哺育着人们的生活方式。然而，它给人们带来的并不是日益增长的生活幸福，反而对社会以及人自身产生了诸多不良影响。因此，我们没有理由再将生活方式现代化的所有希望都寄托于现代工业之上。③生活方式现代化，并不是一般意义上的生活条件改善和生活质量提高，更不能简单化地看成用现代化的家庭生活用品和文化娱乐填满日常生活的时空。

现代化作为当今世界发展的主题，也是我国各民族为之奋斗的目标。但

[1] 沙莲香．社会学家的沉思：中国社会文化心理 [M]．北京：中国社会出版社，1998:64.

是现代化发展不仅只是经济增长问题，而是一个社会整体文明问题，它关系到一个民族能否成为一个具有高度文明的民族，能否自立于世界文明民族之林。一个民族要成为一个具有高度文明的民族，就必须把建构现代文明生活方式的任务贯穿于现代化过程的始终，把提高生活质量、使人们过上美好生活作为发展的目标。

众所周知，由于客观社会环境的制约和主观指导思想的失误，我国的现代化进程比其他发达国家要迟缓了相当长的时间。加快我国现代化进程，是我国各族人民的迫切愿望和艰巨使命。我国是多民族国家，加快散杂居地区现代化发展进程更具有重要的意义。由于历史上统治阶级对少数民族压迫和少数民族内部的阶级压迫和阶级剥削，以及少数民族落后的社会制度等原因，散杂居地区各民族在政治、经济、文化上的发展仍存在着很大的差异，因而各民族在享用各项平等权利方面还存在着不平等。解决这一问题的根本途径，就是加速发展少数民族的经济文化建设，逐步实现事实上的平等，使各少数民族都能跻身于先进民族之列，达到各民族的共同繁荣。我国散杂居少数民族人口众多，广泛存在，而且随着社会经济的发展，少数民族人口散居化、各民族交错居住的民族分布格局将会更加明显，民族关系将呈现出多样性，民族问题相应也会增多。只有努力发展少数民族经济，丰富人民群众的生活，把平等、团结、互助的新型民族关系建立在牢固的物质基础之上，才能保证我国社会主义现代化建设事业顺利进行。

（二）社会主义：新型生活方式建构的本质要求

一个国家或一个民族要实现现代化，可以走资本主义道路，也可以走社会主义道路，或许还可以走非资本主义又非纯社会主义的“第三条道路”，但是在我国，选择中国特色社会主义道路是历史发展的必然，中国特色社会主义是我国各民族发展繁荣的必由之路。①中国特色社会主义使各民族在政治上得到解放，各族人民成为国家的主人，根据历史和现实的状况，1987年沔城回族镇成立，使回族建设中国特色社会主义的积极性得到了极大的调动和发挥。②中国特色社会主义既是发展生产力、推进沔城回族现代化进程的根本制度保证，又是确保沔城各族人民走向共同富裕、防止两极分化的价值体系。社会主义在经济上消灭了生产资料的私有制，从根本上铲除了民族压迫和民族剥削的根源，使各民族有发展自己民族经济的平等机会，同时，国家对国民经济实行宏观协调与市场配置相结合，对沔城回族镇给以大力帮助和支持，鼓励发达地区进行对口帮扶，以加快少数民族地区的发展进程。③社会主义制度下回族的发展包括民族文化的发展繁荣，使回族能够继承自己的优秀文化，包括回族传统生活方式中体现出的文化内容，并充分体现出社会主义的时代精神。总之，历史和现实表明，有中国特色的社会主义将为我国各族人民探索出一条把人们的生活活动提供条件、反映历史进步的价值目标及合理的生活活动形式结合起来的发展道路，提供新的动力和机制，从而将减少人们在现代化发展中付出的社会痛苦代价。离开了社会主义这个大方向，现代化就失去了调整社会关系（包括民族关系）的制衡器和建构新型生活方式的社会机制，散杂居地区就不可避免地出现两极分化和社会对立，各族人民将失去现代化发展前景和生活方式创新的发展目标。

（三）改革开放：新型生活方式建构的基本途径

改革开放是我国少数民族发展繁荣的客观要求，也是必由之路。我国是一个多民族的发展中国家，各民族在长期的历史发展过程中形成了不同的生产生活方式类型，但由于客观的自然环境和深刻的社会根源，散杂居少数民族在生活方式上存在着诸多与时代要求不相适应的观念与行为。只有通过改革开放，大力引进技术、人才和资金，才能加快散杂居少数民族的经济社会发展步伐，为建构先进文明的生活方式建立物质条件。而通过开放，吸收和借鉴各民族优秀的观念和事物，是建构生活方式不可缺少的环节。当今世界是一个开放的世界，在开放的环境中，封闭自守的民族肯定是没有发展前途的。很显然，固步自封不但无助于现代生活方式的形成，而且在当今世界环境中也是不可能的事。

（四）共生互补：多元生活方式的共存之道

“共生互补”，这一理念就是指人类的活动及其结果要确保社会系统和自然系统的和谐共生、取长补短、互补共赢、协同进步和发展。[1]它既包括人与自然的共生互补，又包括人类世界中的共生互补（个人与个人、集团与集团、民族与民族的关系等等）。它强调的是：共生单元间优势互补，互相借鉴，以收扬长避短之效；共生单元间互为依存，互补共赢；共生单元间有竞争和冲突，要在竞争中产生新的、创造性的互补性合作关系；共生系统中的任何一方单个都不可能达到的一种高水平关系，共生单元间只有在尊重其他参与方（包括文化习俗、宗教信仰等）基础上，扩大各自的共享领域。在内容上，它包括经济系统的共生互补、文化系统的共生互补、政治系统的共生互补和社会系统的共生互补等方面。无疑，对共生理论的实践，有助于我们建立一个平等、团结、公正、和谐、稳定和健康的新世界。共生理论的本质是互依、互补、协同与合作，共生体内的各共生单元互补性正是在合作中

[1] 许宪隆，沈再新．共生互补：构建散杂居地区和谐社会的实践理念 [N]. 中国民族报，2008-08-29（第 6 版）.

得到优化、发展，共生原理揭示了生命世界发展的动力源泉和发展机制。因此，倡导共生互补理念及其生存方式，就意味着必须要对生活方式进行自我变革，承认各民族的生存权利，在激烈的竞争中兼顾弱者的利益，在个体本位的基础上，建立体现平等、公正精神的友爱和谐的人际互动。

根据功能学派的理论，任何理论与学说得以产生、发展、流传，皆因其具有满足社会在某些方面需求之功能所致。换言之，必是某些社会成员能够从该理论和学说中找到他们所需求的精神食粮。在构建散杂居多民族新型生活方式进程中倡导“共生互补”理念，原因在于它既是对“人类物质文明和精神文明是各民族共同创造、每个民族都有优越于其他民族的地方”这一马克思主义历史唯物主义观的诠释，也是对费孝通所提出的关于“中华民族是多元一体格局”理论，以及中国共产党提出的各民族“三个离不开”思想的科学性，从社会共生理论的新视角所作的逻辑证明和必要补充。针对当前我国散杂居民族生活方式变迁的现状、特点、发展规律、发展趋势及其影响因素，我们要着眼于散杂居区多元文化与多民族“共在”的生存场景，努力践行以人为本的生存文化与价值理念，把“多元共生”作为散杂居区多民族的存在方式和法则，自觉遵循“互补共赢”的原则，在实现各民族自由平等、相互尊重、和谐共处、共同进步、共同繁荣的基础上，对自己所创造的社会文明和社会成果的“社群共享”。

多元共生是构建散杂居多民族新型生活方式的现实基础。它可以分解为两个问题：多元是什么？共生是什么？

多元主要用于描绘一种社会现实，形容一个社会的状况和特征，就其含义而言，主要是指一个社会的多文化、多民族和多语言的特征。反映到我国散杂居区多民族的共生态，就是指散杂居区每个民族作为一个利益群体，在国家政治、经济、文化和社会发展进步中所处的地位和发挥的作用，与各自分享相应的各种权利、利益相适应的和谐民族关系。其内涵表现在以下两个方面。

（1）我国现有的56个民族，尽管人口有多少之分，发展有先进与落后之别，但都有其悠久的发展历史，形成了各具特点的稳定的人们共同体。既然民族是一个独立群体，就一定存在自我回归力，就存在民族的自我意识，在多民族国家中就存在民族的特殊利益，因此，民族之间产生矛盾是不可避免的。但在每一个民族的形成发展过程中，离不开民族之间的互通有无。因为，从我国每一个民族的发展历史来看，由于各自所处的自然环境不同，并产生了各具特色的经济类型，形成了各自的优势，进而存在民族间社会生活方方面面的互补。从各少数民族的现状来看，尽管经济文化发展相对落后，但各少数民族具备社会经济文化发展多方面的自然禀赋，我国实现现代化离不开各少数民族和民族地区。因此，散杂居区各民族相互学习、相互合作也是必然的，各民族在长期的历史交往中，在竞争之中求合作，在冲突之中求缓和，在求同存异中共生互补。

（2）我国各民族不仅在历史上就是一个共生态的发展过程，当今更是一个共生态不断升华的过程。特别是新中国成立以来，随着我国社会主义制度的确立，各民族形成了平等、团结、互助的新型民族关系，国家从政治和法律上保证了每个民族在多民族大家庭中的平等地位、权利和义务。作为每个民族群体在享有自我生存发展权利的同时，也承担着尊重其他民族生存发展权利的义务。我国的《民族区域自治法》、《城市民族工作条例》、《民族乡行政工作条例》，以及将要出台的《少数民族权益保障法》，就是维护、保障和调节散杂居区各民族和谐共生态关系最根本的度量衡。

人类对共生现象的认识，最早来自生物界，它指生物之间一种相依为命的互利关系，共生双方通过这种关系而获得生命，失去了其中任何一方，另一方都不能生存。透过生物界的共生现象，我们认为：共生是人类之间、自然之间以及人与自然之间形成的一种相互依存、和谐、统一的命运关系。

作为以全球化为根本特征的21世纪的文化精神与社会发展观念的精髓，“共生”体现了人类的一种新的生存选择，昭示了人类最文明、最具现代性的合作关系和生存与生活方式。在经济全球化场景和市场经济背景下，散杂居区各民族利益的一致性、互联性明显增强，正在构成一个“一荣俱荣，一损俱损”的相互存在、共同发展的整体。任何一个民族的发展都离不开与其他民族的交流和合作，任何一个民族、一个地区的经济发展或停滞，都会对其他民族和其他地区带来正面或负面的影响。原因在于，我国是一个多民族的国家，散杂居区各民族在长期的历史形成中，结为一体，不可分割。按照共生互补的理念，我们一定要懂得，任何民族，不论人数多少、历史长短、经济政治文化水平高低，都是共生体系当中自主的共生单元，只有平等相处、取长补短、相互学习、相互帮助，才能提高共生的关联度、亲近度，即民族团结，才能协调多元民族关系，减少共生阻力，加快缩小民族之间在经济、政治、文化上的差距，和谐共处，共同发展，共同进步，走向繁荣与富强。

互补共赢，是构建散杂居多民族新型生活方式的动力。共赢作为现代社会经济与商业活动的核心理念，在经济全球化场景和市场经济背景下，它以平等的交往主体间的契约共识与互利合作为基本前提，是处理个人和他人、个人和社会关系的一种公正的态度和原则。“共”，表示要兼顾不同主体间的利益；“赢”，表明要保证并促进利益主体各方的基本利益；“共赢”，就是对和谐互动关系的最佳落实，表明了处理利益主体关系的一种态度。从价值层面而言，“共赢”是对主体间和谐互动关系的认可，是对各方基本利益的实现和发展的有力保证，它不主张一方对另一方基本利益的侵犯，但不排斥在双方相互让步基础上的妥协。和谐社会作为人类发展的必然趋势，在现实的经济技术的全球合作与互补当中，使人们从狭隘、封闭的民族化、区域化思维藩篱中走向全人类各主体间对话、交流、和谐发展的思维领域，从简单的利益绝对化的对立走向互补互惠、共同谋求发展的新态势。

由于社会本身是一种合作性极强的综合体系，不同民族的个体在自身素质与技能方面都存在差别，同时随着分工的加剧与社会化程度的日益增强，任何个体都无法仅仅依靠自己个人的力量而求得生存与发展。事实的情况是，每一个体都被置于整个的社会合作体系之内，扬长补短，彼此获益，从而在不同主体间的互补互利活动中来寻求自己生存与发展的条件。

散杂居区各民族有不同的历史传统、文化背景、风俗习惯，宗教方面的情况也各有特点。这是历史发展和现实状况的多方面因素造成的，很难用优劣来区分，用是非来判断，这就需要提倡“互补共赢”的精神。倘若各民族间不能找到文化的共同点，不能互相尊重彼此的文化，学习和借鉴彼此的文化成果，那么民族间的认同就很难打破。反之，若各民族之间能够有文化的交流与认同，那么民族之间的差异就会被认同感、和谐感所淡化而相近相亲。中华民族在历史的进程中正是依靠文化的交流，推进文化的整合和融合，从而逐步形成“一体多元，多元一体”的格局，即各个民族既具有中华文化的共性，又有各自的文化个性，各民族之间形成“你中有我，我中有你”的交互关系。所以，我们尊重文化的多样性，尊重各民族在历史进程中创造的多彩文明和生活方式，使不同文明相互借鉴、和平共处、共同发展，以促进文化多样性，实现各种文明共同进步和人类社会全面和谐发展。

互补是各民族生活方式充满活力的表现，其特点是各民族之间互动关系的日益密切和相互依存关系的日益增强。而且，我国各民族长期形成的“三个离不开”的关系，既是我国形成统一多民族格局的历史动因，也是实现中华民族伟大复兴的现实动力。我国各民族之间结成的“三个离不开”的关系，既不是法律和政策规定的关系，也不是现实中“等、靠、要”的依赖关系，而是互补、和谐的关系。各民族的互补是双向的互动与帮助，互补不仅仅是靠经济数据之类的指标来衡量的，而且要从国家统一的全局利益和构建和谐社会不可缺少的文化多样化、生态多样性、资源多样性等方面去认识。我国各民族生活方式多样性的互动交流，是激发共同繁荣发展的动力之源泉，也是国家发展、社会进步的重要资源，更是和谐民族关系发展的动力。

成果共享，是构建散杂居多民族新型生活方式的目标诉求。“共享”是现代公共哲学的基本理念之一，它是一个涵义丰富的概念。正如我们处于一个堪称“共享科技、共享信息、共享文化、共享资源、共享公共空间、共享公共服务等等”的“共享的时代”。共享本质上是对迄今为止人类所创造的一切物质与精神财富的平等拥有权利的要求，是对特权与私人独占的一种否定意识，是一种倡导人与人、人与社会、人与自然之间应该相互关爱、共享美好生活的情怀。社会成员共享社会发展成果，既是现代社会文明的标志，也是现代化进程中的客观需要。在人类社会的相互利益关系中，每个人、每个组织都相互为对方提供劳动和服务，共同推进了社会的进步与发展，社会进步与发展的成果也是整个人类社会共同劳动和共同智慧的结晶。因此，每个人、每个组织都有权分享社会进步与发展带来的成果。当一个社会尚未具备必要的条件，这时如果强调“人人共享”，对于这个社会来说只是一个理想化甚至幻觉化的事情。

自新中国成立以来的近半个世纪，散杂居地区各民族进入了比较正常的团结友好共同发展的时期。但从另一层意思来看，构建散杂居地区多民族新型生活方式的还有许多事情要做，还需要进一步清除历史的不良影响，目前散杂居地区仍有伤害民族团结的问题发生，一些实际问题还需要认真解决。例如，现阶段民族平等权利的日益保障与民族间事实上不平等现象并存、民族团结的日益巩固与两种民族主义倾向并存、民族间互融性日益增多与民族意识增强并存、民族间互助合作的日益发展与民族间的竞争态势并存、经济联系日益加强与利益冲突日益增多并存、各民族日益繁荣与民族间发展差距的扩大并存，这些现象和问题我们都得高度重视和认真处理。同时，妨碍散杂居民族关系和谐发展的因素仍然存在，例如因经济方面的权益或利益而引发的不和谐问题、因风俗习惯的差异而产生的不和谐问题、因民族意识增强带来的不和谐问题、因宗教信仰不同而出现的不和谐问题等等，除了由于民族问题自身引发的发展矛盾之外，还有另外一种值得注意的现象，即不同民族个体成员之间因为普通民事纠纷蓄意扩大为民族纠纷的事件屡有发生。同时，因为散杂居民族政策不够完善以及民族工作上的漏洞，散杂居民族关系当前仍然面临着一些焦点和难点问题，例如少数民族人口流动问题、少数民族权益保障、民族乡撤乡建镇问题等。

因此，构建散杂居多民族新型生活方式，让各民族社会成员共享社会发展成果，既是一项长期艰巨的任务，也是一项复杂的系统工程，这是由散杂居多民族社会的历史和现实所决定的。我们研究和讨论这一问题，绝不能只限于找出存在的矛盾、问题和差异，而在于找准矛盾、问题、差异之后，要认真地、客观地、全面地分析其产生的背景和由来，结合实际情况、环境和条件，有重点有针对性地提出改善和解决的建议意见，最终让各民族群众用“美己之美，美人之美，美美与共，天下大同”的赞美心态共享社会发展的成果。

（五）自在到自觉：新型生活方式的理性选择

从社会学视角立论，文化是一个价值体系，它是由理念价值、规范价值、实用价值三个层面共同构成的整体，它是一个民族国家自我证成的根本特征。从这个意义上说，坚持文化自在性，就是做到文化自觉，这是一个民族自尊、自重、自信的体现。[1] 在当前全球化背景下，文化自觉既是中华民族与世界上其他民族之间的共处之道，也是我国多民族、多种文化之间的共生之道。在这个问题上，费孝通先生以简练的语言高度概括了他对人类社会及其文化未来途径及其前景的看法：“各美其美，美人之美，美美与共，天下大同。”[2] 这十六个字精辟地阐明了文化自觉的要义，也是我们今天谈论生活方式现代化的基本前提。

所谓自在的文化，是指以传统、习俗、经验、常识、天然情感等自在的因素构成的人的自在的存在方式或活动图式；而所谓自觉的文化，则是指集中体现在科学、艺术、哲学等精神生产领域中以自觉的知识或自觉的思维方式为背景的人的自觉的存在方式或活动图式。[3] 它们都属于民族文化这一大范畴，但是各自的存在形态和活动方式却有很大的差别，它们以不同的方式影响和制约着各民族的活动和社会的运行，并且相互之间构成了复杂的互动关系，推动着生活方式的演进、发展和变迁。

自觉的文化和自在的文化，发挥作用及途径和方式各不相同。经验、习俗、习惯、常识等自在的文化因素，往往透过家庭、学校、社会示范等方式，而潜移默化地融进每个人的生活的血脉中，作为人的文化基因，往往自在自发地左右着人的行为；而自觉的文化精神则往往通过教育、理论、系统化的道德规范、有意肃立的社会典范等等，而自觉地、有意识地、有目的地引导和左右着人们的行为。一般来说，自在的文化往往同传统社会相契合，往往表现为传统文化，越是往远古时代追溯，人的生存越是受自在文化的制约和影响。在现代社会，则是自觉的文化越来越大地发挥着作用，它不仅有意识地引导和规范着个人的生存活动，而且以理性的和契约的文化精神自觉地指导着经济、政治等社会活动。

[1] 李培林等．社会学与中国社会 [M]. 北京：社会科学文献出版社，2008:637.

[2] 费孝通．学术自述与反思 [M]. 北京：三联书店出版社，1998:141-142.

[3] 李伟．民族旅游地文化变迁与发展研究 [M]. 北京：民族出版社，2005:202.

自觉的文化同自在的文化之间常常存在一种张力和冲突，自觉的文化对自在的文化进行超越和批判，并且用新的更能发挥人的自由创造本性的文化要素来取代旧的文化要素。这是文化变迁的深层驱动力。实际上，在人类历史的演进中，人的文化精神的每一次新的觉醒，每一次深刻的思想解放运动，都表现为对原有的习以为常的自在的文化模式的模仿和超越；科学的每一次新发现都代表着对原有的科学理念或科学常识的超越和革命。人类历史上由西方发达国家率先开始的现代化进程，最深刻、最典型地表现为由自觉的文化对自在的文化的超越而完成的一次深刻的文化革命或文化变迁。人们习惯把由传统农业文明向现代工业文明的历史性转折，在深层次上描述为理性化和个体化进程。这实际上是自觉的理性文化对自在的经验文化的一次全方位的革命和超越，现代化斩断了农民对土地的依赖、人身血缘或宗法依附，使人从凭借着经验、常识、传统习俗等自在的文化要素而自在自发地生存的状态，进入到依据科学的理性、知识、信息、契约等自觉的理性文化精神而自由自觉地和创造性地生存的状态。显而易见，自觉的文化对自在的文化的超越纬度及其文化内在的自我超越、自我更新的纬度，构成了文化变迁的深层基础。

一般来说，自在的文化与自觉的文化之间存在必要而恰当的张力和冲突，从而使文化具有一定的发展活力和驱动力，并且具有在特定时代发生变迁的内在推动力。以传统、习俗、经验、常识、天然情感、自发的道德规范等为代表的自在的文化，往往具有保守性、惰性、自在性和重复性等特征，所以，它往往缺少发展和进步的特征。当这些自在的文化因素过分强大，就会使人的存在停留在自在自发和消极被动的层面上，使社会陷入停滞与徘徊的状态之中。因此，必须由科学知识、艺术精神和哲学思维等自觉的文化因素不断向自在的文化因素渗透，不断改造和超越自在的文化的保守性和惰性，才能使活动主体不断由自在自发向自觉的层面跃升，才会使文化保持一种活力和发展的动力。而当人类处于一种文明向另一种文明过渡的时代，自觉的文化与自在的文化之间的张力和冲突更是必不可少，否则，以人的生存方式改变为基本内涵的生活方式变迁根本无法实现。

沔城回族镇本属于传统农业社会，原有的主导性文化模式在江汉平原十分成熟的农耕文明的影响下，往往具有一种超稳定性结构，体现这一文明的自然主义或经验主义文化模式十分强大。不可能出现自在的文化与自觉的文化之间必要的和恰当的张力，从而使其自身文化缺少内在的驱动力，无法通过内在因素的创造性转化而完成变迁。需要靠一种外来的新文化模式或文化精神的冲击，才能进入文化的怀疑和批判时期。这种外源性文化影响达到一定的深度，就会导致一种由外来文化精神同本民族被批判和改造过的文化要素的整合而构成新的文化模式或文化精神。国家的制度性安排、现代科技的应用、民族间的交流与融合、市场经济的介入等等，无疑构成了沔城回民社区外源性文化要素，构成了原生态自在文化与次生态自觉文化之间的矛盾冲突，从而出现了生活方式的现代化变迁，原有生活方式无论是“消亡”还是“复兴”，都是在现代自觉上的变迁，其原有功能都发生了根本意义的转变。由此可见，新的自觉的文化因素从外部切入，同原有的自在的文化层面构成张力和冲突，从而推动原有生活方式超越自身，产生变迁。

二、新型生活方式构建的基本模式

生活模式是典型化、定型化和定性化了的生活方式，它是对一个社会生活方式基本特征的总体把握，体现着社会生活系统的全部稳定特征。某种生活方式一旦被确定，会对人们的生活具有指导功能和规范功能。一个国家、一个民族选择怎样的生活模式，充分体现着这个生活共同体的价值理想和对幸福生活的追求。同时，我们选择怎样的生活模式又应符合我国的具体国情。

就中国社会而言，由传统生活方式向现代生活方式转型的基本走向是由依附型生活方式向自主型生活方式转变、由封闭型生活方式向开放型生活方式转变、由僵固不变的单一生活方式向不断变动的丰富多彩的生活方式转变，同时还包括由贫困的生活方式向富裕的生活方式转型、由愚昧的生活方式向科学的生活方式转型等等。[1]我国社会生活方式现代化的任务如此艰巨，当然无法在短时期内达到。而且，生活方式现代化本身就是一个持续上升的过程，不能为它确定一些固定不变的指标。生活方式现代化实际上是一个正在进行并将继续进行着的过程，我们可以为这一过程分别确定一个现实目标和长远目标。现实目标就是当前社会现实生活的一种理想化模式，它应当具有系统性、完整性，并能反映当前社会发展的客观要求和全民族的价值理想，有学者将它概括为“文明、健康、科学、和谐、优雅”[2]。综合前人的研究，笔者认为我国各民族未来生活方式的目标模式应该是“科学、文明、健康、节约、合作、民族”的现代生活方式。尽管这些还不足以将现代化的目标尽数包含在内，但应当说这是现阶段我国各民族生活方式的更为现实的选择，易言之，这正是生活方式现代化的当前目标。

所谓“科学”，是指人们的工作与闲暇、物质生活与精神生活、个体生

[1] 王玉波．中国社会生活方式转型取向 [J]. 社会学研究，1995（4）.

[2] 王雅林．人类生活方式的前景 [M]. 北京：中国社会科学出版，1997:240.

活与群体生活等生活活动结构的合理性，以及生存资料、享受资料和发展资料等生活资源配置的有效性。所谓“文明”，是指人们的生活活动和行为方式逐步消除小农社会的和传统行政统属的计划经济体制下形成的陈旧落后、封闭、僵化的生活方式，向着发展、开放、变革、自主的现代化社会生活方式转型，达到同现代工业社会的物质文明、精神文明、政治文明、社会文明成果相适应的水平，并体现在新世纪人类文明所取得的成就中。所谓“健康”，即人们在物质需求之外更多地享受文化教育、科学技术的熏陶，扩大健康的文化娱乐活动，培育高尚的道德情操和审美情操，自觉抵制各种愚昧的生活方式，形成合理的工作与闲暇、物质生活与精神生活、个体生活与群体生活等生活活动结构，有效配置生存资料、享受资料和发展资料等生活资源。“节约”，即保持勤劳节俭，选择科学、合理和适度的消费方式，这是由中国的基本国情决定的。即使到21世纪中叶我国基本实现现代化的时候，虽然城乡居民的生活水平和消费水平同现在比将有很大提高，但我国人民生活方式的基调仍然是勤劳节俭型的，消费必须以满足人的需求为界，不能消费过度，必须以大自然的承受力为限，不能竭泽而渔。对于我们这种人口大国、资源小国来说，必须实行节约优先的原则。“合作”，即要求人与人、人与自然、人与社会相互依存，合作共生，而不是冷漠地竞争和无度地索取。在未来社会发展中，竞争机制仍将起着重要作用，但随着全球化、信息化的发展，人们之间将更加紧密地相互依存，相互合作。合作才能解决众多关系到人类前途和命运的问题，给人类带来更多的社会财富和更好的生活质量，支撑人际关系的平衡，保证和谐社会生活方式的实现。[1]“民族”的，即生活方式不能简单模仿别人的模式，必须以各民族文化精神的主体性为根基，从容地面对各种文化的冲突与交融。无民族个性的生活方式是缺少魅力的。我国各民族传统的民族文化和生活方式，不仅可以为建构和谐社会生活方式提供充足的养分，还有助于避免西方文化在现代化生活方式形成中的一些消极影响。因此，我国社会生活方式建构应该保持中国特色，有机整合生活方式的世界性和民族性，并在实践中处理好开放和保持民族特色的关系。

三、新型生活方式的建构过程：个体实践与社会整合

生活方式的体现者、实践者是个人，对于社会生活方式的建构，也更应强调个人的作为。生活方式现代化，最终必然会落实到具体的人身上。作为一个普通人，尽管可能无法对生活方式现代化作理论上的全面、深入的把握，

[1] 许宪隆，沈再新．共生互补：构建散杂居地区和谐社会的实践理念 [N]. 中国民族报，2008-08-29（第 6 版）.

但是，每个人都有追求幸福生活的权利，也就都应当对全社会的生活方式建构切实地负起责任。生存于世，就意味着理智地选择最优的生活方式；而且，在如何规划自己生活的问题上，人类有着日益增强的主观能动性。因此，每个人都应当进行积极的生活实践，做一个优秀的“生活者”，并以自己的努力为社会建构一种良好的生活方式。

生活主体的素质，是生活方式现代化进程的关键。在生活主体的素质方面，首当其冲的是要培养积极的生活精神。对于个人来说，生活方式的选择不能不受到其主观精神因素的重大影响，社会生活方式的现代建构也不能不把使人们具有积极的生活精神作为重要途径。具体地说，主要可从 3 个方面着手。

（一）培养积极的生活心理

人的需求是人们生活活动的原动力，也是人们确定生活目标、生活原则、生活态度、进行生活方式选择的现实起点。人们的需要在日益增长着，但这种增长既迅速又无序，主次难分，真伪难辨，如果任由它无限制地膨胀，就不能理智地规划生活。以追潮的生活倾向为例，它实际上是三类行为共同作用所促成的，即“猎寻时尚者”的首创与倡导、“率先入流者”的接受与示范、普通大众的攀比与追随。进入潮流者并非都是错误的，错误者只是那些对自己的真实需要缺乏正确判断的人，他们并不能清楚地知道自己究竟缺少什么，哪些是自己确实需要的东西，哪些需要的满足更为重要，怎样的需求结构更为合理，自己有多少精力，有多大的支付能力。因此，人们应当对自己所有的需要进行全面的梳理，排除舆论、传媒对人们的生活需求所产生的蛊惑作用，使生活需要与自己的发展目标相符合、与自己当前的经济收入水平相适应，实现消费目的由形象型向效益型的转变，在消费支出和时间安排上，要保证日常生活的各个领域比例适当、规划合理、主次分明，且不可偏废。

（二）调整和更新生活观念

在生活活动中，人们所持有的世界观、人生观、价值观、道德观、审美观等，作为主观精神因素共同对生活方式发生着重要作用，并集中地通过生活观念、生活态度表现出来。生活观念的核心内容是对生活的意义、价值的认识，它决定着人们的生活取向、生活样式，会成为人们实际生活的思想指导。生活观念可能会先于生活，可能超出生活现实，但一经产生，就会成为支配人类生活的精神力量。

改革开放以后，我国人民在生活观念上经历了一个显著的变革过程：一方面，新的生活观念替代原有的生活观念，“政治上高标准、生活上低标准”

已不再为人们所接受，由墨守成规转变为追新求变，由知足常乐转变为“应有尽有”，冒险、探奇也代替了对安逸、稳定的追求；另一方面，很多传统的生活观念在新时期正被赋予新的内涵。比如，“俭朴”只是要摒除过度膨胀的生活欲求，而不意味着将生活水平人为地压低，“艰苦奋斗”不是指生活上的艰苦，而是要求为社会发展和人民生活水平进一步提高而努力拼搏。对于这一变革过程，特别需要强调的是：要防止盲目地求新求异和对传统生活观念的虚无主义态度，既不能不加选择地接受来自外界的各种新的生活观念，也不能不加区别地对传统生活观念一概地排斥和反对。发现传统生活观念的现代价值，促进传统观念在当代的创造性转化，应当成为生活观念现代化的重要途径。

（三）养成积极的生活态度

生活态度是生活观念在生活实践中的外在化，是人们在日常生活行为中所具有的思想倾向的集中体现。如果说一种生活方式的习得与养成关键在于人的进步的生活观念的确立，那么，它的标志便是积极的生活态度的形成。有了怎样的生活态度，便自然会有怎样的生活表现。判断人们生活态度的积极与否，就看这种态度所隐含的倾向性与时代发展的趋向是否一致。积极的生活态度是人们对于生活创造的积极倾向性，要求人们应当富有饱满的生活热情、进取向上的精神状态、积极乐观的生活格调，要求能够认真地设计人生、真诚地对待生活、微笑着面对生活中的一切境遇。

在实践层面上，现代社会生活方式的建构，要求每一个生活主体在扬弃当前生活文化的基础上不断实践生活文化中的积极成分,在生活中学会生活。任何一种生活方式一旦形成，也就成了人类文化的一个重要部分。生活方式上的适应，本质上就是对当前生活文化的适应，其主要内容即生活方式的习得与养成，主要就体现在生活文化的传承、传播与发展之中。没有对当前生活文化的适应，生活方式的现代化就会缺乏必要的根基，成为无源之水、无本之木；反之，有了对当前生活文化的适应，人们就会在生活中学会生活，同时也为超越当前的生活现实、走向生活方式现代化准备必要的条件。

生活方式作为一种文化存在于世，人自降生起就生活在这种文化之中，在耳濡目染地接受着这种文化。然而，既有的生活文化中并非所有内容都符合生活方式的建构方向，在个体的人已经具备一定的判断力之后，对既有的生活文化的接受就不应当再是盲目的，而应具有批评意识，随时对生活中一些已经司空见惯的做法或倾向进行严肃的思考，有分别地、批判地接受当前的生活方式。与此同时，人们也不断地习练自己选定的生活方式，切实地将它贯彻于全部的生活过程，不断为这一选择充实新的内容，适时地校正这种选择可能具有的偏向。这样，生活方式的现代化进程才会顺利地进行下去。

个体的生活实践既然是人们的主体精神的成果，必然带有浓重的个体色彩。于是，社会生活既表现出无限丰富的多样性，还会表现出复杂性和无序性。这种复杂性和无序性，会对生活方式现代化目标的达成构成威胁。因此，社会生活方式的现代建构，还需要社会的整合机制发挥作用。对于社会生活方式的整合，有两个主要途径。

（1）政府的政策性支持。如果散杂居地区各民族的生活方式与散杂居地区的社会发展不相适应，它就会成为散杂居地区社会发展的羁绊；假如能够主动地推进生活方式的变革，使其适应散杂居地区社会发展的需要，就能使之成为散杂居地区发展的强大推动力。构建新型生活方式，政府可以从政策性支持的层次着手来加强管理，推动生活方式的科学化、文明化和健康化。

虽然政府不能给散杂居地区各民族群众在“什么是最好的生活方式”问题上提供直接指导，政府的行政权力不会再像计划经济体制那样面面俱到，但这不意味着政府可以完全退出对人们生活方式领域的宏观调控和实施管理职能。其实，随着社会流动性的增加，个人自由度加大，单位控制功能退化，增加了政府对社会管理的难度。从政府的层面来讲，引导、调控和政策支持是非常必要的。一方面，政府必须通过采取经济的、政治的、法律的、思想的、文化的、舆论的和行政的手段发挥宏观调控的主导作用，包括制定科学的发展规划、构建健全的主导价值体系以及引导、驾驭生活方式潮流等。另一方面，政府在群众动员中扮演着十分重要的角色，政府还应从制度上保证新型生活方式得以延续，使养成良好健康的生活方式制度化，同时，应该通过法律和行政手段加大对不良生活方式的处罚力度。

（2）对人们生活方式选择的社会引导。生活方式的社会引导，旨在使人们在生活方式的认识与实践上达到必然与自由的统一。它的直接目标是重建生活理性，使人们既能凭自己的生活理性对生活方式进行自主的自我选择，同时又能将这种选择保持在合理的限度之内，从而将自己置于持续地与当前社会保持良好适应的幸福生活之中。

规范、有序的生活方式引导机制，主要是通过生活方式教育实现的。教育的作用不仅仅在于传授生活知识、传导生活观念，更在于培育生活方式的文化基础。只有确立了这一基础，人们才能享受到全面的文化生活乃至需要利用知识、技术才能享受的物质生活。同时，政府的经济政策、措施（比如以消费刺激经济发展）实际上也是一种生活方式导向。此外，由于媒体宣传对人们生活的影响是全方位的、深刻的而又直接的，加强对媒体宣传的监督管理，使之对人们的生活更多地发挥积极引导作用，也需要特别予以强调。

有了多管齐下的社会引导机制，生活方式的现代化进程才能够真正得到保障。

四、创新汚城回族生活方式的主要途径

构建散杂居少数民族新型生活方式的目的，就是要求人们自觉地以革新精神，在扬弃、改造传统生活方式的基础上，建立适应整个社会现代化要求的民族生活方式。少数民族生活方式现代化是民族文化变迁的重要组成部分，是一个连续不断的对传统生活方式的“扬弃”过程。同时，它又是一项复杂的系统工程，涉及民族经济、民族风俗、民族心理、宗教信仰等多种因素的发展、变革与协调。[1] 汚城回族生活方式现代化的主要途径，就是在反思现代生活方式的基础上大力发展民族商品经济、加大人力资本经营力度和加强集镇建设等方面。任何一种现代化都必须根植于其传统，因此，我们在实现民族生活方式现代化过程中还必须改造而不是取代传统生活方式。

（一）发展商品经济：关于奠定新型生活方式物质基础的思考

商品经济的充分发展，既是现代社会发达程度的重要标志之一，也是建设现代生活方式不可缺少的客观条件。当前汚城社会生产力水平并不高，大力发展商品经济对于变革汚城回族人民的传统生活方式有着更为重要的意义。

（1）商品经济的发展可以创造丰富的物质财富，提高人们的生活水平，为各民族整个传统生活方式的变革提供相应的物质基础和条件。大量的事实都曾表明，凡是商品生产和商品交换发展得比较快的地方，人们的生活条件往往得到较好的改善。从 汚城回族镇来看，尽管商品经济有了一定的发展，但其为人们所能提供的各种物质生活资料还非常有限，与东部沿海地区相比有着巨大的差距。因此，只有大力发展商品经济，才能真正改变汚城回族群众生活贫困的状况，为他们提供较为丰富的物质生活资料，使得生活方式的变革具有充分的物质条件保障。

（2）商品经济的发展还会扩大人们进行社会交往的领域和范围，使汚城各民族随着商品生产和商品交换的进行而跻身于现代社会发展的时代洪流中，开阔视野，反过来又促进生产的进一步发展和生活方式的不断完善。

（3）商品经济的发展能导致人们生活观念和其他价值观念的变更，使得各民族的文化心理素质在新的历史条件下得到提高和更新，形成一种有利于现代社会发展的良好心理状态和文化氛围。汚城回族由于长期以来一直生活在自给自足的自然经济的社会环境中，在这种基础上形成的某些传统生活观念和其他价值观念往往具有明显的保守倾向并呈现出低层次的状态，而这

[1] 瞿明安．中国民族的生活方式 [M]. 北京：中国社会科学出版社，1993:296.

些传统生活观念和其他价值观念又对人们的各种生产生活活动造成极大的束缚，与现代生产力发展和社会进步的要求很不适应。只有通过发展商品经济才能打破原先束缚人们生产生活活动的自然经济封闭锁链，使得人们传统生活观念和其他价值观念的更新具有强大的推动力，并以此来促进当地回民整个生活方式的变革。

（二）经营人力资本：关于生活方式现代化与人的现代化问题

加大沔城回族人力资本经营力度，是实现民族生活方式现代化的关键。[1]生活方式的主体是人，生活方式现代化的实质是人的现代化。因此，在推进民族生活方式现代化的过程中，我们必须充分重视散杂居地区的人力资本经营。

人力资本也称非物质资本，是指体现在劳动者身上的教育和技术培训等方面的投资。作为一种特殊资本，人力资本具有时效性、能动性、社会性、可凝结性、可投资性、创造性、支配性、继承性等特性，其中的核心是可投资性，即利用人对知识、信息、技术的吸收能力，通过教育、科技投资，提高人的素质和技能，投入再生产过程后能获得增值。也就是说，人力资本的经营，一方面，能提高人口的素质；另一方面，能通过人力资源向经济资源的转化，提高劳动生产率，发展民族经济。而这两者都是民族生活方式变迁的主要决定因素。

针对沔城回族镇回族社会生活的实际状况，笔者认为，不仅要在观念上确立“以人为本”的思想，注重人力资本的积累，把人力资本的质量作为第一经营要素，而且要采取具体措施加大人力资本经营力度。

（1）通过合理配置人力资本存量带动人力资本增量。通常的资本经营，是通过用好增量盘活存量，而人力资本由于具有特殊的时效性和继承性，所以在存量与增量关系的处理上与其他资本经营正好相反，是要通过合理配置存量来盘活或带动增量，在人才流失较多的沔城尤为如此。为此，①要优化人力资本增值环境，减少不利的环境因素干扰；②要深入挖掘，把可用的人力资本全部用起来，使其不致被闲置、浪费；③要用好用活、科学配置人力资本的投向和投量，尽可能使所有人力资本增值能力发挥到极致，扩大人力资本存量的结构功能；④要放大增值潜力最大部分的规模，主要是将现实的人力资本的质量提高作为一个动态的过程不停地进行再培训；⑤要采取借人资本的手段，即在自身人力资本不足的情况下，大力引进一切能为我所用的人力资本、先进的科技和经验，以节约人力资本经营成本。

[1] 马翀炜，陈庆德．民族文化资本化[M]．北京：人民出版社，2004:32.

（2）尊重并运用资本经营规律进行人力资本经营。①遵循价值规律，既要营造尊重知识、尊重人力资本的社会环境，又要采取特别的激励机制，提高人力资本的经济价值。②人力资本的流动是人力资本经营的生命。在市场机制作用下，人力资本会像所有的资本一样，向增值最大化的地方和方向集中，这正是人力资本规律的现实反映。沔城镇作为人力资本的低效区，缺乏积累、集中的能力，不可能大量成为人力资本积累的真正主体，但可以通过各级人力资本市场资源，建立人力资本积累基金等手段介入市场，引导人力资本的流向，使其到沔城聚集。③利用竞争规律，建立竞争机制，克服长期存在的“等、靠、怨”情结和不敢、不愿参与竞争的心理，充分发挥主观能动作用，以主动进取的姿态积极投身竞争行列，让高质量的人力资本充分显示其价值和意义，对于通过竞争而有创造并获得增值的，要给予重奖。

（3）走具有自身特色的人力资本积累之路，特别要突破现行教育中的趋同化问题，构建具有个性、具有自身特色的民族素质教育体系和框架，缓解人力资本的结构性矛盾。这应当是散杂居地区人力资本积累和结构优化的重要手段。政府作为散杂居地区人力资本积累和经营主体还有一层含义，即政府要尽可能以边际成本为零的方式向散杂居地区提供经过处理的效应大的人力资本信息。

（4）加强实用科技的推广运用，提高经济增长的科技含量。这是积累人力资本的一条途径，对发展知识经济也具有直接和重要的现实意义。沔城回族镇农村经济发展还比较缓慢，主要原因之一是生产的科技含量低，实用技术的推广运用不够。因此，应当把实用技术的推广运用作为人力资本积累和发展知识经济投入的方式。为此，①要大力宣传科技对散杂居地区发展的重大作用，增强全民的科技意识；②加强科技服务网络和服务体系建设，增强服务功能，解决一家一户干不好、干不了的事情；③大力推广国内外已经成熟、在沔城又切实有效的实用技术；④树立典型，发挥榜样的示范和辐射作用；⑤采取以奖代补的方式给予适当的资金扶持，调动千家万户运用实用技术的积极性；⑥根据需要辅之必要的硬性措施加以引导。

（三）聚焦集镇建设：关于生活方式社会化水平提升的讨论

加快集镇建设步伐，增强集镇的集聚效应，是人们的生活方式从农村生活向城镇生活的升级转换过程，也是提升散杂居少数民族生活方式社会化水平的需要。集镇与小城镇并非同一概念。“小城镇”是对小城市、工矿区、卫星镇、县城镇、建制镇、乡镇（乡政府所在地）和村镇等一系列非同质性社会群体聚落的统称，其人口规模从2 000到200 000，变幅高达100倍。因此，严格地说，“小城镇”不是一个较为精确的科学概念，而是一种“城镇体系”的宽泛表述。集镇，则是指三种产业并存、非农人口在2 000到50 000区间的社会群体聚落。它起源于集市。随着商品经济的发展，定期集市发展为日常集市，其基础服务设施日益增加，商业经营空间不断扩展，市场活动进入比较繁荣稳定的阶段。与此相适应，人口数量不断增加，居民成分日趋复杂，集市就从一种工商业活动的场所逐步成为一种形态比较稳定的集镇社会群体聚落，并进而成为城、镇、乡网络中不可缺少的“结点”。[1]

集镇作为农村社区和城市社区的“结合部”，具有混居型的人口结构、兼业性的劳动力结构、复合性的基础结构和紧凑性的空间结构等城乡“双重性”的社会结构特征。按照一般系统论“结构决定功能”的原理，集镇这种“双重性”的社会结构必然会产生其特有的社会功能。

（1）传导功能，即集镇能广泛地沟通城乡之间的交流，进而促进城乡的结合和协调发展。这一功能，对于形成城、镇、乡社会经济网络的良性循环和增强社会聚落系统的整体稳定性有着举足轻重的作用。

（2）调节功能，即集镇能在过度集中的城市与孤立分散的农村之间架起一座桥梁，既缓解日益严重的“城市病”，又形成必要的集聚规模效益，从而实现生产力布局的合理化。

（3）辐射功能，包括纵向辐射和横向辐射两大类。面对城乡，集镇发挥着纵向性的辐射功能，具体表现为集镇企业的名、优、特产品纷纷打进城市和集镇企业对村队企业、个体企业的各种资助；面对其他集镇则是横向性的辐射，具体表现为区域性的物资串换、资金拆借和企业联营等各种横向联合。

（4）吸引功能。对于农村来说，集镇能打破人们建立在“农民种田、工人做工”等城乡自然有别观念上的心理平衡，为农民提供新的就业机会和选择社会身份的自由，从而激发广大农民重新燃起劳动的热情和对新生活的追求。对于过于膨胀的城市来说，集镇又以其宽敞的用地、富裕的劳力、便利的交通、适度集中的规模效益等有利条件，吸引城市大工业的各种扩散。

沔城回族镇的自然、经济、社会、文化等特点，决定了当地集镇建设的必要性和紧迫性。沔城回族镇的自然地理条件、薄弱的民族经济基础等，决定了其不能走城市化尤其是大中城市的道路，而只能选择集镇；沔城回族镇产业结构的不协调性及社区结构的分散性，是沔城生活方式失调的重要因素，而集镇是沔城走向现代化、形成集聚效应的最佳选择。

---

[1] 许成安，王昊，杨青．我国城市化理论研究与实践发展中的若干问题[J]．江淮论坛，2001（3）．

（四）发展与创新：关于新型生活方式发展机制的探讨

有效地继承和发扬回族生活方式中的优良传统，探寻现代发展机制，是散杂居少数民族生活方式走向现代化的根本出路。在推进精神文明建设过程中，加强民族文化产业的建设，发展和完善散杂居少数民族传统文化的传承机制。沔城回族之所以能够在这里长期生存下来，这与他们某些独特的生活方式有很大的关系。尽管他们的传统生活方式中具有一些与现代生产力发展和社会进步要求不相适应的消极落后因素，但同时也包含着许多与现代化发展并不矛盾的成分和优良传统，是一种具有巨大开发价值的文化资源。在物质消费生活方面，沔城回族有自己独特的食品、生活器具和其他手工艺品；在闲暇生活方面，当地回族都形成了具有民族特色的歌舞、游戏、体育活动和丰富的传统节日娱乐形式；在家庭生活方面，一些民族形成了尊老爱幼、互敬互爱的和睦家庭关系；在宗教生活方面，沔城回族镇具有独特风格特点的寺庙建筑文化、宗教艺术和宗教节日。这些传统生活方式中，有的以其式样的独特和制作工艺的精巧而具有较高的审美价值；有的则以其内容和形式的多姿多彩而引起中外游客的向往，具有较大的旅游价值；有的还以其风格的古朴典雅和内容的新奇而为艺术家们以及广大观众和读者所欣赏，是一笔值得开发利用的巨大宝贵财富。

（1）在继承和完善少数民族原有传承机制的同时，充分利用馆藏、报刊、影视、广播等现代文化传播形式以及现代教育体系的传播、教化功能，实现少数民族传统文化和生活方式与现代化的嫁接。

（2）顺应新型生活方式的发展要求，结合民族乡镇的政策优势，为散杂居少数民族优秀的传统文化和新型生活方式的建立提供新的传承机制。例如，可以制定相应的法律法规，为散杂居少数民族传统文化的发展提供相应的法律保障。

（3）通过行政手段，对散杂居少数民族传统文化重点进行挖掘和整理，对有形文化遗产进行挂牌保护，对濒危的文化资源进行抢救。同时，及时组织各类文化单位、科研机构、大专院校及专家学者对散杂居地区少数民族传统文化和地方性知识进行研究，积极与省内外、国内外的其他研究机构和学者进行对话与合作，不断整合资源，壮大研究实力，为散杂居地区少数民族传统文化的保护和发展、新型生活方式的建立提供智力支持和理论依据。

（4）做好文化与经济的结合文章。通过“文化搭台，经济唱戏”的形式，举办民族传统节日活动，开辟民族文化、宗教文化等旅游项目，充分合理地开发利用当地各民族生活方式中表现出来的文化资源，促进沔城回族镇商品经济的发展，加强与国内外的经济技术交流，加快沔城自然和社会资源的开发利用，而且可以大大地丰富民族文化的内容，使得众多优良传统文化得以发扬光大，增强各民族的自豪感和自信心，激发人们的创造热情，使之适应沔城现代化发展的需要。

（5）改造和革新少数民族生活方式中的一些消极因素，提高各民族的现代文明生活素质。在改造和革新过程中，将现代文化的传播与少数民族的传统文化模式有机地协调起来，否则，脱离了少数民族的客观实际，难免事倍功半。如推广运用农业科技的过程中，不充分考虑回民在当地自然生活环境条件下形成的某些传统生产经营方式所具有的特殊适应性以及劳动者的实际接受能力，照搬其他民族地区的模式，在缺乏调查研究和未开展先行试验的基础上，盲目地引进某些新型的现代农业机械设备，并推广我国其他农村当前采用过的现代农业科学技术经验和成果，结果适得其反。因此，我们必须利用民族传统文化的形式输入现代文化的内容，以减少两种不同文化间的矛盾冲突，避免造成大的失误和挫折，从而取得良好的效果。如在沔城发展现代教育的过程中，学校可以同清真寺进行广泛的合作，聘请一些宗教职业人士担任兼职教师，或利用宗教的组织形式开展现代教育活动，沟通回族传统教育与现代教育的关系，使得宗教与社会发展相协调。

五、在变迁中走向未来

安东尼·吉登斯在论及社会结构的稳定性和转换性时指出：社会结构并不是不变的框架、僵死的制约，而是一个反复卷入到社会再生产过程中的规则和资源，因此，它既是人的行动得以进行的前提与中介，同时又具有转换性，可以随行动者需要转换为许多不同的模式和外观，也可能随行动者在具体情景中使用而改变。[1]本书通过对沔城回族镇回族生活方式的分析，可以看出，随着时代的发展，沔城回族镇回族社会生活的各个方面，包括经济生活、政治生活、婚姻与家庭生活、闲暇生活、宗教信仰等，都发生了明显的变化。促使生活方式变迁的原因有两个：①内部的，即由社会内部的变化而引起；②外部的，即由政治制度变革、文化传播、科技的应用、民族间的接触以及市场经济的实行等而引起。在变迁的过程中，一些民族文化得到了弘扬和传承，有利于本民族的繁荣发展，也有利于各民族团结和时代进步。虽然相对于城市社区和经济发达地区的农村社区，沔城回族传统生活方式得以保持，伊斯兰信仰依然是其社会组织的核心，但是变迁已经在不知不觉中发生，变迁过程中出现的诸多问题，如文化断层问题、代际差异问题、不良社会风气快速入侵问题、传统生活方式遭到破坏而新的生活方式又尚未建立的问题、

[1]（英）安东尼·吉登斯．社会的构成 [M]. 北京：三联书店，1998:2.

传统文化保留问题以及农村剩余劳动力转移问题等,已经在社会发展中突显,制约着社会的发展。如何避免这些问题深入发展,解决好社区发展过程中的诸多矛盾,引导其向良性的态势发展,这需要大批专家学者及各级政府的深入调查研究和努力。

笔者相信,在今后,沔城回族镇回族的生活方式还将继续随着时代的发展而变化,但这种变化将是良性的、健康的、与时俱进的。我们也相信,在变的过程中,终有一些不变的本质的东西留下,那是民族的命脉、薪火相传的图腾、引以自豪的民族文化,就像沔城回族镇清真寺的礼拜、穆斯林的白色小帽、七里城的牛肉饼……

总之,回族生活方式变迁是回族社会适应周围环境及社会发展的后果。随着现代化进程及各民族交流的加强,回族的生活方式将会与时俱进发生新的变化,这是生活方式发展的规律。但是,回族又是一个富有民族个性的共同体,其文化在适应环境而变迁的同时也不会完全丧失自己的个性,这在沔城回族镇的个案中被反复证明。正是回族的这种求同存异、积极进取的民族个性,成就了回族作为一个独特的个体而存在发展的结果。

参考文献

一、著作类

（一）国内著作

[1] 林耀华 . 民族学通论 [M]. 北京 : 中央民族大学出版社 ,1997.
[2] 金炳镐 . 民族理论通论 [M]. 北京 : 中央民族大学出版社 ,2006.
[3] 费孝通 . 费孝通民族研究文集 [C]. 北京 : 民族出版社 ,1988.
[4] 陈育林 . 民族史学概论 [M]. 银川 : 宁夏人民出版社 ,2006.
[5] 李济 . 中国民族的形成 [M]. 南京 : 江苏教育出版社 ,2005.
[6] 杨圣敏 . 中国民族志 [M]. 北京 : 中央民族大学出版社 ,2004.
[7] 黄淑娉 , 龚佩华 . 文化人类学理论方法研究 [M]. 广州 : 广东教育出版社 ,1998.
[8] 沈林等 . 中国的民族乡 [M]. 北京 : 民族出版社 ,2001.
[9] 沈林等 . 散杂居民族工作概论 [M]. 北京 : 民族出版社 ,2001.
[10] 铁木尔 , 赵显人 . 中国民族乡统计分析与对策研究 [M]. 北京 : 民族出版社 ,2002.
[11] 张海洋 . 散杂居民族调查：现状与需求 [M]. 北京 : 中央民族大学出版社 ,2006.
[12] 秦永章 . 甘宁青多民族格局形成史研究 [M]. 北京 : 民族出版社 ,2005.
[13] 黄荣清 , 赵显人 .20 世纪 90 年代中国各民族人口的变动 [M]. 北京 : 民族出版社 ,2004.
[14] 陈庆德 . 民族经济学 [M]. 昆明 : 云南人民出版社 ,1994.
[15] 戴庆中 . 文化视野中的贫穷与发展 [M]. 贵阳 : 贵州人民出版社 ,2006.
[16] 徐杰舜 . 族群与族群文化 [M]. 哈尔滨 : 黑龙江人民出版社 ,2006.
[17] 纳日碧力戈 . 现代背景下的族群建构 [M]. 昆明 : 云南教育出版社 ,2002.
[18] 张宗孝 . 伊斯兰文化与中国本土文化的整合 [M]. 北京 : 东方出版社 ,2006.
[19] 胡如雷 . 中国封建社会形态研究 [M]. 上海 : 三联书店出版社 ,1979.
[20] 雷振扬，田敏 . 民族学人类学论坛 : 第 1 辑 [C]. 北京 : 民族出版社 ,2006.

[21] 刘玉照，张新福，李友梅 . 社会转型与结构变迁 [M]. 上海 : 上海人民出版社 ,2007.
[22] 缪家福 . 全球化与民族多样性 [M]. 北京 : 人民出版社 ,2005.
[23] 李德复，陈金安 . 湖北民俗志 [M]. 武汉 : 湖北人民出版社 ,2002.
[24] 罗康隆，黄贻修 . 发展与代价 [M]. 北京 : 民族出版社 ,2006.
[25] 柏贵喜 . 转型与发展 [M]. 北京 : 民族出版社 ,2000.
[26] 徐杰舜 . 汉族风俗史 [M]. 上海 : 学林出版社 ,2004.
[27] 许宪隆 . 诸马军阀集团与西北穆斯林社会 [M]. 银川 : 宁夏人民出版社 ,2001.
[28] 李伟 . 民族旅游地文化变迁与发展研究 [M]. 北京 : 民族出版社 ,2005.
[29] 叶启政 . 期待黎明——传统与现代的搓揉 [M]. 上海 : 上海人民出版社 ,2005.
[30] 胡庆钧 . 汉村与苗乡 [M]. 天津 : 天津古籍出版 ,2006.
[31] 良警宇 . 牛街：一个城市回族社区的变迁 [M]. 北京 : 中央民族大学出版社 ,2005.
[32] 张海洋 . 中国的多元文化与中国人的认同 [M]. 北京 : 民族出版社 ,2006.
[33] 伍剑峰 . 多维视野中的族群冲突 [M]. 北京 : 民族出版社 ,2005.
[34] 罗康隆 . 族际关系论 [M]. 贵阳 : 贵州民族出版社 ,1998.
[35] 吴仕民，王平 . 民族问题概论 [M]. 成都 : 四川人民出版社 ,2007.
[36] 徐黎丽 . 论民族关系与民族关系问题 [M]. 北京 : 民族出版社 ,2005.
[37] 吴映梅 . 西部少数民族聚居区经济发展及机制研究 [M]. 北京 : 人民出版社 ,2006.
[38] 沈桂萍 . 马克思主义民族观与党的民族政策 [M]. 北京 : 中央编译出版社 ,2007.
[39] 杨荆楚等 . 汉文化、多元文化与西部大开发 [M]. 北京 : 民族出版社 ,2005.
[40] 郭立新 . 长江中游地区初期社会复杂化研究 [M]. 上海 : 上海书籍出版社 ,2005.
[41] 陈锋 . 明清以来长江流域社会发展史论 [M]. 武汉 : 武汉大学出版社 ,2006.
[42] 张正明 . 长江流域民族格局变迁 [M]. 武汉 : 湖北教育出版社 ,2007.
[43] 林济 . 长江流域的宗族与宗族生活 [M]. 武汉 : 湖北教育出版社 ,2004.
[44] 邓先瑞，邹尚辉 . 长江文化生态 [M]. 武汉 : 湖北教育出版社 ,2005.
[45] 叶书宗，马洪林，朱敏彦 . 长江文明史 [M]. 上海 : 上海教育出版社 ,2007.
[46] 李学勤，徐吉军 . 长江文化史 [M]. 南昌 : 江西教育出版社 ,1995.
[47] 马翀炜，陈庆德 . 民族文化资本化 [M]. 北京 : 人民出版社 ,2004.
[48] 杨士杰 . 云南山地民族生活方式的传承与选择 [M]. 昆明 : 云南人民出版社 ,1998.

[49] 赵德兴等 . 社会转型期西北少数民族居民价值观的嬗变 [M]. 北京 : 人民出版社 ,2007.
[50] 林成西 . 二十世纪七十年代以来的村落变迁——江家俺村调查 [M]. 成都 : 巴蜀书社 ,2006.
[51] 陈庆德 . 资源配置与制度变迁——人类学视野中的多民族经济原生形态 [M]. 昆明 : 云南大学出版社 ,2007.
[52] 彭多意等 . 变迁中的彝族社区——以可邑村为例 [M]. 北京 : 民族出版社 ,2007.
[53] 宋志斌，张同基 . 一个回族村的当代变迁 [M]. 银川 : 宁夏人民出版社 ,1998.
[54] 李长莉 . 中国人的生活方式 [M]. 成都 : 四川人民出版社 ,2009.
[55] 朱炳祥 . 村民自治与宗教关系研究 [M]. 武汉 : 武汉大学出版社 ,2007.
[56] 丁明俊 . 中国边缘穆斯林族群的人类学考查 [M]. 银川 : 宁夏人民出版社 ,2006.
[57] 李文海，黄兴涛 . 民国时期社会调查丛编（乡村社会卷）[M]. 福州 : 福建教育出版社 ,2005.
[58] 周大鸣，吕俊彪 . 珠江流域的族群与区域文化研究 [M]. 广州 : 中山大学出版社 ,2007.
[59] 王玉波，瞿明安 . 超越沉痛——生活方式转型取向 [M]. 北京 : 京华出版社 ,1997.
[60] 中共中央马克思恩格斯列宁斯大林著作编译局 . 马克思恩格斯选集（第 1 卷）[M]. 北京 : 人民出版社 ,1966.
[61] 郑杭生 . 民族社会学 [M]. 北京 : 中国人民大学出版社 ,2005.
[62] 中共中央马克思恩格斯列宁斯大林著作编译局 . 马克思恩格斯选集（第 2 卷）[M]. 北京 : 人民出版社 ,1972.
[63] 高丙中 . 现代化与民族生活方式的变迁 [M]. 天津 : 天津人民出版社 ,1997.
[64] 宋涛等 . 传统裂变与现代超越 : 西部大开发与西南少数民族生活方式变革问题研究 [M]. 北京 : 民族出版社 ,2006.
[65] 国务院人口普查办公室，国家统计局人口和社会科技统计司 . 中国 2000 年人口普查数据 [M]. 北京 : 中国统计出版社 ,2001.
[66] 瞿明安 . 中国民族的生活方式 [M]. 北京 : 中国社会科学出版社 ,1993.
[67] 沙莲香 . 社会学家的沉思 : 中国社会文化心理 [M]. 北京 : 中国社会出版社 ,1998.
[68] 答振益 . 湖北回族 [M]. 北京 : 中央民族学院出版社 ,1993.
[69] 中国人民政治协商会议湖北省武汉暨武汉市委员会 . 武昌起义档案

选编 [C]. 武汉 : 湖北人民出版社 ,1981.
[70]《沔城志》编纂委员会 . 沔城志 [M]. 武汉 : 湖北科学技术出版社 ,2000.
[71] 答振益 . 中南地区回族史 [M]. 乌鲁木齐 : 新疆人民出版社 ,1993.
[72] 费孝通 . 中华民族多元一体格局 [M]. 北京 : 中央民族学院出版社 ,1989.
[73] 邱树森 . 中国回族史 [M]. 银川 : 宁夏人民出版社 ,1996.
[74] 王正伟 . 回族民俗学 [M]. 银川 : 宁夏人民出版社 ,2009.
[75] 董福荣 . 中国家庭消费结构透视 [M]. 北京 : 经济管理出版社 ,1999.
[76] 王玉波，王辉，潘允康 . 生活方式 [M]. 北京 : 人民出版社 ,1986.
[77] 杨圣明 . 中国消费结构研究 [M]. 太原 : 山西经济出版社 ,1986.
[78] 费孝通 . 江村经济——中国农民的生活 [M]. 北京 : 商务印书馆 ,2006.
[79] 费孝通 . 江村农民生活及其变迁 [M]. 兰州 : 敦煌文艺出版社 ,1997.
[80] 杨魁 , 董雅丽 . 消费文化——从现代到后现代 [M]. 北京 : 中国社会科学出版社 ,2003.
[81] 张永杰，程远忠 . 第四代人 [M]. 北京 : 东方出版社 ,1988.
[82] 王宁 . 消费社会学——一个分析的视角 [M]. 北京 : 社会科学文献出版社 ,2001.
[83] 费孝通 . 乡土中国 生育制度 [M]. 北京 : 北京大学出版社 ,1998.
[84] 王筑生 . 人类学与西南民族 [C]. 昆明：云南大学出版社 ,1998.
[85] 水镜君，（英）玛利亚・雅绍克 . 中国清真女寺史 [M]. 上海 : 三联书店出版社 ,2002.
[86] 马坚译 . 古兰经 [M]. 北京 : 中国社会科学出版社 ,2003.
[87] 刘智 . 天方典礼 [M]. 上海 : 古籍出版社 ,1988.
[88] 陈勤，李刚，齐佩芳 . 中国现代化史纲 [M]. 南宁 : 广西人民出版社 ,1998.
[89] 费孝通 . 学术自述与反思 [M]. 上海 : 三联书店出版社 ,1998.
[90] 庄孔韶 . 人类学通论 [M]. 太原 : 山西教育出版社 ,2003.
[91] 邓伟志，徐榕 . 家庭社会学 [M]. 北京 : 中国社会科学出版社 ,2001.
[92] 王沪宁 . 当代中国村落家族文化 [M]. 上海 : 上海人民出版社 ,1991.
[93] 汪受宽 . 孝经译注 [M]. 上海 : 古籍出版社 ,2004.
[94] 方心清，王毅杰 . 现代生活方式前沿报告 [M]. 北京 : 社会科学出版社 ,2005.
[95] 丁宏 . 回族、东乡族、撒拉族、保安族民族关系研究 [M]. 北京 : 中央民族大学出版社 ,2006.
[96] 马宗保 . 多元一体格局中的回汉民族关系 [M]. 银川 : 宁夏人民出版社 ,2002.
[97] 杨文炯 . 传统与现代性的殊相 [M]. 北京 : 民族出版社 ,2003.
[98] 王雅林 . 人类生活方式的前景 [M]. 北京 : 中国社会科学出版 ,1997.
[99] 马德新 . 四典要会 [M]. 西宁 : 青海人民出版社 ,1988.

[100] 马平，赖存理．中国穆斯林民居文化 [M]. 银川：宁夏人民出版社 ,1995.
[101] 马平．回族心理素质与行为方式 [M]. 银川：宁夏人民出版社 ,1998.
[102] 赵嘉文，马戎．民族发展与社会变迁 [M]. 北京：民族出版社 ,2001.
[103] 束锡红等．西北回族社区现代化实践的新探索 [M]. 北京：商务印书馆，2004.
[104] 保继刚等．旅游地理学 [M]. 北京：高等教育出版社 ,1993.
[105] 郑红娥．社会转型与消费革命——中国城市消费观念的变迁 [M]. 北京：北京大学出版社 ,2006.
[106] 田翠琴，齐心．农民闲暇 [M]. 北京：社会科学文献出版社 ,2005.
[107] 司马云杰．文化社会学 [M]. 北京：中国社会科学出版社 ,2001.
[108] 周有光．现代文化的冲击波 [M]. 上海：上海三联书店 ,2000.
[109] 杨春时．中国文化转型 [M]. 哈尔滨：黑龙江教育出版社 ,1994.
[110] 马戎．民族与社会发展 [M]. 北京：民族出版社 ,2001.
[111] 于海．西方社会思想史 [M]. 上海：复旦大学出版社 ,1993.
[112] 殷海光．中国文化的展望 [M]. 北京：中国和平出版社 ,1988.
[113] 李培林等．社会学与中国社会 [M]. 北京：社会科学文献出版社 ,2009.
[114]（日本）栗本慎一朗．经济人类学 [M]. 王名等，译．北京：商务印书馆 ,1997.
[115] 勉维霖．中国回族伊斯兰宗教制度概论 [M]. 银川：宁夏人民出版社 ,1997.

（二）国外著作

[1]Kymlicka Will. Liberalism, Community and Culture[M]. USA: Oxford University Press, 1991.
[2]Philip C. C. Huang.The Peasant Family and Rural Development in the Yangzi Delta（1350–1988）[M].Stanford U. P.,1990.
[3]Steven Vago.Social Change[M].Englewood Cliffs,N. J.:Prentice–Hall,1989.
[4]Richard T. Schaefer.Sociology（7th ed.）[M].Boston: The McGraw–Hill Companies,Inc.,2001.
[5]Conrad William Watson.Multiculturalism[M].Boston:The McGraw–Hill Companies,Inc.,2000.
[6]Jean Baudrillard.Selected Writings[M].Stanford University Press,1988.
[7]Anthony M. Orum.Introduction to Political Sociology:the Social Anatomy of the Body Politic[M].Englewood Cliffs,N. J.:Prentice–Hall,1989.
[8]Will Kymlicka.Politics in the Vernacular:Nationalism,Multiculturalism,and

Citizenship[M].Oxford:Oxford University Press,2001.

[9]Yan,Yunxiang.Private Life under Socialism:Love,Intimacy and Family Change in a Chinese Village,1949-1999[M].Stanford:Stanford University Press,2003.

[10]Anthony Giddens.The Constitution of Society:Outline of the Theory of Structuration[M].London： Cambrudge University Press,1984.

[11]Ogburn,William Fielding.Social Change with Respect to Culture and Original Nature[M].New York:The Viking Press,Inc.,1922.

[12]Clifford Geertz.Local Knowledge:Further Essays in Interpretive Anthropology[M].New York:Basic Books,Inc.,1983.

[13]Godbey,Geoffrey.Leisure in Your Life:An Exploration[M].Saunders College Publishing,1981.

[14]Clifford Geertz.The Interpretation of Cultures:Selected Essays[M].New York: Basic Books,Inc.,1973.

[15]Toffler Alvin.Third Wave[M].NY:William Morrow and Company,Inc.,1980.

[16]John Hick.An Interpretation of Religion[M].New Haven and London:Yale University Press,1989.

[17]Arthur Henderson Smith.Village Life in China:A Study in Sociology[M]. New York:F. H. Revell Company,1899.

[18]Mark Hutter.The Changing Family:Comparative Perspectives[M].New York:Mac Millan Pub. Co.,1988.

[19]Michel Foucault.The History of Sexuality[M].New York:Pantheon Books,1978.

[20]Michael E. Sobel.Lifestyle and social structure[M].New York:Academic Press Inc.,1981.

[21]Dennis Gilbert and Joseph A. Kahl. The American Class Structure[M]. Belmont Calif:Wadsworth Publishing Company,1992.

[22]Max Weber.Essays in Sociology[M].New York:Oxford University press,1946.

二、论文类

[1] 许宪隆 . 论改革开放后民族关系的动向与对策 [J]. 黑龙江民族丛刊，1997（1）.

[2] 许宪隆 . 鄂豫皖回汉关系的现状 [J]. 中南民族学院学报（人文社会

科学版）,1994（5）.
[3] 许宪隆. 鄂豫皖民族关系对策研究 [J]. 中南民族学院学报（人文社会科学版）,1994（6）.
[4] 许宪隆. 论改革开放后民族关系的动向与对策 [J]. 黑龙江民族丛刊，1997（1）.
[5] 金炳镐. 论我国杂散居地区民族问题的特点和发展规律 [J]. 内蒙古社会科学,1992（3）.
[6] 马秀梅. 新时期杂散居民族工作刍议 [J]. 青海民族学院学报,1994（2）.
[7] 答振益. 鄂豫皖杂散居地区民族关系概述 [J]. 中南民族学院学报（人文社会科学版）,1994（5）.
[8] 黄凤祥. 我国保障散杂居少数民族权益的法制建设 [J]. 民族团结,1997（6）.
[9] 杨昌儒. 试论中国杂散居地区民族互动关系 [J]. 贵州民族学院学报,1998（3）.
[10] 马征麟. 浅析散杂居地汉族与少数民族关系 [J]. 社会科学家,1998（6）.
[11] 何宏珉. 浅论我国杂散居民族的特点 [J]. 黑龙江民族丛刊,2000（1）.
[12] 朱瑞志. 做好散杂居地区涉及少数民族的矛盾纠纷的调处工作 [J]. 中国统一战线,2001（8）.
[13] 肖俊. 论城市散居少数民族权益的法律保障 [J]. 西南民族学院学报,2002（7）.
[14] 王奎正. 湖南杂散居区城市民族关系影响因素探析 [J]. 中南民族大学学报（人文社会科学版）,2005（2）.
[15] 王锋. 当代我国少数民族人口散、杂居现状与发展态势研究 [J]. 人口与经济,2006（5）.
[16] 陈志刚. 对口支援与散杂居民族地区小康建设——来自江西省少数民族地区对口支援的调研报告 [J]. 中南民族大学学报（人文社会科学版）,2005（3）.
[17] 于光远. 社会主义建设与生活方式、价值观和人的成长 [J]. 中国社会科学,1981（4）.
[18] 王雅林. 生活方式的理论魅力与学科建构——生活方式研究与未来 20 年 [J]. 江苏社会科学,2003（3）.
[19] 吴仕民. 现代化进程中的少数民族文化发展问题 [J]. 民族研究,1991（6）.
[20] 衣俊卿. 人的现代化：走出日常生活的世界 [J]. 社会科学研究,1992（1）.
[21] 周鸿. 民族生活方式现代化与消除贫困研究 [J]. 广西师范学院学报（哲学社会科学版）,2002（1）.

[22] 王玉波．我国近几年生活方式研究评述 [J]. 社会学研究 ,1986（5）.
[23] 王雅林．走向学术前沿的生活方式研究 [J]. 社会学研究 ,1999（6）.
[24] 王雅林．论社会主义生活方式 [J]. 社会科学研究动态 ,1982（1）.
[25] 王雅林．生活方式研究评述 [J]. 社会学研究 ,1995（4）.
[26] 黄润柏．当代壮族劳动生活方式的变迁 [J]. 广西民族研究 ,1999（3）.
[27] 马姝．西方生活方式研究理论综述 [J]. 江西社会利学 ,2004（1）.
[28] 高丙中．西方生活方式研究的理论发展叙略 [J]. 社会学研究 ,1998（3）.
[29]（挪威）巴斯．族群与边界 [J]. 广西民族学院学报（哲学社会科学版）,1999（1）.
[30] 卢福营．群山格局：社会分化视野下的农村社会成员结构 [J]. 学术月刊，2007（11）.
[31] 刘奇．转型期农村经济社会形态与结构的变化特征 [J]. 中国发展观察，2007（2）.
[32] 李强．影响中国城乡流动人口的推力与拉力的因素分析 [J]. 中国社会科学 ,2003（1）.
[33] 岳天明．论我国民族地区社会变迁的制约因素 [J]. 中央民族大学学报（哲学社会科学版）,2002（6）.
[34] 饶旭鹏．多民族杂居地区文化变迁研究 [D]. 中国优秀博硕士学位论文全文数据库（硕士）,2003（3）.
[35] 卢福营，张兆曙．国家与村庄互动中的村治变迁——建国 50 年来 H 村的村庄政治生活调查 [J]. 国家行政学院学报 ,2005（5）.
[36] 朱秦，钱素华．民族融合背景下的村庄选举取向、治理动力和权力格局分析 [J]. 云南民族大学学报 ,2004（3）.
[37] 梁丽萍，邱尚琪．建国以来中国公民政治参与模式的演变分析 [J]. 中国行政管理 ,2004（5）.
[38] 邱泽奇．乡镇政府的经济活动分析 [J]. 二十一世纪（香港）,1998（4）.
[39] 谢松保．农民收入增长缓慢的成因及对策初探 [J]. 鄂州大学学报 ,2002（3）.
[40] 文龙光，李秩敏．传统文化观念与扩大农村消费 [J]. 商业研究 ,2002（17）.
[41] 曹树基．国家与农民的两次蜜月 [J]. 读书 ,2002（7）.
[42] 马戎．中华民族凝聚力的形成与发展 [J]. 西北民族研究 ,1999（2）.
[43] 刘戈．关于民族同化、民族融合问题的几点思考 [J]. 民族研究 ,1997（1）.
[44] 张利洁，高永久．民族之间文化传播方式初探 [J]. 青海社会科

学 ,2001（6）.
[45] 刘敏 . 我国民族社会学的发展现状及趋势 [J]. 西北民族研究 ,2002（1）.
[46] 容观复 . 关于文化和文化变迁的研究——人类学方法论研究之四 [J]. 广西民族学院学报 ,1999（1）.
[47] 郭玉兰 . 从古代消费观念看中国传统文化特征 [J]. 中共太原市委党校学报 ,2001（1）.
[48] 陈文超 . 从社会学视角看农民生活消费的现状和特点 [J]. 调研世界 ,2005（1）.
[49] 费孝通 . 论中国家庭结构的变动 [J]. 天津社会科学 ,1982（3）.
[50] 姜晓萍 . 西南民族地区的居住模式与婚姻、家庭的变迁 [J]. 西南民族学院学报 ,2001（3）.
[51] 肖若诺 . 社会转型期文化的继承性与变型性 [J]. 求是学刊 ,1997（7）.
[52] 吴秀生 , 刘文波 . 论文化转型、社会转型及其一般关系 [J]. 中州学刊 ,1996（3）.
[53] 马宗保 , 王金花 . 银川市区回汉民族居住格局变迁及其对民族间社会交往的影响 [J]. 回族研究 ,1997（2）.
[54] 梁茂春 . 南宁市区汉壮民族的居住格局 [J]. 广西民族学院学报 ,2001（9）.
[55] 李秋洪 . 广西民族交往心理比较研究 [J]. 民族研究 ,1997（1）.
[56] 王玉波 . 中国社会生活方式转型取向 [J]. 社会学研究 ,1995（4）.
[57] 许宪隆 . 家族制度与西北穆斯林家族社会 [J]. 广西民族大学学报（哲学社会科学版）,2007（5）.
[58] 买文兰 . 中国农村宗族势力复兴的原因探析 [J]. 华北水利水电学院学报 ,2001（3）.
[59] 于毓蓝 . 试析农村基层民主的政治文化基础 [J]. 理论探讨 ,2003（6）.
[60] 麻国庆 . 分家 : 分中有继也有合——中国分家制度研究 [J]. 中国社会科学 ,1999（1）.
[61] 马建福 , 陶瑞 . 西北杂居村落民族关系的个案——以加入村为例 [J]. 西北第二民族学院学报 ,2006（4）.
[62] 高永久 . 宗教对民族地区社会稳定的双重作用 [J]. 甘肃社会科学 ,2003（4）.
[63] 汪维钧 . 论现代化条件下的宗教世俗化问题 [J]. 南京政治学院学报，2004（4）.
[64] 张中复 . 当代中国大陆西北穆斯林民族社会经济发展的转折点 [J]. 西北第二民族学院学报（哲学社会科学版）,2001（4）.
[65] 纳麒 . 从回族角度谈伊斯兰教的中国化 [J]. 回族研究 ,1999（4）.

[66] 沈再新．和谐社会构建对散杂居民族关系的影响 [J]. 中南民族大学学报（人文社会科学版）,2007（4）.

[67] 王明．关于集镇社区居民娱乐方式的思考——以 A 集镇社区为例 [J]. 中共杭州市委党校学报 ,2006（5）.

[68] 马惠娣．休闲问题的理论探究 [J]. 清华大学学报（哲学社会科学版）,2001（6）.

[69] 游俊，龙先琼．湘西农民闲暇生活方式变革的文化审视 [J]. 吉首大学学报（社会科学版）,2000（1）.

[70] 吴碧英．新农村公共娱乐空间建设的功能及其价值 [J]. 福州党校学报 ,2007（5）.

[71] 张钢．企业文化变迁的三种模式 [J]. 电子科技大学学报 ,2001（1）.

[72] 沈再新．试论土家族传统观念与现代转型 [J]. 甘肃社会科学 ,2005（3）.

[73] 孙建乐．略论"共生互补"在中国传统文化中的地位 [J]. 理论导刊 ,2009（5）.

[74] 王淑霞．简论"共生互补"[J]. 社会科学战线 ,2007（4）.

[75] 许宪隆，沈再新．构建共生互补型多民族和谐社会的思考 [J]. 学习月刊 ,2009（10）.

[76] 许成安，王昊，杨青．我国城市化理论研究与实践发展中的若干问题 [J]. 江淮论坛 ,2001（3）.

三、报纸类

[1] 逝川．资产阶级生活方式析 [N]. 人民日报 ,1985-01-23.

[2] 肖静．村民关系为何疏远了（第三只眼）[N]. 环球时报 ,2005-05-04（第 9 版）.

[3] 许宪隆，沈再新．共生互补：构建散杂居地区和谐社会的实践理念 [N]. 中国民族报 ,2009-08-29（第 6 版）.

后　记

写这后记，我思考了半年多甚至更长的时间，迟迟动不了键盘，原因在于：一是想表达的特多，不知从何说起；二是觉得自己才疏学浅，即便搜肠刮肚，有些事情也未必能用言语进行很好的表达。然而，有些话不得不说，有些事不得不写，我相信，这将成为我学术生涯和生命历程中一段难以消褪的记忆。

其实，当熬到天亮把本书稿修改完那一刹，我既没有预想中的激动人心，也没有尘埃落定的闲情逸致，因为自己要做的事还很多，要走的路还很长。在书的设计中，我期冀以沔城回族镇这一典型个案，通过对散杂居少数民族生活方式进行系统的研究，努力向人们展现一个真实的多民族和多元文化共生的生活画卷。你将会看到，这正是一个极具生命个性的生机勃勃的共生场景。我希望通过这个展示，能让人们更加真切地了解、认识和把握散杂居少数民族的社会生活。回想本书成型的全过程，的的确确是一项琐碎、平淡而辛劳的工作，每一个细节，每一处字斟句酌，原本以为会轻松的我，随着书稿的完成，学术的浪漫情怀在现实面前的折扣不得不让我抱有几分遗憾，而学术也无法像期待中的那样完美。

记得电影《阿甘正传》里说到：人生就像一盒巧克力，你永远也不知道下一个吃到的是什么味道。其实每个人都有自己喜欢吃的东西，也就是人们所说的“好这口”。心理学有个名词称作“偏好”，每个人只要体察一下自己的内心，一定会有答案。或许这只是我个人的“偏好”，因为我不太感冒于写命题作文，而喜欢给自己一个既有挑战又不受条条框框限制的题目。这便于促使我去思考，促使我不要懒惰而怀着激情去做学术研究。

之所以有这样的惯习，在于自己私下感觉做学问有如吃自助餐，只要你用心，总能吃到自己要吃的食物，既是自己选择的结果，也离不开机缘。2006 年，我考上了许宪隆教授的博士生，从事散杂居民族研究。由于此前我对散杂居研究关注较少，在这年暑假，许教授安排我到江汉平原的 2 个回族乡去体验生活。结果，我花了 41 天用脚把江汉平原划了一个圈，考察了 6 个民族乡镇，其中包括沔城回族镇。在沔城回族镇，我被其厚重的多元文化所吸引。也许是我曾经有过多年的基层行政工作经历，在沔城回族镇调研的日子里，便和沔城回族镇原党委书记周勇、镇长王桂峰等人成了朋友。记得当初我准备乘车返回武汉时，周勇书记驱车50多公里，专程从沔城回族镇赶到仙桃市长途汽车站为我送行，在车站旁边的一个茶馆，我们聊了2个多小时，他谈了许多关于沔城回族镇的现在和未来，希望我们一起为沔城的发展做点什么。回到武汉，我向许宪隆教授请教，看看我能否尝试就沔城的情况鼓捣点什么有价值的东西。在许宪隆教授的指导下，我选择了一个相对符合自己学术积累和研究风格的选题，于是便有了本书的出现。在此，谨以此书献给一直以来关心和支持我的人们。

本书得到了国家民委、中南民族大学校等各级科研基金的支助。在本书的写作过程中，学习、工作和生活的压力每每使我不堪重负，许宪隆教授一直给予我各种形式的支持和鼓励，并对本书的撰写给予了理论和方法上的各种指导。先生学术上的严谨和睿智、生活中的宽容和幽默，特别是他对民族学理论的实践，都对我产生了重要的影响，让我学会了如何宽和、自然地做人和做学问。在此，对先生致以诚挚的谢意。

本书成型的过程中，我还得到了众多师友的帮助和指导。感谢中南民族大学段超教授、田敏教授、雷振扬教授等给予我真切的关心和帮助；感谢陈达云教授、柏贵喜教授、李吉和教授、韦东超教授、赵庆伟教授、库少雄教授、王奎正教授、田孟清教授，恩施市李国庆市长，中央党校徐平教授、南开大学高永久教授、中山大学麻国庆教授、厦门大学董建辉教授、武汉纺织大学王金华教授、三峡大学谭志松教授、南京师范大学白友涛教授，湖北省民委谭徽在、胡祥华、杨序谷、段旭光等领导，以及四川省民族研究所袁晓文研究员、李锦研究员等，他们毫无门类和学科偏见，给予了我许多宝贵的建议与指点；感谢闫天灵教授、谭必友教授、哈正利教授、王萌副教授、张丽剑副教授、李安辉副教授、李勇军副教授、龚志祥副教授、方清云博士、袁年兴博士等，以及向黔、吴玉鹏、魏国明、陈晓敏、王明权、唐胡浩、谭晓静等，在本书的写作上给予我许多宝贵的意见与有益的启示，使我获益良多。

我要特别感谢沔城回族镇的领导、群众和在那里认识的回族朋友。他们的淳朴、善良和热情好客，深深地感动了我。我的调查能够顺利进行，与他们为我提供的各种方便是分不开的，正是他们对我调查工作的慷慨相助，真实的材料才得以在本书中呈现。但愿这本小书是我回馈给他们最好的礼物。

非常感谢我的父母，本书写作过程中，年近七十高龄的父母亲一直帮助我和妻子打理着一切家庭生活琐事，照顾我的儿子，使我得以有充足的精力投入学习和研究。非常感谢我的岳父岳母，特别是近几年岳父身患重疾直至病危，为不分散我与妻子的工作精力，他们一直瞒着我们，为此深感愧疚。

本论文引用了不少相关的学术研究成果，我都借助于脚注或参考文献的方式作了相应的标识，在此谨向这些学界前辈和同仁们致以谢意。

感谢张馨芳女士在本书编辑过程中的精益求精，不仅发现了书稿中的错误，而且认真做了大量的勘校工作。

书中难免挂一漏万，敬请方家指正！

沈再新

2012 年 4 月于中南民族大学